Tagebuch Ludwig Bückle

Kriegsjahre zwischen 1914 – 1948

Orginal · Abschrift des handgeschriebenen Tagebuches

7. neubearbeitete Auflage

Herausgegeben von Maiken Bückle

Für Sophia und Florian

ISBN 978-1-4457-7355-1

Souvenir Postcard

Inf. Rgt. 124 7. Komp.

27. Inf. Division.

Inhaltsverzeichnis

Ludwig Bückle (1889 – 1968)

Der pragmatische Visionär und selbstbestimmte Bürger. Charakterstark, streitbar, unbeugsam, hilfsbereit und sensibel. Ein Gewächs, das sich wohl am ehesten auf der rauhen schwäbischen Alb entfaltet. Er besass technisches Können, breites Wissen, bewies vielfach Mut zum Risiko und Gespür für aufkeimende Eruptionen. Als Soldat im ersten Weltkrieg erkannte er früh, dass das – in seinen Worten! – „nur schief gehen" kann. Die Zeit von 1918 – bis 1939 erlebte er als ebenso kritischer wie einfallsreicher und mutiger Bürger an vorderer Front.

Der zweite Weltkrieg war für ihn eine ganz persönliche Herausforderung, lange Jahre als Soldat an der Front, drei Monate im KZ, ständig unter Beobachtung, trotzdem wagemutige Einsätze mit hohem Risikopotential. Von Beruf war Ludwig Bückle Schmied. Er war es, der im April 1945 in Münsingen, seiner Heimatstadt, die weiße Flagge hißte, und so Zerstörung verhinderte. Nach dem Zusammenbruch 1945 fungierte er, man höre und staune, auch als stellvertretender Polizeichef und konnte mit Geschick und einer Portion Schlitzohrigkeit die Interessen der Bürgerschaft zur Geltung bringen.

Seinen Aufzeichnungen – handschriftlich in Sütterlin · verdanken wir tiefe Einsichten in eine Welt im Aufruhr, in das fast unglaubliche Leben eines Bürgers mit beispielhaftem Mannesmut.

Vorwort

Es ist ein Stück Geschichte. Nicht nur von meiner Familie. Auch von Münsingen, der Stadt in der ich in meiner Kindheit viele schöne Stunden verbracht habe. Wie ich klein war sagte mein Vater mir immer: „Maiken, Du musst das Tagebuch von Deinem Grossvater lesen! Es ist ein wertvolles Stück Geschichte!" Ich habe lagne nicht auf ihn gehört, vor allem weil ich mit der altdeutschen Schrift nicht zurecht kam. Erst vor einigen Jahren habe ich es selber in die Hand genommen und dann aber regelrecht „verschlungen"! Diese Erzählungen sind ehrlich, konkret und „aus dem Leben gegriffen!

Ludwig Bückle, mein Grossvater ist in Münsingen auf der schwäbischen Alb geboren. Er war eines von 7 Kindern, und: Er musste beide Weltkriege mitmachen. Die folgenden Seiten sind eine Abschrift von seinem grossen schwarzen Tagebuch, dass er **handschriftlich** während den beiden Weltkriegen geführt hat. Es enthält Schilderungen aus seiner Heimatstadt Münsingen, aber auch seine Erfahrungen an der französischen Front und seine Abendteuer im Nahen Osten, wo er im Ersten Weltkrieg versandt wurde. Ich danke Elisabeth Kraft (Cousine meines Vaters), die heute noch in Münsingen lebt, für ihre Energie, die Familiengeschichte von den Bückle's zu erhalten und zu vervollständingen. Elisabeth war mir auch behilflich dabei die „altdeutsche" Handschrift meines Grossvaters in unsere jetzige Schrift umzusetzen.

Ich freue mich diese erste Veröffentlichung zu machen.

Maiken Bückle
Enkelin Ludwig Bückle, *Tochter von Rul Bückle*
Buenos Aires, Mai 2010

Lebenserinnerungen des Ludwig Bückle, Münsingen

(Die in Klammern stehenden Zahlen entsprechen der Seitenzahl im Orginalbuch)

Kriegsausbruch und Ausmarsch

Der Krieg lässt sich nicht vermeiden

(1) Schon seit Wochen und Monaten wollen die Gerüchte über einen kommenden Krieg nicht verstummen. Wie eine Gewitterschwüle lastet auf allen Gemütern dieser ungewisse Zustand. So kann es nicht mehr weitergehen: „Es muss ein Krieg kommen, ich gehe auch gleich mit" und ähnliche Redensarten konnte man täglich hören. Und doch ist unsere wirtschaftliche Lage nicht so, dass es nicht mehr zum aushalten wäre. Woher kommt nur dieses unbegreifliche Spiel mit dem Krieg? Niemand von uns könnte auf diese Frage eine richtige Antwort geben. Schon glaubte man, dass anziehende Gewitter hätte sich wieder verzogen. Als wie ein fernes Donnergrollen die Nachricht von der Ermordung des österreichischen Thronfolgers die drohende Kriegsgefahr blitzartig beleuchtete.

Zunächst bleibt alles noch ruhig. Ein Krieg zwischen Österreich und Serbien galt wohl als unvermeidlich. Man wagte aber kaum, an eine kriegerische Verwicklung Deutschlands durch diese Balkanhändel, wo der politische Mord an der Tagesordnung war, zu denken. Die großen Drahtzieher der Weltgeschichte hatten aber schon die Würfel ins Rollen gebracht und sorgten dafür, dass sie nicht mehr aufgehalten werden. Schnell nacheinander folgen die Kriegserklärungen der halben Welt und bei uns am

2. August 1914.
Die Mobilmachung

Durch Trommelwirbel angekündigt (Bruder Christian Tambour) verliest der Polizeidiener Fromm den Mobilmachungsbefehl. Niemand kann sich in diesem denkwürdigen Augenblick eines leisen Schauers erwehren. Eine dunkle Ahnung von einem grandiosen Geschehen erfasste die ganze Bevölkerung. Insbesondere diejenigen, welche es direkt anging: Die gedienten Reservisten und Landwehrleute kümmern sich wieder um die längst vergessenen roten Zettel in ihrem Militärpass, um sich noch einmal zu überzeugen, dass der Inhaber dieses kleinen Stückchen roten Papiers an dem und dem Tag und um die und die Stunde an einem (2) bestimmten Ort eintreffen muss. Jetzt wird es einmal ernst damit. Wer hat noch Zeit, sich darüber Gedanken zu machen ob der Krieg für uns eine Notwendigkeit oder das Wahngelüst einzelner Machthaber ist. Alles ist fest davon überzeugt, dass uns der Krieg aufgezwungen und dass wir nicht anders handeln können. Hätte einer das Gegenteil behauptet, er wäre als Feigling gebrandmarkt und verachtet worden. Ich habe auch niemand gehört, der Zweifel an unserer guten Sache geäußert hätte.

So setzte sich die seit Jahren bis ins kleinste ausgetüftelte Maschinerie der Mobilmachung in Bewegung. Eine emsige Tätigkeit auf allen Behörden und Amtsstuben setzt ein. Jeder und wenn er auch eine noch so bescheidene Rolle dabei spielte, setzte seinen Stolz darin, seiner Aufgabe gerecht zu werden. Mein Vater, der schon über 60 Jahre alt ist, hatte ebenfalls eine kleine Aufgabe zu erfüllen, er musste sich gleich beim Oberamt stellen, wo er mittels Auto ein Schriftstück nach dem Bezirkskommando Ehingen zu überbringen hatte. Für die im Barackenlager anwesenden Regimenter wird auf einen Schlag der Rücktransport in die Garnisonen angeordnet. Als eine Abteilung Ulanen[1] im Trab durch unsere Stadt reitet und mit Gepäck und Ausrüstungsstücken hoch beladene Militärfahrzeuge

---

[1] Leichte mit Lanzen, Säbeln und Pistolen bewaffnete Kavalleriegattung

in eiligem Tempo das Lager verlassen, da spüren wir schon einen leisen Hauch vom Kriege.

Niemand hat mehr Lust, in seiner engen Werkstätte zu arbeiten. Es wäre auch nicht viel herausgekommen, denn die Gedanken sind nicht mehr bei der Arbeit. Auf den Straßen und in den Gaststätten gibt es jetzt stündlich etwas Neues zu sehen oder zu erfahren. Mein Gestellungsbefehl lautet auf den dritten Mobilmachungstag bei der MGK² 120 in Ulm auf der Wilhelmsburg. Ich habe also noch Zeit, mir den Umtrieb mit anzusehen. Der erste Mobilmachungstag ist ein Sonntag. Mit dem 10.00 Uhr-Zug müssen die ersten wegfahren. Nachdem die meisten der Ausrückenden in der Kirche das hl. Abendmahl genommen, versammelt sich die ganze Gemeinde zum Vormittagsgottesdienst. Der Liederkranz singt den mächtigen Chor: „Lasst Jehova hoch erheben!" (3) Wohl noch nie ist uns in unserer Kirche die Gemeinde so gepackt worden, wie während diesem Liedvortrag. Auch uns Sänger überläuft ein eigenartiger Schauer tiefer Erregung. Ich gehe mit einigen Kameraden nach dem Chor gleich auf den Bahnhof, um von einigen unserer treuesten Freunde Abschied zu nehmen. Die erste Begeisterung, wenn man es so nennen will, hat schon bei der ersten Scheidestunde nachgelassen. Beim Abfahren des Zuges singen wir noch ein Abschiedslied. So nimmt jetzt jeder Zug einige unserer Bekannten und Freunde fort in die dunkle Zukunft.

Tag der Mobilmachung
Den ganzen Tag bringen die Bauern ihre Pferde zur Ablieferung. In langen Reihen stehen die Tiere vor den Schmieden, wo die Nummer des Truppenteils eingebrannt wird. Landsturmleute stehen schon bereit, dieselben an ihre Bestimmungsorte abzutransportieren. Eine Bürgerwache wird eingeteilt zur Bewachung der Eisenbahnbrücke und des Wasserreservoirs auf dem Hungerberg. Hieß es doch, dass feindliche Spione an vielen Orten das Wasser vergiftet hätten. Überhaupt wird jeder Fremde für einen Spion gehalten und sofern er sich nicht ausweisen

---

² Maschinengewehrkompanie

kann, dem Oberamt vorgeführt. Es herrschte der reinste Spionenfimmel. Wie wir abends noch im Lamm beisammensitzen und die Kriegslage besprechen, kommt plötzlich vom Oberamt Befehl, sämtliche Straßen abzusperren. Ein Auto mit verkleideten Franzosen sei vom Lautertal her unterwegs. Wir lassen unser Bier stehen und gehen daran, den Ortsausgang mit Heuwagen und Stangen zu verbarrikadieren. Wer natürlich nicht kommt, ist das Auto mit den Franzosen. Kaum sitzen wir wieder bei unserem Glas Bier, stürzt einer herein und behauptet, die Posten beim Wasserreservoir auf dem Hungerberg hätten eben Schüsse abgegeben. Sofort gehen einige Mann hinauf um zu sehen, was los ist. Nirgends gibt es jedoch etwas Verdächtiges wahrzunehmen. Beinahe wären sie von den Posten erschossen worden. Zur Rede gestellt, erzählten die tapferen Schützen, ein feindlicher Flieger sei über den Hungerberg hinweggeflogen. Entweder war es (4) die Angst oder vielleicht der Alkohol was in den Köpfen der Posten gespuckt hatte. Bei bekannt werden dieses Resultats werden in unserem Kreise natürlich Witze darüber gemacht. Trotzdem scheint auch die Spionenfurcht an unserem Tische umzugehen. Als nämlich die letzten 2 Mann unserer Tafelrunde den Heimweg antreten, hören sie ein verdächtiges Geräusch, wie von einem Flugmotor in der Richtung Gaswerk – Truppenübungsplatz. Auch bemerken sie ein Licht, das immer näher kommt. Sofort werden vom nächsten Gartenzaun einige Staketen[3] abgerissen und also bewaffnet geht es dem gefährlichen Licht entgegen. Im Schein der nächsten Gaslaterne hatte das Rätsel seine Lösung gefunden. Das Geräusch rührte von der undichten Gasleitung und das Licht war nichts anderes als die Straßenlaterne. Angesichts dieser Tatsachen soll dann Jeder seinen Zaunstecken weggeworfen und ohne ein Wort zu sagen rasch nach Hause gegangen sein. Die Unterhaltung am Wirtstische drehte sich in der Hauptsache darum, wie lange der Krieg dauern wird und wie stark die Verluste etwa sein werden. Dass wir den Krieg gewinnen, ist für jeden selbstverständlich. Während die einen behaupten, spätestens bis Weihnachten sei Schluss, sind andere wieder der

---

[3] Latte vom Lattenzaun

7

Meinung, dass ein moderner Krieg nicht einmal so lange dauern könne. Die Verluste werden nach Prozenten gerechnet. Allgemein rechnen wir mit einem Verlust von 5 – 10 %. Wenn der Alkohol die Köpfe etwas erhitzt hat, gibt es auch ernste Meinungsverschiedenheiten.

Ein Reserveunteroffizier eines benachbarten Ortes fühlte sich in seiner Vorgesetztenwürde durch irgendeinen Ausdruck gekränkt und drohte mit Meldung. Er kam aber schlecht an und musste schnellstens ausziehen, wenn er nicht den Leib voll wollte. Das war schon so ein kleiner Vorgeschmack mit was für bornierten Vorgesetzten wir es noch zu tun bekommen. Wer nicht aktiv Soldat war, fühlte sich gewissermaßen zurückgesetzt. Deshalb werden wir Ausmarschierenden fast beneidet. Sogar den älteren Semestern träumt es vom freiwillig melden. Von den Jungen gar nicht zu reden. (5) So kommt auch für mich der 3. Mobilmachungstag und damit die Abschiedsstunde heran. Das Häuflein der Liederkranzsänger, welche uns zum Abschied am Bahnhof ein Lied singen, ist inzwischen stark gelichtet worden. Das Händeschütteln auf dem Bahnhof will fast kein Ende nehmen. Die Angehörigen müssen sich fast mit Gewalt vordrängen. Dadurch kommen wir leichter über den Trennungsschmerz hinüber. Je näher wir Ulm zukommen, umso lauter und lebhafter ist der Betrieb an dem Bahnhof. In Ulm herrscht ein riesiges militärisches Treiben. Ich melde mich bei meinem Truppenteil und werde am anderen Tage eingekleidet. Ich muss sagen, dass in der Kaserne von irgend einer Aufregung oder Hast nicht viel verspürt wird. Alles geht seinen ruhigen Gang. Wie wenn es sich nur um eine Reserveübung handeln würde. Wir sind etwa 4 Reservisten von unserem Bezirk und finden uns gleich zusammen. Als Gefreiter werde ich zum Gewehrführer bestimmt und bekomme ein MG[4] zugewiesen, welches in dem Mobilmachungsplan als Res.MG[5] läuft und zunächst gewissermaßen als 5. Rad am Wagen behandelt wird. Für mich ist jedoch die Hauptsache, dass ich ein Fahrzeug habe

---

[4] Maschinengewehr
[5] Reservemaschinengewehr

und aufsitzen kann. Auch haben sich meine 4 Landsleute vom Bezirk gleich als Bedienung zu mir gesellt was nicht beanstandet wurde.

Am 7. August 1914

ist letzter Regimentsappell auf dem Waffenplatz der Wilhelmsburg. Anschließend wird gleich zum Bahnhof abmarschiert. Es war ein gewaltiger und stolzer Anblick das kriegsstarke Regiment von Kopf bis zu Fuß neu eingekleidet im Viereck aufgestellt zu sehen. Nach der Ansprache des Garnisonpfarrers hält der Führer des Regiments, Oberst Körbling, eine zündende Ansprache, welche in einem Hurra ausklingt. Bei dem Marsch durch die Stadt werden wir von der Bevölkerung mit Blumen fast überschüttet. Rasch ist das Regiment verladen und hinaus geht's einem unbekannten Ziele zu.

Die Fahrt durch unser deutsches Land war für jedes Einzelne ein Erleben. An den Wagen sind überall mit Kreide schwäb. Kernsprüche (6) angeschrieben. Auf den größeren Bahnhöfen, wo gehalten wird, wetteifern die weiblichen Einwohner miteinander im Verteilen von Tabak und sonstigen Liebesgaben. Von unserem Endziel war zunächst nichts bekannt. Nur, soviel stand fest, dass es nach Westen ging. Die ersten Spuren des Krieges sehen wir in der Nähe eines Bahnhofes in Lothringen, wo einige Häuser wahrscheinlich durch Artilleriefeuer teilweise zerstört sind. Zunächst ging es bis nach Diedenhofen, dort wird ausgeladen und in der Nähe Quartier bezogen. Meine Kompanie ist in Terwen einquartiert. Vorläufig ist vom Vormarsch nichts bekannt. Die Einwohner sind nicht gerade entzückt von unserer Anwesenheit. Man spürt schon die französische Grenze.

Der Vormarsch
Frankreich
Am **18. August 1914**

beginnt der Vormarsch, das untätige Herumliegen ist nicht nach unserem Sinn, da es heißt, Res.Gewehre müssen unter Umständen abgegeben werden, habe ich die schlechtesten Pferde zugeteilt bekommen. Besonders mein Handpferd macht eine ganz schlechte Figur, als am ersten Tag die Kompanie am Divisionskommandeur vorbeimarschiert, hat er mit dem Finger auf meinen Gaul gezeigt. Das erste Mal sehen wir Schrapnellwölkchen hoch in den Lüften. Wahrscheinlich wurde ein französischer Flieger beschossen. Starker Kanonendonner dringt von der Festung Longeville zu uns herüber. Das aufblitzen der Granaten ist am nächtlichen Himmel gut zu beobachten. Am 22. kommen wir das erste Mal mit dem Feind in Berührung. An einem Ortseingang liegen zwei tote belgische Zivilisten, wahrscheinlich frankreichtreue. Bald dringt Geschütz- und Gewehrfeuer an unser Ohr. Es muss schon eine Schlacht im Gange sein. Mitten in einer Ortschaft wird gehalten. Auf dem Kirchturm weht noch die Trikolore[6]. Unser Hauptmann schickt den Waffenmeister und einige Schützen hinauf, um die Fahne herunterzuholen. Nach kurzer Zeit bringt er den Pfarrer und noch einen Zivilisten am Genick daher. Der Hauptmann stellt ein Verhör mit ihnen an. Inzwischen sehen wir nach Wasser, um die Pferde zu tränken. Die Türen sind jedoch verschlossen. Erst nach (7) einigen Axthieben wird mir von innen geöffnet. Eine alte Frau steht händeringend im Gang und ruft „Pardon". In der Küche sind noch zwei Männer sichtbar. Ich gebe zu verstehen, dass wir nur Wasser wollten für unsere Pferde. Im Hausgang ist ein Brunnen, die Frau pumpt uns sogar die Eimer voll, während die Zivilisten ganz scheu sich herumdrücken. Plötzlich hören wir einige Infanterieschüsse in unmittelbarer Nähe. Mein Fahrer behauptet, an dem Hausgiebel seien einige Geschosse abgeprallt. Es stellt sich heraus, dass weiter oben Infanteristen[7] in ein geschlossenes Haus hineingeschossen und die Kugeln durch die

---

[6] dreifarbige französische Fahne
[7] Als Infanterie bezeichnet man zu Fuß kämpfende Verbände von Soldaten

hinteren Fenster zu uns herüberspritzten. Diesem Unfug wird gleich ein Ende gemacht. Verschiedene Häuser fingen an zu brennen. Die Stalltüren werden aufgerissen und Vieh und Pferde losgemacht. Die dummen Viecher sind fast nicht herauszubringen und wollen immer wieder in die Ställe zurück. Die Kompanie marschiert bis vor den Ortsausgang und fasst Essen. Mein Schütze R. sucht unterdessen in einem Gänsestall nach Eiern. Kaum ist jedoch das Essen gefasst, kommt Befehl zum Weitermarsch zur Unterstützung von Regiment 123, welches unter starken Verlusten im Gefecht liegt. Die Straße wird im Eiltempo verlassen und über Wiesen und Felder gegen eine Anhöhe gefahren. Es geht fast zu steil für zwei Pferde. Wir müssen in die Speichen greifen.

Unser Fahnenschmied kommt mit 12 requirierten Pferden aus dem Dorfe nachgaloppiert. Wie es die Fahrzeuge erreicht, schlägt eines davon unserem Beschlagschmied den Fuß ab. Das ist unser erster Verlust.

Auf der Höhe angekommen, sehen wir vom Regiment 123 die ersten Verwundeten zurückkehren. Mein Fahrer schlägt mir vor, beim nächsten Halt unser Handpferd durch eines der requirierten Pferde zu ersetzen. Ein schöner kräftiger Schimmel wird während des Marsches für den Tausch in Aussicht genommen. Vorn wird gehalten. Rasch das Handpferd ausgespannt und dem Schimmel das Geschirr übergeworden. Das Umspannen ist noch nicht beendet, als wieder weitermarschiert wird. Der (8) alte Gaul wird weggejagt, kommt aber gleich wieder zu seinen Kameraden zurück. Mit einem Strick binden wir ihn an die nächste Hecke. Der Schimmel ist das Sielengeschirr[8] nicht gewöhnt und zieht uns zunächst keinen Strang an. Trotzdem wir alle schieben, geht es nicht. Dadurch bleiben wir zurück. Der Hauptmann wird aufmerksam und kommt angaloppiert. Ein heiliges Donnerwetter prasselt über uns nieder, bis der Schimmel Vernunft annimmt und mit der Hilfe der Peitsche das Fahrzeug allein zieht.

---

[8] Riemengeschirr der Zugpferde

Hinter einer Anhöhe werden die Gewehre freigemacht und in die vorn im Kampf liegende Schützenlinie eingeschoben. In einer Entfernung von 800 – 1000 Meter liegen die Franzosen unsichtbar hinter Hecken und Obstgärten. Kaum haben unsere MG das Feuer eröffnet, schlägt ein Blindgänger unserem Zugführer ein Loch mitten durch die Brust. Er ist sofort tot. Die französische Infanterie schoss meist zu hoch. Nach einigen Sprüngen verstummte das feindliche Gewehrfeuer, so dass die Infanterie die weitere Verfolgung aufnehmen konnte. Unsere Fahrzeuge werden auf die Chaussee vorgezogen. Die Gewehre wieder an Ort gebracht und der Vormarsch fortgesetzt. Nach kurzer Zeit hat uns die französische Artillerie entdeckt. Schlag auf Schlag sausen die feindlichen Granaten und Schrapnell[9] vor uns in die Straßenböschung, kehrtmachen und im Galopp hinter die Höhe zurück ist unsere Rettung. Nach Aufhören des Artilleriefeuers geht der Vo rmarsch auf derselben Chaussee weiter. Die Nacht kampieren wir auf freiem Felde und füllen unsere leeren Patronengurte wieder auf. Während des weiteren Vormarsches am nächsten Tag ertönte plötzlich der Befehl, halbrechts anreitende Kavallerie[10]. So schnell wie auf dem Exerzierplatz stehen die Gewehre schussbereit bei den Fahrzeugen und warten auf die Attacke, jedoch vergebens. Wir sehen hinter einer Anhöhe etliche Reiter auftauchen und schnell wieder verschwinden. In der Nähe des Dorfes Villette empfing uns auf der Höhe starkes Schrapnellfeuer. In Kompaniekolonnen mussten die (9) Regimenter auseinander gezogen werden, um größere Verluste zu vermeiden. Mehrere Stunden liegen wir im Ackerfeld, jeden Augenblick gewärtig, dass ein Schrapnell über uns platzt oder eine feindliche Granate einschlägt. Hinter uns fährt eine Batterie auf und beginnt zu feuern. Der Batterieführer geht mit seinem Stabe auf die Höhe herauf und dirigiert die Schüsse. Er muss ausgezeichnete Ziele haben, denn er ruft dauernd Schuss, Schuss. Bald darauf, als wir in die Talmulde kommen, sehen wir neben der Straße in den nassen Wiesen

---

[9] Sprenggeschoss mit Kugelfüllung
[10]Reitertruppe

12

feindliche Fahrzeuge, Protzen und Pferde zusammen geschossen im Gelände herumliegen.

Vor dem nächsten Ortsausgang liegt eine abgeschossene Ulanenpatrouille von 5 Mann. Ein hartnäckiger Kampf muss sich hier abgespielt haben. Das erste Mal treten uns schwarze Kolonialsoldaten gegenüber. Ein Grauen erfasst uns, als wir vor der Haustüre eines brennenden Hauses den halbverkohlten Körper einer Frau erblicken. Dieselbe hat wahrscheinlich zu spät das Haus verlassen und ist brennend herausgestürzt. Bald kommen wir in die Gegend um Montmédy gegen die Maas vor. Bei Murvaux hatte sich zwischen unsere Vorhut und einem Teil der Besatzung von Montmédy ein blutiges Gefecht abgespielt. Während des Vorbeimarsches sehen wir die Toten und Verwundeten, darunter auch 13er Pioniere, zu Dutzenden links und rechts der Straße liegen. Ein langer Zug französischer Gefangener ist eben im Begriff, den Rückmarsch anzutreten. Französische Ärzte und Sanitäter sind mit ihren Verwundeten beschäftigt. In der Nähe der Maas stauen sich die Heeresmassen in einem Tale zusammen. Die wenigen Brunnen in dem Dorfe Murvaix waren fast nicht in der Lage für so viele durstige Seelen das Wasser zu liefern. Zum Glück wurde noch in der gleichen Nacht bei Sassey der Übergang über die Maas vollzogen. Ein grandioser Anblick auf die stark besetzten Maashöhen begann. Von unserer Artillerie bearbeitet, erschien der Waldrand auf der Höhe an manchen Stellen wie in Rauch und Dampf gehüllt. Sprungweise geht's zunächst bis an den Hang und dann (10) vollends hinauf auf die Höhe gegen den Waldrand vor. Der Feind ließ es vor unserer Linie auf einen Nahkampf nicht ankommen und verzog sich in den Wald hinein. Unsere Fahrzeuge müssen erst nachgeholt und mit Vorspann den steilen Berg heraufgeschafft werden. In dem dichten Wald muss stellenweise mit Axt und Beil Bahn gebrochen werden, um bis an den jenseitigen Waldrand durchzukommen. Wir sind zum umfallen müde. Die Fahrzeuge stehen wir eingekeilt in der Waldschneise. Es ist gut, dass uns die feindliche Artillerie nicht erwischt. Bald geht's wieder hinaus ins offene Gelände vorbei an französischen

Batteriestellungen und Biwakplätzen[11]. Während des Marsches versuchen wir, die von den Franzosen zurückgelassen Brotreste aufzulesen, haben wir doch drei Tagen kein Brot erhalten. Gegen Abend hören wir links von uns Geschützdonner und Gewehrgeknatter. Richtig müssen wir auch abbiegen und dem Geschützdonner entgegenmarschieren. Unsere Infanterie kommt noch ins Gefecht bis die Nacht hereinbricht. Wir halten in einem Haferacker, die Garben werden den Pferden vorgeworfen, welche die Rispen sauber abfressen. Mitten in der Nacht kommt unsere Bagage[12] und bringt das lang ersehnte Brot. Im Nu ist alles munter und drängt sich um den Brotwagen. Morgens geht der Vormarsch wieder weiter. Ich bin mit meinem MG bei der Spitzenkompanie. Die übernächtigen Feldwachen und Vorposten machen sich gerade marschbereit, um wieder zu ihren Kompanien zu gehen. Vor uns ist noch eine Kavalleriepatrouille. Die Spitze nähert sich ausgeschwärmt dem Dorfe Epinonville. Die Ulanen sind abgesessen und führen ihre Pferde möglichst gedeckt vor. Es fällt kein Schuss. Wir fahren vollends hinein und halten auf einem freien Platz. Niemand ist zu erblicken als ein alter Mann, welcher auf Befragen angibt, vor einer halben Stunde seien die letzten Franzosen weg. Vom Dorfausgang sehen wir gerade noch in etwa 2000 Meter Entfernung die französische Nachhut hinter einem Wald verschwinden. In dem Dorf wird Quartier bezogen. Bald geht's ans requirieren. Besonders werden (11) die Keller eingehend nachgesehen. Unser Fahnenschmied hatte eine besonders feine Spürnase auf diesem Gebiet. Hier ist er aber hereingefallen. Aus einem Keller lässt er mehr wie ein Dutzend fein etikettierter Flaschen herausschaffen, um seinem Hauptmann, der einem guten Trunk nicht abhold war, eine Freude zu machen. Wie der Häuptling jedoch voll Lust eine Flasche in Angriff nehmen will, stellte es sich heraus, dass es eine Art Absinth und ganz ungenießbares Zeug war, wenigstens macht er nach dem ersten Schluck ein Gesicht, wie wenn er unreife Schlehen im Munde hätte.

---

[11] Feldlager, Nachtlager im Freien
[12] Gepäck

Unser Küchenchef, Metzger von Beruf, sorgt immer für große Fleischrationen. Wo Vieh auf der Weide und genügend Zeit vorhanden ist, geht's mit der Pistole auf die Jagd. Bald ist das beste Stück herausgesucht und nun heißt's zum Schuss kommen. Selten gelingt's auf den ersten Schuss. Wenn dann zufällig der Vormarsch fortgesetzt wird, muss das angeschossene Tier seinem Schicksal überlassen werden. Wenn es aber gelingt und die Zeit ausreicht, dann werden rasch die besten Fleischstücke herausgeschnitten und alles andere einfach liegen gelassen. Im weiteren Vormarsch erreichen wir Clermont, ein kleines Städtchen am Ostrand der Argonnen. Neugierig betrachteten die Einwohner unseren Durchmarsch in der Richtung auf Les Islettes, von wo aus der Marsch mitten durch den Wald nach Süden fortgesetzt wird.

Das Requirieren[13] ist eine Lieblingsbeschäftigung derjenigen, welche während des Marsches nicht direkt an die Kolonne gebunden sind. Stabsordonnanzen[14], Musiker und Burschen leisteten auf diesem Gebiete Hervorragendes. Kein Wunder, wenn jetzt bald jeder Bataillonsstab einen requirierten Bauernwagen mitführt, um die Beute mitzuschaffen. Die Lenker dieser Fahrzeuge sind alles, nur keine Fahrer, was sich manchmal sehr unliebsam bemerkbar machte. Als z. B. im Wald bei Les Islettes die Kolonne rechts ranfahren sollte, um irgend einen hohen Offizier vorbeizulassen, manövriert einer dieser Wagenlenker seinen Karren so ungeschickt über die Straße, dass es eine Stockung (12) gibt, was den so behinderten Herrn veranlasste, den Wagen einfach umkippen zu lassen, so dass die ganze Speisekammer mit den eingemachten Früchten und Marmeladentöpfen in den Graben kollerten. Daraufhin musste beim nächsten Halt auf höheren Befehl eine große Razzia abgehalten werden, wobei Weinflaschen und sonstige Genussmittel aus den Fahrzeugen zum Vorschein kamen und auf einen Haufen zusammen getragen werden mussten, sehr zur Freude der nachrückenden Truppen, welche alles wieder

---

[13] für Heereszwecke beschlagnahmen
[14] 2. Soldat, der einem Offizier zur Befehlsübermittlung zugeteilt ist

15

aufpackten. Stundenlang sehen wir zu beiden Seiten der Straße nichts als Wald, nur ab und zu durch Lichtungen unterbrochen.

Ehe wir unsere Nase zum Südrand hinausstrecken, wird der Waldrand links und rechts besetzt. Ein leichtes Feldgeschütz jagt ein halbes Dutzend Granaten in das nächste Dorf Brigaux, dass sofort dicker Rauch aus einigen Gehöften aufsteigt. Vorsichtig wird der Marsch fortgesetzt, nachdem eine Patrouille ohne Schuss den Dorfrand erreicht hat. Der Ort ist wie ausgestorben, nur Schweine und Hühner treiben sich auf der Straße herum. Es wird gleich weitermarschiert bis die ganze Division aus dem Wald raus ist, dann heißt's halt und Biwak bezogen. Dem Packpferd unseres Hauptmanns ist von einem Fahrzeug die Deichselnase zwischen die Beine geraten und hat den Schlauch aufgerissen. Ein Veterinär von der Artillerie erklärt sich bereit, die Wunde zu nähen. Das Pferd wird kunstgerecht gefesselt, geworfen, nach 10 Minuten ist die Operation vollzogen und der Gaul gerettet. Der nächste Tag bringt uns bald an den Feind. Die Fahrzeuge werden weit zurückgelassen und mit auseinandergenommen. MG geht's in endlosen Schützenlinien vor. Es dauert nicht lange, bis uns die feindlichen Infanterie-Geschosse um die Ohren pfeifen. Auf der ganzen Front geht's zum Angriff vor. Das Vorgehen ist mit großen Verlusten verbunden, weil die Franzosen sich in den Waldparzellen eingenistet haben und die Schützenlinien von Flankenfeuern ständig bedroht sind. (13) Ein Schütze meines Gewehrs erhält gleich einen Schulterschuss, kann aber noch selbst zurückgehen. Wir versuchen, seinen Patronenkasten noch mitzuschleppen. Nach einigen Sprüngen erreichen wir ein Wäldchen und setzen das Gewehr zusammen. Schräg links vor uns sitzen die Feinde in einem Wäldchen und nehmen uns aufs Korn. Durch den Verlust meines Schützen habe ich die Fühlung mit meiner Kompanie verloren, auch bei der Infanterie sind die Verbände durcheinander geworfen. Am Waldrand gehen wir in Stellung und bearbeiten mit Dauerfeuer die feindlichen Linien. Nach kurzer Zeit sind Gurte hinausgejagt. Durch den Dampf, der sich durch das heiße Wasser entwickelt, ist unsere Stellung verraten. Ein französisches MG hat uns entdeckt und feuert mit seinem langweiligen Tempo nach unserem Platz. Schnell lasse ich die Stellung räumen, leider schon zu spät. Mein Richtschütze erhält einen Schuss durch den Oberschenkel und einen Streifschuss am Hals.

In dem unübersichtlichen Gelände will kein einheitlicher Angriff zustande kommen. Endlich wird an verschiedenen Stellen zum Sturm geblasen. Alles stürzt wie besessen auf den feindlichen Waldrand zu. Nach 34 Sprüngen sind wir auf etwa 150 Meter heran. Hier können wir nicht lange liegen bleiben auf offenem Feld, alle Augenblicke stöhnt einer auf und streckt sich. Endlich bläst ein Hornist in meiner Nähe zum Sturm. Mit einem schrillen Misston stürzt er vorüber. Ich bleibe beim letzten Sprung mit meinem MG liegen, während die Infanterie zum Nahkampf übergeht. Ein wüstes heißeres Geschrei tönt aus dem Walde, es geht mir durch Mark und Bein. Dieses Aufeinanderlosgehen mit Bajonett und Gewehrkolben hat etwas tierisches und wahnsinniges an sich. Aber wer hat noch Zeit zum Denken? Aufgepeitschte Nerven und Selbsterhaltungstrieb ersticken jedes menschliche Gefühl. Nach kurzer Pause folge ich mit meinem MG der Infanterie in den Wald hinein. Überall liegen Verwundete und Tote, Freund und Feind beieinander. Die Franzosen, welche entkommen sind, ziehen sich durch den Wald zurück. (14) Vorsichtig stoßen wir bis zum jenseitigen Waldrand vor. Die Infanterie ist vollständig durcheinander und wird rasch neu eingeteilt. Von mir will niemand etwas wissen. Da von den Infanteristen sich keiner herbeilassen will, meine übrigen Patronenkasten mitzuschleppen, muss ich zwei Stück liegen lassen. Ein schwer verwundeter franz. Offizier bittet uns um Wasser und zeigt auf seinen Tornister. Wir entnehmen demselben eine Feldflasche mit etwas Kaffee und reichen sie ihm hin. Gierig schluckt er den Rest hinunter und bedankt sich mit „Merci Kamerad". Ich hätte gern noch sein Fernglas gehabt, habe aber nicht den Mut, es ihm wegzunehmen, solange er bei Bewusstsein ist. Inzwischen schwärmt die Infanterie wieder aus und nimmt die Verfolgung auf. Schwer beladen ziehen wir zu dritt mit unserem MG hinter der Schützenlinie drein. Ein flaches Wiesental mit einem Flüsschen wird überquert. Ein verwundeter

Franzose liegt unter einer Weide und macht vergebliche Versuche, seinen Trinkbecher zu füllen. Wir waten bis an die Knie durch den Bach und bringen unser MG an das andere Ufer. Dann mache ich dem Franzosen seine Feldflasche los und fülle sie mit Wasser. Er kann nicht mehr sprechen und zeigt mir seinen schweren Schuss am Geschlechtsteil, ein Verband ist hier nicht gut möglich. Unterdessen hat der Feind an einer übersichtlichen Landstraße erneut Stellung genommen. Obwohl wir noch mindestens 1500 – 2000 Meter weg sind, erhalten wir doch schon starken Überhang. Die französischen Geschosse mit ihrem eigenartigen singenden Ton, gehen aber meistens zu hoch. Bevor wir erneut zum Angriff Stellung nehmen, hat sich inzwischen unsere Artillerie auf die feindlichen Linien an der Chaussee eingeschossen. Die Straße liegt zu sehr auf dem Präsentierteller, so dass sie unter dem Artilleriefeuer von den feindlichen Linien nicht gehalten werden kann. Das Feuer ebbt so langsam ab bis der letzte Mann vollends verschwunden ist. Alles geht jetzt bis an die Straße vor. Überall liegen schwer verwundete und tote Franzosen, unsere Schrapnell müssen nicht schlecht gewirkt haben. Dort treffe ich wieder meinen Kompanieführer mit zwei Gewehren. Nachdem ich ihm meine Verluste gemeldet, teilt er mir von einem anderen Gewehr (15) einen Schützen zu und lässt uns an der Straßenböschung Stellung nehmen. Vorerst soll nicht über diese Linie hinausgegangen werden. Alles kommt wieder in Aufregung, als hinter einem Dorf am rückseitigen Hang französische Schützenlinien auftauchen. Wir gehen in knienden Anschlag und schießen mit Visier 2000. Es sind aber mindestens 3000 Meter, die zurückgehenden Franzosen kommen kaum in Unruhe wegen unserem Schießen. Mit bloßem Auge sehen wir die feindlichen Schützenlinien sich sammeln und in geschlossenen Kolonnen über die Höhe verschwinden. Schade, dass unsere Artillerie im Augenblick nicht da ist, die verwundeten Franzosen sehen uns mit ängstlichen Gesichtern zu, wie wir ihre zurückgehenden Kolonnen beobachten. Plötzlich beginnt die französische Artillerie unsere Straße unter Feuer zu nehmen. Jetzt liegt unsere Linie genau so preisgegeben wie vorher die feindliche. Alles spritzt auseinander und sucht im Straßengraben Deckung so gut es eben geht. Bald merken wir, dass hier für uns keine bleibende Stätte ist. Zum Glück kommt nicht viel. So allmählich sammeln sich die Bataillone und Regimenter wieder, überall sind große Lücken. Wir warten noch auf unsere Fahrzeuge und sehen der vorbeimarschierenden Infanterie nach. Die Augen suchen krampfhaft nach bekannten Gesichtern. Aus einer Gruppe werde ich angerufen und sehe gleich einige Kameraden und Landsleute vom I. Reg. 123. Rasch rufe ich zu: „Wie stets?". Es leben alle noch, kommt die freudige Antwort. Auch einige Landsleute von der Artillerie sehe ich gesund und munter auf ihren Protzen[15] sitzen. Jetzt ist mir ganz leicht ums Herz, dass alle noch am Leben sind.

Endlich kommen auch unsere Fahrzeuge und die ersehnte Gulaschkanone. Zum Essen haben wir aber keine Zeit, es geht gleich wieder weiter bis in die Nähe des nächsten Dorfes, wo in einer Mulde gehalten und biwakiert wird. Heute sind unsere Fleischportionen größer, als die Brotportionen, aber man merkt es gut, dass es noch warm in den Kessel gekommen ist. Am nächsten Morgen geht's vor bis zum Dorfe Sommaisne, dort halten wir am Eingang hinter einer Scheuer. Im Hof liegen 2 tote französische Kürassiere[16] neben ihren Pferden. Sattelzeug und Woilach[17] wird weggeschnallt und in unseren Fahrzeugen verstaut. Zunächst sind wir noch in Reserve. Die französische Artillerie ist besonders lebhaft und sucht das ganze Gelände ab mit Schrapnell[18]. Es dauert nicht lange, erscheinen das erstemal während des Vormarsches feindliche Flieger über uns. Sei es, dass uns die Flieger entdeckt und ihrer Artillerie gemeldet oder war eine geheime Telefonstation irgendwo eingebaut, kurzum, überall wo Pferde, Fahrzeuge und Protzen[19] in Mulden oder hinter Anhöhen in Deckung standen, funkte die französische Artillerie herein. Etwa 1000 Meter seitwärts von uns, stehen die

---

[15] einachsiger Karren, der zum Transport eines Geschützes mit der Lafette verbunden wird. Die Pferde werden   vor die Protze eingespannt
[16] Reiter mit Kürass = Brustharnisch
[17] wollene Pferdedecke
[18] Waffe in Form einer Granate, welche mit Kugeln gefüllt ist
[19] einachsiger Karren, der zum Transport eines Geschützes mit der Lafette verbunden wird.

Protzen und Pferde einer Batterie dicht beieinander. Es dauert nicht lange bis die feindlichen Schrapnell diese Kolonnen gefunden hat. Schuss auf Schuss geht's in die Kolonne hinein, so dass im Nu ein wildes Durcheinander entsteht. Mit Spannung sehen wir diesem Schauspiel zu. Die paar Fahrer sind nicht mehr im Stande, ihre Tiere zu halten und suchen selber hinter den Fahrzeugen Deckung. Im Nu ist der ganze Haufen auseinander gesprengt und nun geht's in regelloser Flucht der Straße zu. Pferde stürzen, Fahrer werden mitgeschleift, Gespanne fahren ineinander hinein und verwickeln sich. Umgestürzte Protzen werden von den aufgeregten Tieren mitgeschleppt, herrenlose Reitpferde galoppieren diesen flüchtenden Gespannen nach.

Als Knabe in der Schule habe ich aus dem 70er Krieg einmal ein Gemälde gesehen, das mit diesem lebendigem Bild viel Ähnlichkeit hatte. Eigenartig, dass die Pferde nicht feindwärts die Richtung einschlugen, sondern ohne Ausnahme nach rückwärts flüchteten. Wir sollten uns indessen nicht lange als Zuschauer fühlen, es dauerte keine Stunde, werden wir auch eingeseift. Nach den ersten Schüssen suchen wir zunächst Schutz an der Mauer, während unsere Fahrer bei den Pferden sind. Kaum sind wir jedoch von den Fahrzeugen weg, krepieren 2 Schrapnell direkt über uns. 3 Fahrer und sieben Pferde liegen tot oder verwundet am Boden. Rasch versuchen wir die Stränge zu durchschneiden und mit den heil gebliebenen Pferden abzufahren, dies geht aber nicht so einfach. Bis wir endlich soweit sind, hat's weiter 5 Pferde gepackt und 1 Fahrer. Rasch legen wir die beiden schwer verwundeten Fahrer an die Mauer und (17) versuchen so schnell wie möglich wegzufahren. Ich springe auf das nächste beste Fahrzeug und nun geht's im Galopp weg von der Straße und seitwärts ins Wiesengelände hinein. Der Fahrer schlägt auf die Pferde ein was das Zeug hält, man könnte fast glauben, die französischen Schrapnells verfolgen uns. Auf einmal lässt er die Peitsche fallen und sinkt in sich zusammen. Ich halte ihn mit einem Arm und nehme mit der anderen Hand die Zügel. Die Pferde gehen nicht mehr ohne Peitsche, es hat alles keinen Wert mehr. Das Gröbste ist jetzt auch hinter uns. Die Fahrzeuge sammeln sich wieder in einer

Mulde. Mein Fahrer wird heruntergehoben und ins Gras gelegt, er spuckt Blut und muss schwer verwundet sein.

Endlich wird es Abend, da kehren wir auf unseren alten Lagerplatz zurück und versuchen die beiden defekten Fahrzeuge wieder flott zu machen. Unsere Verwundeten sind weg, 4 Pferde werden vollends erschossen. Jetzt können wir die requirierten Pferde notwendig brauchen. Am anderen Tag wird meine Kompanie ohne Fahrzeuge vorgezogen und zur Verfügung des Div. Kommandeurs gestellt. Auch hier funkt die feindliche Artillerie mit einer Treffsicherheit und Munitionsaufwand, dass es nicht mit rechten Dingen zugehen kann. Zunächst bleiben wir am Ortsausgang von Sommaisne und suchen an den Häusern Deckung. Es will einfach nicht mehr vorwärts gehen. In die französische Artillerie muss der Teufel hineingefahren sein, es gibt bald kein sicheres Plätzchen mehr. Selbst der Div. Stab, welcher sich in den ersten Häusern befindet, muss ausziehen und sucht bei uns Schutz hinter einem etwas abseits stehenden kleinen Brunnenhäuschen. Auch hier können wir auf die Dauer nicht bleiben. Mein Zugführer winkt mir hinter einer kleinen Böschung an einem Feldweg und gibt mir zu verstehen, mit dem Gewehr zu ihm zu kommen. Wir machen uns zum Sprung bereit und warten einige Schrapnell ab, dann aber nichts wie los in den Feldweg hinein. Ich laufe mit meinem Wasserkessel voraus und meine Schützen mit dem MG hinter mir drein. Ein Krach über uns, ich stürze nieder und sehe mich um. Meine Bedienung kommt nicht mehr, sie liegt samt Gewehr und Kasten mitten auf der Straße niedergeschlagen. 2 Mann tot, die beiden anderen (18) schwer verwundet. Mein Richtschütze R. hat einen schweren Lungenschuss, der andere hat Schüsse durch ein Bein und wahrscheinlich noch im Bauch, er versucht sich zu erheben, sinkt aber gleich wieder zurück. Beide werden in die nächste Scheune getragen, wo schon alles voll liegt mit Schwerverwundeten.

Ich muss mich wieder um eine ganze neue Gewehrbedienung bemühen, die Res. Schützen der Kompanie sind jetzt alle eingesetzt. Gegen Mittag lässt das Artilleriefeuer etwas nach. Neben uns liegt ein gefallener Unteroffizier. In seinem Tornister entdecke ich eine gute Karte vom Kriegsschauplatz, was ich schon längst gern gehabt hätte. Auch einige Dutzend Schutzmittel, wie sie besonders in der Hauptstadt Frankreichs üblich sind, kommen zum Vorschein. Der gute Mann hat sich den Krieg auch anders vorgestellt. Es wird stark vermutet, dass sich im Dorfe irgendwo eine geheime feindliche Artillerie-Beobachtung befindet, sonst wäre die Treffsicherheit nicht gut möglich. Um dies festzustellen sucht ein Kommando Pioniere alle Häuser ab und jagt alle Zivilpersonen, welche sich noch in den Kellern aufgehalten, zum Dorf hinaus, meist sind es jedoch ältere Leute und Frauen. Jedes darf mitnehmen so viel es zu schleppen vermag. Es ist ein trauriger Anblick, diese Flüchtlinge auf dem Rückmarsch.

Die Nacht über wird bei den Fahrzeugen biwakiert. Am nächsten Morgen beginnt das Artilleriefeuer wieder mit großer Heftigkeit von neuem. Alles spürt, dass es jetzt hart auf hart geht. Mit solchem Widerstand hatten wir während des ganzen Vormarsches noch nie zu kämpfen. Die Kompanie fährt mit den Fahrzeugen wieder weg vom Dorf in eine geschütztere Mulde, dort ist es bedeutend besser wie am Dorfrand. Gegen Abend am 09. September 1914 kommt Befehl zum Vorrücken. Zunächst fahren wir einige Kilometer über Sommaisne hinaus bis direkt hinter die Infanterielinien. Ein großer Nachtangriff ist geplant, der die Entscheidung bringen soll. Wie das in dieser finsteren Nacht vor sich gehen soll, ist uns ein Rätsel. Nach Mitternacht entwickelt sich die Infanterie ziemlich lautlos, vereinzelt hört man das klappern von Schanzzeug. Sämtliche Gewehre sind entladen, es soll eine Überraschung geben. (19) Die Parole lautet: „Sieg und Tod!". Kaum haben sich die Linien in Bewegung gesetzt, fallen jedoch einzelne Schüsse, bis plötzlich auf der ganzen Linie ein rasendes Gewehrfeuer einsetzt. Unsere Fahrzeuge müssen schleunigst etwas zurückgenommen werden, sonst entstehen unnötige Verluste. Für unsere Infanterie hat es jetzt keinen Zweck mehr, ohne einen Schuss abzugeben, in das feindliche Feuer hineinzulaufen. Von einer Überraschung kann keine Rede mehr sein, der Franzmann war gut auf der Wacht. Jede Fühlung geht in der Dunkelheit vollständig verloren. Wir müssen, nach dem Mündungsfeuer zu urteilen, ganz nahe an den feindlichen Stellungen sein. Bald hören wir rechts von uns zum Sturm blasen. Mit unserem MG kommen wir nicht zum Schuss, es hat gar keinen Wert, ohne zu zielen in die Nacht hineinzuschießen. Deshalb bleiben wir liegen, als überall Hornsignale ertönen und zum Sturm geblasen wird. Direkt vor uns muss der Bahndamm sein. Mitten durch das Gewehrgeknatter ertönen Rufe, französische und deutsche durcheinander, das muss ein böser Kuddelmuddel[20] sein. Die Leute können sich gegenseitig nicht mehr als Freund oder Feind unterscheiden, bis sie fast aufeinander droben stehen. Auch die Franzosen geben jetzt Signale ab. So kann unmöglich etwas erreicht werden, schließlich legt sich jeder hin, wo er gerade ist und schießt wie wahnsinnig. Die Infanterie muss ungeheure Verluste haben, es ist ein großer Blödsinn in stark dunkler Nacht anzugreifen. Endlich zieht der Morgen herauf. Langsam heben sich die Umrisse im Gelände ab. Schräg vor uns erscheint eine Bahnlinie. Wer ohne Deckung sich auf freiem Fuß befindet, verzieht sich schleunigst, ehe es Tag wird, die französische Infanterie macht es ebenso. Auch wir ziehen uns wieder zu unseren Fahrzeugen zurück. An dem Bahndamm und auch auf freiem Felde liegt alles voll von Deutschen und Franzosen. Keine Partei versucht jedoch, ihre Verwundeten wegzuholen, so müssen die den ganzen Tag daliegen. Das Artilleriefeuer setzt wieder ein und dauert den ganzen Tag. Niemand weiß, was eigentlich werden soll. Die Verbände sind vollständig auseinandergerissen und ohne einheitliche Führung. Den Feldküchen ist es (20) tagsüber nicht möglich, zu den Kompanien die vollständig aufgelöst sind, vorzudringen. Allmählich meldet sich der Durst. Zum ersten Mal während des Vormarsches wird richtig geschanzt und wieder Mulden und Gräben ausgehoben. Endlich bricht die Nacht wieder herein, das Artilleriefeuer hört auf. Feldküchen und Provjantwagen suchen nach ihren Kompanien. Krankenwagen kommen so weit als möglich vor und versuchen mitzunehmen, was am nächsten liegt, aber was will das heißen, wenn Hunderte hilflos daliegen und ums mitnehmen betteln.

---

[20] Durcheinander

Beim Feind wird sich das gleiche dann abspielen, wie bei uns. Wir hören, dass 800 Mann vom Ersatzbataillon aus Ulm nach großen Eilmärschen gestern Abend noch angekommen und auf die Kompanien verteilt worden sind. Die werden gleich einen Begriff bekommen haben, nach solch anstrengenden Märschen bei Nacht und Nebel in solch einen Hexenkessel hineingesetzt zu werden. Ich glaube, dass die meisten davon tot oder verwundet draußen liegen. Es ist fast nicht möglich, die Bataillone und Regimenter zu ordnen, in manchen Kompanien sind nur noch einige Mann da.

Es geht das Gerücht um, die nächste Nacht soll es wieder los gehen. Soll denn dieser Unsinn noch einmal wiederholt werden? Es sind ja fast keine Leute mehr da. Eine gedrückte Stimmung herrscht in unseren Reihen. Nach diesem siegreichen Vormarsch solchen Widerstand. Unsere Verluste in der Nacht sind noch gar nicht zu übersehen. An einen zweiten Nachtangriff war nicht mehr ernstlich zu denken, im Gegenteil mussten die Linien teilweise zurückgenommen und ausgeglichen werden. Wer noch Spaten und Beilpick besitzt, gräbt sich ein. Am anderen Morgen wird meine Kompanie bis nach Sommaisne zurückgezogen. Dort gehe ich gleich in die Scheune und sehe nach meinen schwerverwundeten Schützen, sie müssen jedoch schon abtransportiert worden sein, die hier liegen sind lauter neue Gesichter. Unser Feldwebel, welcher während der Kämpfe bei der Gefechtsbagage in Sommaisne geblieben war, erzählt uns, dass er beauftragt war, die sogenannten Versprengten und rückwärts retirierenden[21] Soldaten am Ortsausgang abzufassen und zu (21) sammeln. Nach einiger Zeit hätte er ungefähr eine kriegsstarke Kompanie aller Rassen beisammen gehabt, welche angeblich alle ihr Regiment oder ihr Bataillon oder ihre Kompanie, höchstwahrscheinlich aber ihre Feldküche suchten. Er hatte seine liebe Not, diese zusammengewürfelte Abteilung zusammen zu halten. Viele ließen sich überhaupt nicht aufhalten und drückten sich wieder in einem unbewachten Augenblick. Als dann Artillerie hereinschoss, sei der ganze Haufen auseinander

---

[21] zurückziehen

gestoben auf Nimmerwiedersehen, wenigstens nicht bei unserem pflichtgetreuen Feldwebel.

Jetzt heißt es, wir sollen durch ein anderes Armeekorps abgelöst werden. Die Division sammelt sich und marschiert durch Sommaisne zurück. Wir schließen uns unserem Regiment an. Da sieht es bös aus, die Marschkolonne im Regiment ist nicht mehr viel größer wie ein Friedensbataillon. Gegen Abend wird hinter einer Anhöhe in der Gegend von Triancourt gehalten. Neben uns steht eine Batterie Feldhaubitzen[22]. Mein Fahrer stößt mich in die Rippen und zeigt auf das hintere Handpferd des 1. Geschützes. Das Pferd kennen wir doch, es ist unser alter Gaul den wir bei Bleid ausgeschirrt und weggejagt haben. Er hat noch unsere Regimentsnummer auf dem Hintern. Anstatt zu biwakieren müssen wir mit 2 Infanteriekompanien kehrt machen und hinter der Anhöhe ausschwärmen um in Aufnahmestellung zu gehen. Es werden leichte Schützenmulden ausgehoben. Nun wissen wir, was es mit unserer Ablösung für eine Bewandtnis hat. Hinter uns im Grund hat eine Batterie ebenfalls abgeprotzt und ist in Stellung gegangen. Es wird uns gesagt, dass noch Ulanen und Pioniere draußen sind und diese Nacht sich vom Feind loslösen werden.

13. September 1914

Vom Feinde unbelästigt, verlassen wir bei Tagesanbruch unsere Plätze und bringen unsere Gewehre wieder an Ort. Der Rückmarsch geht dann über Triancourt auf unsere alte Anmarschstraße in den Argonnen. Triancourt steckt voll mit Verwundeten, Deutschen und Franzosen. In langen Reihen liegen sie bei strömendem Regen links und rechts der Straße auf Stroh gebettet und sehen uns mit bleichen und traurigen Gesichtern nach. Deutsche und französische Ärzte und Sanitäter (22) sind friedlich beieinander an der Arbeit. Es ist vollkommen ausgeschlossen, dass diese Leute noch von uns abtransportiert werden können. Es geht wieder nordwärts in den Argonnenwald hinein. In einer Ortschaft versuchen wir, für unsere Pferde etwas

---

22

Heu zu requirieren. Die Einwohner wollen schon nichts mehr herausgeben, so dass wir mit Gewalt die Türen öffnen müssen, ich glaube, die haben schon gemerkt, dass bei uns etwas nicht mehr stimmt und wittern Morgenluft. Die Stimmung ist sehr gedrückt, der Rückzug lastet schwer auf uns, gesprochen wird fast nichts mehr, nur immer marschiert. Als wir Les Islettes erreichen, ist es bereits Abend. Statt wieder nach Clermont abzuzweigen, bleiben wir immer gerade aus in der Richtung auf Apremont. Anscheinend sind vor uns schon preußische Jäger zurückmarschiert. Überall hinken noch Fußkranke oder leicht Verwundete dieses Regiments hintennach und betteln uns an, wir möchten sie doch mitnehmen. Da jedoch unseren eigenen Schützen verboten ist aufzusitzen, müssen wir die armen Kerle abweisen. Mit dem Eintritt der Dunkelheit kümmert sich niemand mehr um diese Depotbrüder.

Unsere Schützen sind todmüde und klettern jetzt auf die Fahrzeuge hinauf, wo es gerade Platz hat, es sieht's ja niemand mehr. Auch die preußischem Nachzügler versuchen jetzt nach Möglichkeit, irgendwo bei uns oder bei der Artillerie ein Plätzchen zu ergattern. Es ist so dunkel im Wald, dass ich vom Bock aus die Köpfe meiner Pferde nicht mehr sehen kann. Gegen 3 Uhr passieren wir die Lagerfeuer einer Feldwarte, welche wahrscheinlich schon wieder als Vorposten gegen den nachrückenden Feind ausgestellt ist. Im Scheine des Feuers sehen wir an den bärtigen Gesichtern, dass es schon ältere Landwehrleute sind.

Vor Tagesanbruch erreichen wir Apremont am Westrand des Waldes. Auf einem großen Platze wird ein kurzer Halt gemacht, hier soll das Hauptquartier der Kronprinzen gewesen sein. Es müssen in unserer unmittelbaren Nähe viele schwer Verwundete im Freien liegen, das Stöhnen und Schreien ist in der Nacht schrecklich mit anzuhören. (23) Infolge der Dunkelheit geraten wir beim Weiterfahren in ein enges Gässchen und finden keinen Ausgang mehr, bis der Führer endlich mit Laternen herausgefunden hat, dass wir rückwärts herausfahren müssen, ist fast die ganze Kompanie vor Müdigkeit eingeschlafen. Die

Pferde werden angespannt, Deichseln herausgemacht und die Fahrzeuge herumgedreht. Bald fahren wir wieder auf der Landstraße, die Kompanie soll in einem Dorf Quartiere beziehen. Immer, wenn ein Dorf kommt, lebten wir wieder auf und meinen, wir seien am Ziel, so geht es 3 mal hintereinander, so dass die Leute fast die Geduld verlieren und nur noch so mittorkeln. Endlich erreichen wir unseren Bestimmungsort Genay. Zuerst müssen unsere Pferde ordentlich untergebracht und versorgt sein, dann sucht sich jede Gewehrbedienung ein Haus zum kampieren. Nachdem sich jeder wieder ordentlich satt gegessen hat, legen wir uns noch bei hellem Tage ins Heu und schlafen ununterbrochen durch bis am anderen Morgen. Es war ein Hochgenuss nach dem aufstehen, sich einmal wieder richtig waschen zu können. Als noch Feldpost kommt und für jeden Briefe und Päckchen ausgeteilt werden, sind wir eigentlich wunschlos glücklich. Diese Ruhezeit, welche nur 2 Tage dauerte, war dringend nötig, um die Ausrüstung wieder in Ordnung zu bringen.

Am 3. Tag versammelt sich das Regiment, welches nur noch 2 schwache Friedensbataillone zählte zu einer Art Regimentsappell mit anschließendem Feldgottesdienst. Ein Vizefeldwebel, Pfarrer in Zivil, hält eine zu Herzen gehende Ansprache. Er vergleicht die jetzigen kümmerlichen Überreste des Regiments mit dem Appell des kriegsstarken stolzen Regiments vor dem Ausmarsch in Ulm. Wie viele unserer lieben Kameraden sind auf dem Felde geblieben, verwundet worden oder in Feindeshand gefallen. Uns Übriggebliebenen kommt erst jetzt so richtig zum Bewusstsein, was wir in der letzten Zeit verloren haben. Wir konnten unsere Tränen nicht mehr zurückhalten und haben geweint wie Kinder.

Vom **16. September 1914**

ab marschieren wir als Korpsreserve bis Fléville vor, dort sind Pioniere eben dabei, französische Artillerie Munition in den Fluss zu werfen. Abends kehren wir wieder in unsere Quartiere zurück. (24) So geht es noch 2 Tage lang, meine Kompanie marschiert jedoch nicht mehr zurück und findet noch Platz auf einer

Ferme[23]. Dort treffe ich wieder einige meiner Kameraden von der Artillerie. Es sind selten schöne Stunden so ein Wiedersehen nach den schweren Tagen und Wochen. Feldpostbriefe und Päckchen mit dem nötigen Rauchmaterial erinnern wieder an unsere Angehörigen zu Hause, die wir in dieser bewegten Zeit fast vergessen haben. So weit wir Nachforschungen anstellen können, sind eine große Anzahl unserer M. Landsleute nicht mehr zurückgekehrt. Erst spät am Abend trennen wir uns. Ich muss zum schlafen in der Dunkelheit über die liegenden Pferde in der Scheune wegsteigen, um auf dem Heuboden zu unseren Leuten zu gelangen.

Tags darauf fahren wir wieder einige Kilometer vor und halten mit den Fahrzeugen in einem Obstgarten. Zu gern hätten wir die reifen verlockenden Zwetschgen heruntergeschüttelt, leider ließ es unser Hauptmann nicht zu. Dafür kamen Artilleristen und wollten's uns vor der Nase wegholen. Den Artilleristen, die er sowieso nicht gut leiden konnte, gönnte er das Obst jedoch auch nicht und jagte alle zum Teufel. Jetzt erst gab er uns die Erlaubnis, die Bäume zu schütteln und den Ertrag in der Kompanie zu verteilen.

Am **19. September 1914**

wird das Regiment an die neue Frontlinie nach Eclisfontaine vorgezogen, wo unsere Artilleriestellungen sind. Dort bleiben wir tagsüber und beziehen mit unseren MG in der Nacht notdürftige Schützengräben in der Nähe von Charpentry und Baulny. Diese Gräben liegen an einem kahlen, dem Feinde zugekehrten Haus und sind tagsüber stark dem feindlichen Artilleriefeuer ausgesetzt. Zum Schutz gegen den starken Regen werden alte Türen und Bretter aus dem Dorfe geholt und die Gräben zugedeckt. Ich komme mit 2 MG und Lt. L. als Zugführer in so ein schmutziges Erdloch, wo wir bei Tagesanbruch eng zusammen gepfercht auf die Einschläge der französischen Artillerie warten. Es dauert nicht lange, bis der Tanz losgeht. Der ganze Hang liegt unter Feuer und zwar mit schweren

---

[23] Bauernhof, Pachtgut in Frankreich

sogenannten schwarzen Granaten. Unsere Ohren sind nur noch auf die Einschläge gespitzt. Wenn so ein Ding bei uns hereinschlüge, (25) wir wären alle erledigt. Manchmal erfolgen die Einschläge in so unmittelbarer Nähe, dass Steine und Erde auf unsere Bedachung niederprasseln, dazu regnet es noch in Strömen, so dass das Wasser durch die behelfsmäßige Bedachung herunterläuft. Für unseren Schützen hatte einer in Eclisfontaine ein Federkissen requiriert, um sein Haupt weicher betten zu können. Selbstverständlich wird es dem Ltn. untergeschoben, da es doch nicht angeht, dass der Schütze auf dem Federbett liegt, während der Offizier sein edles Haupt auf den Boden legen muss. Durch das öftere hin- und herwälzen des Körpers, muss jedoch an einigen Stellen der Kissenüberzug zerrissen sein, denn die lehmige Leutnantsuniform ist voll mit Bettfedern beklebt. Ganz schlimm war es für uns und den Betreffenden, als ein Mann unbedingt schwer austreten musste. Damit unsere besetzte Stellung nicht verraten wird, soll diese Notdurft in den niederen Schützengräben verrichtet werden. Es blieb daher nichts anderes übrig, als eine leere Konservenbüchse unterzustellen, während hinten ein Stück Zeitungspapier die Unterlage bilden musste. Wir konnten es fast nicht erwarten, bis diese natürliche Handlung vorbei war und das Papier zusammengewickelt hoch im Bogen zum Graben hinaufflog. Diese Unannehmlichkeiten nehmen wir jedoch in Kauf, wenn nur keine Granate zu uns herein schlägt.

Bei Eintritt der Dunkelheit hört das Artilleriefeuer auf und mit einem Seufzer der Erleichterung kriechen wir ins Freie. Die Glieder sind ganz krämpfig geworden. Am ganzen Hang wird es lebendig. In der Ferne hören wir das Geklapper von Kochgeschirren. Die Kompanien schicken das Mittagessen und Kaffee. Am Horizont leuchten einige brennende Dörfer. Es ist schon ganz empfindlich kalt geworden, trotzdem bleiben wir die Nacht durch im Freien und verschaffen uns von Zeit zu Zeit Bewegung. Vor Tagesanbruch gibt's noch mal Kaffee, dann geht's aber wieder rein in das Stinkloch. Der Artillerietanz beginnt von neuem. Unser 2. Zug, etwa 500 Meter links von uns, erhält einen Volltreffer, dabei sind 2 Mann tot und zwei verschüttet worden, darunter wieder ein Bezirksangehöriger, Auchter von Zwiefalten. (26) Endlich am 3. Abend werden wir von dem Graben erlöst und nach Eclisfontaine zurückgezogen. Das Regiment rüstet sich wieder zum Vormarsch. Unser Koch schickte mich fort, ob ich nicht irgendwo noch ein Stück Vieh auftreiben kann. Zu dem Stall eines abseits gelegenen bewohnten Gehöftes, finden wir tatsächlich noch eine Kuh und ein schönes Kalb. Wie wir das Kalb zum Stall herausnehmen wollen, erscheint die Frau auf der Bildfläche und hängt sich dann schimpfend und wehklagend dem störrischen Vieh an den Schwanz. Ohne Bong gebe sie das Kalb nicht her. Trotz unserer Drohungen lässt sie nicht los und schreit Zeter und Mordio. Unser Komagenieschreiber, der mit dabei ist, weiß sich zu helfen, er zieht ein Notizbuch aus der Tasche und schreibt darauf: „In der Heimat, da gibt's ein Wiedersehen". Nach Empfang dieses Schriftstückes, das sie allerdings etwas zweifelhaft anblickte, gibt sich die gute Frau endlich zufrieden und wir können abziehen.

Neben unserem Quartier sitzt eine Artillerie-Beobachtung auf dem Dach eines Hauses und versucht, ihre Schüsse auf den hoch aufragenden Kirchturm nach Montfaucon zu dirigieren. Trotzig liegt dieses Dorf wie eine Festung auf einer Anhöhe. Am Morgen geht's gottlob wieder vorwärts. Bevor wir in das Tal gegen Baulny und Charpentry hinabmarschieren, sehen wir neben der Straße den Divisionsstab an den Scherenfernrohren und nebenan mutterseelenallein unter einem Baum sitzend, den alten Häseler. Er sieht aus, wie ein steinaltes Mütterlein. Die Fahrzeuge bleiben zunächst hinter dem Hang. Kaum strecken wir die Köpfe über die Höhe weg, als auch gleich die feindliche Artillerie einsetzt, so dass jeder so schnell wie möglich versucht über die Höhe ungerupft wegzukommen, auf das vom Feinde besetzte Varennes zu. Eine richtige Schlacht ist sofort im Gange. Es will nicht recht vorwärts gehen. Den ganzen Tag tobt der Kampf, bis die Nacht dem Schießen ein Ende bereitet. Wir bleiben die Nacht über bei den Fahrzeugen und gehen bei Tagesanbruch wieder vor. Mein Zug wird dem Regt. 127 zugeteilt und erhält den Auftrag, hinter der vorgehenden Infanterie über die Brücke weg, das Städtchen zu erreichen. Wie die Indianer pirschen wir uns gegen die stark unter Feuer liegende (27) Brücke am Ortseingang vor. Eine in unmittelbarer Nähe liegende Kirche brennt lichterloh. In Abständen springen wir über die Brücke den ersten Häusern zu. Die französische Infanterie hat sich inzwischen durch das Städtchen zurückgezogen und den Kampf ihrer Artillerie überlassen. Die Straßen sind wie ausgestorben. Mit der Pistole in der Hand kommen wir unangefochten bis an den jenseitigen Ortsausgang in der Nähe eines Schlosses.

Die letzten Häuser werden von der feindlichen Artillerie schwer aufs Korn genommen. Nach jedem Einschlag prasseln Dachziegel und Fensterläden auf das Pflaster herunter. Zuerst suchen wir im Tore eines Hauses Schutz vor den feindlichen Granaten. Es scheint einem sehr wohlhabenden Besitzer zu gehören. Ein Infanterist ist gerade dabei, die Kasten nach Wäsche zu durchsuchen, er findet jedoch nur Damenunterwäsche. Dessen ungeachtet werden verschiedene Stücke im Tornister verstaut. Ich stöbere in einem Bücherschrank herum und finde auch die Namen einiger deutschen Klassiker. Ein Volltreffer, welcher das ganze Haus mit Staub und Mörtel erfüllt, ließ es ratsam erscheinen, schleunigst wieder ins Freie zu gehen. Wie wir auf die Straße kommen, treibt eben ein Ltn. von 127 seine Leute mit vorgehaltenem Revolver aus den Kellern heraus, um etwa 200 Meter vom Ortsrandweg Stellung zu nehmen.

Die MG sollen jedoch vorläufig am Ortsausgang bleiben. Der Bataillonstab, welcher sich ebenfalls in einem Keller stationiert hatte, erhält einen Volltreffer durchs Kellerloch. Dem Adjutanten wird dabei ein Bein abgerissen und sonst noch einige Leute schwerverletzt. Auch für uns wird es elend brenzlig, so dass wir es vorziehen, von den Häusern wegzugehen und an einer Gartenmauer hinter der Schützenlinie Schutz zu suchen. Endlich sehen wir auf einer Höhe rückwärts unsere Artillerie auffahren, dadurch wird die feindliche etwas abgelenkt, so dass es bei uns ruhiger wird. Inzwischen kommt Befehl, wieder zur Kompanie zurückzukehren. Unser Regiment setzt bis Bourevilles den Vormarsch fort, ein weiteres Vorgehen ist jedoch nicht mehr

möglich. Nach Eintritt (28) der Dunkelheit geht's wieder
rückwärt bis Apremont, wo die Nacht über kampiert wird.

Am folgenden Tag, den **27. September 1914**
steht das Regt. im Walde zwischen Apremont und Binarville um
bei Eintritt der Dunkelheit ein preußisches Regiment abzulösen.
Bald erscheinen feindliche Flieger und beobachten unseren
Vormarsch. Obwohl mit Artillerie und MG darauf geschossen
wird, fliegen die Maschinen sehr nieder über unsere
Anmarschtrasse. Nachdem wir bis zum Abend zugewartet, setzt
sich die Kolonne wieder in Bewegung und kommt nach
überqueren eines tief eingeschnittenen Tales in das Dorf
Binarville. Die preußische Formation ist gerade dabei
abzumarschieren. Bald stehen die Straßen voll mit Truppen und
Fahrzeugen, so dass in der Dunkelheit sich kein Mensch mehr
auskennt. Ein Glück, dass die französische Artillerie nachts nicht
schießt, das hätte eine schöne Sauerei gegeben. Endlich haben
sich die Preußen von uns losgelöst und wir bekommen wieder
mehr Bewegungsfreiheit. Die Pferde werden in Scheunen
untergebracht, während wir versuchen, in den Wohnhäusern
unterzukommen.

Schon vor Tagesanbruch heißt es „Gewehr frei" und mit der
Infanterielinie über das Dorf hinaus auf den Wald zu. Kaum sind
wir einige hundert Meter über das Dorf hinaus, geht's auch schon
los. Es ist kaum zu glauben, die französischen Linien sind kaum
1000 Meter vom Dorf entfernt eingegraben, dass die unseren
Umtrieb in der Nacht mit den Fahrzeugen und mit der Ablösung
der preußischen Truppen nicht gehört haben sollen. Ein rasendes
Infanteriefeuer setzt ein. Ich finde mit meinem Gewehr hinter
der Mauer einer kleinen Feldkapelle eine tadellose Stellung. Der
Feind lässt es nicht zum Sturm kommen und zieht sich in den
Wald zurück. Wir folgen vorsichtig in das dichte Unterholz, wo
kaum 20 Meter Sichtweite ist. Zwischen dem Jungwuchs stehen
Eichen von einer Stärke und Qualität, wie ich es noch nie
gesehen habe. Eine Übersicht ist vollkommen unmöglich. Am
Rande eine kleine Schlucht, in die wir aber nicht hinunter sehen
können, wird Stellung genommen und vom Feinde (29)

unbelästigt, Schützenmulden ausgehoben. Jetzt kommt der Spaten auch einmal richtig in Tätigkeit. In dem weichen Lehmboden sind bald kleine Graben hergestellt. Man fühlt sich wie in einer grünen Laube.

Von den Franzosen ist vorläufig nichts mehr zu sehen, sie sollen jedoch auf der anderen Seite der Schlucht uns gegenüber ebenfalls beim schanzen beobachtet worden sein, was durch Schleichpatrouillen festgestellt wurde. Während der Nacht sind immer 2 Mann am MG, während die anderen in der Schützenmulde liegen und zu schlafen versuchen. Es ist für uns jedoch so ein beklemmendes Gefühl, ohne Schussfeld in dem dichten Wald zu liegen, wo jeder Augenblick 20 Meter vor dem Gewehr der Feind auftauchen kann, dass an Schlaf nicht zu denken ist. Fortwährend wird auf beiden Seiten geknallt, ohne dass eigentlich ein Grund vorhanden ist, schließlich steigert sich die Schießerei derart, dass Befehl durchgegeben wird, nicht mehr zu schießen, es sei denn der Feind greift an. Jede Kompanie schickt zur Sicherheit eine Patrouille vor. Trotzdem gibt es immer noch Leute, welche Gespenster sehen und das Schießen nicht lassen können, so dass es selten ganz ruhig ist.

Am anderen Morgen bringt uns die Feldküche bis an den Waldrand Kaffee und Brot. Da diese Linie vorläufig gehalten werden soll, fangen wir so langsam an unsere Gräben zu verbessern und auszubauen. Ganz besonders legen wir Wert auf das maskieren der Stellung. Der Graben wir fortlaufend so tief ausgehoben, dass wir aufrecht gehen können und in voller Deckung sind. So vergehen einige Tage, ohne dass eine Änderung eintritt. Die feindliche Linie ist jetzt durch Patrouillen ziemlich genau festgestellt und zieht sich etwa 80 – 120 Meter uns gegenüber am halben Hang der Schlucht entlang. Die Gefechtskompanie teilt sich in zwei Hälften. Während die einen am MG Wache halten, liegen die anderen einige 100 Meter weiter rückwärts in Reserve, ebenfalls in kleinen Erdhütten eingegraben. Es kommt (30) jetzt so allmählich ein genau geregeltes System in unser Leben. 3 Tage am Gewehr, dann wieder 3 Tage in Reserve. Das Essen und der Kaffee wird in ganz bestimmten Zeiten in Kochgeschirren bei der Feldküche am Waldrand geholt. In der freien Zeit wird geraucht, Karten gespielt oder geschlafen. Zu der vorderen Linie steht nachts nur noch 1 Schütze am MG Posten, während die anderen beiden in der Grabenhütte liegen. Die verrückte Schießerei nachts dauert immer noch an. So lange es noch gut Wetter ist, lässt sich's ganz nett leben, aber wenn es regnet, dann ist's nicht mehr schön. Kürzlich hatte ich eine kleine Auseinandersetzung mit einem Unteroffizier, den ich während dem Vormarsch einmal meldete, weil er uns das von ihm für seine Korporalschaft gefasste Brot nicht restlos herausgab.

Durch die neue Einteilung kam ich 3 Tage als Richtschütze an sein MG. Dasselbe war unmittelbar an eine Schneise, welche von den Franzosen beschossen wurde, eingebaut. Er wusste natürlich nicht, wie er mich schikanieren soll. Schließlich kam er auf die Idee, ich solle das Gewehr direkt in die Waldschneise einbauen. Ich sagte ihm, wenn es Abend sei, werde ich eine Stellung ausheben. Wie er merkte, dass ich nicht gleich wollte, gab er mir den direkten Befehl, mit dem Spaten das Loch auszuheben. Kaum hatte ich jedoch den ersten Spatenstich getan, als ein französisches Geschoss haarscharf an mir vorbeipfiff. Ich sagte ihm nochmals, er solle die Nacht abwarten, ich werde bei Tag nicht weiterschanzen. Wenn er darauf bestehe, dann solle er als Gewehrführer vorangehen, dann komme ich nach. Damit war er natürlich nicht mit einverstanden, schließlich meldete er mich dem Zugführer. Der Leutnant ließ mich zu sich kommen, ich legte ihm den Sachverhalt klar. Das Ende vom Liede war dann, dass mein tapferer Unteroffizier eins aufs Dach bekam. So macht man sich 100 Meter vor dem Feind noch das Leben sauer. An diesem Platz hätte es mir 8 Tage später noch schlechter gehen können. Eine Gruppe (31) Pioniere stellten unmittelbar neben unserer Stellung einen selbst angefertigten behelfsmäßigen Minenwerfer auf. Ein Gussrohr auf einem eisernen Bock aufmontiert, hinten ein Verschluss zur Aufnahme des Pulversäckchens und der Zündschnur, das waren so ziemlich alle Teile des Mordinstrumentes. Die Minen wurden hinten in Binarville von Pionieren angefertigt und bestanden aus einer mit

Sprengladung gefüllten Blechhütte mit zwei Holzpfropfen. In einem dieser Holzpfropfen war ein kurzes Stück Zündschnur angebracht, welches sich durch den Abschuss entzündete und nach einiger Frist die Sprengladung zur Explosion brachte. Wir waren alle sehr gespannt auf die Wirkung dieser neumodischen Waffe. Da die Minen für das Rohr etwas zu dünn waren, mussten mit Konsistenzfett eingeschmierte Lappen umgewickelt werden, damit eine gewisse Spannung im Rohr vorhanden war. Nun war der Minenwerfer zum Schuss fertig. Die Pioniere gaben uns den wohlmeinenden Rat, bei dem Rufe „es brennt", möglichst volle Deckung zu nehmen. Es dauerte eine geraume Weile bis die Zündschnur abgebrannt und die Mine mit dumpfem Knall wie ein Zichorienpäckchen zum Rohr hinausflog, unterwegs die rauchenden und stinkenden Lappen im Geäst der Bäume zurücklassend. Ob die Minen, die nach dem Abschuss ziemlich lange auf die Explosion warten ließen, bis in die französische Stellung flogen, war natürlich nicht festzustellen.

So wurden pro Tag etwa 1 Dutzend Minen abgeschossen. Die Sache klappte eigentlich nicht schlecht, nur störten uns die rauchenden Lappen in den Baumkronen. Zuletzt wurden wir frech und gingen nach dem Rufe „es brennt" nicht mehr in volle Deckung, damit wir die Minen besser hinauffliegen sehen. Da naht die Katastrophe, als nach dem entzünden der Zündschnur durch einen Rohrkrepierer plötzlich der ganze Minenwerfer mit großem Knall in die Luft flog. Ich wurde zu Boden geschleudert und halb mit Erde zugedeckt, habe aber glücklicher Weise keinen weiteren Schaden genommen, als (32) dass es mir das Gehör verschlagen hat, so dass ich einige Tage ganz taub war. Damit hatte diese Art Minenwerfen gottlob ihr Ende gefunden.

Unsere Stellung wird jetzt um etwa 40 Meter vorgelegt und ein neuer fortlaufender Schützengraben ausgehoben. In die Rückwand werden Nischen eingegraben und mit Reisig und Erde überdeckt als Unterschlupf. Wenn es aber regnet, müssen innen Zeltbahnen aufgespannt und Blechbüchsen aufgehängt werden, um das Wasser abzuleiten. Es ist ein Glück, dass die feindliche Artillerie noch nicht hereinschießt. Verluste, die es im Abschnitt fast jeden Tag gibt, rühren meist von Querschlägern her. Unten in der Talsohle zwischen den beiden Stellungen ist eine Quelle. Es ist schon einige Mal vorgekommen, dass die Franzosen zu gleicher Zeit mit unseren Wasserholern dort zusammengetroffen sind, ohne dass geschossen wurde. Von jetzt ab beginnt der sogenannte Maulwurfskrieg. Tag und Nacht werden von der vordersten Linie aus in gewissen Abständen Sappen[24] vorgetrieben, das sind schmale Zickzackgräben, welche vorn in dem sogenannten Sappenkopf enden. Diese Sappenköpfe werden dann wiederum zu einem fortlaufenden Graben vereinigt. Auf diese Weise kommen wir immer näher an den feindlichen Graben heran.

Der Herbst hat inzwischen Einzug gehalten, das Laub fällt rasch von den Bäumen, der Wald wird heller und durchsichtiger. Von einzelnen Stellen aus sehen wir am gegenüber liegenden Hang Teile der französischen Stellung durchschimmern. Dass diese Abschnitte gegenseitig besonders scharf beobachtet werden, ist selbstverständlich. Wer Ausdauer hat, kann fast immer einige feindliche Schützen oder Essenträger beobachten. Nachdem bei uns ein Essenträger hinter dem Graben auf diese Weise von den Franzosen abgeschossen wurde, machen wir es ebenso, so dass es notwendig wird, auch den rückwärtigen Verkehr durch Laufgräben zu bewerkstelligen. Von meiner jetzigen Stellung aus, sehe ich öfter französische Schützen gebückt durch ihre etwas niederen Laufgräben gehen. (33) Auf diesen Punkt wird das MG eingerichtet und gelauert, bis einer kommt. Sobald ein Kopf sich zeigt, wird losgedrückt und einige Schuss Dauerfeuer abgegeben. Mehrere Mal sehen wir die getroffenen feindlichen Infanteristen niederstürzen. Einmal kommt ein baumlanger Kerl mit einem Sack auf dem Rücken. Ein Druck am MG und der arme Kerl sinkt zusammen. Kurz darauf kommen wieder 2 Mann. Beim Anblick ihres getroffenen Kameraden stutzen sie. In dem Augenblick knattert schon wieder unser MG und auch sie ereilt dasselbe Schicksal. Es dauert etwa 5 Minuten, so

---

[24] von Angreifern erbauter Lauf- und Annäherungsgraben bzw. ein Erdwall vor feindlichen Festungen, verbunden mit einem vorgeschobenen Unterstand. (Sappen waren Vorläufer der Schützengräben).

erscheinen wieder einige Köpfe. Mein Richtschütze ist so im Eifer, dass ich ihn kaum davon abhalten kann, wieder zu drücken. Mit dem Glas kann ich jetzt genau beobachten, wie sie ihre Kameraden wegschaffen. Gleich darauf werden an der gefährlichen Stelle von unsichtbarer Hand Steine aufgesetzt um die Grabenböschung zu erhöhen. Wir lassen sie ruhig machen bis die Arbeit fertig ist. Dann schießen wir mit Dauerfeuer die ganze Aufschichtung wieder übereinander. Am anderen Morgen war an dieser Stelle der Graben so gut ausgebaut, dass wir nichts mehr ausrichten konnten. An einer anderen Stelle hat ein Franzose mehr Glück gehabt, denn als wir losdrückten, hatten wir einen Versager, das war seine Rettung. Diese Jagd beruht natürlich auf Gegenseitigkeit und ist eigentlich nicht sehr anständig. Auch einige Feldgeschütze sind in den letzten Tagen hinter unserer Stellung eingebaut worden.

Die Ablösung ist jetzt so geregelt, dass die Gewehrbedienungen nach 14 Tagen Stellung einige Tage nach Binarville in Ruhe kommen. In dem Dorf hat sich inzwischen eine Wandlung vollzogen. Alle Häuser sind als Massenquartiere hergerichtet. Leichtkranke oder Verwundete kommen auf eine Revierstube und werden dort behandelt. Straßen und Wege werden hergerichtet. Der Zufahrtsweg zum Wald, welcher infolge des starken Regens nicht mehr passierbar war, ist mit Knüppeln belegt worden. (34) Es scheint, als ob wir uns auf ein längeres hier sein gefasst machen müssen. Unseren Hauptmann sehen ganz selten, er ist Alkoholiker und auf den Nerven ganz herunter. Vom Kirchturm weht die Rotkreuzflagge. Die Neugier treibt mich auch auf den Turm hinaus, durch ein Guckloch kann man die feindlichen Stellungen rechts vom Wald gut feststellen und verfolgen. Es nimmt mich Wunder, dass die feindliche Artillerie noch so ruhig ist. Die paar Tage Ruhe sind höchst notwendig, damit man sich auch wieder waschen und seine Sachen herrichten kann. Rasieren tun sich nur noch wenige. Viele tragen jetzt Vollbärte und sehen aus wie die Wilden.

Die Stäbe sind in den besseren Häusern einquartiert und essen nicht mehr aus der Feldküche, das sollte im Krieg nicht sein dürfen. Im Wald sind wir durch sappieren teilweise so nahe an die feindliche Stellung herangekommen, dass wir die Franzosen gut sprechen und sogar Handharmonika spielen hören, wenn alles ruhig ist. Es geht das Gerücht, dass bald ein Sturm stattfinden soll. Die Nächte sind ganz empfindlich kalt, hauptsächlich durch das fortwährende Regenwetter. In den nassen Erdlöchern wollen die Füße überhaupt nicht mehr warm werden. Überall ist ein zäher lehmiger Brei, dass wir fast die Stiefel darin stecken lassen. Auch die Feldküche kann nur noch bis an den Wald heranfahren, dadurch ist das Essen holen bedeutend erschwert und anstrengend. Am Löhnungstage kommt der Feldwebel in unsere Reservestellung und zahlt aus. Er erzählt uns, dass jetzt Binarville schwer unter Artilleriefeuer liegt und durch einen Volltreffer in einer Scheune 13 Pferde getötet wurden. Auch Infanteriegeschosse verirren sich ab und zu in das Dorf. Auf diese Art ist unser Vizefeldwebel Mohn geb. in Mehrstetten im Dorf an der Feldküche schwer verwundet worden. Jetzt muss das ganze Dorf geräumt und die Ruhelager rückwärts in die Waldtäler verlegt werden. An Bauholz fehlt es ja nicht in den herrlichen Eichenbeständen. Eine Sägmühle in der Nähe soll (35) wieder in Betrieb gesetzt werden um Schnittwaren herzustellen. Vor meiner letzten Ablösung wurde ich mit einem MG zur Unterstützung eines Angriffs auf unserem rechten Regimentsabschnitt eingesetzt. Der feindliche Graben, welcher etwa 30 Meter von uns entfernt ist, wird durch unsere beiden Feldgeschütze eine Zeitlang von der Flanke bombardiert.

Außerdem haben Pioniere an 2 Stellen den feindlichen Graben unterminiert. Noch 1 Stunde vor der Sprengung tauschten Freund und Feind durch hinüberwerfen von Zigarettenschachteln, Zigarren und Zigaretten aus. „Merci Kamerad" rufen die Franzosen nach solchem Tauschgeschäft zu uns herüber. Zur festgesetzten Zeit nehmen unsere Pioniere die Sprengungen vor. Dies ist der Auftakt zum Angriff für unsere Infanterie. Es gelingt nur auf dem rechten Flügel, den feindlichen Graben zu erreichen, während links die Linie unter schweren Verlusten zurückgenommen werden muss. Von einem Zug kommen nur noch 9 Mann zurück, alle anderen liegen tot oder verwundet zwischen den Stellungen und können nicht hereingeholt werden. Die ganze Nacht werden Versuche unternommen, die Leute hereinzuholen, leider gelingt dies nur zum Teil und wieder unter Verlusten. Die armen Kameraden haben die halbe Nacht geschrieen und sind durch die Schießerei erneut noch mal verwundet worden. Gegen Morgen hörten wir ab und zu noch ein leises Wimmern, wahrscheinlich ging's bei den meisten dem Ende zu. Trotz dem Jammer unserer bedauernswerten Kameraden, sang im französischen Graben einer noch ein Lied dazu. So eine Rohheit. Der rechte Flügel hing jetzt in der Luft und war nur durch eine Sandsackmauer von den Franzosen getrennt. Ein erbitterter Handgranatenkampf tobte hauptsächlich nachts an dieser Stelle, dass schleunigst ein neuer Verhinderungsgraben vorsappiert werden muss. Dies dauert einige Tage bis die Stellung wieder durchlaufend wird. (36) An den französischen Handgranaten sind alte Drahtstifte und sonstige Eisenstücke mit Draht umgebunden, um die Wirksamkeit zu erhöhen. Wir haben bis jetzt nur die gelben Sprengladungen, welche an einem Brettchen befestigt sind und mit Zündschnur entzündet werden müssen.

Dieselben werden von den Pionieren in Binarville selbst angefertigt und sind mehr als primitiv. Die Handgranaten der Franzosen können durch einen Schlag auf den Stiefelabsatz zur Entzündung gebracht werden. Unsere Toten vor dem Graben werden nach einigen Tagen ganz schwarz und aufgedunsen und verbreiten einen üblen Geruch. Wenn dann der Wind noch gegen uns weht, ist's an so einer Stelle kaum zum aushalten. Jede Nacht werfen die Franzosen an den brenzligen Stellen Handgranaten, um das sappieren zu verhindern. Beim geringsten Geräusch geht eine Schießerei los, was regelmäßig Verluste durch Querschläge verursacht. Die französische Artillerie ist wieder mucker[25] und treibt einen Munitionsaufwand, dass man sich wundern muss, wo die so Masse Granaten alle herkommen. Da kann unsere Artillerie nicht mehr landen.

---

[25] aufmerksam

Das Ruhelager meiner Kompanie ist inzwischen nach Lancon zurückverlegt worden, damit unsere Pferde besser untergebracht werden können. Für die Mannschaften werden Erdhütten gebaut, was unsere Fahrer machen müssen, die haben auch sonst nichts zu tun. Als wir das erste Mal nach Lancon in Ruhe kommen, wurden wir am Waldrand von unseren Fahrzeugen abgeholt. Dies hat leider gleich wieder aufgehört, weil die französische Artillerie jetzt die Straße unter Feuer hält.

Am 28. November 1914

werde ich mit einem MG zu Regt. 127 kommandiert, um dort bei einem Sturm mitzumachen. Der feindliche Sturmabschnitt wird von einer Batterie 15er Feldhaubitzen 1 Stunde lang unter Feuer gehalten. Um Verluste in den eigenen Reihen durch zu kurz gehende Geschosse zu (37) vermeiden, wird die vordere Linie, solange in den 2. Graben zurückgenommen. Ich setze soviel Vertrauen in unsere Artillerie und bleibe mit meinem MG vorn. Kaum hatten wir jedoch volle Deckung genommen, sitzen schon einige Schuss hinter unserem Graben. Zum Glück gehen die nächsten wieder in die feindliche Linie. Endlich kommt die Infanterie mit den kleinen Leitern vor und macht sich zum Sturm fertig. Dieses Warten auf das hinaussteigen zum Schützengraben ist immer eine schwere seelische Krise für jeden einzelnen. Die Nerven sind auf das höchste angespannt. Während der eine noch in seinem Gebetsbüchlein liest, verzehrt der andere die letzten Reste von einem Liebesgabenpaket oder raucht noch schnell eine Zigarette oder macht gar nichts und starrt vor sich hin. Neben mir steht ein Unteroffizier und sagt uns, dass er das Gefühl habe, dass er bald fallen werde. Wir reden es ihm aus, aber er schweigt dazu. Auf die Minute hat die Artillerie ihr Feuer weiter hinter die feindliche Linie verlegt, ein kurzer Pfiff ist für die Infanterie das Zeichen über den Grabenrand hinauszuklettern und auf den feindlichen Graben abzuspringen. Der Feind war nicht unvorbereitet. Sofort setzt Gewehrfeuer ein, die Zeit ist aber zu kurz, alle vorspringenden Leute abzuschießen und so erreichen die meisten den feindlichen Graben. Wir klettern mit der 2. Welle über den Grabenrand hinaus und schleppen unser MG an die feindliche Grabenböschung heran.

Kaum 2 Meter von unserem Graben sehe ich im Vorbeispringen den Unteroffizier gefallen am Boden liegen, seine Ahnung hat ihn also nicht betrogen.

Rechts vor uns tobt noch der Handgranatenkampf am französischen Laufgraben und gegen die Straße am Waldrand zu. Dort scheint ein französischer Unterstand noch besetzt zu sein. Plötzlich zittert der Boden wie bei einem Erdbeben, mit dumpfem Krach fliegt in unserer unmittelbaren Nähe ein Stück Graben und die Straße in die Luft. Ein Hagel von Steinen und Erde prasselt auf (38) uns herein. Nachdem wir uns wieder hochgerappelt haben, sehen wir zwei riesige Sprengtrichter in der Straße am Waldrand. Es stellte sich heraus, dass die in dem Blockhaus befindlichen Franzosen im letzten Augenblick die unterminierte Straße in die Luft gesprengt haben. Durch die herabstürzenden Steine wird 1 Mann schwer und 8 leicht verwundet. 2 Franzosen, welche wahrscheinlich die Minen zur Entzündung gebracht haben, kommen aus einem Stollen heraus und werden gefangen genommen. Einer davon, ein strammer Kerl mit schwarzem Vollbart, erhält von meinem Richtschützen einen Rippenstoss, weil er sich beim heraussteigen aus dem Graben am Gewehrschlitten festgehalten hat. Mit einem verächtlichen Blick, welcher mehr sagte als Worte, maß er den kleinen Schützen und brummte etwas in seinen Bart.

Da mit einem Gegenstoß gerechnet werden musste, nahmen wir einen Stellungswechsel vor und bauen unsere MG so ein, dass wir den französischen Laufgraben bestreichen konnten. Kaum sind wir damit fertig, versucht ein französischer Sturmtrupp durch den Laufgraben wieder in die alte Stellung zu gelangen. Es war aber umsonst. Mit Handgranaten und MG funken wir den Laufgraben entlang, dass an einigen Stellen gleich 2 oder 3 Mann aufeinander hinauffallen, so dass der Graben mit Leichen förmlich gesperrt war. Eine Anzahl Gefangene und mehrere Maschinengewehre fielen bei diesem Sturm in unsere Hand. Nachdem wir noch die französischen Tornister nach Fleischbüchsen und dergleichen durchsucht haben, kehren wir gegen Abend zur Kompanie zurück. Bald darauf am

01. Dez. 1914

wird in unserem Regt. Abschnitt ebenfalls wieder ein Vorstoß gemacht, um unsere Front zu verbessern. Wieder ist der feindliche Graben von unseren Pionieren an verschiedenen Stellen angebohrt und unterminiert worden. Zwischen Pionieren und Franzosen hatte sich wieder eine freundschaftliche Annäherung herausgebildet, welche nun jäh unterbrochen wurde. Um 11 Uhr (39) sollen die Minen entzündet werden und damit das Signal für den Angriff gegeben sein. Von einer überragenden Stellung aus, neben den Feldgeschützen am gegenüber liegendem Hang, sollte ich nach der Sprengung mit meinem MG den feindlichen Graben unter Flankenfeuer nehmen. Mit dem Fernglas sehe ich von diesem Standort aus an verschiedenen Stellen einige Meter in den französischen Graben hinein und erkenne am Käppi einen Franzosen ganz deutlich. Pünktlich zur festgesetzten Minute fliegt an verschiedenen Stellen der französische Graben in die Luft. Auch einige feindliche Infanteristen werden mit hinausgeschleudert. Jetzt galt es, mit unserem MG und den beiden Feldgeschützen rasch die Verwirrung auszunützen. Bis der Feind richtig zur Besinnung kommt, sitzen unsere Infanteristen fast ohne Verluste schon in seinem Graben. Es hat sich damit gezeigt, dass es unter Umständen besser ist, ohne große Artillerie-Vorbereitung vorzugehen.

Nach kurzer Zeit setzt die französische Artillerie mit einem rasenden Feuer ein, dass ich schleunigst meine Stellung, welche im Schusskanal lag, räumen musste. Ich musste mich jetzt wieder dem Abschnittskommandeur Hauptmann Conz zur Verfügung stellen. Ich höre gerade mit an, wie der Adjutant, Lt. Maisch, mein Landsmann und Schulkamerad, vorschlägt, weil es so gut gegangen ist, auf dem linken Abschnitt auch gleich vorzustoßen. Hauptmann Conz hat zunächst Bedenken, er sagt: „Wir wollen das Bett nicht an 5 Zipfeln packen". Schließlich gibt er doch nach und erteilt der Infanterie den Befehl, auch links aus den Sappenköpfen herauszugehen und im toten Winkel der Talsohle sich zu entwickeln. Ich bekomme den Auftrag, mit meinem MG eine geeignete Stelle auszusuchen und das Vorgehen der Infanterie zu unterstützen. Da in den Schützengräben durch Infanterie alles versperrt ist, bleibt mir nur eine von der Artillerie schwer unter Feuer gehaltene Waldschneise, um an den für meinen Auftrag geeigneten Platz zu gelangen. Wie wir mit unserem MG die (40) Waldschneise erreichen kommen gerade einige Dutzend Gefangene im Eiltempo daher. Rasch entschlossen lasse ich gleiche die ersten vier am Gewehr und an den Kasten anfassen und bis hinter unsere Stellung mitgehen. Ohne Widerrede fassen sie zu und helfen uns, das Gewehr an unseren Platz zu bringen, dann laufen sie aber so schnell sie können rückwärts aus dem Schussbereich heraus hinter ihren Kameraden drein.

Kaum ist das MG in Stellung, als auch schon unsere Infanteristen am gegenüberliegenden Hang emporklettern. Gleichzeitig nehme ich die 2 übereinander liegenden französischen Schützengräben unter Dauerfeuer, so dass es keiner wagt, seine Nase über die Deckung herauszustrecken. Fast ohne Verluste kommen unsere Leute in den 1. französischen Graben hinein. Die Franzosen leisten kaum Widerstand und werfen Gewehr und Lederzeug zum Graben hinaus. Auch aus dem 2. französischen Graben, etwa 40 Meter weiter oben, steigen etliche Franzosen heraus und scheinen sich gefangen geben zu wollen. Ich beobachte den Vorgang durch das Fernglas. Da dieselben noch umgeschnallt und ihre Gewehre in der Hand haben, werden wir noch nicht recht klug daraus, was sie eigentlich im Sinn haben. Einige Infanteristen von uns winken ihnen zu, sie sollen herunterkommen. Zunächst machen sie jedoch keine Miene, sondern winken ebenfalls, unsere Leute sollen hinaufkommen. Ich stelle zur Vorsicht mein Gewehr ein und denke, wenn ihr nicht bald die Knarre wegwirft, werde ich euch Beine machen. Erst als einige unserer Infanteristen anlegen, werfen sie ihr Gewehr in den Graben hinein und geben sich gefangen. Es sind meist junge kräftige Leute und machen einen sehr guten Eindruck. Durch diesen gut gelungenen Sturm haben wir unsere Stellung bedeutend verbessert und sind dadurch in den Besitz der Quelle gekommen, welche nach dem Führer des Sturmes Conzquelle genannt wird. Der Hang wird sofort als Reservestellung mit Hütten und Unterständen ausgebaut.

In den folgenden Wochen macht uns das nasskalte Regenwetter am meisten zu schaffen. Als notdürftige Unterkunft (41) werden in der vorderen Linie kleine Erdlöcher in die hintere Grabenwand eingegraben und mit einem Zelttuch verhängt. Wegen Mangel an Brettern oder Stützmaterial sind die Löcher meist so nieder und eng, dass wir uns darin kaum drehen können. Die nächsten sind so furchtbar lang, dass der Tag mit Sehnsucht erwartet wird. Nur dadurch, dass wir in den nassen Erdlöchern recht nahe beieinander liegen, wird der Körper etwas erwärmt, dabei ist der außen am Zelttuch liegende natürlich immer der Leidtragende. Die Füße sind manchmal so steif und kalt, dass es beim herauskriechen zuerst nicht möglich ist, auf die Beine zu stehen. Man sollte meinen, dass unter solchen Verhältnissen die meisten von uns krank werden, was aber nicht der Fall ist, der Körper hat sich anscheinend an dieses Hundeleben gewöhnt. So lag ich kürzlich auf unserem rechten Flügel in einer noch von den Franzosen erbauten Erdhütte mit einigen Infanteristen zusammen. Unter denselben befand sich auch ein Kriegsfreiwilliger, ein blutjunges Bürschchen von 18 Jahren, dem der Grabendienst doch etwas zugesetzt hatte, denn er sah recht elend aus. Wir älteren hatten Mitleid mit dem Jungen und konnten nicht verstehen, wie man solche Kinder herausschicken kann. Als derselbe einige Stunden nach seiner Ablösung nicht in der Hütte erschien und keiner über den Grund seines Ausbleibens etwas näheres wusste, so stellten wir im Graben Nachforschungen nach ihm an. Es wurde uns gesagt, dass drunten an der Conzquelle eben ein Infanterist dieses Namens durch einen verirrten Querschläger gefallen sei. Tief betrübt kehrten wir in unsere Hütte zurück und konnten es kaum fassen, dass der arme Kerl nun tot sein soll. Schließlich liegt sein Gespräch noch da und unter unserem mitleidigen Gespräch gehen einige daran, den verwaisten Tornister auszupacken und die Wäsche und sonstigen Gebrauchsgegenstände zu verteilen. Für uns beide MG-Leute fiel etwas Schokolade dabei ab. Der leere Tornister war noch nicht wieder zugeschnallt, da geht der Zeltvorhang auf die Seite und herein kommt der Todgeglaubte. Zunächst sind wir alle sprachlos, bis schließlich einer fragt, ob er denn nicht an der Conzquelle gefallen sei. Jetzt (42) erst, als der Kriegsfreiwillige seinen ausgeplünderten Tornister sieht, merkt er so langsam, was sich hier abgespielt hat. Von der Schokolade war allerdings nicht mehr viel zu retten, dagegen wanderten die Wäschestücke unter großer Heiterkeit wieder an ihren alten Platz zurück. Der Fall fand dann seine Aufklärung, indem tatsächlich ein Namensbruder des Todgeglaubten um diese Zeit an der Conzquelle gefallen war.

08.12.1914
Die Kompanie hat gestern zwei Schweine geschlachtet und uns als Extrazulage hausgemachten Schwartenmagen und Leberwurst in die Stellung geschickt. So etwas dürfte uns noch öfter passieren.

Es ist jetzt bald Zeit, dass unsere Artillerie mehr aus sich herausgeht. Der Schützengrabensoldat muss bei uns draußen nicht sehr hoch bewertet werden und anscheinend viel billiger sein wie Artilleriemunition. Das Wasser steht an manchen Stellen metertief in den Gräben, so dass es schon des öfteren vorgekommen ist, dass Essenholer, welche wegen dem Wasser zu früh aus dem Laufgraben gestiegen sind, durch Artilleriefeuer Verluste erlitten haben. Kurz vor unserer letzten Ablösung verloren wir durch einen Volltreffer eine ganze Gewehrbedingung. Der Gewehrführer und 1 Schütze waren tot und der 9. Mann an Arm und Kopf schwer verwundet. Heute sollen wir noch gegen Typhus geimpft werden. Eben lese ich aus dem Brief eines Kameraden, dass die beiden jungen Regimenter, welche von Münsingen aus ins Feld rückten, in Flandern fast vollständig vernichtet worden seien, das ist ja der reinste Massenmord. Wie lange soll dieser Wahnsinn noch dauern?

Kürzlich sollte links von unserem Abschnitt bei einer Kompanie ein sogenannter Etappenangriff gemacht werden. Die Verhältnisse für so einen kleinen Angriff lagen jedoch so ungünstig, dass sowohl Gruppenführer wie Mannschaften von vornherein die Sache für aussichtslos hielten. Trotzdem musste ein Versuch gemacht werden mit dem Erfolg, dass von einem Zug nur 3 Mann aus dem Graben gingen. Von diesen 3 wurde ein Mann im Vorspringen verwundet (43) und ist nachts unter Lebensgefahr seiner Kameraden mit Mühe hereingeholt worden. Der 2. stürzte vor dem feindlichen Graben im Drahtverhau wieder und blieb unverletzt liegen. Nur dadurch, dass er sich tot stellte, gelang es ihm nachts, wieder zurückzukriechen. Beinahe wäre er dabei von einem Posten seiner Kompanie noch erschossen worden, welcher ihn für einen Franzosen gehalten hat. Als er leise rief: „Nicht schießen, ich bin's", sagte der Posten: „Jetzt spricht der Lump auch noch deutsch". Glücklicherweise erkannte ihn einer an der Stimme und zog ihn vollends herein. Der 3. ein Gefreiter, sprang in den französischen Graben und rief noch im hineinspringen: „Da ist ja alles voll", wahrscheinlich ist er dann gefangen genommen worden.

Die Franzmänner sind übrigens z.Z. mit unseren Sappeuren gut befreundet. Wenn wir Steinchen hinüberwerfen, dann binden sie einen roten Lappen an einen Stecken und winken ab, auch sagt man sich gegenseitig immer guten Morgen, was immer ein Gelächter gibt. Es ist jetzt ganz empfindlich kalt geworden und hat auch schon einmal geschnien. Mein in Sommaisne erbeuteter Woilach leistet mir jetzt gute Dienste.

In unserem Abschnitt ist eine Stelle zwischen den vorderen Linien, wo in einem früheren französischen Laufgraben die Sandsackmauern nur etwa 4 Meter voneinander sind. Der französische Posten steht genau so hinter seinem Schutzschild am Guckloch wie der unsere und lässt seinen Zigarettenrauch hochsteigen. Größte Ruhe und Vorsicht ist hier geboten. Als einige Landwehrleute, welche uns aus der Heimat etwa 40 Mann Ersatz brauchten, den Wunsch aussprachen, auch einmal in die Stellung hinausgehen zu wollen, musste ich ihnen als Führer dienen und haben dann auch diese Stelle gezeigt. Sie konnten es fast nicht glauben, dass so etwas überhaupt möglich wäre. Mit der französischen Infanterie wären wir wohl zufrieden, wenn nur die Artillerie nicht wäre. Wenn nichts dazwischen kommt, verlebe ich den heiligen Abend (44) bei der Kompanie in Lancon und komme am Weihnachtsmorgen wieder in Stellung.

16.12.1914

Unsere Sappen sind schon wieder bis auf einige Meter an die französische Linie herangetrieben. Es wurde festgestellt, dass auch von feindlicher Seite her miniert wird. Jetzt kommt es darauf an, wer zuerst fertig wird, entweder fliegen wir oder der Franzmann bald in die Luft. Zur Zeit stehe ich mit meinem MG vor einem französischen Sappenkopf von welchem aus, den Erdmassen nach zu schließen, unsere Stellung ebenfalls unterminiert wird. Um dies zu verhindern, wurde in der Reserve-Stellung ein schwerer Minenwerfer eingebaut und mittelst Telefon von meinem MG-Stand aus die Minen hinüber dirigiert. Schon die 5. Mine saß so gut, dass nach dem Einschlag französische Ausrüstungsstücke an den Bäumen herumhingen, hoffentlich hat's gefruchtet. Es ist nämlich ein ganz unbehagliches Gefühl, wenn man keinen Augenblick sicher ist, in die Luft zu fliegen. Wenn wir nur das Wasser von unseren Gräben zum Franzmann hinüberleiten könnten, der hätte es wohl. Jetzt regnet es bald 4 Wochen. Ich spüre schon Rheumatismus in den Knochen, da muss ja der gesündeste Mensch zuletzt krank werden. Seit einigen Tagen haben die Franzosen jetzt auch einen Minenwerfer aufgestellt, jedoch ein kleineres Kaliber wie der unsere, wir heißen ihn halt den Schleuderbubi, weil er immer mehrere hintereinander herüber schleudert. Man kann sich jedoch dagegen schützen, wenn man immer die Ohren spitzt, um den schwachen Abschuss zu hören und dann sofort in die Luft sieht, wo das Ding etwa hinfällt, meistens kann noch im letzten Augenblick ausgewichen werden, auch sind viele Blindgänger dabei. Einen dieser Blindgänger haben unsere Pioniere in der Reserve-Stellung aufgemacht und kommen neben der Sprengladung alte Kettengleiche und sonstige Eisenteile heraus.

22.12.1914

Gestern kam ich wieder von der Stellung. Es war die letzten Tage auffallend ruhig, bis auf den vorletzten (45) Morgen, wo an dem französischen Sappenkopf, welchen wir durch unsere Mineneinschläge für erledigt hielten, ein Stück unserer Sappe in die Luft flog. Anscheinend ist diese Mine unfreiwillig losgegangen oder haben sich die französischen Mineure in der Entfernung verrechnet. Ich saß gerade auf einem Patronenkasten und studierte die illustrierte Zeitung, als der Boden anfing zu zittern und ein Haufen Dreck über uns herprasselte. Eine niederstürzende Eiche schlug an meinem MG den Mantel kaputt. Alles eilte an die Schießscharten und vermutete einen Angriff. Es stieg jedoch nur 1 Franzose aus der Sappe heraus und wurde gleich abgeschossen. Nachdem die gröbste Schießerei vorbei war, stellten wir fest, dass 2 Pioniere verschüttet waren. Mit Hochdruck wurde die Sappe wieder freigemacht und die beiden ausgegraben. Der eine war schon tot und dem anderen waren einige Rippen eingedrückt. In der Nacht drangen wir durch den Sprengtrichter vor und dämmten die französische Sappe mit Sandsäcken ab. Bei Tagesanbruch gab's dann einen kleinen Handgranatenkampf, bis sich die Franzosen mit ihrem Misserfolg schließlich abfanden. Am heiligen Abend war große Bescherung bei der Kompanie. Es gab des Guten fast zu viel, als Extrazulage erhielt jeder Mann sogar ein Fläschchen Bier, das war etwas ganz seltenes. Leider habe ich mir eine Mandelentzündung zugezogen und kann jetzt fast nichts schlucken, was mir angesichts der vielen Liebesgaben doppelte Schmerzen verursacht.

28.12.1914

Wie wir am Weihnachtsmorgen in Stellung kommen, erfahren wir, dass am heiligen Abend einige Mann unserer Regimentsmusik hinten in der Reservestellung „Stille Nacht, Heilige Nacht" gespielt haben. Die französische Artillerie hat aber das Lied nicht zu Ende spielen lassen, sondern antwortete mit einem rasenden Feuerüberfall, welcher das Regiment 2 Tote und 15 Verwundete gekostet hat. Unsere Artillerie lässt sich fast nicht mehr hören. Ich habe kürzlich einen Kameraden an seinem

Geschütz aufgesucht (46) und ihm unser Leid geklagt. Er sagte mir, sie würden gerne schießen, wenn sie entsprechenden Befehl erhalten, gegenwärtig dürfen jedoch pro Geschütz und Tag nur 12 Schuss verfeuert werden, das will ja gar nichts heißen. Unsere Stellungen und Sappen sind jetzt im ganzen Regimentsabschnitt auf Sturmdistanz vorgetrieben. Auch der Feind ist fieberhaft am unterminieren. Gestern Nacht sprengte er an 6 Stellen. Die Sprengung in der Nähe meines MG muss nach hinten losgegangen sein, denn der Sprengtrichter liegt fast am französischen Graben. Nass, und vom Kopf bis Fuß mit Lehm überzogen, kommen wir wieder nach Lancon zurück. Diesmal lässt man uns kaum Zeit, unsere Kleider zu trocknen und fängt zu exerzieren an. Möchte nur wissen, was für ein Etappenhengst auf diese verrückte Idee gekommen ist, wir sind doch weiß Gott in den nassen Stellungen genug geplagt, was will man uns alten Kriegern im exerzieren noch beibringen?

31.12.1914
Ohne Artillerievorbereitung und ganz überraschend hat am 29., während ich in Ruhe lag, das Regiment angegriffen und fast ohne Verluste die feindliche Stellung genommen. Es ist das erste Mal, dass ich von einem Sturm verschont blieb. Wir konnten uns heute in Stellung von dem Erfolg überzeugen. Infanteristen sind gerade dabei, französische Verwundete und Ausrüstungsstücke zusammen zu tragen. Es wäre ein schöner Jahresabschluss, wenn wir auch damit dem Ende entgegen sehen könnten. Vorläufig hat es allerdings nicht den Anschein. Die französische Artillerie muss diese Schlappe jetzt mit unerhörtem Munitionsaufwand wieder hereinbringen. Alle Laufgräben und Zufahrtswege liegen schwer unter Feuer, da ist es in der vordersten Linie fast noch besser als hinten. Heute kommen unsere Essenholer wieder leer zurück, weil es die Feldküche infolge Verlust eines Pferdes nicht möglich war, heranzukommen. Jetzt kommen sie auch mit Steilfeuergeschützen, den sogenannten Schwarzen, die gleichen Kaliber, welche uns bei Pantry so zu schaffen machten. Dadurch sind die rückwärtigen Hänge (47) auch den Granaten ausgesetzt. Für die Sylvesternacht habe ich hinten 2 Flaschen Sekt à 2,50 erstanden, dieselben werden in unserem Erdloch getrunken.

Ausnahmsweise ist es während unserer Ablösung auffallend ruhig.

08.01.1915

Der Höhenkamm ist jetzt fest in unserer Hand und das Conztal dadurch fast zum Ruhelager geworden. Im ganzen Abschnitt werden jetzt Hütten für die Reservemannschaften in den Berg hineingebaut und wohnlich eingerichtet. Vor unserer Hütte haben wir auf einem Baumstumpen ein altes Wagenrad drehbar befestigt und ein MG darauf gestellt zur Fliegerabwehr. Durch das anhaltende Regenwetter sind die Gräben in einem schauderhaften Zustande. An vielen Stellen müssen die eingerutschten Grabenwände mittelst Faschinen[26] wieder befestigt werden. Der zähe Lehmbrei ist kaum vom Spaten wegzubringen. In den stürmischen Nächten stürzen und krachen die halb abgeschossenen Eichen über den Graben herein und drücken die Grabenwände ein, so dass wir tagsüber alle Hände voll zu tun haben, mit Sandsäcken und Faschinen alles wieder auszubessern. Es wird immer ungemütlicher und ist noch kein Ende abzusehen. Unsere Artillerie schießt fast gar nicht mehr. Dagegen machen die Franzosen alle Augenblicke einen Feuerüberfall, dass man glaubt, die Bande sei verrückt geworden. Zur Zeit bilden wir hinten im Ruhelager von jeder Kompanie einige Mann am französischen MG aus, damit diese eroberten Knarren auch wieder eingesetzt werden können. Den Munitionsaufwand der feindlichen Artillerie schätze ich auf das zwanzigfache von dem was unsere Geschütze verfeuern. Wir bekommen eine regelrechte Wut auf unsere Artilleristen, obwohl sie ja auch nichts dafür können, wenn sie nicht genügend Munition haben. Täglich wird der ganze Wald, hauptsächlich die Zufahrtswege, mit Granaten abgestreut, (48) dass auch in den Reservestellungen niemand mehr sicher ist. Unsere täglichen Verluste entstehen fast ausschließlich durch Artillerie. Die französischen Granaten sausen so rasch herein, dass Abschuss und Anschlag fast eins ist. Wir nennen diese Geschütze deshalb nur den Bumm-Ratsch. Am sichersten vor dem Artilleriefeuer

---

[26] Reisiggeflecht für Befestigungen

sind wir eigentlich ganz vorn in den Sappen, welche schon wieder auf Sturmdistanz an die feindlichen Linien herangetrieben sind. Kürzlich muss bei den Franzosen ein Erfolg oder Sieg bekannt gegeben worden sein, sie haben dreimal „Hurra" gerufen und gesungen und gepfiffen wie auf einem Jahrmarkt; einer hat sogar auf deutsch „Lausbuben" zu uns herüber gerufen. Darauf hat natürliche eine blödsinnige Schießerei eingesetzt, dass man meinte, der Teufel sei los. Augenblicklich hält uns ein neues, aus kurzer Entfernung abgeschossenes Geschoss, sogenannte Gewehrgranaten dauernd in Atem. Die Dinger werden anscheinend aus Infanteriegewehren an einem Stock abgeschossen. Die Verpflegung ist noch gut, das ist ein Glück. Wenn es nicht bald einen Rucker[27] tut, dann sind wir im nächsten Frühjahr auch noch hier. Alle paar Tage tauchen neue Parolen auf. So hieß es, der Fall von Verdun sei stündlich zu erwarten. Heute wurde wieder bekannt gegeben, in Russland seien 6 Armeekorps vernichtet. Ob's wahr ist? Wenn wir nach lauern in Ruhe kommen, merken wir nicht mehr viel vom Schützengrabenkrieg, da wird gebaut und gelebt, als ob wir überhaupt nicht mehr von hier fort wollten. Jeden Mittag spielt gegenüber von uns im Lager von Lager von Regiment 127 die Musik. Das ist immer eine angenehme Abwechslung.

Nach dem letzten Sturm machte ich einen kleinen Streifzug in die eroberte französische Stellung und durchstöberte die französischen Unterstände. Dieselben sind nur leicht mit Prügel und Lehmboden bedeckt. Man merkt wohl, dass unsere Artillerie bis jetzt noch nicht ernst genommen wird. Eine Hütte war noch voll (49) Hand- und Gewehrgranaten. Jetzt habe ich diese Dinger auch einmal in der Nähe gesehen. Von meinem MG-Stand aus ist der feindliche Graben nicht sichtbar, so dass wir mit der nötigen Vorsicht sogar hinten über die Deckung hinaufklettern können. Dadurch war es uns möglich, zwei Tote von uns, die schon seit dem letzten Sturm draußen liegen, zurück zu transportieren. Diese geschützte Stelle wurde auch von der Infanterie zum hereinschaffen von Stangen und Knüppelholz benützt. Wie es

---

[27] endlich vorwärts geht

meistens geht, werden die Leute dabei immer frecher trotz aller Warnungen. Die Folge war, dass ein ganz junger Kamerad während des Hereinsteigens in den Graben einen tödlichen Schuss durch die Brust erhielt. Er fiel mit einem leisen Schrei direkt vor meine Füße in den Graben herein. Bis wir ihm den Rock geöffnet hatten um nach dem Schuss zu sehen, hatte er sich schon gestreckt und war tot. So leichtsinnig wird oft das Leben aufs Spiel gesetzt. Das Essen holen wir durch das starke Artilleriefeuer in den halb mit Wasser angefüllten Laufgräben immer beschwerlicher und ist oft kalt bis es in die Stellung kommt. Durch den anhaltenden Regen geht Grund und Boden. Die meisten Leute sind dauernd damit beschäftigt, mit Faschinen und Sandsäcken die Grabenwände zu befestigen. Es nur schade um den schönen Stoff, der zu den Sandsäcken manchmal verwendet wird. Was die Infanterie wirklich leisten muss, ist bald nicht mehr menschlich. Neben dem Grabendienst müssen nachts noch die schweren 2-Zentner-Minen in den engen Laufgräben vorgebracht werden. Das ist eine regelrechte Schinderei. Da hat es ein Stück Vieh noch weit besser. Dabei nennen sich die kriegsführenden Völker noch christlich und kultiviert. Es kann nicht anders sein, dass die französischen Schützengrabensoldaten die gleiche Gesinnung haben wie wir, denn sie sind in der gleichen Verdammnis. Wenigstens hören wir sie auch Tag und Nacht Wasser schöpfen; es (50) ist dies für aber ein schwacher Trost. Unser Hauptmann ist fast immer krank und wird wohl bald nach Deutschland kommen. Er wäre kein übler Feldssoldat und hat hauptsächlich während dem Vormarsch immer seinen Mann gestellt. Dieses geruhsame Leben hinten ist aber sein Verderben. Müßiggang ist auch bei den Offizieren aller Laster Anfang. Seit die Herren eine besondere Küche haben, glaube ich an keinen Sieg mehr.

16.01.1915

Wieder ist eine Schicht glücklich vorüber. Ich war kaum 10 Minuten in der Stellung und sollte den ersten Tag in Reserve liegen, als der Befehl kam, ich solle mit einem MG von der vorderen Linie aus einige Eichen abschießen, an welchen immer die feindlichen Granaten hängen blieben und dadurch schon mehrmals Verluste entstanden sind. Bis wir mit unserem MG an die bezeichnete Stelle kommen, müssen wir stellenweise in den Laufgräben bis übers Knie herauf im Wasser waten. Die Bäume standen so richtig in einem Schusskanal der französischen Artillerie, so dass ich mir gleich sage, wenn du anfängst mit deinem MG Dauerfeuer abzugeben, geht das Donnerwetter los. Auch die Posten in der Nähe prophezeiten mir dasselbe und gingen vorsorglich in volle Deckung. Als ich anfing, mit Dauerfeuer an einem Stamm zu sägen, war die erste Folge, dass alles unruhig wurde und zu schießen anfing. Wir hatten gerade einen Gurt verfeuert, war die erste Eiche abgeschossen und stürzte mit großem Krach nieder. Kaum hatten wir jedoch am zweiten Stamm angefangen, als die französische Artillerie einsetzte und uns mit einem rasenden Schnellfeuer überschüttete. Ehe der zweite Baum abgeschossen war, musste ich abstoppen lassen und in Deckung gehen. Auch die Infanterie hatte sich inzwischen verzogen und (51) wollte es sich mehr von der Ferne ansehen wie die Bäume umstürzten. Wie es das Unglück will, bleibt wieder eine Granate an einem Baum hängen und zwar gerade an einer Stelle, wo mehrere Infanterieposten beieinander standen. Zwei davon waren sofort tot und einer musste schwer verwundet weggetragen werden. Daraufhin ließ uns der Infanteriezugführer sagen, wir sollten machen, dass wir mit unserem MG zum Teufel kommen. Das ließen wir uns nicht zweimal sagen. Die Lust war uns sowieso vergangen, auch hatte inzwischen unser Zugführer vorgeschickt, die Schießerei sofort einzustellen und zu verschwinden. Von Kopf bis Fuß mit Lehm überzogen und die Stiefel voll Wasser erreichen wir unsere Hütte in der Reservestellung und mussten noch froh sein, dass die Sache für uns noch so glimpflich abgegangen war. Die Eichenstämme wurden dann nachts von den Pionieren mit einem Kranz Sprengkörper versehen und auf elektrischem Wege abgesprengt, was tadellos klappte ohne so einen großen Radau zu machen wie wir mit unserem MG. Der Regen hält immer noch an, in den Gräben kommen richtige Quellen zum Vorschein, so dass Tag und Nacht gepumpt und geschöpft werden muss. Die Wasserhaltung ist direkt ein schwieriges Problem geworden. Auch bei den Franzmännern drüben sind die Wasserschöpfer dauernd in Bewegung. Vor der Ablösung ist es meist so, dass nicht bis zum letzten Augenblick am Wasser gearbeitet wird. Die ablösenden Kompanie trifft dann morgens die Gräben in einer ziemlich schlechten Verfassung an und schimpft dann über die abrückende Kompanie, obwohl es dann bei ihrer Ablösung um kein Haar besser aussieht. Die französische Artillerie schießt so durchschnittlich alle halbe Stunde etwa 60 – 80 Granaten in unseren Abschnitt und zwar in einem Tempo, dass wir oft sagen, die da drüben sind wieder (52) vollständig hinübergeschnappt. Unsere Artillerie hat nicht für den ganzen Tag so viel Schuss zur Verfügung wie die Feindliche für einen einzelnen solchen Feuerüberfall. Unseren Kanonieren ist es selber nicht recht, wenn wir uns bei ihnen beklagen. Sie sagen, es sei ihnen genau vorgeschrieben, wie viel Schuss pro Geschütz und Tag verfeuert werden dürfen. Es ist jetzt bald so, dass die Kanoniere uns direkt ausweichen, um unseren Vorwürfen zu entgehen. Unser 3. Bataillon ist östlich der Argonnen bei Vauquois eingesetzt. Dort haben die Franzosen schon einige Mal versucht, die Höhe in Besitz zu nehmen, sind aber bis nur abgeschmiert worden. Überhaupt macht sich beim Feind eine erhöhte Gefechtstätigkeit bemerkbar. Täglich stellen wir neue Minenwerfer fest, welche die vordere Linie dauernd in Atem halten. An unserem 3. Gewehr ist erst eine Mine in den Unterschlupf hereingeflogen. Zum Glück waren die beiden Leute gerade beim Essen fassen. Dafür sind Mäntel, Lederzeug und Decken in Stücke zerrissen worden. Auch in unserer Reservestellung im Conztal sind in dieser Schicht 2 Mann von der Kompanie durch Granatsplitter schwer verwundet worden. Durch den Regen sind gegen die Champagne zu weite Strecken überschwemmt und in große Seen verwandelt. Die Straßen sind in einem schauderhaften Zustand. Ulanen sind gerade dabei, dieselben notdürftig auszubessern.

24.01.1915
Was ist es doch für ein angenehmes Gefühl, wenn man vom Walde zurückkommt, und findet im Ruhelager eine warme Hütte, wo man sich wieder als Mensch fühlen darf. Wenn durch das trocknen der nassen Kleider die Luft auch etwas dick wird im Raum, die Hauptsache ist doch, dass man einige (53) Tage seine

Ruhe hat. Dass ich diesmal wieder mit heilen Knochen davon gekommen bin, ist mehr als Glück. Der Grabenabschnitt, wo ich während meiner vorletzten Schicht mit dem Eichen abschießen so schlechte Erfahrungen gemacht habe, hat es schon auf sich, denn keine Stelle im ganzen Regimentsabschnitt wird von den Franzmännern so aufs Korn genommen, obwohl wir dort eigentlich nichts besonderes vorhaben. Durch die fortwährenden Verluste wurde jeder zweite Posten dort weggezogen, und als Ausgleich sollte ich eine starke MG-Stellung dort ausbauen, da tagsüber dort keine Erdbewegungen vorgenommen werden durften. Weil wir eingesehen waren, hatten wir die ersten beiden Nächte voll zu tun, bis das Gewehr eingebaut und in der rückwärtigen Grabenwand ein notdürftiger Unterschlupf hergestellt war. Es scheint, dass die Franzosen doch trotz unserer Vorsicht eine Veränderung an unserer Grabendeckung wahrgenommen haben, denn am 3. Morgen fing die französische Artillerie an, unsere MG-Stellung vollständig einzukreisen. Die Schüsse saßen alle so gezielt um uns herum, dass gar kein Zweifel darüber bestehen konnte, dass ein französischer Artilleriebeobachter das Feuer dirigierte. Meinem Zugführer machte ich hierüber Meldung. Er meinte, es seien eben Zufallstreffer, ich solle das Gewehr vorläufig sitzen lassen. So warteten wir eben ab, in der Hoffnung, dass dieses Artilleriefeuer wieder aufhört. Ich legte mich zu den abgelösten Schützen in unsere Grabenhütte und ließ einen Mann am Gewehr. Angespannt lauschten wir auf die Einschläge, als mit einem Krach plötzlich unser mit Lehm bedecktes Prügeldach über uns zusammenstürzte. Ein Volltreffer hatte einige Meter neben dem MG durch die vordere Grabendeckung gehauen und unser Hüttendach zusammengeschlagen. Als ich mich wieder hochgerappelt hatte, um in den Graben hinaus zu kriechen, sehe ich meinen Schützen, welcher am Gewehr war, (54) im Graben liegen, während mein Nebenmann in der Hütte mit zerfetzter Hand und einem Splitter in der Schulter stöhnend unter den Trümmern unserer Hütte sich vorarbeitete. Trotzdem ich mit Tuchfühlung neben ihm lag, kann ich bei mir nirgends eine Verwundung feststellen. Zunächst versuchte ich, meinen im Wasser liegenden Kameraden aufzurichten, er ist aber schon nicht mehr bei Bewusstsein. Während mein leicht verwundeter Kamerad nach Anlegung eines Notverbandes an seiner Hand, an der drei Finger fehlten, noch selbst zurückgehen konnte, mussten wir unseren schwerverwundeten Schützen mit Namen Ganal im Zelttuch durch den engen Graben zurückschinden. Er hatte mehrere Splitter im Bauch und ist während des Rücktransports vollends gestorben. Er war einer unserer besten Schützen und von Anfang an dabei. Jetzt, wo es zu spät war, kam der Befehl, nachts das Gewehr wieder herauszunehmen und in einer Sappe in der Nähe neu einzubauen. So musste ich auch in der dritten Nacht wieder schuften, bis die neue Stellung ausgebaut war. Es war für mich eine gewisse Genugtuung, als morgens gleich von den ersten Schüssen der französischen Artillerie einer in ihren eigenen Graben ging und dem Geschrei nach auch Verluste verursacht hatte. Damit hatten wir an dieser Stelle vor der Artillerie Ruhe, dafür sitzt ein Minenwerfer uns gegenüber, so dass dauernd die Ohren gespitzt sein müssen, damit man sich noch beizeiten in Sicherheit bringen kann. Es sind sogenannte Flügel- oder Flatterminen, hinten mit 4 Blechflügeln versehen, als Steuerung und etwa 1 ½ Zentner schwer. Die Wirkung und der Krach ist aber fast so groß, wie bei unseren schweren 2 Zentnerminen. An einigen tief gelegenen Grabenstücken ist das Wasser nicht mehr wegzubringen. Der Grabenverkehr muss deshalb hier umgeleitet werden. Trotzdem versuchen es immer wieder Leute, um sich den Umweg zu sparen, wie (55) Bergsteiger in einer Feldspalte hindurchzuklettern, obwohl dies direkt lebensgefährlich ist, weil der Körper möglichst nicht über die Deckung hinausragen darf. Die Vorbedingungen für den nächsten Sturm sind bald wieder vorhanden und die Sappenköpfe auf Sturmdistanz vorgetrieben. Wenn's nur schon glücklich vorbei wäre.

02.02.1915

Wie vorauszusehen war, haben wir am 29. Januar den feindlichen Graben gestürmt und zwar nicht nur innerhalb unseres Regimentsabschnittes, sondern gleich in der ganzen Division. Der Angriffszeitpunkt war uns bis auf den letzten Tag nicht genau bekannt und doch merkten wir an den

Vorbereitungen, dass es keine 24 Stunden mehr dauern konnte bis es losging. Hunderte von Stahlschutzschildern und eine Unmenge Sandsäcke lagen in der vorderen Linie bereit. Als dann die verhängnisvollen Sturmleitern verteilt wurden, da wussten wir Bescheid. Trotzdem werde ich am 28. wie sonst abgelöst und hoffte schon im stillen, dass während meiner Ablösung vielleicht wieder der Sturm stattfindet, wie das letzte Mal. Diese Hoffnung war leider trügerisch, denn am gleichen Abend kam noch ein Befehl, alle verfügbaren Truppen wieder in den Wald zu schicken. Jetzt wussten wir, was uns bevorstand. Nach einem ernsten Abschied von den Kameraden im Hüttenlager erreichen wir um 9.00 Uhr unsere Reservestellung, wo schon alle Hütten und Unterstände der Infanterie mit Sturmtruppen voll gepfercht sind. Die Division greift am 29. vormittags 7.00 Uhr an, lautete der Befehl. Jeder erhält seine eiserne Portion für den Notfall. Die Nacht wird wenig geschlafen, jeder hängt eben seinen Gedanken nach und sucht den Sinn dieses jammervollen Daseins zu erforschen. Mancher mag auch schon eine leise Vorahnung gehabt haben, dass er nun bald sterben muss. Schließlich hört auch das Denken und Sinnieren auf und jeder ist froh, wenn der Tag anbricht und die Spannung bald gelöst ist. (56) In aller Frühe geht's heraus und auf die angewiesenen Plätze. Ich stehe diesmal als Sturmgewehrführer zur Verfügung des Abschnittskommandeurs. Es ist noch sehr ruhig im Wald. Die Franzosen scheinen keine Ahnung zu haben, was ihnen bevorsteht. Von Minute zu Minute rückt der Zeiger näher, jeder Nerv ist angespannt. Endlich wackelt die Wand mit dumpfem Getöse, erfolgen bei uns fast zur gleichen Zeit die 4 vorbereiteten Sprengungen. Dann entsteht eine kurze unheimliche Pause. Vereinzelt fallen Infanterieschüsse. Unsere erste Welle ist hinaus. Jetzt setzt ein Höllenspektakel ein, die Artillerie hat eingegriffen. Die französischen Kanoniere sind verrückt geworden, dazwischen ertönen schon die dumpfen Schläge der Handgranaten und das langweilige Geratter einzelner französischen Maschinengewehre. Der Nahkampf hat eingesetzt. Wir kauern mit unserem MG am Zugführerunterstand und warten auf Befehl. Ist der erste Sprung geglückt, lautet die bange Frage. Kaum haben wir uns diese Frage gestellt, kommt auch schon Befehl, mit unserem MG am Sprengtrichter des linken Flügels zu erscheinen. Dort gehe es nicht vorwärts. Wir drängen uns an der Infanterie vorbei durch die Sappe nach dem großen Springtrichter vor. Meine Schützen setzen das Gewehr zusammen, während ich mich orientiere. Zunächst konnte ich feststellen, dass der Sprengtrichter doch nicht groß genug war, um bis an den französischen Graben heranzureichen und zum durchgraben ist keine Zeit. Pioniere und Infanteristen erklären mir, dass jeder der die Nase über den Trichterrand hinausstrecke, sofort von einem französischen MG abgeknallt werde. Es sei nur den ersten paar Leuten gelungen, den französischen Graben zu erreichen. Alle nachfolgenden seien von dem französischen MG abgeknallt worden. Vorsichtig schieben wir unsere Knarre auf den Trichterrand und fangen auch gleich an zu schießen. Während ich krampfhaft versuche, die Stellung (57) des feindlichen Maschinengewehres zu entdecken. Der feindliche Graben ist nur etwa 10 Meter vom Trichter entfernt und zieht sich rückwärts gegen das Regiment 124. Weit und breit ist außerhalb der Gräben kein Soldat zu erblicken. Der Kampf spielt sich überall im Boden ab. Ein Pionier und 3 Infanteristen liegen einige Meter von uns tot im Drahtverhau. Kaum haben wir etliche 20 Schuss draußen, fängt tatsächlich die französische Knarre schon an. Trotz angestrengter Beobachtung kann ich seinen Standort nicht entdecken. Inzwischen hat auch ein feindlicher Minenwerfer unsere Gegend aufs Korn genommen. Ich lasse einen Augenblick abstoppen. Aber sofort spüren wir die feindlichen Geschosse haarscharf über uns wegpfeifen. Ohne ein sicheres Ziel zu haben, muss ich wieder weiter feuern lassen. Währenddessen gelingt es einigen Leuten in den feindlichen Graben hinüberzuspringen. So oft ich aufhöre, setzt eben immer unser Konkurrent ein. Dieses Duell geht etwa 10 Minuten so weiter. Wir haben nur noch einen Kasten Munition. Die französische Artillerie hat ein rasendes Schnellfeuer auf unsere Stellung gelegt. Man glaubt die Hölle sei losgelassen. Dabei muss ein ganz schweres Kaliber dabei sein. Wir hören die Geschosse ganz schauerlich durch die Luft heranheulen und sehen es auch an den Einschlägen, dass wir es hier mit einer neuen Marke zu tun haben. Da wir in dieser brenzligen Lage nicht lange bleiben können und im Augenblick auch kein Führer zu sehen ist, ziehen wir einen Augenblick unser Gewehr zurück und kommen mit den Pionieren überein, die Leute sollen sich bereithalten und während wir wieder anfangen mit Schießen so rasch als möglich versuchen, hinüberzukriechen. Jetzt gelingt's auch tatsächlich auf diese Art. Die Infanteristen wollen nachfolgen, als plötzlich ein donnernder Krach erfolgt. Mein Richtschütze und ich werden samt dem Gewehr vom Luftdruck auf die Seite geworfen. Ein (58) Hagel von Holzteilen und Lehm prasselt auf uns nieder. Hinter uns im Sprengtrichter schreien und stöhnen die Getroffenen. Wie ich mich umdrehe, um in den Trichter zu sehen, bietet sich mir ein schauderhaftes Bild dar. Durch das Vordringen war das Loch halbvoll mit Leuten, als der Volltreffer hereinfuhr. Mehr wie die Hälfte derselben liegen zerrissen am Boden. Mein dritter Schütze, dem ich gesagt hatte, er solle im Trichter in Deckung bleiben, liegt mit aufgerissener Schädeldecke hinter uns. Das ganze Gehirn ist herausgespritzt. Neben ihm zwei Pioniere, noch viel schrecklicher zugerichtet. Über die Leichen und Schwerverwundeten drängt sich alles, was sich noch bewegen kann, in die Sappe zurück. Wie durch ein Wunder sind wir beide, mein Richtschütze und ich, verschont geblieben. Um keinen Preis bleiben wir jetzt in dem Trichter. Noch viel lieber über die Deckung weg in den französischen Graben hinüber. Kriechend ziehen wir unsere Knarre nach, während ein Infanterist den Patronenkasten nachbringt. Das feindliche MG scheint verschwunden zu sein, denn wir kommen ohne Schuss glücklich hinüber. Auch die Infanterie folgt wieder nach. Der feindliche Graben ist schon leer. Links bei Regiment 124 hören wir ein Geschrei und sehen eine Anzahl Franzosen ohne Waffen aus dem Graben klettern. Jetzt merke ich erst einen Schmerz im Sprunggelenk. Mein Richtschütze zieht mir ein kleines Granatsplitterchen, welches die Hose durchschlagen und in der Haut steckte, heraus. Inzwischen hat es durch den Fortschritt bei 124 auch bei uns Luft gegeben. Nur vereinzelt wird im Graben noch mit Handgranaten gekämpft. Was sich noch nicht verzogen hat, wird gefangen genommen. Die paar Infanteristen, welchen es vom Trichter aus bei der ersten Welle gelungen ist, in den französischen Graben zu kommen, liegen fast alle (59) beieinander, erschlagen und zusammengestochen an der Grabenwand. Nachdem die gefangenen Franzosen weg sind, geht's weiter über die französischen Stellungen hinaus aufs Geratewohl, weiter in den Wald hinein. Nach einigen hundert Metern stoßen wir auf ein Hüttenlager, wo eine Menge Tornister und Ausrüstungsstücke herumliegen. Hier sehen wir so recht deutlich, dass die Franzosen von unserer Artillerie nicht sehr belästigt worden sind, denn die meisten Hütten sind zeltartig mit Stangen auf dem Boden aufgesetzt und leicht mit Lehmboden überdeckt. Da zunächst keine einheitliche Führung vorhanden ist und in unserer Nähe kein Mensch über die zu erreichende Linie Bescheid weiß, machten sich die meisten Leute trotz der Gefahr über die französischen Tornister her. Schokolade und alle möglichen Leckerbissen fanden sich in Masse vor. Nur mit Mühe gelingt es uns, die Leute wieder von den Tornistern und Hütten wegzubringen, damit wenigstens wieder eine Schützenlinie gebildet werden konnte. Dabei stoße ich zufällig auf einen Landsmann bei den Pionieren namens Krehl aus Trailfingen. Endlich ist nach rechts die Verbindung hergestellt, während wir links mit Regiment 124 noch keine Fühlung haben. Vorsichtig pirscht sich alles noch weiter vor, ohne Schuss überschreiten wir eine Talmulde und machen auf der Höhe im dichten Unterholz wieder Halt, nachdem durch Patrouillen festgestellt ist, dass eine größere französische Erdbefestigung etwa 80 – 100 Meter vor uns liegt. Bei uns am linken Flügel wird es so langsam brenzlig. Wir hängen frei in der Luft und haben mit den 124ern die Fühlung verloren. Noch weiter vorzugehen hat deshalb keinen Zweck. Die Führer haben ihre Verbände wieder in die Hand bekommen und legen (60) die neue Verteidigungslinie fest. Alles was einen Spaten hat, beginnt zu schanzen wie verrückt, denn jeder Augenblick ist kostbar. Ich übernehme mit meinem MG während der Schanzarbeiten den Flankenschutz des linken Flügels, während eine stärkere Patrouille versucht, mit den 124ern zusammenzutreffen. Mit dem Glas spähe ich den ganzen Wald ab, doch kann man in dem Anflug nicht weit sehen. Es dauerte keine 10 Minuten, da entdecke ich links seitwärts auf etwa 50 – 80 Meter Entfernung französische Schützen im Angriff. Rasch wird die Infanterie drauf aufmerksam gemacht. Die

Franzmänner haben uns noch nicht entdeckt. Zunächst weiß ich nicht, soll ich schießen oder nicht. Ich sehe die Kerle immer besser wie sie gegen den Abschnitt des Regiments 124 vorgehen. Jetzt gab's kein Zaudern mehr; wir geben gleich Dauerfeuer ab. Im Nu sind sie verschwunden und fangen auch an auf uns zu schießen. So oft ich Abstoppen lasse sehen wir, wie sie einzeln wieder zurückspringen und allmählich wieder im Walde verschwinden. Nach dieser aufregenden Unterbrechung werden die Schanzarbeiten wieder fortgesetzt, so dass gegen Mitternacht schon ein fortlaufender Graben vorhanden war. Drückeberger gibt es bei solchen Schanzarbeiten nicht; jeder sucht so schnell als möglich in den Boden hineinzukommen und kann es fast nicht erwarten, bis er von seinem Nebenmann den großen Spaten entlehnen kann, damit es noch schneller geht. Es war auch höchste Zeit, denn die feindliche Artillerie hatte uns schon wieder gefunden und streute den ganzen Wald ab. Da ist sicher wieder ein französischer Artilleriebeobachter vorn und lenkt die Schüsse mitten in der Nacht. Da könnten unsere Artillerieoffiziere noch etwa lernen. So langsam stellt sich auch Durst und Hunger ein. Die meisten Feldflaschen sind doch längst leer. Jetzt (61) können wir uns nur noch an die Fleischbüchsen halten. Auch unsere Artillerie fängt an zu schießen, aber ohne Beobachtung, denn die ersten Schüsse sitzen alle zu kurz und gehen teilweise in unseren eigenen Linien herein. Bis endlich mit sofort abgeschossenen Leuchtkugeln der Fehler erkannt ist, hat das Regiment 2 Tote und 6 Verwundete zu beklagen. Es ist das schlimmste, was dem Infanteristen widerfahren kann, wenn die eigene Artillerie in den Rücken schießt. Die Artilleriebeobachter gehören eben in die Schützenlinie vor wie es die Franzosen auch machen. Die Verbindung mit Regiment 124 wird noch in der Nacht hergestellt. Damit haben wir wenigstens wieder eine fortlaufende Stellung. Ich musste mich bloß wundern, dass uns die französische Infanterie während den Schanzarbeiten nicht belästigt hat. Bei Tagesanbruch kommt die Ablösung und bringt gleich genügend Munition mit. Wir sind alle so müde, dass wir uns kaum mehr auf den Beinen halten können. Meine Kompanie hat bei diesem Sturm nur 8 Mann verloren. Nach 1 1/2 Tagen Ruhe in der Reservestellung haben wir uns soweit erholt, dass an den weiteren Ausbau der Stellung gegangen werden kann. Das wichtigste ist zunächst der Schutz gegen die französische Artillerie, welche absolut noch keine Ruhe geben will. Leider lässt das Grundwasser in dieser neuen Stellung keine tiefen Unterstände zu, so dass wir unsere Hütten nur gegen Splitter schützen können. In meinem Zuge sind wir jetzt noch 2 Unteroffiziere und 3 Schützen von den Ausmarschierten. Jetzt werden wir wohl auch bald zu der großen Armee abgerufen werden. Durch diese Verluste bin ich nach diesem Sturm zum Vizefeldwebel aufgerückt.

20.02.1915
In der neuen Stellung geht jetzt alles wieder seinen geordneten Gang. Der Regen hat endlich (62) nachgelassen. Es gibt jetzt auch wieder sonnige Tage. Dadurch ist die Stimmung wieder eine bessere geworden. Die Spuren des letzten Sturmes sind fast beseitigt. Einen Nachteil hat dieser teure Sieg übrigens auch gehabt, nämlich den, dass die Essensholer um 800 – 1000 Meter weiter zur Küche haben. Auch die feindliche Artillerie hat sich wieder etwas beruhigt. Dafür werden die Minenwerfer lebhafter. Nach jedem feindlichen Minenabschuss sieht alles in die Luft und denkt sich rasch die Gegend des Einschlags. Dementsprechend bleibt man entweder auf seinem Platz oder versucht so rasch wie möglich aus der gefährlichen Zone herauszukommen. Nicht immer trifft man das Richtige. Es gehört schon eine gewisse Erfahrung dazu, die Stelle des Einschlags abzuschätzen. Es ist immer das erste was wir machen, wenn Ersatz kommt, dass wir die Neulinge in diese Geheimnisse einweihen. Die Franzosen machen es bei unseren Minenabschüssen ebenso und geben durch einen Pfiff das Zeichen. Als ersten Frühlingsvorboten haben sich schon Singvögel eingestellt und schmettern ihr Lied. Da kommt einem erst unser Jammerleben zum Bewusstsein. In meinem letzten Paket nach Hause habe ich einige harmlose Beutestücke mit eingepackt als Andenken. Das Paket muss aber irgendwo geöffnet und die Sachen herausgenommen worden sein. Am Ostrand der Argonnen können wir eine erhöhte Artillerietätigkeit feststellen. Dies scheint uns doch zugute zu

kommen, weil das Artilleriefeuer bei uns etwas nachgelassen hat. Trotzdem bekommen die französischen Kanoniere ab und zu ihren Koller, so haben wir kürzlich innerhalb unserem Abschnitt in 5 Minuten 200 Schuss gezählt.

01.03.1915

Jetzt habe ich auch einmal einen Druckpunkt gehabt, in dem mir 10 Tage lang die Aufsicht beim Bau eines Pferdestalles übertragen wurde. Die Wände hierzu werden in Blockhausform aus schönen Eichenstämmen (63) hergestellt, welche im nahem, von einem friedlichen Bächlein durchflossenen Waldtal, gefällt werden. Wenn ich so beim Bäume fällen beschäftigt bin, vergesse ich fast, dass wir im Krieg sind. Eine wunderbare Ruhe herrscht in dem einsamen Tal. Nur die schönsten und für unseren Zweck geeignete Bäume müssen daran glauben. Pferdegespanne schleifen die Stämme dann zum Lager, wo sie dann bearbeitet werden. Der Wald ist fast unerschöpflich hier.

Am letzten Sonntag machte ich abends noch einen Spaziergang und bin auf ein Rudel Wildschweine gestoßen. Dabei bin ich nicht schlecht erschrocken, denn ich habe nicht gewusst, dass die Biester so groß sind. Muss mich immer wundern, dass noch nicht alles Wild abgeschossen ist. Vor einigen Tagen ist von den Franzosen mit weitragenden Geschützen nach Lancon hereingeschossen worden. Die Schüsse gingen jedoch alle über das Ziel hinaus in ein Wiesengelände. Heimlich haben wir uns darüber gefreut, dass in das geruhsame Leben der Stäbe und sonstigen Kommandos einmal ein wenig Bewegung hineingekommen ist. Der Schrecken ist den Herrschaften nicht schlecht in die Glieder gefahren. Jetzt ist natürlich großer Auszug aus Ägypten. In der Nähe ist ein bombensicherer Steilhang. Dort entsteht jetzt das reinste Villenviertel. Alle Bauhandwerker sind mit Hüttenbauten beschäftigt. Da ist in der nächsten Zeit kein Drahtstift und kein Brett mehr für den Schützengraben frei, von Dachpappe gar nicht zu reden, denn eine wasserdichte Bedachung ist immer noch am schwersten aufzutreiben. Es ist schon längst nicht mehr wie im

Bewegungskrieg. Dort hat noch der General und der Muskote[28] aus der gleichen Feldküche gegessen. Heute ist Unterkunft und Verpflegung reinlich nach Rang gestaffelt und geordnet. Dadurch gehen den Kampftruppen eine Unmenge Leute verloren, die als Burschen und sonstige dienstbaren Geister hinten herumstinken. Das bringt alles der (64) Stellungskrieg so mit sich. Richtig ist es aber nicht. Es geht wieder das Gerücht, die Division soll nach Russland kommen. Es wird aber nur wieder so ein Kantinenbefehl sein. Sie sollen uns jetzt nur vollends hierlassen, wenn nicht mehr gestürmt wird, ist uns wohl genug hier. Unser Hauptmann ist längst nach Deutschland abgereist wegen seinem Leiden. Auch sein Nachfolger Lauster ist nervös geworden und haut bald ab. Der neue, den wir voraussichtlich bekommen, ist ein aktiver Hauptmann, ein Bayer; nun, uns ist ein jeder recht, sofern er uns im Schützengraben nicht viel dreinredet und hinten während der Ablösung in Ruhe lässt.

15.03.1915

Im Walde hat sich nicht viel geändert, seit ich nicht mehr draußen war. Die feindlichen Stellungen vor unserem Abschnitt sind die reinsten Festungen und ist an einen Angriff von unserer Seite vorläufig nicht zu denken. Trotzdem wird eifrig vorsappiert auf Sturmstellung. Es darf einfach bei uns keine Ruhe geben. Wenn es wahr ist, was die Zeitungen schreiben von unseren U-Booten, dann geht's ja bald dem Ende zu. Die Botschaft hör' ich wohl, allein mir fehlt der Glaube. Unser Pferdestall ist bald soweit fertig, dass er bezogen werden kann. Das schwierigste Problem ist immer die Beschaffung von Dachpappe. Um die Versorgung der Kampftruppen zu erleichtern, bauen zur Zeit Eisenbahntruppen eine Kleinbahn von Semic bis vor in die Waldlager. Man könnte tatsächlich glauben, wir wollten ewig hier bleiben und der Krieg ginge überhaupt nicht mehr aus.

28

26.03.1915

Die Vöglein im Walde, die sangen so wunderschön. In der Heimat, da gibt's kein Wiedersehen, wenigstens vorläufig noch nicht. Einige Meter über unserem Unterstand hat sich ein Amselpärchen angesiedelt. Ein Zeichen, dass es verhältnismäßig ruhig hergeht da draußen. (65) Die Infanterie belästigt sich gegenseitig kaum mehr. Nur die französische Artillerie bekommt ihre regelmäßigen Tobsuchtsanfälle. Ebenso sind die Minenwerfer eifrig tätig und schicken jeden Tag das gleiche Quantum Eisen herüber und hinüber. Verlust gibt es deshalb jeden Tag. Seit ich Vizefeldwebel geworden bin, steht mir auch ein Reitgaul zur Verfügung. Meine Reiterfigur scheint aber das Auge eines Hauptmanns vom Regiment 127 zu beleidigen, denn so oft ich in Ruhe bin und diesem Herrn mit meinem Gaul begegne, hat er immer etwas auszusetzen. Kürzlich fragte er mich sogar, wer mir das reiten erlaubt hätte, dieser Affe. In der Stellung draußen hat in jüngster Zeit eine ganz krankhafte Sucht nach den kupfernen Führungsringen der französischen Granaten um sich gegriffen. Sogar an Blindgängern wird herumgemeißelt, obwohl schon etliche Leute ihr Leben dabei eingebüßt haben. Auch mir hat es einmal geblüht, als ich abends hinter der Stellung auf einen Baum kletterte, um den Fallschirm einer französischen Leuchtrakete herunterzuholen. Just in dem Augenblick kamen einige Artilleriesalven durch die Bäume gesaust, dass mir das Andenken sammeln vergangen ist.

07.04.1915

Bin zur Abwechslung einmal krank im Hals und habe einige Tage Schonung. Nebenher muss ich den Bau einiger Mannschaftshütten beaufsichtigen. Nach Fertigstellung derselben zieht die Kompanie mit Mann und Ross und Wagen in das neu erstellte Hüttenlager am Hang. Ein junger Schütze, Bauführer in Zivil, hatte beim Bau die technische Oberleitung. Auch ein Gemüsegarten ist angelegt, später soll noch für den Hauptmann eine Champignonanlage hinzukommen, dann ist unser Gärtner vollends unabkömmlich. Auch ein Hühner- und Hasenstall ist vorhanden. Von den im Vormarsch requirierten Pferden hat eines gefohlt, jetzt brauchen wir auch einen

Fohlenstall. Die Stäbe (66) wissen vor Langeweile nicht mehr, was anfangen. Aber zu etwas müssen sie doch da sein. Deshalb geben sie Befehle heraus wie die vom Graben abgelösten Truppen hinten um ihre Ruhe gebracht werden können. Am besten geschieht dies durch ansetzen von exerzieren und üben von Ehrenbezeugungen. Am Sonntag war Feldgottesdienst in der Division. Dabei habe ich wieder verschiedene Landsleute getroffen. Für die Feldgeistlichen ist es heute nicht leicht, das Evangelium zu predigen und den lieben Herrgott um den Sieg anzuflehen. Unsere Gegner tun wahrscheinlich das gleiche und so weiß unser Herrgott nicht, wem er's recht machen soll. Da wird es schon das beste sein, er hält es mit den starken Bataillonen.

10.6.1915

Das neue Hüttenlager ist jetzt bezogen und so wohnlich als möglich eingerichtet. Im Walde ist die Gefechtstätigkeit auf beiden Seiten lebhafter geworden. Unsere Stellung ist schon wieder auf Sturmdistanz herangerückt, jetzt dauert es nicht mehr lange, bis wieder gestürmt wird, wir haben dies schon im Gefühl. Beim Regiment 127 wechselt jetzt schon ein Sappenkopf all paar Tage den Besitzer. Pioniere sind eifrig daran, die feindlichen Stellung an mehreren Stellen zu unterminieren. Durch Zufall erfuhr ich, dass ein Landsmann und Vetter von der 49er Artillerie mit seinem Feldgeschütz unmittelbar hinter der Infanterielinie des Regiments 127 rechts von unserem Abschnitt in Stellung ist. Nun habe ich ihn vor etlichen Tagen geschwind aufgesucht und mir seine Stellung angesehen. So ein Wiedersehen in Stellung ist immer eine besondere Freude, überhaupt an so einer brenzligen Stellung, wie die es ist. Es ist mir ein Rätsel, wie die Artilleristen ihr Geschütz über die Gräben und Trichter weg in den zerschossenen Wald vorgeschafft haben. Der Trichter ist so eingebaut, dass sozusagen über Kimm und Korn direkt auf die etwa 150 – 200 Meter entfernte feindliche Linie geschossen werden kann. Es ist klar, dass der (67) Franzmann durch die paar Schüsse, die bis jetzt abgegeben worden sind, die Stellung der beiden Geschütze schon herausgefunden hat. Es ist gerade kein angenehmes Gefühl, auf solchen Stellen ausharren zu müssen. Da sich die Kanoniere über Brotmangel beklagten, so machte ich den Vorschlag, er solle mit mir in meinen Unterstand hinübergehen und von uns einige übrige Brote mitnehmen. Kaum hatten wir jedoch unsere Hütte erreicht, als die französische Artillerie wie verrückt zu schießen anfing. Dessen ungeachtet machte er sich mit seinen requirierten Broten auf den Rückweg zu seinem Geschütz. Hoffentlich ist er wieder glücklich hinübergekommen. Es ist wirklich so heiß, dass es fast jeden Tag Gewitter gibt. Bei der Infanterie herrscht zur Zeit typhusartiger Durchfall, meine Leute sind bis jetzt davon verschont geblieben. Für den nächsten Sturm sollen bei uns Gasflaschen eingebaut werden; ich halte nicht viel von diesen neuen Kampfmitteln, weil das Gas nur bei günstigem Wind abgeblasen werden kann.

17.06.1915

Das Rätsel raten hat jetzt ein Ende. Am nächsten Samstag oder Sonntag soll gestürmt werden, aber ohne Giftdämpfe. Wenn's nur schon glücklich vorüber wäre, das wird wieder eine harte Nuss geben, denn die feindliche Stellung mutet an wie eine Festung. Um den französischen Graben richtig sturmreif zu machen, sind noch weitere schwere Minenwerfer eingebaut worden. Ebenso hat sich eine Batterie 21 cm Mörser eingeschlossen. Die Artilleriebeobachter sind jetzt auch bei uns im vordersten Graben. Es hat etwas lange gedauert, bis sie den Weg in die Infanterielinien gefunden haben. In den Sappenköpfen wird Tag und Nacht miniert. Die Pioniere behaupten, sie seien mit ihren Stollen schon unter dem feindlichen Graben. Es ist ganz unheimlich, dass die Infanteristen wirklich 2-Zentner-Minen vorschaffen zu den Minenwerferstellungen, es scheint, dass diesmal an der Munition nicht gespart werden wird.

(68) 23.06.1915

Das Gröbste wäre wieder hinter mir, es war so ziemlich der schwerste Sturm, den ich bis heute mitgemacht habe. Am Sonntag ging der Tanz los und zwar ohne dass ich mit meinen Leuten vorher abgelöst wurde. Von morgens 3.30 Uhr bis 8.50 Uhr, also 5 Stunden lang trommelten unsere Geschütze und

Minenwerfer auf den französischen Graben los. Dass gleich in der ersten halben Stunde einige Schüsse zu kurz gingen in den eigenen Graben, dass wir gleich zum Auftakt 4 Tote und einige Verwundete hatten, war kein guter Anfang. Unsere schweren Minenwerfer schleuderten ihre 2-Zentner-Minen ununterbrochen in die feindliche Linie. Mit unheimlichem Getöse krachen die Einschläge Schlag auf Schlag. Die feindliche Artillerie blieb natürlich nichts schuldig und schoss ebenfalls wie wahnsinnig. Dicht zusammengedrängt hockten wir in unseren Löchern und mussten dieses Erdbeben 5 Stunden lang über uns ergeben lassen, so dass wir zuletzt die Minute herbeisehnten, bis es endlich herausging. Bei vielen Leuten wollten schon die Nerven nicht mehr gehorchen. Die Glieder fingen an zu zittern wie beim Veitstanz. Etliche hatten auch ihr Gebetbüchlein in der Hand und versuchten auf diese Weise ihr seelisches Gleichgewicht zu erhalten. Ich wurde zuletzt selber von dieser Unruhe angesteckt und erinnerte mich auch wieder an Sprüche und Liederverse, die wir einst in der Schule gelernt hatten. In solchen Augenblicken sucht eben jeder nach irgendeinem inneren Halt. Man sollte meinen, dass nach einem so starken Trommelfeuer bei den Franzosen drüben kein Schwanz mehr am Leben sei. Leider war das nicht der Fall, denn fast jeder Minenabschuss auf unserer Seite wurde drüben bis kurz vor dem Sturm noch mit einer Trillerpfeife angezeigt. Die Sprengungen, welche wieder das Zeichen zum Angriff gaben, klappten wie gewöhnlich gut. Die Sappe, durch welche ich mit meinem MG in den feindlichen Graben gelangen sollte, war durch die Sprengung zugeschüttet. Kaum ist die erste Welle über die Deckung hinaus, setzt französisches MG-Feuer ein (69) und knallt unsere ersten Sturmtruppen zum größten Teil in den Drahtverhauen ab. So war vor meinem Abschnitt der erste Anlauf schon missglückt. Ähnlich wie beim letzten Sturm musste rasch zwischen Sappe und Sprengtrichter durchsappiert werden, um wenigstens auf Handgranatenwurfweite heranzukommen. Es ist eben schon verpfuscht, wenn es der ersten Welle nicht gelingt, in den feindlichen Graben hinüberzukommen. Nur an zwei Stellen in unserem Regimentsabschnitt, ebenso bei Regiment 127, war der erste Anlauf geglückt und konnte in feindlichem Graben Fuß gefasst werden. Ein erbitterter Kampf tobte an den Anschlussstellen. Die dumpfen Schläge der Handgranaten beherrschen den Kampflärm. Immer wieder versuchen unsere Leute, die zäh vom Feinde verteidigten Grabenstücke aufzurollen. Ich war den ganzen Tag mit meinen 2 MG in Bereitschaft ohne eingreifen zu können. Nachts wurde mir dann an so einer brenzligen Stelle ein Platz angewiesen, wo die Gewehre bei einem evtl. Gegenangriff flankierend eingreifen konnten. Denn die eroberten Grabenstücke mussten unter allen Umständen gehalten werden. Es ist viel schwieriger in einer eroberten feindlichen Stellung ein Gewehr einzubauen, wie in einem neu angelegten Graben. Ähnlich wie auf den alten Belagerungsbildern aus dem 70er Krieg die Artilleriestellungen und Erdwerke zu sehen sind, so waren hier aus Faschinen und Körben Schanzen und Brustwehren aufgebaut und zwischen diesen Befestigungswerken unauffällig eingebaut, steckten die Blockhütten und MG-Nester drin. Ein Labyrinth von Laufgräben und Brustwehren machte die Stellung ganz unübersichtlich. Daher kam es auch vor, dass bei uns zwei Sturmtrupps in der Hitze des Gefechts sich gegenseitig mit Handgranaten bombardierten. Dieses Missverständnis kostete uns 5 Tote und 13 Verwundete.

Die feindliche Artillerie hatte im Lauf des Tages ihr Feuer (70) derart gesteigert, dass es z. B. von Abschnitt 127 links von uns überhaupt nicht mehr möglich war, die Verwundeten über die Laufgräben zurückzubefördern, so dass der ganze Verkehr in unseren Laufgräben sich abspielte. Was das für die Schwerverwundeten für eine Schinderei ist, davon können hauptsächlich auch die Krankenträger ein Liedchen singen. Wie oft kommt es vor, dass der Verwundete in seiner Zeltbahn rasch niedergelegt werden muss, wenn eine feindliche Mine in bedrohliche Nähe kommt und alles in Deckung gehen muss. Das heißt, eben auch zu den Verwundeten in die Grabensohle sich hinkauern. Beim Regiment 127 sind auch die Musiker als Krankenträger eingesetzt. Ich sehe zufällig meinen Landsmann H. D., wie er in Schweiß gebadet einen Schwerverwundeten helfen zurücktransportiert. „Gelt Hans", rufe ich im zu, „das ist anders wie Promenadenmusik machen". „Frog me et", war seine kurze Antwort. Während der Nacht ist es etwas ruhiger, wenn auch an den Anschlussstellen der Handgranatenkampf einige Mal aufflackert. Das rechts von 127 außerhalb dem Wald liegende preußische Landwehrregiment hat ohne viele Verluste die feindliche Stellung bekommen und noch dazu die meisten Gefangenen gemacht. Ich glaube, dass diesmal bei uns die Artillerievorbereitung viel zu lang gedauert hat. Dadurch haben die Franzosen Zeit bekommen, sich für den bevorstehenden Sturm zu rüsten. Denn so dumm sind die auch nicht, dass sie nicht sofort gemerkt haben, dass bei uns etwas in Gange ist. Es ist jetzt gerade, als hätte man in ein Wespennest hineingestochen. Die ruhigen Tage sind jetzt vorüber. Gegen Morgen ging dann das Artilleriefeuer wieder los. Wahrscheinlich werden die Franzmänner alles versuchen, ihren Graben wieder zurückzugewinnen. Gottlob bin ich dann abgelöst worden. Es ist doch etwa schönes, wenn wir (71) zurückkommen und haben eine gemütliche wohnliche Hütte, wo man sich wieder als Mensch fühlen kann. Auch die Kompanieführer und Feldwebel haben für unsere Ruhebedürftigkeit Verständnis und sind sehr besorgt, damit wir wieder rasch auf den Damm kommen. Nicht selten hat dann unser Verpflegungsunteroffizier Schaible aus Munderkingen noch ein Fässchen Bier ergattert. Das gibt dann immer ein kleines Fest auf die Strapazen hin.

03.07.1915

Unsere Ruhe bei der letzte Ablösung war leider nur von kurzer Dauer. Die Franzmänner wollen absolut ihren Graben wieder haben und versuchen immer wieder einen Gegenangriff. Ihr Artilleriefeuer steigerte sich von Tag zu Tag. Am 6., also schon nach 3 Tagen, löse ich in aller Herrgottsfrühe wieder ab. Die Bedienungen waren die letzten Tage nicht zur Ruhe gekommen und waren froh, dass sie so bald wieder abgelöst wurden. Etwa 1/3 der Gewehrbedienungen war in dieser kurzen Zeit außer Gefecht gesetzt worden. Es ging das Gerücht, die Franzosen planen einen größeren Gegenangriff und doch war es an diesem Morgen ganz auffallend ruhig. Ich hatte so das Gefühl, als sei es die Ruhe vor dem Sturm. Richtig geht's etwa um 10 Uhr schon los. Mit einem Hagel von Granaten und Minen bearbeiteten sie unsere Linien 4 Stunden lang. Nur ein Mann bleibt zunächst am Gewehr, während die anderen Schützen versuchen möglichst volle Deckung zu nehmen. Es dauert kaum eine Stunde, kommt ein Schütze und meldete, dass bei seinem MG eine Flügelmine eingeschlagen habe und der Eingang zum Unterstand verschüttet sei. Rasch gehen wir mit hinüber und versuchen zunächst den Unterstand wieder frei zu bekommen, was auch nach kurzer Zeit gelingt. Zum Glück kommen die beiden Schützen, welche sich in dem Unterstand aufgehalten hatten, mit heiler Haut wieder an das Tageslicht. Auch das MG war teilweise zugedeckt und musste (72) zuerst auseinandergenommen und wieder gereinigt werden. Dass natürlich alles so schnell wie möglich vor sich gehen musste, ist selbstverständlich, weil wir doch keine Minute sicher waren, wenn der Eingriff einsetzt. Es wurde deshalb auf das rasende Artilleriefeuer gar keine Acht mehr gegeben und nur noch an die Gefechtsbereitschaft des MG gedacht. Die Leute bleiben nicht mehr in den Unterständen und verkriechen sich lieber in die Schlupflöcher unter den Schießscharten. Dann können sie den Minen wenigstens einigermaßen aus dem Weg gehen. In allen Abschnitten gibt es starke Verluste. Kaum bin ich wieder an meinem Unterstand, meldet ein Gewehr zwei Schwerverwundete. Die Reserveschützen müssen herangezogen werden. Auch die Infanterie erhält Verstärkung. Um 2 Uhr fliegt an 2 Stellen unser Graben in die Luft. Dies sollte wahrscheinlich der Auftakt sein zum Angriff. Alles geht auf die Plätze und erwartet gespannt den Angriff. Aber nur wenige Franzosen steigen aus ihrem Graben heraus und versuchen gegen unsere Stellung heranzukommen. Es geht ihnen aber schlecht, weil ihre Kameraden anscheinend den Mut nicht aufbrachten, nachzukommen. Es hätte auch nichts genützt, denn unser Graben war trotzdem heftigen Trommelfeuer gut besetzt. Dafür setzt an den Verbindungsstellen, wo der Graben von beiden Seiten mit Sandsäcken abgedämmt war, der Handgranatenkampf ein, ohne jedoch eine Änderung herbeizuführen. Unsere Verbindungswege und Laufgräben liegen so stark unter Feuer, dass die Essenholer wieder leer zurückkommen. Gegen 10 Uhr abends gibt's eine neue Überraschung. Mit einem uns noch unbekannten Mittel überspritzen die Franzmänner an so einer brenzligen Stelle unseren Graben und werfen Handgranaten dazwischen. Im Nu brennt alles zusammen was von diesem Benzin oder (73) was es war angespritzt wurde. Unsere Leute sind auf diesen Feuerteufel nicht gleich befasst und weichen etwas aus. Das benützen die Franzmänner und rücken sofort etwa 100 Meter nach. An dieser Stelle hatten wir schon angefangen mit minieren, um das gegenüberliegende feindliche Blockhaus oder MG-Nest in die Luft zu sprengen. Rasch wird während des Handgranatenkampfes mit Sandsäcken und spanischen Reitern der Graben erneut abgedämmt. Während der ganzen Nacht gab's natürlich doch keine Ruhe und immer wieder Verluste durch Handgranaten. Dauernd steigen Leuchtgrananten hoch und beleuchten das Kampffeld. Ein Landmann von mir namens Sch., erhält beim Vorschaffen von Stahlschildern einen tödlichen Querschläger im Bauch. Dieser unhaltbare Zustand hielt mehrere Tage an bis der Befehl kam, am 30. sollte noch mal in der ganzen Division versucht werden, die noch im feindlichen Besitz befindlichen Grabenstücke vollends zu nehmen. Da unsere Leute schon ziemlich abgekämpft waren, blieb bei uns dieser Angriff wieder stecken. Der Regimentkommandeur entschließt sich, eine freiwillige Sturmkompanie zusammenzustellen. So ganz freiwillig geht's allerdings nicht mehr. Vielmehr hat jede Gruppe, soweit sich kein freiwilliger meldet, einen Mann zu kommandieren. Ich kann es den Leuten auch nicht verdenken, nach solchen Opfern in den letzten Tagen noch freiwillig in den Tod zu gehen, denn etwas anderen stand zunächst keinem bevor. Der herrliche Heldentod ist jedoch nur in der Fantasie einiger Überpatrioten herrlich wenn sie weit vom Schuss sind. In Wirklichkeit ist es in diesem Stellungskrieg das grauenhafteste Sterben, dass man sich denken kann. Mit einigen vom Regiment 124 rasch herbeigeschafften schweren Minenwerfern wird unsere Front noch verstärkt und das feindliche Grabenstück im Verein mit der Artillerie etwa 1 ½ Stunden gehörig bearbeitet. Abends 5.45 Uhr geht's wieder hinaus mit Handgranaten. Ich stehe mit 2 MG zur Verfügung des Sturmkompanieführers, Leutnant Schwenniger. (74) Die kurze Artillerie– und Minenwerfervorbereitung muss gut gewirkt haben, denn nach 10 Minuten schon kommt Befehl, mit meinem MG nachzukommen. Wir springen über die Grabendeckung eine kurze Strecke weg bis vor die französische Stellung, ohne einen Schuss zu bekommen. Dort müssen wir durch einen niederen Stollen, welcher unter dem hohen festungsartigen Aufbau hindurchführt und wohl als Ausgangspforte für französische Schleichpatrouillen diente, hindurchschlüpfen. Ich krieche auf den Knien hindurch und stoße am Stolleneingang im Graben auf einen durch eine Handgranate am Knie schwer verwundeten Infanteristen. Wie ich ihn jedoch anfasse um etwas auf die Seite zu legen, schreit der arme Kerl jämmerlich auf. Jetzt erst sehe ich, dass ein Bein oberhalb dem Knie abgeschlagen ist und nur noch durch einige blutige Stränge mit dem Oberschenkel verbunden ist. Die Knochenteile des Knies waren vollständig zersplittert und standen wie blutige Holzspäne über die blutige Wunde vor. Es half aber alles nichts, wir mussten ihn wegschaffen, wenn wir mit unseren MG durchkommen wollten. Zu dritt fassten wir an, einer nahm das an den Sehnen noch mit dem Oberschenkel verbundene Bein und so schafften wir den armen Kameraden etwas auf die Seite. Wie wir unsere MGs zusammensetzten, kommen schon etwa 1 Dutzend Gefangene uns entgegen, ganz verstört. Ich zeige nach dem Durchgangsstollen, wo sie einer nach dem anderen rasch verschwinden. Noch war der Graben nicht ganz aufgerollt, als es hieß, alles etwa 100 Meter weiter vorgehen, um in einem etwa 1 Meter tiefen französischen Graben Stellung zu nehmen. Diesmal geht's mit zusammengesetzten MGs mit der Infanterie im Sprung nach dem bezeichneten Graben. Bei diesem Sprung überqueren wir einen französischen Friedhof etwa 50 Meter hinter der Hauptstellung, dem sogenannten Labordère-Werk. Durch unser schweres Minen- und Artilleriefeuer waren die Gräber teilweise ganz aufgewühlt, so dass wir noch (75) an einigen Stellen Teile der französischen Leichen herausragen sehen. An jedem Grab steckte ein französisches Seitengewehr mit einem aufgehängten Käppi. In dem neuen Graben machen wir gleich unsere Gewehre, welche inzwischen nach den Flügeln auseinandergezogen sind, schussbereit, während sonst alles den Spaten zur Hand nimmt, um so rasch als möglich in die Erde hineinzukommen. Erst nachdem die durchlaufende Verbindung mit den Anschlusstruppen hergestellt war, atmeten wir wieder freier auf, denn damit waren wir so ziemlich gesichert. Meinem Hauptmann, welcher sich im Regimentsunterstand aufhielt, musste ich gleich einen Bericht mit einer kleinen Skizze über die neuen Stellungen der MG zurückschicken. Der Schütze erzählte uns, als er wieder zurückkam, dass der Infanterist mit dem zerschossenen Knie immer noch dort liege und anscheinend noch am Leben sei. Er habe dann nach vieler Mühe einige Krankenträger soweit gebracht, dass sie mit ihm vorgingen, um den armen Kameraden zurückzutransportieren. Beim hineinlegen in die Zeltbahn hätte aber ein Krankenträger gesagt, dass der Mann erledigt sei. Leutnant Schwenninger, welcher die Sturmkompanie führte, hielt sich fast die ganze Nacht bei mir am MG auf, von wo er die Schanzarbeiten überwachte. Bis gegen Tagesanbruch ist der Graben so tief und die Stellung so gesichert, dass wir einem evtl. Gegenangriff beruhigt entgegensehen konnten. Um 10 Uhr kommt die Ablösung und übernimmt unsere Gewehre. Sie müssen sich gleich daran machen, die Stellung vollends auszubauen und einen notdürftigen Unterschlupf zu schaffen. Beim Zurückgehen mache ich noch einen Abstecher in das eroberte Labordère-Werk. Überall liegen noch Handgranaten und Munition herum. Auch Sauerstoffapparate und Stahlkäppi sind vorhanden. Die toten Franzosen, welche noch im Graben herumliegen, haben alle kleine Wattebäuschchen umgehängt um sich gegen die Dämpfe unserer Gasgranaten zu schützen. Bei uns (76) sind diese Wattebäuschchen auch schon eingeführt. Todmüde und halb ausgehungert kamen wir zur Kompanie nach Lancon zurück. Diese 6 Tage waren bis jetzt die blutigsten die ich erlebt habe. Der Sieg ist teuer erkauft worden und steht in keinem Verhältnis zu dem geringen Geländegewinn und den ungeheuren Opfern in der Division. Bei uns heißt es auch bald, wie bei dem römischen Feldherrn „Noch ein solcher Sieg und wir sind verloren". Regiment 127 soll über 800 Mann verloren haben. Bei uns werden es nicht viel weniger sein. Jetzt hätten wir alle rechtschaffen genug aber es sieht noch gar nicht aus, als ob es bald Schluss wäre. Wenn man die Hüttenlager und den

Straßenbau sieht, könnte man glauben, wir sollten für immer hierbleiben. Trotz der Riesenschweinerei der letzten Tage ist mir nicht das Geringste passiert und befinde mich eigentlich schon wieder auf dem Damm. Unser Fahnenschmied kam erst vom Urlaub zurück und erzählte, dass er in Ulm verschiedentlich gefragt worden sei, ob wir denn noch nicht bald draußen seien aus den Argonnen. Die Leute haben eine Ahnung, als ob dies so leicht ginge. Nur einen Tag möchte ich die Leute in den Wald hinausschicken, dann würden sie nicht mehr so blödsinnig herausschwätzen.

17.07.1915

Die Franzmänner haben den Verlust ihrer schönen Stellungen immer noch nicht verschmerzt; deshalb haben sie sich an ihrem Nationalfeiertag wieder ernstlich zu einem Angriff aufgeschwungen. Eigentlich hätten sie wenigstens unserem Abschnitt gegenüber absolut keinen Grund gehabt mit ihrer jetzigen Stellung unzufrieden zu sein, denn wie eine Burg drohte ihre Stellung, das sogenannte Martinswerk, vom Höhenrand auf uns herab. Dass bei ihnen etwas im Gange war, blieb uns natürlich (77) nicht verborgen. Fast jeden Tag tauchten neue Minenwerfer und schwere Artillerie auf, die sich sehr vorsichtig auf uns einschossen. Auch stellten unsere Sappeure fest, dass an verschiedenen Stellen vor der feindlichen Linie Anfänge von Sappen, die wahrscheinlich beim Sturm als Ausfallspforten dienen sollten, aufgefallen sind. Insbesondere letzterer Umstand war verdächtig, denn im allgemeinen waren wir das Vortreiben von Sappen nicht gewöhnt. Als neueste Waffe hat die feindliche Artillerie Tränengasgranaten eingeführt, die mit ganz schwachem Knall explodieren und ein Reizgas verbreiten, das hauptsächlich auf die Augen schädlich wirkt. Ich habe schon einen Versuch gemacht, wie lange es möglich ist, sich in dem Reizgas aufzuhalten. Neben meinem Unterstand schlug so eine Gasgranate in eine von unserer Infanterie bezogene französische Blockhütte. Als beim Versuch die Verwundeten herauszuholen, die Leute sofort wieder hustend und mit Tränen in den Augen herauskamen, sagte ich mir, so schlimm kann das doch nicht sein und habe es auch probiert. Es war aber tatsächlich nicht möglich, sich länger als man den Atem anhalten konnte, in der Hütte aufzuhalten, denn so wie man versuchte zu atmen, ging's am ersticken herunter, deshalb gab's nichts anderes, als schnell wieder hinaus. Sogar am nächsten Tage war der Gestank noch derart, dass es kaum möglich war, sich nur einige Minuten in der Hütte aufzuhalten. Das hat gerade noch gefehlt, dass sogar die Luft noch verpestet wird, weil wir noch nicht genügend geplagt sind. Es ist unmenschlich, was für den Massenmord noch alles ersonnen wird. Als dann am 14. Juli das Trommelfeuer seinen Höhepunkt erreicht hatte, brach eine französische Sturmwelle aus den Sappenköpfen des Martinswerks hervor und überrannte ein Grabenstück, das durch das unheimliche (78) Feuer am stärksten gelitten hatte. Da aber nichts mehr hinten nachkam, so wurde die etwa 60 Mann starke feindliche Sturmkolonne rasch abgeriegelt und der Rückzug abgeschnitten. Leider befand sich gerade in diesem Grabenstück ein MG von uns. Trotzdem, die Bedienung feuerte, was das Zeug hielt. War es doch nicht mehr möglich, den ersten Ansturm der mit großem Schneid vorgetragen wurde, aufzuhalten oder das MG noch wegzubringen. Als nach einigen Stunden die mit Handgranaten sich zu verteidigenden Franzosen einsahen, dass sie von ihren Kameraden schnöde im Stich gelassen wurden, gaben sie sich gefangen. Wir fanden unsere tapfere Bedienung, ein Unteroffizier und 2 Mann, von Handgranaten und unzähligen Bajonettstichen schrecklich zugerichtet bei ihrem MG liegen. Dieses bestialische Benehmen hatte wahrscheinlich seinen Grund darin, dass die meisten der Franzosen, wie sich nachher herausstellte, betrunken waren. Auffallend und bezeichnend ist es aber trotzdem, dass mit dieser ersten Sturmwelle sogar ein französischer Hauptmann herausging. Ich habe die Gefangenen noch gesehen. Es waren meist große kräftige Leute vom Marine-Infanterieregiment 5. Ich glaube, dass nun die Franzmänner die Hoffnung aufgegeben haben wieder in Besitz ihrer verlorenen Stellung zu kommen. Die neuen schweren Kaliber der französischen Artillerie zwingen uns jetzt, anstelle unserer Unterstände, Stollen in die Erde hinab zu treiben, um halbwegs gegen Volltreffer gesichert zu sein. Am sichersten ist immer noch möglichst nahe an der feindlichen Linie, deshalb rücken wir ganz

von selbst mit unseren Sappen und Gräben an die feindliche
Linie heran.

(79) **02.08.1915**
In unserem Ruhelager ist jetzt der zweite Pferdestall
fertiggestellt, so dass auch die letzten Pferde und Fahrzeuge
vollends aus Lancon herausgenommen werden können. Damit ist
unser Hüttenlagerbau abgeschlossen. Wir sind jetzt so häuslich
eingerichtet, dass der Aufenthalt im Ruhelager am
bombensicheren Hang tatsächlich eine Erholung bedeutet. Zur
Zeit bin ich während meiner Ablösung damit beschäftigt,
zusammen mit unserem Waffenmeister Fahr am französischen
und deutschen MG eine Anzahl Infanteristen auszubilden. Sogar
ein Schießstand steht zu diesem Zweck zur Verfügung. Ein alter
französischer Einwohner von Lancon namens Caillet kommt
regelmäßig in unser Lager um unsere Wäsche abzuholen, welches
seine Frau und Tochter für uns waschen. Dass er dabei nicht zu
kurz kommt, ist selbstverständlich. Alles was wir an
Lebensmittel übrig haben, nimmt er mit und hat so sein
erträgliches Auskommen. Ich habe mich schon so mit ihm
angefreundet, dass wir uns oft stundenlang unterhalten, so gut
es eben mit meinem Schulfranzösisch möglich ist. Im Notfall
nehmen wir auch ein Wörterbuch zu Hilfe. Alle möglichen Fragen
werden dabei behandelt und ich muss sagen, er zeigt Charakter
dabei. Wenn er auch den Krieg als ein großes Unglück
bezeichnet, so hat er doch noch nie mir gegenüber seinen
Standpunkt als Franzose verleugnet. Er kommt deshalb sehr
gern zu mir und erkundigt sich immer, wenn ich wieder von
Stellung zurückkomme. Dann steht er auch am nächsten halben
Tag schon da und wünscht mir Glück, dass ich wieder mit heiler
Haut vom Wald hereingekommen bin. Er hat auch einen Sohn im
Krieg, wie er sagt. Soll derselbe in Verdun liegen. Spasshalber
sagt er dann zu mir, ich solle ja vorsichtig sein, dass ich seinen
Sohn nicht erschieße. Er hatte ein schönes Anwesen im Dorf, das
jetzt vom Brigadestab belegt ist. Er muss mit Frau und Tochter
in einem kleinen Zimmer kampieren, (80) das man ihm noch
gelassen hat. Kürzlich haben wir ihm seine Dreschmaschine
abmontiert, das hat ihn so schwer beleidigt, dass er uns einige

Tage geschnitten hat. Jetzt hat er sich aber damit abgefunden, weil er eingesehen hat, dass eben im Krieg andere Gesetze oder besser gesagt gar keine Gesetze herrschen. Ich habe ihm schon fest versprechen müssen, dass ich nach dem Kriege, falls ich noch am Leben bin, einmal bei ihm einen Besuch abstatte. Wenn mir das Glück weiterhin treu bleibt, wäre dieser Vorschlag wohl der Rede wert. Meine Kameraden machen immer an ihm fort, er möchte auch einmal seine Tochter Renè mitbringen. Sie möchten das Mädel gern näher kennenlernen. Aber da winkt er natürlich immer ab. Dass ich schon einmal abends bei seiner Familie Kaffee getrunken habe, verrate ich natürlich nicht. Wenn ich für die anderen immer den Dolmetscher machen muss, gehört mir doch ein gewisses Vorrecht.

25.08.1915
Wenn in meinem Tagebuch große Pausen eintreten, so ist dies immer ein Zeichen, dass draußen nichts besonderes los ist. Das Schützengrabenleben geht wieder seinen geregelten Gang. Im großen Ganzen können wir wirklich zufrieden sein. Dass es natürlich täglich Verluste gibt, ist eine Selbstverständlichkeit, mit der immer gerechnet wird. Trotzdem will ich einen Zwischenfall, welcher sich während meiner letzten Schicht zugetragen hat, hier kurz erwähnen. Wir saßen über die Mittagszeit in unseren Hütten in der Reservestellung, als die französische Artillerie einmal wieder einen ihrer üblichen Tobsuchtsanfälle bekam. Unsere Unterstände dort sind an einem allerdings etwas flachen Hang eingebaut. Und wenn auch die Granaten haarscharf über uns wegpfiffen, so fühlten wir uns doch verhältnismäßig sicher. Während dieses Feuerüberfalls kommt plötzlich ein Schütze ganz verstört zu uns herein und meldet mir, dass in einer der nebenanliegenden Mannschaftshütten eine Granate eingeschlagen habe. Wie wir rüberkommen, zeigt sich das übliche Bild nach einem Volltreffer, die Balkenlage in der Decke teilweise eingedrückt und heruntergeschlagen. Die eingebauten Drahtbettstellen mit Lehm und Holzsplitter fast zugedeckt und auseinandergerissen. Und zwischen dem Lehm und dem Prügelwerk ragt gegen die Decke der Stiefel eines verschütten Schützen heraus. Nachdem wir das

Gröbste weggeräumt haben, ist es uns schließlich möglich, den Körper aus dem Dreck herauszuziehen. Das Gesicht ist nur noch eine lehmige blutige Masse. Das Kinn scheint es ganz weggerissen zu haben. Aus der Gegend der Mundhöhle dringt atemweise in Blasen der Speichel heraus. Also lebte er noch. Er ist ein älterer Schütze von uns, welcher fast nie in Stellung kam und meist auf seinem Handwerk, er war von Beruf Wagner, bei der Kompanie im Ruhelager arbeitete. Er lag während des Einschlags auf der obersten Falle und wurde von den herabstürzenden Balken mit dem Oberkörper fast auf den Boden gedrückt und mit Erde zugedeckt. Zunächst legen wir ihn in eine Zeltbahn zum abtransportieren bereit und weil das Artilleriefeuer noch nicht nachließ, wollten wir noch etwas zuwarten und gingen in unsere Hütte zurück. Wie groß war aber unser Entsetzen, als nach kaum 5 Minuten an unserer Hütte die Zeltbahn im Eingang auf die Seite ging und unser schwerverwundeter Kamerad mit der umgebundenen Zeltbahn hereinwankte. Es erfasste uns ein Grauen, wie wir in das blutige zerfetzte Gesicht blicken mit dem halben Kinnladen. Er wollte etwas zu uns sagen, aber er stieß nur Speichel und Blut aus der Mundhöhle und sackte gleich wieder zusammen. Trotz dem Artilleriefeuer haben wir ihn dann gleich weggeschafft in den Sanitätsunterstand. Dass seine Verletzungen direkt lebensgefährlich sind, glaubten (82) wir nicht einmal. Bis heute habe ich über ihn nichts Näheres erfahren können. Unmittelbar neben unseren Unterständen werden die Toten des Regimentsabschnitts begraben. Solange wir in Reservestellung sind, ist es morgens immer unser erster Gang, die während der Nacht zurückbeförderten und in Reih' und Glied nebeneinander liegenden Toten in Augenschein zu nehmen, um zu sehen, ob kein bekanntes Gesicht darunter ist. Unsere Sappenköpfe sind jetzt bald wieder auf Sturmdistanz an das Martinswerk herangetrieben. Das ist für uns das Zeichen, dass der Tanz bald wieder losgeht.

06.09.1915

Wir rüsten uns schon zum nächsten Sturm. Ein genauer Zeitpunkt ist jedoch noch nicht festgesetzt. Meine Kameraden haben meinen alten Freund Caillet nun doch soweit gebracht, dass er uns, etwa 5 Mann hoch, zu seiner Frau und Tochter zum Kaffee eingeladen hat. Zucker und Gebäck brachten wir natürlich mit. Ich war dabei fast dauernd als Dolmetscher in Anspruch genommen, um der Mademoiselle die Schmeicheleien und Vorschläge meiner Kameraden beizubringen. Besonders unser Fahnenschmied R. hatte manchen Wunsch auf dem Herzen. Ich habe aber nicht alles wörtlich übersetzen können. Es existierte ja noch die internationale Zeichensprache für die, welche der Sprache nicht mächtig sind. Zur Ehre von Mademoiselle Renè muss ich aber feststellen, dass sie sich dabei sehr taktvoll benommen hat. Im Laufe des Gesprächs habe ich sie dann auf den nächsten Tag zu einem Spaziergang eingeladen, ohne dass die anderen etwas davon gemerkt haben. Als es dann 10 Uhr war, wurden die guten Leute ängstlich und meinten, dass es jetzt Zeit sei zum Aufbruch, weil sonst der Gendarm aufmerksam werde und vor dem hatten sie einen heillosen Respekt. Wir hatten natürlich keine Eile und waren um 11 Uhr auch noch da, bis auf einmal die Tür aufging und der Brigadeadjutant, Hautmann B., der (83) im Hause einquartiert war, auf der Bildfläche erschien. Während meiner aktiven Dienstzeit in Straßburg war derselbe eine Zeit lang mein Kompanieführer und so lenkte ich das Gespräch gleich auf jene Zeit und erinnerte ihn an einen Vorfall, der sich während dieser Zeit zugetragen hatte. Ich war damals zufällig auf Kasernenwache, als ein bieder aussehender Bauersmann zu mir herkam und mich als Landsmann auch nach verschiedenen Namen im Regiment fragte. Besonders interessierte ihn ein Oberlt. B., ob derselbe im Regiment beliebt sei und wie er sich auch sonst benehme. Ich konnte ihm das beste Zeugnis ausstellen ohne zu lügen. Zum Schluss stellte er sich dann als der Vater meines Kompanieführers vor. Hauptmann B. konnte sich noch sehr gut daran erinnern und gab mir auch noch über verschiedene alte Regimentskameraden Auskunft. Damit fand unsere Übertretung der Polizeistunde noch einen guten Ausklang. Am anderen Tage holte ich dann Mademoiselle Renè zum Spaziergang ab und fühlte mich nicht wenig, als wir, von den neidischen Blicken der Besitzlosen verfolgt, frech mitten durch das Dorf spazierten. Leider durften sich die Einwohner nicht weit vom Dorf entfernen und so dauerte das harmlose Vergnügen nicht lange.

15.09.1915

Wie vorausgesehen, hat der Sturm auf das Martinswerk nicht mehr lange auf sich warten lassen. Am 11. August ist nach mehrstündiger Minen- und Artillerievorbereitung die Stellung von uns genommen worden. Ich war diesmal ausnahmsweise nicht aktiv beteiligt, sondern stand mit 2 MGs als Reserve zur Verfügung des Abschnittskommandeurs. Wider Erwarten glückte der Angriff gleich auf das erste Mal. Die Minenwerfer und Artillerie hatten diesmal ganze Arbeit geleistet, der feindliche Graben war stellenweise total zusammengeschossen, so dass der Franzmann keinen großen Widerstand mehr leisten konnte; nur an unserem linken Flügel blieb zunächst noch ein Stück in Feindeshand. Der Angriff wurde dann gleich etwa 100 Meter über die vorgesteckte Linie hinausgetragen und eine neue Stellung (84) ausgehoben. Zur Sicherung während der Schanzarbeiten wurden meine beiden MG's vorgezogen und dann in der Nacht gleich fest eingebaut. Das unheimliche Artilleriefeuer, welches alsbald einsetzte, brachte uns dann während der Schanzarbeiten mehr Verluste als der eigentliche Sturm. Trotzdem gelingt es uns am anderen Tage im Verein mit Regiment 124 die restliche Stellung vollends zu nehmen und wieder eine durchlaufende Front herzustellen. Unsere 4. Kompanie wurde dabei allerdings fast vollständig aufgerieben. Es verlohnt sich nicht mehr, Einzelheiten dieser Tage näher zu schildern, es ist immer dasselbe Elend. Am besten zeigen die annähernd 700 Mann Verluste, welche Opfer die paar Meter Geländegewinn wieder gekostet haben. Jetzt wird doch endlich einmal diese ewige Stürmerei aufhören.

27.09.1915

Die Vernunft scheint bei unseren Führern doch so langsam Einkehr zu halten, vorläufig soll nicht mehr gestürmt, sondern nur die jetzige Stellung gut ausgebaut werden. Diese Etappenangriffe haben auch sicher keinen großen Wert und ändern auch nichts an der Gesamtlage. Auf diese Weise kann doch keine Entscheidung herbeigeführt werden, es ist nur schade um die vielen Menschen, die dabei unnütz geopfert werden. Wenn ich gerade Langeweile habe, mache ich einen Streifzug durch das Martinswerk. Es ist fast nicht mehr durchzukommen. Was nicht zusammengeschossen ist, bringt das jetzt wieder anhaltende Regenwetter zum einrutschen. In den Unterständen liegen noch viele tote Franzosen teilweise verschüttet, ab und zu ragen nur noch einzelne Körperteile aus dem Sumpf und Morast heraus den Ratten zum Fraß, die zu Hunderten in den alten Stellungen hausen. Wenn es etwas ruhig ist, hören wir beim Franzmann drüben Holz schlagen und können durchs Glas manchmal die Leute beim Graben- und Hüttenbau beobachten. Jetzt haben wir den Vorteil (85) der überhöhten Stellung und können auf den Feind hinuntersehen. Die werden jetzt auch zu tun haben bis sie ihre neue Stellung und ihre Unterstände ausgebaut haben. Wir werden jetzt regelmäßig alle 6 Tage abgelöst und kommen dann 4 Tage in Ruhe und 2 Tage in Reservestellung im Conztal, wo die Küchen eingebaut sind, sogar eine fliegende Kantine ist dort vorhanden, wo man für Geld und gute Worte das Notwendigste kaufen kann. Nebenher haben wir dort noch die Fliegerabwehr zu versehen. Auch in Lancon haben wir zu diesem Zweck auf einer Anhöhe ständig 1 MG mit 2 Mann postiert. Heruntergeholt haben wir aber bis jetzt noch keinen, das geht nicht so leicht, obwohl die franz. Flieger immer frecher werden. Jeden Tag kommen sie regelmäßig, wenn das Wetter halbwegs gut ist, hinter unsere Front und schnüffeln alles aus. Die unseren sind weit in der Minderheit und dürfen sich kaum über unsere Linien hinaustrauen. Und wenn einmal einer hinüberfliegt, so gehen sie wie die Habichte auf ihn los, bis er wieder zurückfliegt oder abgeschossen wird; manchmal geht's aber auch umgekehrt, in diesem Fall, wie überhaupt bei den Fliegerkämpfen sind alle Augen gen Himmel gerichtet, um den interessanten Luftkampf zu verfolgen. In den vorderen Linien werden jetzt überall zum Schutz gegen Artillerie- und Minenvolltreffer tiefe Stollen gegraben und in rund 4 oder 5 Meter Tiefe zu einer Kammer ausgebaut. Der ausgegrabene Lehm wird Tag und Nacht in Sandsäcken heraufgeschafft und weiter hinten ausgeleert; es ist eine sehr langweilige und zeitraubende Arbeit, doch fühlt man sich so gut wie sicher in diesen unterirdischen Höhlen. Ich habe mir in der Mitte des Regimentsabschnitts auch einen bombensicheren Unterstand gebaut, allerdings nicht miniert, sondern zunächst ein tiefes Loch gegraben und mit Baumstämmen, Eisenplatten und Erde schichtenweise überdeckt und von der Stellung aus einen kurzen Laufgraben ausgehoben. Leider habe ich mich nicht lange daran freuen dürfen. Wie ich das nächste Mal wieder in den Wald komme, (86) ist inzwischen, mit Erlaubnis meines Leutnants, welcher mich abgelöst hatte, der Unterstand an 2 Herren von der Infanterie vermietet worden. Da dieselben bei meinem Eintreffen nicht so anständig waren, die Platte zu putzen, müsste ich wohl oder übel mit meinen beiden Gefechtsordonanzen eine andere Unterkunft suchen. Ich hätte ja auf meinem guten Recht beharren und die Räumung verlangen können, das hätte aber nur Widerwärtigkeiten gegeben und schließlich hatte ich als Vizefeldwebel den Offizieren gegenüber doch den Kürzeren gezogen. Das zeigt aber so recht den heutigen Geist und die Einstellung vieler Offiziere den Leuten gegenüber. So etwas hatte es im Bewegungskrieg nicht gegeben. Seit die Herren nicht mehr aus unserer Feldküche essen, stimmt's nicht mehr.

04.10.1915

Es scheint, dass die Franzosen jetzt auch gemerkt haben, dass wir auf keinen Sturm mehr hinarbeiten, denn es wird immer ruhiger in unserem Abschnitt. Hauptsächlich hat das Artilleriefeuer bedeutend nachgelassen. Vielleicht ist ein Teil davon nach der Champagne hinübergezogen worden, dort grollt der Kanonendonner derart, dass wir immer befürchten müssen, es könnte für uns auch noch etwas zu tun geben. Kürzlich bin ich nach Grand-Pré zurückgeritten um Landsleute aufzusuchen. Unterwegs in Semic stand zufällig die 4. Kompanie vom

Regiment 123 beim Appell angetreten, wo ich auch verschiedene Landsleute dabei hatte. Richtig winkt mir auch gleich aus der Front heraus einer zu mit einem riesigen schwarzen Vollbart. Erst beim näheren Hinsehen entpuppte er sich als mein Schulkamerad Wilhelm Eppinger, in seinem mächtigen Bart habe ich ihn gar nicht gleich wieder erkannt. In Grand-Pré traf ich dann ebenfalls noch einige Landsleute, doch konnte keine richtige Stimmung aufkommen, weil tatsächlich das Trommelfeuer in der Champagne drüben (87) so stark wurde, dass ich mir sagte „nur schleunigst wieder zu der Kompanie zurück, da muss etwas los sein". Bei meiner Rückkehr war aber in Lancon alles noch in schönster Ruhe. Nach Eintritt der Dunkelheit ging ich dann noch mit einigen Kameraden auf eine Anhöhe, um mir das Riesenfeuerwerk von der Ferne anzusehen. Es war ein grandioses, schaurig schönes Schauspiel, das fortwährende Aufblitzen der Abschüsse und Einschläge der beiden Artillerien an der ganzen Champagnefront zu beobachten. Dazu noch Hunderte von Leuchtkugeln und Raketen, die französischen mit ihren Fallschirmen minutenlang über der Front schwebend. Wenn wir nicht gewusst hätten, dass diese Tausende von Blitzen Tod und Verderben unter den Menschen verursachten, dann hätten wir wirklich eine Freude an diesem Brillantfeuerwerk haben können. In unserem Ruhelager mussten wir in den letzten Wochen doch noch eine Hütte bauen, weil es etwas eng herging. Durch Zufall habe ich bei einem Spaziergang in unserem schönen Waldtal in Lancon verschiedene Kubikmeter beschlagenes Holz entdeckt, das wir hiezu gut verwenden konnten. Es soll eine Art Schwarzwaldhaus geben. Die planmäßige Bauausführung hat ein Rekrut der Kompanie, welcher in Zivil Bauführer war, übernommen. Bisher haben wir in bezug auf unser Äußeres, besonders Haar- und Bartpflege, wenig gehalten. Nicht umsonst hieß man manche Leute schon Argonnenbären. Dies artete zuletzt so aus, dass sich überhaupt keiner mehr rasierte und sich womöglich auf seinen wüsten Bart noch allerhand einbildete. Wenn solche Haarmenschen dann in Gefangenschaft gerieten, dann kann man wohl verstehen, wenn die Franzosen, welche im Gegensatz zu uns auch im Graben mehr Wert auf Toilette legte, von Barbaren sprachen. Jetzt soll aber nach dem neuesten Befehl wieder mehr Wert auf Haar- und Bartpflege gesehen werden. Dass auch bei mir in dieser Beziehung eine (88) Wandlung nottat, geht schon daraus hervor, dass mein Hauptmann beim Vorlesen des Befehls zu mir sagt: „Nicht wahr Vizefeldwebel Bückle, Sie machen den Anfang".

13.10.1915

Die Schießerei in den Champagne drüben hat uns doch noch näher berührt. Nach tagelanger Artillerievorbereitung erfolgte von den Franzosen ein groß angelegter Angriff. Unser 1. Bataillon ist dabei alarmiert worden und sitzt nun drüben in den Champagne in einem Sauschlamassel. Es wundert mich nur, dass nicht auch ein Zug MG von uns mit hinübermusste, wir sind doch sonst überall dabei, wo es dicke Luft gibt. Unser Schwarzwaldhaus ist jetzt fertiggestellt und von uns bezogen. Unten befindet sich der Wohnraum mit Tisch und Bänken aus Birkenholz, oben unter dem Dach der Schlafraum. Jetzt können wir im Hemd zu Bett gehen wie zu Hause. Die Wände sind mit Stangen ausgeriegelt und mit Moos verstopft. Nach der Fertigstellung hielt der Baumeister F. vom Dachfirst aus einen zünftigen Zimmerspruch, wo alle ernsten und heiteren Vorkommnisse während des Baues darin vorkamen, was große Heiterkeit auslöste. Die ganze Kompanie war dabei versammelt und stimmte kräftig in das „3-fache Hoch" mit ein. Nach alter Väter Sitte trank der Baumeister dann ein Glas Wein aus und warf das leere Glas über den Bau hinunter, ohne dass es zerbrochen ist; das ist ein gutes Zeichen für das neue Haus. Abends feierten wir dann Richtfest bei einem Glas Bier und Schweinebraten. Mein kameradschaftliches Verhältnis zu Unteroffizier Schw., welcher mir seinerzeit vor dem Feind einen direkten Befehl gab, hat sich insofern zu meinen Gunsten geändert, als ich jetzt Vizefeldwebel bin, während er immer noch Unteroffizier ist. Wir haben uns aber wieder miteinander vertragen, nachdem sich das Blatt so gewendet hat. Dafür stehe ich z. Zt. mit meinem Leutnant in Konflikt. Der Grund ist folgender: Zur (89) Essenszeit geht gewöhnlich von jeder Bedienung 1 Mann zurück nach der Küche. Einer dieser Essenträger muss auch am Zugführerunterstand vorbei und für den Leutnant ein weiteres Kochgeschirr mitnehmen nach der Offiziersküche. Dabei kam es vor, dass beim Vorgehen im Laufgraben das Kochgeschirr des Herrn Leutnant etwas beschmutzt wurde, was manchmal nicht zu vermeiden ist. Als der Leutnant das Essen in Empfang nehmen wollte, stellte er natürlich den Schützen in Senkel und leerte das Essen über die Grabenböschung hinaus. Der Schütze musste nun noch mal zurückgehen und erneut Essen fassen. Als der Mann nach einer halben Stunde wieder zurückkehrte, war das 2. Essen nicht mehr warm und weil der Herr glaubte, der Schütze hätte aus Ärger extra lange gebraucht, wurde auch dieses Kochgeschirr voll über Bord geworfen und der Schütze zum 3. Mal zurückgeschickt. Der Mann kam dann zu mir in die Reservestellung und weigerte sich, für den jungen Herrn ein 3. Mal Essen zu holen. Auch die anderen Schützen beklagten sich mir gegenüber über ähnliche Schikanierereien von Seiten dieses Herrn. Ich konnte die Gesinnung der Leute gut verstehen und musste ihnen vollständig Recht geben, deshalb sagte ich zu dem Mann, er solle vorläufig dableiben. Nach kurzer Zeit kommt der Bursche des Leutnants und erkundigt sich über das Ausbleiben des Schützen mit dem Kochgeschirr. Ich war fest entschlossen, für meine Leute einzustehen, denn auch ich war geladen, weil mich gerade dieser blutjunge Leutnant um meinen schönen Unterstand gebracht hatte. Um aber allem Übel vorzubeugen sagte ich mir, am Besten ist es schon, du gehst selbst zu ihm und vertrittst die Sache. Zunächst war der Herr Vorgesetzte ganz sprachlos, dass ich als Zugführer es mit den Schützen halte, das grenze ja an Meuterei. Ich entgegnete ihm, dass wir hier doch nicht in der Kaserne sind, sondern vor dem Feind stehen, wo keiner sicher ist ob er seinen Kameraden nicht schon in der nächsten Stunde braucht; auch die Kochgeschirre der Mannschaften seien schon (90) dutzend Mal schmutzig geworden, das könne man im Schützengraben nicht so genau nehmen wie im Kasino. Im übrigen sei ich jederzeit bereit und verlange sogar, dem Hauptmann Rede und Antwort zu stehen. Trotzdem dem jungen Herrn schier die Stimme überschnappte vor lauter Vorgesetztenfimmel, ließ ich mich absolut nicht aus der Ruhe bringen. Das wäre ja noch schöner gewesen, wenn wir uns von so einem jungen Menschen, der erst einige Monate Soldat ist und fast noch kein Pulver gerochen hat, im Schützengraben herumstriezen[29] ließen. Nach meiner Rückkehr musste ich natürlich gleich vorreiten. Unser Hauptmann ist ein aktiver Offizier und wenn er auch selten in den Graben kommt, so hat er für seine Leute etwas übrig und zeigt Verständnis, wenn irgendwo etwas nicht stimmt. Er ließ sich natürlich auch von mir den ganzen Vorgang erzählen und gab mir zu verstehen, dass er Herrn Leutnant A. schon das Nötige gesagt habe. Doch sollten auch wir dafür Verständnis haben, wenn so ein junger Offizier in seinem Übereifer noch ein bisschen den Kasernenhofton an sich habe, im übrigen betrachte er die Sache für beide Teile als erledigt. Das war auch das Vernünftigste, was er tun konnte.

23.10.1915

Das Grabenleben geht jetzt seinen geregelten Gang; unsere neue Stellung ist jetzt durchschnittlich 30 – 50 m vom Franzmann entfernt, das hat den Vorteil, dass die feindliche Artillerie nicht mehr so gut herschießen kann. Andererseits blüht dafür der Maulwurfskrieg. Auf unserer Seite soll vorläufig nicht mehr gesprengt werden, sondern in den Stollen nur Horchposten aufgestellt werden. Dagegen sind die Franzmänner im Minieren etwas aktiver geworden. Schon an einigen Stellen flog nachts unser Graben in die Luft. Es ist ein eigenartiges Gefühl, wenn man nachts, wenn alles so ruhig ist, in seinem Stollen sitzt und auf (91) einmal der Boden anfängt zu wackeln wie bei einem Erdbeben. Meistens setzt gleich darauf ein Schießerei ein, an der sich auch die Artillerie zuletzt beteiligt, dass man glauben könnte, die größte Schlacht sei im Gange. Doch dauert diese Aufregung meist nur solange, bis bekannt wird, wo gesprengt wurde und wie es dort aussieht. Für mich ist die Hauptsache zu wissen, ob kein MG dabei zu Schaden gekommen ist. Meistens ist an der Sprengstelle der Graben eingedrückt und verschüttet, selten sitzt der Trichter mitten in der Stellung. Seit bei der letzten Sprengung 2 Posten an den Schießscharten erdrückt worden sind, werden die von den Horchposten festgestellten

---

[29] quälen

87

unsicheren Stellen nicht mehr besetzt, so dass die Sache nicht mehr so schlimm ist. In den Horchposten hört man den Feind gut minieren und kann so ungefähr Richtung und Entfernung feststellen. Bei meinen Kontrollgängen nachts mache ich an derartigen brenzligen Stellen immer schleunigst, dass ich weiterkomme und denke, es wird nicht gerade in dem Augenblick der Graben in die Luft fliegen, während ich die Stelle passiere. Vor einiger Zeit ist es sogar vorgekommen, dass unsere Mineure in einen französischen Stollen durchgebrochen sind. Bei näherer Untersuchung stellte sich heraus, dass die Franzmänner in ihrem Minengang schon die fertige Ladung untergebracht hatten. Mit größter Vorsicht wurden einige Zentner franz. Sprengstoff bei uns ans Tageslicht befördert. Die Franzosen mussten aber etwas gemerkt haben und drangen in den Stollen ein. Dabei erhielt einer unserer Pioniere einen Pistolenschuss und musste schwer verwundet herausgeschafft werden. Da sich keiner mehr in den Stollen hineintraute, wurden zur Sicherheit einige Gasbomben hineingeworden, dass sich niemand mehr darin aufhalten konnte. Zur Zeit wird aber mittelst eines, von Hand getriebenen Ventilators, die vergaste Luft wieder aus dem Stollen herausgezogen. Es geht jetzt wieder die Parole, (92) die Division solle bald wegkommen aus den Argonnen. Wir legen heute keinen großen Wert mehr darauf, seit es in unserem Abschnitt wieder etwas ruhiger gewesen ist; auch haben wir uns so an den Waldkrieg gewöhnt, dass wir uns gar nicht mehr vorstellen können, wie es im freien Feld aussieht. Verluste gibt es ja täglich; so ist in den letzten Tagen wieder ein Schütze von einer Flügelmine getötet worden. Die Franzosen haben jetzt soviel Minenwerfer eingebaut, dass die Grabenbesetzung dauernd in Atem gehalten ist. Daneben herrscht durch das Regenwetter wieder Wassernot. Die Wasserhaltung ist nachgerade zu einem Problem geworden, weil wir nach rückwärts kein Gefälle haben. Wenn wir's nur zu den Franzosen hinüberleiten könnten, die hätten es wohl.

10.11.1915

Während meiner letzten Schicht war es wieder etwas lebhafter. Hauptsächlich ist das Minenwerfen und Sprengen wirklich Trumpf. 2 Schützen einer MG-Bedienung und 3 Infanteristen haben dabei ihr Leben lassen müssen bei einer feindlichen Sprengung. Trotzdem wir den Graben so rasch wie möglich freizumachen suchten, war es für die verschüttenden Kameraden doch zu spät. Dabei galt dieser Platz als sicher. Anscheinend gehen die feindlichen Mineure jetzt auch dazu über, die Erde mit dem Seitengewehr herauszustechen, damit kein klopfendes Geräusch entsteht, sonst hätten unsere Horchposten sicher etwas hören müssen. Die Infanterie scheint auf beiden Seiten eine stillschweigende Vereinbarung getroffen zu haben, sich gegenseitig nicht mehr zu belästigen, denn es fällt ganz selten ein Infanterieschuss. Bald nach dieser Sprengung hätte ich sehr gut Gelegenheit gehabt, den Tod meiner beiden Schützen zu rächen. Durch den Laubfall können wir nämlich an manchen Stellen weit hinter die feindliche Stellung sehen. Etwa 6 Franzosen waren gerade dabei, (93) einen Baumstamm abzutransportieren und waren sogar einmal alle auf einem Haufen beisammen, wo es ein Leichtes gewesen wäre, die ganze Gesellschaft in ein paar Sekunden mit dem MG abzuknallen. In der ersten Aufregung wollten wir es auch machen, doch sind wir dann wieder davon abgekommen, wir sind auch froh, wenn wir nicht auf diese Art abgeschossen werden. Die Rattenplage nimmt jetzt dermaßen überhand, dass die Biester nachts ab und zu über das Gesicht spazieren. Es ist ein ekelhaftes Gefühl, wenn man daran aufwacht und spürt noch die Pfoten dieser Plaggeister im Gesicht. In meinem Unterstand habe ich über die erste Balkenlage Eisenplatten gelegt. Nachts sind die Ratten an der Arbeit und befördern fortwährend den Lehmboden durch einen Spalt auf unsere Fallen herunter. Klopft man dann mit einem Stecken etliche Mal an die Decke, dann hört's wieder eine Weile auf, dafür schaukelt so ein Biest zur Abwechslung auf einer nicht satt aufliegenden Eisenplatte dauernd hin und her. Wenn mir's dann zu dumm wird, schieße ich mit der Pistole hinauf, aber auch das hat keinen Wert. Diese Mistviecher bringen uns noch zur Verzweiflung. Nachdem ich mit meinen Leuten abgelöst war, wohnen wir nach der Beerdigung unserer bei der Sprengung gefallenen Kameraden bei auf dem kleinen Friedhof im Conztal. Im Ganzen waren es wieder 6 Mann die miteinander eingebettet wurden. Wenn wir auch an die Toten gewöhnt sind, so packt es einen doch immer wieder bei solchen schlichten Feiern. Man fühlt sich so hoffnungslos und von Gott und der Welt verlassen, dass man am liebsten auch mit den toten Kameraden den Marsch durch das dunkle Tal antreten möchte. Im Ruhelager wird so langsam angefangen sich auf den Winter einzurichten. Ein alter Reservist in der Kompanie, welcher im requirieren und basteln als Universalgenie gilt, hat eine regelrechte Mosterei eingerichtet und den reichen Obstertrag der umliegenden Obstgärten geerntet und in Most (94) umgewandelt. Unser Feldwebel, welcher Norddeutscher ist und von der Mostbereitung nicht viel versteht, hat nun einen Keller in den Gang graben lassen, wo die requirierten Fässer gelagert wurden. Das Gerücht, dass wir bald von hier wegkommen oder der Rat eines Jauners[30], ich habe unseren Waffenmeister Fahr in Verdacht, hat ihn nun veranlasst, dem Gären des süßen Mostes, dadurch etwas nachzuhelfen, dass er ein Feuer im Keller anfachen ließ, um dem Gärungsprozess etwas Dampf zu machen. Das Resultat dieses preußischen Schwabenstreiches war, dass in einem unbewachten Augenblick das Fass an einer Stelle angekohlt und der Most herausgelaufen war. Böse Zungen behaupten zwar, dass der Most zum Spundloch hinaus entwichen sei, schon ehe das Fass beschädigt war. Auf diesen Unfall hin ist dann klugerweise der Inhalt der übrigen Fässer ausgeteilt worden. Damit wir hinten in Ruhe den Krieg nicht ganz vergessen, schießt von Zeit zu Zeit die französische Artillerie in unser stilles Tal hinein. Auch die Hindenburgmühle, welche jetzt als technische Werkstätte eingerichtet ist und die ganze Division mit Schnittwaren versorgt, liegt zeitweise unter Feuer. Meine beiden Kameraden und Landsleute, A. M. (August Münz) und W. E. (Wilhelm Eppinger), welche während der letzten Beschießung dort arbeiteten, suchten bei mir Zuflucht und Nachtquartier in dem guten Glauben, den wir mit ihnen teilten, dass es der

---

[30] Gauner

90

französischen Artillerie nicht möglich sei, ein Geschoss an unserem bombensicheren Gang anzubringen. Darin wurden wir aber noch vor Tagesanbruch eines anderen belehrt. Während ich mich auf dem oberhalb unserer Hütte gelegenen Feldweg mit der neuen Ablösung zu einer Marschkolonne formierte, sausten einige Granaten der feindlichen Ferngeschütze haarscharf über unsere Köpfe weg direkt 10 Meter hinter unsere Hütte hinein. Im Laufschritt machten wir, dass wir aus dem Feuerbereich herauskamen und waren ganz verblüfft, dass so etwas möglich ist. Bei (95) meiner Rückkehr erfuhr ich dann, dass ein grober Splitter das Dach unserer Hütte durchschlagen hatte, ohne glücklicherweise jemand zu verletzen. Meine Landsleute haben dann schleunigst auf unsere Gastfreundschaft verzichtet und gingen wieder nach ihrer Hindenburgmühle. Auch feindliche Flieger waren schon einige Mal hier und haben Bomben geworfen.

10.11.1915

Die Kampftätigkeit im Walde ist schon seit Wochen unvermindert. Dadurch bleibt für den in Ablösung befindlichen Schützengrabensoldaten ein wenig Zeit, sich in dem Ruhelager der verschiedenen Regimenter und Formationen etwas umzusehen und zu unterhalten. Eine harmlose Vergnügungsstätte haben wir uns in der Kompanie geschaffen mit der Anlage einer Kegelbahn, aber nicht aus Brettern, sondern auf dem hart geschlagenen Lehmboden. Die Kegel und Kugeln hat unser Wagner oder Stellmacher hiezu angefertigt, sie sehen auch danach aus; das tut aber nichts zur Sache, es hat ja jeder die gleichen Chancen. Die Ruhetage werden auch viel dazu benützt, Landsleute und Kameraden der benachbarten Formationen aufzusuchen. Solche typischen Wanderer trifft man jetzt täglich hinter der Front. Was nicht beritten ist, nimmt seinen geringelten Argonnenstock zur Hand und begibt sich in irgend eine Ferme oder in rückwärtige Dörfer auf die Suche nach Landsleuten. Kommt dann ein Vorgesetzter des Wegs, so wird ruhig der Stock in die linke Hand genommen, während die Rechte an die Mütze führt, das geht prächtig. Meist sind auch Kantinen am Platze, wo dann das Wiedersehen gefeiert wird.

Auch ich benütze öfter die Gelegenheit und reite auf meinem Heiter zu meinen Kameraden beim Regiment 123 nach Semic und weiter und zurück nach Grand-Pré zu den Ulanen oder zur Artillerie 49. Einmal war ich sogar drüben am Ostrand in Varennes und habe dort meinen bei einem Landwehrregiment stehenden (96) Schwager aufgesucht. Wenn man Glück hat, trifft man oft gleich eine ganze Bande beisammen wie kürzlich in Semic, wo ich durch Zufall erfuhr, dass meine Münsinger Landsleute eben miteinander versammelt seien, um in einem Gartenhaus auf luftiger Höhe ein direkt aus dem Lamm in Münsingen exportiertes Fass Bier zu leeren. Das nennt man dann Glück haben. Mit großem Hallo wurde ich empfangen und habe mich dann auch wacker beteiligt. Bald klangen unsere alten schönen Volkslieder, Erlebnisse und Erinnerungen vom Vormarsch werden ausgetauscht, kurz eine Wiedersehensfreude, wie sie sonst nie im Leben echter sein kann, hebt uns auf einige Stunden über alle Bitternisse hinweg. Wie schön wäre es doch und wie zufrieden wollten wir sein, wenn endlich der verdammte Schwindel einmal aufhören würde. Es käme uns gar nicht darauf an, noch einige Jahre in den Schützengräben zu wohnen wenn es sein müsste, aber geschossen dürfte nimmer werden. So muss man beim Auseinandergehen immer denken. Ist es das letzte Mal und wer ist nun der Nächste, der an die Reihe kommt. Dass dieses geregelte und geruhsame Leben hinter der Front für die Angehörigen der Stäbe und Etappen auch seine Schattenseiten hat, lässt sich denken. Hier gilt das wahre Sprichwort: „Müßiggang ist aller Laster Anfang". In Grand-Pré schon bekommt man so eine kleine Ahnung vom Etappenleben. Besonders in bezug auf persönliche Bedienung und Bequemlichkeit werden von den Herren und teilweise auch noch weiter herunter die größten Ansprüche gestellt. Wenn es in diesem Tempo weitergeht, überwiegen die dienstbaren Geister bald die Zahl der Schützengrabensoldaten. Eine Generalreinigung wäre hier einmal am Platze, sonst kommt es noch so weit, dass vorn nur die guten dummen Kerle sind, die es nicht verstehen, sich hinten unentbehrlich zu machen. (97) Ich zweifle nicht daran, dass es schon 5 Kilometer hinter der Front genug Leute gibt, die recht zufrieden mit sich und der Welt sind.

Trotzdem gehe ich nach solchen Ausflügen immer wieder gern zu meinen Kameraden ins Hüttenlager zurück, da kennt jeder den Ernst des Lebens und steht auch für seinen Nebenmann ein, wenn es gilt. Mein alter Freund Caillet besucht mich immer noch fleißig. Ich habe mich jetzt an seine Besuche so gewöhnt, dass ich sie nicht mehr missen möchte. Die Leute sind auch übel genug daran und haben nichts zu lachen. Als ich ihm sagte, es gehe das Gerücht, dass wir bald wegkommen, war er ganz bestürzt und kaum zu trösten, er wird sich auch sagen, es kommt selten etwas besseres und an uns Württemberger hatte er sich schon so gut gewöhnt. Der Mann ist schon ganz alt geworden in der kurzen Zeit.

28.12.1915
Flandern

Wer hätte geglaubt, dass ich meine Aufzeichnungen in den Argonnen so rasch abschließen müsste. Heute sitze ich in einem Bürgerquartier in einem Dorf in Flandern und lasse noch einmal die Ereignisse der letzten Wochen an mir vorüberziehen. Mein schon im Herbst eingereichtes Urlaubsgesuch ist kurz nach meinen letzten Aufzeichnungen genehmigt worden, es wurde mir sogar in Stellung hinausgebracht. Um ein Haar hätte ich im Conztal noch eine erwischt. Wie ich mit meinen Leuten schon abgelöst den Laufgraben verlasse, setzt die französische Artillerie, mehr wie 100 m von uns weg, eine Granate herein, wie es jeden Tag dutzend Mal vorgekommen ist, ohne dass jemand Notiz davon genommen hätte. Von diesem Einschlag zwirbelte ein Splitter mit dem bekannten surrenden Ton direkt zwischen mir und meinem Hintermann in den Boden hinein. Den Wind davon habe ich in meinem hineingezogenen Genick noch verspürt. Es wäre ja mehr als Pech gewesen, wenn man schon den Urlaubsschein in der Tasche hat. Rasch schnürte ich nach meiner Ankunft im Lager mein Bündel, nahm meinen Argonnenstock zur Hand (98) und marschierte frohgemut Grand-Pré zu, wo abends noch ein Zug abfahren sollte. Dort angekommen dachte ich, jetzt suchst's noch rasch Vetter August von der Artillerie 49, von dem ich wusste, dass er um diese Zeit gerade in Ruhe lag, auf. In seinem Quartier wurde mir gesagt, dass er wahrscheinlich mit einigen Landsleuten in der Kantine sei, welche ein uns bekannter Musiker von Artillerie 49 namens Ansbach, bewirtschaftete. Wie ich in die Nähe komme, höre ich in einer Art Gartenwirtschaft 4·stimmig singen. „Die Heckenröslein blühen", sogar die Stimmen waren mir gleich bekannt. Es war also kein Zweifel, hier war ein Teil der in der Heimat als Stab bekannten Kameradschaft versammelt. In ein paar Sätzen geht's die Treppe hinauf in den Garten. Da sitzt ein ganzer Tisch voll beieinander. Ohne ein Wort zu verlieren greife ich mir einen Stuhl und drücke mich dazwischen, dann singe ich erst meinen ersten Bass im letzten Vers vollends mit. Als wir ausgesungen hatten, war natürlich die Freude groß. So etwas muss man miterleben, das kann man nicht gut schildern. Mein Urlaub war jetzt in den Hintergrund getreten, jetzt hieß es: Zuerst einmal dageblieben, wer weiß, ob wir uns wiedersehen. Ein Lied um das andere wird geschmettert; unser Kreis wird immer größer. Die Fahrer einer Fuhrparkkolonne, welche in langer Reihe wie im Frieden vor einem Wirtshaus halt gemacht hatten, können sich fast nicht trennen und trinken den schönen Liedern zulieb immer noch einen Schoppen, dass ihr Führer zuletzt Mühe hatte, seine Leute von uns wegzubringen. Es entwickelt sich im Nu so ein kleines Festchen nach unserem Geschmack. Das Bier schmeckte auch nicht übel und war für die meisten etwas Neues. Mein Zug ist längst abgefahren, bis wir ans Auseinandergehen denken. Ich kampiere die Nacht bei Artillerie 49 und fahre am anderen Morgen mit einem Lastauto nach Montmédy und von dort mit der Bahn der Heimat zu. Ein Tag von meinem Urlaub ist mir dadurch verloren gegangen, aber er reut mich nicht. (99) Ein Gefühl der Freude und eine Art Friedensstimmung erfüllt mich, als der Zug das schöne Rheintal, das ich schon als Handwerksbursche durchwanderte, hinauffährt. In Stuttgart muss ich umsteigen, es geht gerade ein Transportzug ins Feld. Eine riesige Menschenmenge steht Kopf an Kopf in der Halle. Wie der Zug sich langsam loslässt, ertönt nur ein einziger Schrei von tausend Kehlen durch die Halle. Es läuft mir ganz kalt den Buckel hinauf, denn es ist ja nicht mehr der Jubelton, der mir vom Ausmarsch noch in den Ohren klang, sondern mehr ein Hinausschreiben vor Schmerz und Weh. Der Januar hat die

Heimat also auch erfasst. Erst als ich im Bummelzug die Honauer Steige hinauffahre und rechts von der Höhe die Lichter vom Lichtenstein herabblinken sehe, da wusste ich, dass ich bald daheim bin. Meine Angehörigen hatten keine Ahnung, dass ich in Urlaub komme. Wie ich jedoch im alten Tempo die Treppen hinaufspringe, da horchen sie in der alten Stube auf. Man sollte meinen, dass einem alten Schützengrabensoldaten so ein Wiedersehen nicht aus der Fassung bringt. Wie ich aber in meiner alten Stube Vater, Mutter und Geschwister so friedlich beieinander am Tisch sitzen sehe, da hat es mich doch gepackt und herumgerissen. Nur zu schnell verfliegen die 8 Tage. Jeder möchte Näheres über unser Leben wissen und ich bin doch so froh, wenn ich die paar Tage meine Ruhe habe. Wenn ich in eine Wirtschaft ging, dann flüsterte mir gleich die Wirtin oder der Wirt ins Ohr: Der oder der hat dir auch ein paar Schoppen bezahlt, dass ich zuletzt gar nicht mehr in der Lage war, alle die gut gemeinten Wohltaten zu bewältigen. Der Pfarrer unserer Gemeinde, Dekan D., hat mich während dieser Zeit auch einmal zum Kaffee eingeladen. Er nahm immer regen Anteil an unserem Ergehen und interessierte sich hauptsächlich auch für die Stimmung und seelische Verfassung der Frontsoldaten. Ich machte aus meinem Herzen keine Mördergrube und keinen Hehl daraus, dass der Krieg, mit wenig Ausnahmen, für mich bis jetzt nur (100) Schattenseiten gezeigt hat. Mein guter Herr Dekan war aber großer Optimist und lacht über meine Klagen. Die Soldaten, welche auch schimpfen können, das seien gewöhnlich die Besten, meinte er. Ich ließ ihm seine Meinung, wenn ich auch mit meinem gesunden Menschenverstand keineswegs ein gutes Zeichen darin erblicken konnte. Besser wäre es auf jeden Fall, wenn wir keinen Grund hätten unzufrieden und pessimistisch zu sein. Als er dann noch in seinem kindlichen Glauben die Landkarte zur Hand nahm und mir zeigte, wie die Welt nach dem Krieg etwa aussehen werde, da kam ich mir vor wie ein dummer Junge, dem etwas über seinem Horizont geht. Nur zu rasch gingen die paar Tage vorüber, die Scheidestunde nahte heran. Der Abschied fiel mir nicht so schwer wie das Wiedersehen. Ich wollte auch nicht haben, dass mich jemand zum Bahnhof begleitete. Erst als ich von meinem elterlichen Haus weg um die Ecke bog und beim Zurückblicken meine Mutter weinend am Fenster sah, während mein Vater still sich in seine Schmiede zurückwandte, da musste ich doch etliche Mal energisch schlucken und einen Schmerz verbeißen, bis auch das vorüber war. Von Stuttgart ab kamen immer mehr Urlauber in den Zug; man merkte wohl, dass die Meisten mit ihren Gedanken noch nicht ganz losgelöst waren von der Heimat, denn es wurde fast gar nichts gesprochen im Wagen. Je mehr es der Grenze zugeht, um so mehr Soldaten füllen den Zug bis zuletzt alle Zivilisten verschwunden sind. Am 2. Tage gegen 3 Uhr morgens erreiche ich meine Endstation Termes bei Grand-Pré. Nach 2 Stunden Nachtmarsch komme ich zur Horde. Das erste, was ich erfahre ist, die Tatsache, dass das Regiment nach Flandern kommt; das III. Bataillon war schon abtransportiert. Von meiner Kompanie sind nur noch 4 MG in Stellung, alles andere ist abgebaut und zurückgezogen. Unsere Hütten sind jetzt fast zu klein geworden um die Leute alle (101) unterzubringen. Die Kompanie machte sich im Lauf des Tages marschbereit. Beim Zurückmelden vom Urlaub erklärte mir mein Hauptmann, dass ich sofort als Quartiermacher nach Flandern wieder abfahren müsse. Es blieb mir nicht einmal mehr so viel Zeit, meine überflüssigen Sachen noch zu verpacken und wegzuschicken. Es ist kaum zu glauben, was sich jeder im Lauf des Jahres für einen Hausrat angesammelt hat, von dem man sich recht ungern trennte. Es war für mich ein Schmerz, unser schönes Hüttenlager, das uns zur 2. Heimat geworden war, nun Knall auf Fall verlassen zu müssen. Wie viel Mühe und Arbeit und Liebe haben wir darauf verwendet und jetzt sollen wir nur für andere gearbeitet haben. Aber es nützte alles nichts, mitnehmen können wir es nicht, einmal muss geschieden sein. Bevor ich zum Feldbahnhof hinuntergehe, suche ich noch schnell meinen alten Franzosen Caillet auf, um ihm und seiner Familie Adieu zu sagen. Er ist ganz niedergeschlagen, dass unser freundschaftliches Verhältnis nun so jäh zerrissen wird. Während er mich zur Bahn begleitet, muss ich ihm noch heilig und teuer versprechen, nach dem Krieg einmal nach Lancon zu kommen. Für mich bleibt dies vorläufig noch ein frommer Wunsch. Als ich ihm beim Abschied die Hand drückte, rollen sogar einige dicke Tränen über seine eingefallenen Backen herunter. Ein Landsmann von der 8. Kompanie, welcher ebenfalls vom Urlaub kam und nun seinem Bataillon nachfuhr, gesellte sich noch zu mir. Die Fahrt ging zunächst nach Namur und durch das schöne Maastal über Dinant, Brüssel und Gent nach dem flandrischen Städtchen Thielt. In Brüssel hatten wir 5 Stunden Aufenthalt und konnten uns die Stadt ein bisschen ansehen. Gleich am Bahnhof bieten sich uns halbwüchsige Burschen als Führer an. Die Kerle sprachen ganz gut deutsch und lassen gleich durchblicken, dass sie uns auch sagen können, wo die schönen Mädchen sind, billig und sauber wie sie behaupten. Zunächst wollen wir uns einmal die Sehenswürdigkeiten (102) der Stadt ansehen, alles andere kommt im 2. Teil. An Bauten ist zunächst der große, das Stadtbild beherrschende Justizpalast zu nennen. Noch schöner ist aber der Marktplatz mit dem wunderbaren Rathaus und den alten Patrizier- und Gildehäusern. Als Hauptattraktion gilt noch das sogenannte Manneken-Pis. Ein ganz unscheinbarer Brunnen mit einem Kind als Brunnenfigur. Der Witz ist der, dass der Wasserstrahl in einem netten Bogen aus dem Rolle des Kindes herausspritzt. Nachdem wir so einige Stunden in der Stadt herumgewandert und für teures Geld einige Brüssler Spitzen als Andenken eingekauft haben, lenken wir unsere Schritte wieder dem Bahnhof zu, um in einem Restaurant etwas zu genießen. Wir bestellen ein Essen, das sehr lange auf sich warten ließ. Ich kann sagen, dass war aber eine Fresserei zum Verzweifeln. Zehn Teller werden kaum ausreichen, welche uns nacheinander vorgesetzt wurden, aber auf jedem liegt fein säuberlich in der Mitte knapp ein Löffel voll der verschiedenen Gemüsesarten. Nach Schluss dieser gesegneten Mahlzeit waren wir noch so hungrig wie zuvor. In Gent hatten wir 1 ½ Stunden Aufenthalt, was allerdings nicht ausreichte, diese alte Stadt zu besichtigen. Hier merkt man nach außen hin natürlich nicht sehr viel vom Krieg. Dass aber kein Überfluss vorhanden war, merkten wir an den Kindern, die uns dauernd nachliefen und anbettelten. Mein französisch, das ich durch die Unterhaltungen mit meinem alten Freund Callet jetzt zur Not beherrsche, kommt mir überall gut zustatten, hauptsächlich konnte ich es am anderen Tage beim Quartier machen gut verwerten. Die Nacht verbringen wir in einer Etappe bei Calwer Landstürmern, welche uns gastfreundlich aufnahmen. Am anderen Morgen erreichen wir unsere Endstation Thielt, von wo aus sich bis zu meinem Quartierort Denterghem noch etwa 2 Stunden Fußmarsch (103) habe. Die Gehöfte liegen hier sehr zerstreut. Alles ist eben und prima Boden. In der Hauptstraße wird hier viel Flachs gebaut. Die Quartiermacher des Regiments sind schon an der Arbeit und weisen mir mein Gebiet für die Kompanie an. Es war aber nicht so einfach und keine angenehme Arbeit, weil die guten Leute absolut nicht begreifen wollten, dass in ihren Häusern so und so viele Soldaten und Pferde Platz haben sollen. Öfters muss ich ganz energisch auftreten und in schwierigen Fällen alle Räumlichkeiten und Gelasse in Augenschein nehmen, ob die Angaben auch der Wahrheit entsprechen. Wenn ich dann mit Kreide die Zahl der einzuquartierenden Mannschaften und Pferde an die Haustüre schrieb, ging das lamentieren von neuem los. Eine Schar Kinder war natürlich dauernd hinter mir her wie beim Rattenfänger von Hameln. Die Leute sprechen neben französisch in der Hauptsprache noch flämisch, so eine Art Mittelding zwischen deutsch und englisch. Anfangs konnte ich kein Wort verstehen, später ging's schon etwas besser. Es ist klar, dass ich für mich nicht das schlechteste Quartier besorgte und habe tatsächlich dabei eine gute Nase gehabt, denn meine neuen Quartierleute lassen es an nichts fehlen. Diese Zone ist vom Vormarsch kaum berührt worden und hat unter dem Krieg noch wenig gelitten. Wir sind die 2. Einquartierung, die erste hatten sie vor einem Jahr und da nur 3 Tage. Nach Ankunft der Kompanie hatte ich noch alle Hände voll zu tun bis alles zur Zufriedenheit untergebracht war. Im großen Ganzen ist an den Quartieren bis jetzt nichts auszusetzen. Unsere Hauptbeschäftigung in den letzten Tagen beschränkte sich auf Instruktion über Gasschutz und Handhabung der Gasmaske. Am heiligen Abend war in einem ausgeräumten Lagerhaus Christbaumbescherung in der Kompanie. Es standen 200 Liter Wein zur Verfügung und für jeden ein Liebesgabenpaket. Es war seit dem Stellungskrieg wieder das erste Mal, dass die Kompanie vollzählig beisammen (104) war. Von den ausmarschierten Schützen der

Gefechtskompanie sind nur noch wenige da, hoffentlich ist es das letzte Kriegsweihnachten. Die Abende verbringen wir in den Estaminets[31] oder bei unseren Quartierleuten. Die Leute sind jetzt ganz zutraulich geworden, wo irgend ein Musikinstrument aufzutreiben ist wird gespielt und getanzt, denn die Mädchen machen mit, als wenn das so sein müsste.

10.01.1916
Berlin-Charlottenburg

In mein Leben ist ganz unerwartet eine neue Wendung eingetreten. Ich habe nämlich meiner Kompanie Lebewohl gesagt und befinde mich zur Zeit bei einer Neuformation in Berlin-Charlottenburg in einer ausgeräumten Schule im Quartier. Das ging folgendermaßen zu. Ich feierte mit den Unteroffizieren der Kompanie in einem gemütlichen Estaminet Sylvester. Bei Punsch und Glühwein waren wir bald in einer seligen Stimmung und alles Leid war vergessen. Gegen 3 Uhr morgens bringt eine Ordonanz dem Feldwebel einen Geheimbefehl, die Kompanie soll sofort 2 tropendienstfähige Unteroffiziere und 1 Schützen namhaft machen. Erst glaubten wir an einen Scherz der Offiziere, welche ebenfalls in unserer Nachbarschaft beim Sylvesterpunsch versammelt waren. Da aber der Befehl vollständig dienstlich vom Regiment kam, so begannen wir doch allmählich die Sache ernst zu nehmen. Für mich gab es kein langes Besinnen, denn ich sagte mir, mag es nun hingehen, wo es soll, ich kann nur mein Leben aufs Spiel setzen, wie in Frankreich auch, zudem komme ich noch in andere Gegenden und vielleicht ferne Länder, dann sehe ich wenigstens noch etwas von der Welt. Um 4 Uhr, also schon nach einer Stunde, mussten wir uns dem Hauptmann vorstellen. Er fragte uns ganz unvermittelt, ob wir Lust hätten nach Ägypten zu gehen. Man stelle sich vor, was wir auf diese Frage für verdutzte Gesichter geschnitten (105) haben. Selbstverständlich hatten wir Lust. Um uns gleich im Groben auf unsere Tropendienstfähigkeit zu untersuchen mussten wir vor unserem auch in Sylvesterstimmung befindlicher Hauptmann den Mund recht

---

[31] Kaffeehaus / Kneipe

weit aufmachen, damit er beim Schein einer Laterne unsere Zähne sehen konnte. Nun hatte ich die besten Zähne und wurde gleich aufgeschrieben von dem Schützen, während mein Freund Latthaar, genannt Kügele, infolge seines schlechten Gebisses nicht in Frage kam, was ich lebhaft bedauerte, denn von allen Unteroffizieren wäre er mir der liebste gewesen. Auch den Schützen hat es noch vor der Abfahrt wieder gereut, so dass ich allein vom Regiment übrig blieb. Die Sache war so eilig, dass ich schon am nächsten Tage meine alte liebgewordene Kompanie verlassen musste. Jetzt spürte ich erst, wie eng verbunden ich mit meinem Kameraden war; nur ungern ließen sie mich ziehen. Ja, ich glaube, dass wir sogar an ein paar Tränen herumgedrückt haben beim Abschied nehmen. Mein Hauptmann gratulierte mir und sagte, er ginge am liebsten auch gleich mit, das sei im Orient eine ganze andere Sache wie hier, dort sei der heilige Krieg erklärt und deshalb kämpfen die muhamedanischen Soldaten mit einem ganz anderen Fanatismus, den wir hier nicht kennen. Ich versprach ihm, von Zeit zu Zeit zu schreiben und die Kompanie auf dem laufenden zu halten. Mein Befehl lautete, zunächst nur nach Gent; dort sollte ich mich auf dem Bahnhof bei einem mit Armbinde versehenem Leutnant melden unter dem Stichwort Pascha. Das hatte dann auch seine Richtigkeit. Nachdem wir etwa 30 Mann von unserer Heeresgruppe unter diesem Stichwort beisammen waren, ging's Berlin zu. Dort angekommen werden wir zunächst entlaust und dann bei den Elisabethern in Charlottenburg untergebracht. Von anderen Kriegsschauplätzen sind ebenfalls Leute zu unserer Neuformation eingetroffen, so dass wir insgesamt etwa 250 Mann beisammen sind. Aus diesen 250 Mann wurden 8 Kompanien gebildet, (106) welche sozusagen das Gerippe für die in der Türkei mit türkischen Soldaten vollends ergänzte Formation bildeten.

27.03.1916
Jetzt sind wir bald seit 6 Wochen marschbereit und immer wieder wird die Abfahrt hinausgeschoben. Unser erster Abmarschtermin war der 15. Januar und seither heißt's regelmäßig alle 8 Tage, an dem und dem Tag wird abgefahren und immer ist es dann wieder nichts. Die gesprengten Brücken in

Serbien sollen noch nicht ganz wiederhergestellt sein, daher die Verzögerung. Die ersten 14 Tage hatten wir alle Hände voll zu tun unsere Waffen- und Ausrüstungsgegenstände in Empfang zu nehmen. Man muss staunen, was da alles mitgenommen werden muss. Khaki-Anzüge, Tropenhelme, Moskitonetze, zusammenlegbare Feldbettstellen, große Zelte, Kamelsättel und was man alles in den Tropen braucht. Zum Schutz gegen Typhus und Cholera sind wir schon etliche Mal geimpft worden. Als Vorbeugungsmittel gegen Malaria müssen wir Chinintabletten schlucken bis zur Verzweiflung. Dass natürlich auch das Großstadtleben schon auf uns abgefärbt hat und bei einigen Leuten sich gesundheitlich schon sehr unliebsam bemerkbar machte, ist begreiflich. Am besten wird es schon sein, ich schreibe nichts darüber, sonst könnte etwas Ungeschicktes dabei herauskommen, denn ich war auch kein Engel. Ein Teil unseres Hauses ist für Rekonvaleszenten, Landsturmleute und sonstige Gelegenheits- oder Verlegensheitsoldaten als Quartier eingerichtet. Unter anderem sehe ich öfter den in der Politik bekannten Liebknecht aus- und eingehen. Durch die vielen Abmarschtermine glaubten wir immer, wir müssten noch unser Möglichstes tun, ehe es wieder in den Krieg geht. Das hatte zur Folge, dass bald keiner mehr einen Stecken Geld hatte und ich mir 2 mal telegraphisch Geld von zu Hause schicken lassen musste. Morgen soll es nun ganz bestimmt (107) abgehen, jetzt habe ich auch genug hier.

Fahrt nach Konstantinopel[32]
Die lange Reise quer durch Europa in den Nahen Osten

Unter Vorantritt der Musik vom Ersatzbataillon der Elisabether und in Begleitung einer großen Menge Neugieriger geht's abends 4 Uhr zum Bahnhof. Unter großem Jubel setzt sich unser langer Zug in Bewegung und dampfte nach Osten zu, einer dunklen Zukunft entgegen. Mit einem Kameraden und Landsmann, Vizefeldwebel Eisele, einem früheren Kolonialsoldaten, bewohne ich zusammen ein Coupé. Wir hatten Berlin längst hinter uns, als wir endlich daran dachten, unser Nachtlager einzurichten. Zu diesem Zweck hatte ich mir in Berlin eine Hängematte gekauft, welche ich schräg im Coupé aufspannte und mich in den Schlaf schaukeln ließ.

30. März 1916
Wenn ich jede Nacht so gut schlafen kann, wie diese, dann wird mir die lange Reise nicht viel ausmachen. Um 6 Uhr halten wir in Tschecheln[33] und fassen Kaffee mit Schmalzstulle, was uns ausgezeichnet schmeckte. In flotter Fahrt geht's dann weiter über Liegnitz nach Breslau – gerade recht zum Mittagessen. Nach 1 Stunde Aufenthalt erreichen wir die Grenzstation Oderberg. Auf dieser Zwischenstrecke sehen wir viele weibliche Streckenarbeiter beschäftigt, auch gefangene Russen können wir auf den großen Gütern bei Feldarbeiten beobachten. In Oderberg herrscht auf der Bahnstation ein Riesenbetrieb mit deutschen und österreichischen Militärtransporten. In Reihen „rechts um" stellen wir uns zwischen österreichischem Landsturm und bayerischen Gebirglern zum Abendbrot fassen auf. Neben Tee mit Rum gibt es noch 1 Stück Brot mit einem Batzen Streichkäse. Die Beleuchtung im Wagen ist miserabel, es bleibt (108) nichts übrig als sich zur Ruhe niederlegen.

---

[32] heute Istanbul
[33] Niederlausitz

31.03.1916

Um 6 Uhr in der Früh heißt's auf einer Station „Alles aussteigen". Wir befinden uns in einer romantischen Gebirgsgegend, aber ein verdammt kalter Wind weht hier oben. Nach Empfang von Tee und 2 Eiern geht's deshalb rasch wieder in das warme Coupé rein. So 2 hartgesottene Eier sind übrigens gar nicht übles zum Frühstück, in Berlin waren wir in dieser Beziehung mehr wie knapp gehalten. Wir fahren so allmählich wieder abwärts und kommen in das schöne Waagtal, welches Ähnlichkeit hat mit dem unteren Neckartal. Burgruinen grüßen aus stolzer Höhe herab und erinnern mich an Schwabens Gaue. Auffallend viele, meist malerisch gelegene, Klöster wechseln mit freundlichen Ortschaften. Es herrscht Frühjahrsstimmung; die Landleute bestellen ihre Felder, doch gefällt mir ihr Fuhrwerk absolut nicht, denn selten noch habe ich so schlecht genährte Ochsen gesehen, dabei sind die Tiere in einer Art Doppeljoch eingezwängt und direkt mit der Deichsel verbunden. Die Frauen und Mädchen sind malerisch gekleidet und tragen entweder Rohrstiefel aus Fils oder Leder. Auf einer Verpflegungsstation mit einem Namen ähnlich wie Przmsl (Przemysl) fassen wir unsere Mittagskost, bestehend aus Gulasch, welcher ganz leidlich schmeckte. Das Tal verflacht sich allmählich bis zur Ebene; hier ist die Saatbestellung bereits beendet. Den großen Koppeln nach ist hier alles Großgrundbesitz. Unser Zug hält jetzt bald auf jeder Station, wo es immer stundenlange Aufenthalte gibt. Aus Langeweile verteilen wir unseren übrigen Zwieback an die kleinen Zigeunerjungen; als Gegenleistung tanzen sie uns dann einen Schieber vor mit allen Finessen und singen dazu: „Püppchen, du bist mein Augenstern". Bei Sonnenuntergang halten wir mal wieder auf einer einsamen Station; es hat gar nicht den Anschein, als ob wir so schnell weiterfahren (109) werden. Ein vorüberkommender Zigeunerbursche setzt sich zu uns aufs Trittbrett und spielt auf einer Ziehorgel flotte ungarische Weisen vor. Unsere Herren Offiziere vertreiben sich die Zeit damit, in dem sie kleine flache Steine auf den Wasserspiegel des an den Bahnhof angrenzenden Sees tanzen lassen. Nebenan verhandelt ein deutscher Eisenbahner mit einer Frau wegen Eier. Mir fällt das schöne Lied ein: „Auf dr schwäbische Eisabahna". Endlich fahren wir aber doch wieder los bis zur nächsten Station, dort gibt es Abendbrot, Tee mit Käse. Unsere Beleuchtung im Wagen ist miserabel und versagt zuletzt ganz; es bleibt nichts anderes übrig als sich aufs Ohr zu legen.

01. April 1916

Um 5 Uhr wachen wir auf, unser Zug hält auf einem Vorortbahnhof von Budapest. Neben uns steht ein Transportzug mit Artillerie aus Mazedonien. Die Leute sehen ganz sonnenverbrannt aus, da muss es ja verdammt heiß gewesen sein, wo die herkommen. Das Bahnhofsgelände lässt an Reinlichkeit sehr viel zu wünschen übrig. Eine Unmasse Apfelsinenschalen liegen überall herum. Barfüßige Mädchen in bunter Tracht sind eben dabei, etwas Ordnung zu schaffen. Ein Brötchen kostet 30 Pfennig, eine Zeitung 50 Pfennig. Ausnahmsweise dauert der Aufenthalt nicht lange, wir fahren in einem Bogen um die Stadt herum und kommen durch eine kurze Strecke Weingegend in eine Niederung. Das Wasser steht überall noch in den Feldern und bildet große Seen. Bei den vereinzelten Gehöften tummeln sich große Herden, welche wir anfangs für Schafe gehalten haben; als wir jedoch näher herankommen stellten wir fest, das es Schweine waren mit langen zottigen Haaren. Von Budapest an ist die Strecke eingleisig, die Aufenthalte auf den einzelnen Stationen werden deshalb umso größer, weil wir aus Mazedonien kommende Transporte durchlassen müssen, welche es anscheinend (110) eiliger haben als wir. Gegen Mittag ändert sich das Bild wieder, hier grünt und blüht alles. Die Dörfer liegen ganz versteckt zwischen blühenden Obstgärten verborgen. Die Sonne brennt schon so heiß, dass wir auf die Heizung tagsüber verzichten können. Zu Mittag gab's Bohnensuppe mit Schweinefleisch, es schmeckte ganz leidlich. Gegen Abend erreichen wir Maria-Theresianopel und erhalten dort Abendbrot, Tee mit Speck. Neben uns steht ein Zug mit Bosniaken und Herzogewiner; es sind meist alte verwitterte Gestalten und anscheinend Armierungssoldaten. Zum ersten Mal sehen wir den Fez als Kopfbedeckung, was auf Muhamedaner schließen lässt. Ihr Anzug besteht aus bunt zusammengewürfelten Kleidungsstücken, als Fußbekleidung tragen die meisten Ledersandalen mit Lappen umwickelt. Auch ein östereichischer Transport junger, neu eingekleideter, kräftiger Burschen ist eben im Begriff nach der italienischen Front abzudampfen. Wir haben 3 Stunden Aufenthalt und dürfen in die Stadt. In den Hauptstraßen herrscht reges Leben. Die Lokale sind gut besucht, doch herrscht das Militär vor. Im Allgemeinen das gleiche Straßenbild wie bei uns in Deutschland. Das Rathaus mit seinem großen Turm fällt uns besonders in die Augen. Um 8 Uhr geht's wieder ab in die Nacht hinein.

02. April 1916

Wir stehen auf dem toten Geleise einer Station. Ich muss gut geschlafen haben, denn mein Kamerad Eisele schimpft, dass die halbe Nacht rangiert worden sei. Zum Frühstück gibt's Kaffee und Ölsardinen. Belgrad soll von hier noch 5 Stunden entfernt sein, doch sollen wir bis Mittag hier liegen bleiben. Weil es gerade Sonntag ist und herrliches Wetter erhalten wir Erlaubnis, bis 12 Uhr wegzubleiben. Der Güterschuppen ist vollgepfercht mit serbischen Flüchtlingen, in der Hauptsache sind es alte Männer, Frauen und Kinder, (111) welche mit Sack und Pack wieder in ihre Heimat zurückbefördert werden. Unsere Leute spielten nebenan auf einem freien Platz Fußball, während ich mit einigen Kameraden einen Spaziergang in das nächste Dorf mache. Die Dorfstraßen sind auffallend breit und schnurgerade, eigentlich sind es nur 2, welche sich in der Mitte schneiden und so ein großes Kreuz bilden. Von außen etwas schmutzig anzusehen, herrscht im Inneren der Häuser größte Sauberkeit. Die Einwohner betreiben fast ausschließlich Schweinezucht. Wir sehen uns so eine Schweineherde auch von der Nähe an, auch einige Esel tummelten sich dabei herum. Mit Erlaubnis des Hirten versuchten wir, dieselben als Reittiere zu benützen. Anfangs ließen sich die Tiere ihre Reiter ruhig gefallen, doch gar bald ging's unter allerhand Kapriolen mitten in die Schweineherde hinein, wo wir uns nur durch einen gewagten Sprung vor einer Katastrophe retteten; alles will gelernt sein. Wie wir zum Bahnhof zurückkommen ist inzwischen ein österreichischer Transportzug eingetroffen, welcher ebenfalls einige Stunden Aufenthalt hatte. Rasch war eine kombinierte

Fußballmannschaft zusammengestellt und so gab es ein regelrechtes Wettspiel zwischen Deutschland und Österreich. Von den österreichischen Soldaten erfahren wir, dass die Serben diese Gegend im Anfang des Kriegs besetzt hatten. Auf der Station treffe ich noch einen schwäbischen Bauern namens Klaus von einer 3 km entfernten Ortschaft. Er erzählte mir, dass sein Vater aus Tuttlingen stammt und vor vielen Jahren hier eingewandert sei. Um 12 Uhr geht's wieder weiter. Bald erreichen wir Semlin und sehen uns gegenüber am jenseitigen Ufer der Save Belgrad mit Zitadelle. In Semlin gibt's Hindenburgsuppe, welche uns trefflich schmeckte. Beim Anblick der Donau und der Save wird uns so richtig klar, dass der Übergang über diese beiden Flüsse sowie die Erstürmung Belgrads wirklich eine Glanzleistung unserer Truppen war. Von Semlin aus fahren wir auf einem Hochwasserdamm (112) bis zur Brücke. Mehrere Pfeiler sind gesprengt, die riesigen Eisenkonstruktionen ragen noch zur Hälfte aus dem Wasser heraus. Etwa ein Drittel gegen die serbische Seite zu ist unversehrt geblieben. Ganz langsam geht's über die Notbrücke nach dem Bahnhof in Belgrad. Neben der Eisenbahnbrücke haben Pioniere links davon noch eine Notbrücke für den Wagen- und Fußgängerverkehr gebaut. An den Brückenköpfen befinden sich noch Schützengräben und Drahthindernisse. Die Stadtteile am Ufer, sowie die Zitadelle auf der Höhe, zeigen noch starke Spuren der Beschießung. Auch in Semlin waren einige Häuser zusammengeschossen.

Wir haben 2 Stunden Aufenthalt, dürfen aber nicht aus dem Bahnhof heraus und begnügen uns mit dem Fernglas die hervorstechenden Gebäude zu betrachten. Unmittelbar am Ufer sind die Trümmer einer zusammengeschossenen Fabrik mit hohem noch unversehrten Schornstein und Wasserturm. Auf der Höhe fallen hauptsächlich neben anderen größeren Bauten der alte und neue Konak[34] auf, welche mit deutschen und österreichischen Fahnen beflaggt sind. Bald geht's wieder weiter in das innere Serbiens. Zunächst durch schöne parkähnliche

---

[34] Palast, Amtsgebäude in der Türkei

Anlagen, wo österreichische Offiziere ihre Damen spazieren führten, daneben plagt sich die ärmere einheimische Bevölkerung mit Holzbündeln ab, wir sehen an ihren verbissenen Gesichtern, dass sie sich mit ihrem Schicksal noch nicht recht abgefunden haben. Allmählich kommen wir in eine Gebirgsgegend mit Luftkurorten, wunderbar zwischen den Bergen eingebettet. Sämtliche Brücken waren gesprengt, auch sieht man noch viele gut ausgebaute Feldbefestigungen über Berg und Tal sich hinziehen. Die schlichten Holzkreuze im Gelände herum lassen erkennen, dass sich hier schwere Kämpfe abgespielt haben. Die Häuser der Bevölkerung sind teilweise aus Lehm gebaut und liegen zerstreut an den Berghängen. Der Bahnbetrieb liegt hier in österreichischen Händen. Der (113) Zug fährt wieder ganz vorsichtig; wir passieren eine viaduktartige hölzerne Brücke. Tief unten im Tal liegen die alten gesprengten Pfeiler und Bögen. Nachdem uns die Lokomotive durch ein langes Tunnel in eine unwirtliche kalte Gegend versetzt hat, empfangen wir auf einer einsamen Station Kaffee aus unserer Feldküche. Die Kälte lässt uns diese Nacht nicht schlafen, so dass wir um 2 Uhr nachts nochmals heißen Kaffee fassen dürfen.

03. April 1916

In aller Herrgottsfrüh stehen wir wieder auf einer Station. Unsere Leute rumoren und schimpfen, dass die Wagen nicht mehr geheizt werden. Trotzdem gehen wir an die Pumpe und nehmen eine kalte Dusche, das bringt das Blut wieder ein bisschen in Bewegung. Ein Transportzug kreuzt mit uns, wir fahren auch so sachte wieder weiter das Moravatal entlang. Wenig Getreidebau sieht man hier; die Berge sind alle kahl und kommen kaum als Ziegenweide in Frage. Selbstverständlich wird auf der nächsten Station wieder einige Stunden gehalten. Von hier aus ist der Bahnbetrieb und das Fahrpersonal wieder deutsch. Es geht endlich wieder weiter, aber nicht lang, kaum 5 km, dann bleiben wir auf offener Strecke 5 Stunden liegen. Die Bevölkerung dieser Gegend führt ein kümmerliches Dasein. Endlich fahren wir weiter. Das Tal wird jetzt offener und erreicht auf der nächsten Station eine Breite von fast 5 km. Die Felder sind hier nicht gerade schlecht, aber durch den Krieg liegt das

Meiste brach, nur ganz vereinzelt sieht man die Leute mit ihren abgemagerten Zugtieren das Feld bestellen. Die Trümmer von 2 Munitionszügen, welche beim Rückzug der Serben in die Luft gesprengt wurden, liegen noch auf den Geleisen herum. Zusammenhängende Ortschaften sind ganz selten, die Gehöfte liegen überall im Gelände zerstreut zwischen Obstbäumen verborgen, hauptsächlich Steinobst wird hier gepflanzt. Der Bahnschutz liegt in den Händen deutscher Landstürmer, welche an Übergängen und Brücken die reinsten Festungen angelegt (114) haben mit Schützengräben, Drahtverhau und Stahlschießscharten. Inmitten befindet sich halb im Boden eingegraben eine Art Blockhaus als Behausung. Ich denke mir, dass diese kleinen Forts hauptsächlich gegen die halbwilden Gebirgsbewohner errichtet werden müssen, welche ab und zu rebellisch werden wollen. Man kann oft auch wieder ganz freundliche Häuschen sehen, welche auf ganz zivilisierte Einwohner schließen lassen. An einem derselben konnten wir mit dem Fernglas eine Tafel feststellen auf welcher stand: "Dieses Haus steht unter meinem besonderen Schutze, gez. Ortskommandant". In dem hübsch angelegten Garten ist eine junge Frau eben dabei Gemüse anzupflanzen, wahrscheinlich wohnt hier ein deutscher Eisenbahner. Die Berge werden immer gewaltiger um bei Nisch (Niˊs) bis zu einer Höhe von schätzungsweise 2000 Meter anzusteigen. Die Häupter und Bergspitzen sind noch mit Schnee bedeckt. Auf einer Station vor Nisch befindet sich eine deutsche Etappe, wo wir verpflegt werden. Ich hatte sogar das seltene Glück, 2 gute deutsche Glas Bier dort zu ergattern. Die ganze Anlage ist neu von deutschen Truppen gebaut worden. Es befinden sich hier große Magazine, Lazarette, eine Verpflegungsstation, große Reparaturwerkstätten für Kraftwagen und ein Park von etwa 300 Kraftwagen. Wir sollen heute Abend noch abfahren, was ich aber stark bezweifle, weil unser 1. Transportzug, welcher einen Tag vor uns in Berlin wegfuhr, sich heute Abend noch in Nisch befand und wir ihn also bereits eingeholt hatten. Um 10 Uhr geht's wirklich noch ab, aber nur bis nach Nisch, morgen Mittag soll es dann erst wieder weitergehen.

4. April 1916

Um 6 Uhr werden wir munter und stellen fest, dass wir direkt vor dem Bahnhofsgebäude in Nisch stehen. Nach einer kalten Waschung an der Pumpe fühlt man sich wieder als Mensch. Der Kaffee ist auch schon fertig, (115) mein Liebchen, was willst du noch mehr. Auf dem Bahnhof herrscht schon reges Leben. Transporte kommen und gehen, man sieht hier alle Rassen Soldaten der Mittelmächte. Ich glaube, dass nicht leicht auf einer Etappe so ein bunter Völkergemisch von Soldaten anzutreffen ist. In der Hauptsache sind aber unsere bulgarischen Bundesbrüder hier die Herren. Unser Transportführer erlaubt uns, bis 10 Uhr in die Stadt zu gehen, was mit Freuden begrüßt wird. Vor dem Bahnhofsgebäude hat sich eine Reihe Stiefelputzer aufgepflanzt, welche absolut unsere Stiefel putzen wollen. Daneben bestürmen uns noch einige Dutzend Straßenhändler mit ihrem Kram. Die Serben und teilweise auch die bulgarischen Soldaten tragen eine Art Sandalen aus ungegerbtem Leder, welche fest am Fuße verschnürt sind. Vom Fuß bis zu ihren Pluderhosen ist alles mit bunten Lappen umwickelt, ähnlich wie bei den Bosniaken. Ich glaube, das Zerlumpte gehört hierzulande zum guten Ton. Wir gehen eine Straße entlang und sehen uns die Behausungen etwas näher an. Alle Arten von Handwerkern sind hier vertreten, aber wenn man ihrem Arbeiten zusieht, glaubt man sich um einige hundert Jahre zurückversetzt, so primitiv ist die ganze Arbeitsweise und das Werkzeug. Einem Schmied, welcher in einem niederen kleinen Raum mit seiner Frau arbeitete, sehen wir einige Zeit zu. Beide arbeiten sitzend am Amboss, die Frau als Zuschläger. Vor der Hütte waren auf einem Brett seine Erzeugnisse zum Verkauf ausgestellt, meist Türbeschläge, welche in Anbetracht der primitiven Arbeitsweise eigentlich gar nicht übel aussahen. Ich gab ihm zu verstehen, dass ich von seinem Geschäft auch eine Ahnung habe und streckte mit dem Hammer der Frau, ebenfalls sitzend, einen Türkloben aus. Als sie sahen, dass sie einen Kollegen vor sich hatten, grinsten beide über das ganze Gesicht. Ich habe aber dann rasch die Werkstätte verlassen, weil ich auf einmal so das (116) Gefühl hatte, dass die Frau sicherlich nicht entlaust war. So eine Werkstatt muss man gesehen haben. An den Straßenrändern und auf den Gehwegen hocken die Weiber und säugen ihre Kinder. Wenn sie damit fertig sind, stecken sie das Kind in einen Sack, welcher dann auf den Rücken gehenkt wird, verschiedene davon rauchen sogar während ihres Ammengeschäfts eine kurze Pfeife. In den Wirtschaften, deren es nicht wenige gibt, sitzen serbische Einwohner und bulgarische Soldaten beim Kartenspiel zusammen. Bier kennt man hier nicht, dafür aber Schnaps und Wein. Die Männer scheinen überhaupt die Arbeit zu scheuen, dagegen sehen wir selten eine Frau, welche nicht mit stricken oder irgend einer Hausarbeit beschäftigt ist. Die Bergbewohner bringen auf kleinen Tragtieren ihre Erzeugnisse in die Stadt, meist sind die kleinen Pferdchen mit Holzbündeln und Wolle so überladen, dass man sich nur wundern muss, dass solche Lasten von ihnen getragen werden können. Die Kirchen haben schon einen orientalischen Einschlag, was die Bauart anbelangt. Der Friedhof ist sehr unordentlich gehalten, deutsche Soldaten sind eben dabei, die Gräber ihrer gefallenen und gestorbenen Soldaten herzurichten. Auf den besseren Serbengräbern brennt auf den Grabsteinen meist eine Ampel, das Ewige Licht oder was das bedeuten soll. Auf einem freien Platz halten einige Dutzend Droschkenkutscher, welche genauso verwahrlost aussehen wie ihre Pferde und Wagen. Einige Hotels machen gar keinen üblen Eindruck und sind mehr neuzeitlich eingerichtet. Wir passieren eine Brücke und kommen an die Zitadelle, doch lässt uns der bulgarische Posten nicht rein. Inzwischen ist es auch bald Mittag geworden, so dass wir wieder zum Bahnhof zurück müssen, wo wir gerade noch zum Essen recht kommen. Es gab Nudelsuppe mit Mischobst untereinander, unser Koch wollte damit etwas extra Feines kochen, er hat aber damit keine große Ehre bei uns eingelegt. Ich lege mich noch ein (117) bisschen in meine Hängematte bis um 4 Uhr das Abfahrtssignal gegeben wird. Wir erfahren, dass gestern der Balkanzug mit einem Güterzug zusammenstieß, dabei soll es Tote und Verletzte gegeben haben. Das Moravatal verengt sich wieder zusehends. Über gesprengte Brücken geht es wieder dem Gebirge zu. In kurzer Zeit befinden wir uns in einem tief eingeschnittenen Felsental, das zuletzt so eng wird, dass die Bahnstrecke teilweise in Felsen eingehauen ist. An den steilen Abhängen sind tiefe Schluchten und Rinnen zu sehen. In den Felsen nisten ganze Schwärme Dohlen, auch Adler soll es hier geben. Die Tunnel, die teilweise gesprengt waren, sind von bulgarischen Soldaten bewacht. Das Tal wird allmählich wieder offener, was hier Brücken gesprengt sind, ist kaum zu glauben. Auf der nächsten Station wird Kaffee gefasst. Von hier aus ziehen sich verschiedene Seitentäler tief ins Gebirge hinein. In der Ferne sind wieder schneebedeckte Gipfel sichtbar. Es war für die Bulgaren sicher ein hartes Stück Arbeit, dieses schwierige Gelände beim Vormarsch zu überwinden. Bei Eintritt der Dunkelheit passieren wir eine Art Felsentor, schade, dass wir nichts mehr sehen können von dieser wildromantischen Gegend. Morgen Mittag um 2 Uhr sollen wir in Sofia sein.

05. April 1916

Der Schlaf war diese Nacht nicht weit her, denn in den kalten ungeheizten Wagen ist's mehr wie ungemütlich. Bei Tagesanbruch befinden wir uns auf einem Holzplateau etwa 1400 m über dem Meere. Es ist furchtbar kalt, überall liegt noch Schnee auf den Bergen. Das Stationsgebäude und einige Hütten sind die einzigen menschlichen Behausungen weit und breit. Wir haben 2 Stunden Aufenthalt. Aus den Hütten kommen einige Frauen und Mädchen und bieten Eier an das Dutzend etwa 1 Mark. Der ganze Vorrat wird gekauft, jetzt werden nur noch Eier gegessen. Die Weiber fangen (118) plötzlich an zu laufen und zeigen auf ein Wagenfenster, wo sich gerade einer die Zähne putzt, so was haben sie anscheinend noch nie gesehen. In flottem Tempo fahren wir wieder abwärts durch Geröllhalden und mageres Weideland; die Maschine muss dauernd bremsen, so stark ist das Gefälle. Die Vegetation wird zusehends besser, es zeigen sich jetzt wieder kleine Schafherden. Verwegen aussehende Bergbewohner reiten auf kleinen Pferdchen talabwärts. Je weiter wir abwärts fahren, um so mehr Vieh- und Pferdeherden können wir beobachten. Nur ganz vereinzelt sehen wir schwarze Büffelgespanne beim Pflügen der Felder. Etwa 6 Kilometer vor Sofia wird gehalten und Kaffee gefasst. Rasch kommen wir vollends rein nach Sofia, wo wir wieder verpflegt werden. Neben kalter ungenießbarer Suppe gibt's prima Wurst und Zigaretten. Auf der Bahnhofswache bekommen wir einen

Ausweis und dürfen 2 Stunden in die Stadt. Der Bahnhof ist groß und geräumig; die vielen Droschken und Autos drücken dem Stadtbild gleich einen großstädtischen Stempel auf. Trotzdem tummeln sich unmittelbar am Bahnhofsplatz ein halbes Dutzend Schweine herum, wodurch der erste gute Eindruck etwas verwischt wird. Über eine Brücke mit großen Löwenfiguren geht's ins Innere der Stadt in die Hauptverkehrsstraße. Große Geschäftshäuser wechseln mit modernen Hotels und Industriebetrieben. Neben eleganten Welt- und Halbweltdamen sieht man viel zerlumptes Volk. Bei den alten Weibern fällt uns besonders das Zigaretten rauchen auf. Im großen Ganzen riecht es stark nach Mausfallenhändler. Wir gehen durch die Markthalle, wo eine Unmenge Fleisch und sonstige Lebensmittel zum Verkauf lagert. Von da gehen wir in die Hauptkirche. Das Innere ist wunderbar ausgeschmückt, ein Gestühl befindet sich jedoch nicht darin. Einige Frauen knien am Boden und machen ihren Hokuspokus. (119) Von hier aus gehen wir noch nach dem königlichen Schloss, von dem wir allerdings wegen der hohen Mauer nicht viel sehen. Auf dem Schlossplatz begegnen wir vielen bulgarischen Offizieren, welche unseren Gruß freundlich erwidern. Die Straßenhändler verführen ein Geschrei, dass man sein eigenes Wort nicht mehr versteht. Die Landbevölkerung trägt fast durchweg ihre Nationaltracht und die meisten Männer als Überrock ein weißes Schaffell. Die Leute sind sehr zurückhaltend und sehen uns ganz scheu an. Auf dem Weg zum Bahnhof kommen wir an einer deutschen Wirtschaft vorbei, haben aber leider keine Zeit mehr zum einkehren. 1.30 Uhr geht's wieder ab von Sofia, zunächst nur durch Weideland mit riesigen Herden von schwarzen Rinderbüffeln. Durch ein unwirtliches Tal verlassen wir das große Becken und kommen in ein kleineres. Auch hier wieder große Viehherden auf den riesigen Weideflächen. Durch ein Felsental mit tief eingeschnittenem Gebirgsbach geht's wieder in schnellem Tempo talabwärts. Eine schlechte Landstraße windet sich in unzähligen Krümmungen neben der Bahnlinie durch das Tal. An den Steilhängen weiden kleinere Ziegen- und Eselherden. Das Tal wird wieder breiter, auf den Stationen sehen wir militärische Fuhrparkkolonnen, aber alle Fahrzeuge mit den schwarzen

Büffelochsen bespannt. Verschiedentlich können wir sogar kleinere Industrieanlagen feststellen. Unser Zug bekommt auf einer Station noch 4 Personenwagen angehängt und geht jetzt gleichzeitig als Lokalzug. Von unseren Leuten ist einer nicht mehr mitgekommen. Mit vieler Mühe gelingt es uns, den Zugführer zum halten zu veranlassen, damit der Nachzügler wieder an Bord genommen werden kann. Es scheint, dass wir jetzt in ein besseres Land kommen, denn an den Hängen wird Wein gepflanzt. Malerisch gekleidete Mädchen arbeiten noch in den Weinbergen oder haben schon Feierabend gemacht und streben auf schmalen Pfaden in den Schluchten und Seitentälern ihren Behausungen zu. Um 11 Uhr nachts (120) erreichen wir Philipopel und erhalten warmes Essen, Sauerkraut mit Rindfleisch, es schmeckt aber miserabel.

06. April 1916
Türkei

Diese Nacht sind wir flott durchgefahren. Auf einer größeren Station wird Kaffee gefasst und Morgentoilette gemacht. Die Bevölkerung treibt fast nur Getreidebau und geht schon um 6 Uhr aufs Feld und zwar mit dem ganzen Viehstand und mit Kind und Kegel. Meist reitet der Bauer am Schluss auf einem kleinen Esel und dirigiert von hier aus mit einem langen Stecken seine ganze Korona[35]. Neben dem faulen Bauern, der mit seinen langen Beinen hin und her schlenkert, trägt der Esel noch 2 Körbe für Futter und Essen. Die Frau geht zu Fuß nebenher und hat meistens auch noch etwas zu schleppen. Wir erfuhren, dass hier vor dem Balkankrieg noch türkisches Gebiet war. Auf den Feldern und an den Sümpfen sind ganze Schwärme Störche zu sehen. Der Ackerbau hört wieder auf, an dessen Stelle tritt sumpfiges Weideland. Es geht jetzt der Mariza entlang, an den Ufern können wir viele Fischreiher beobachten. Die Dörfer hier bestehen aus Lehmhütten und machen keinen guten Eindruck. Auf einer Station nehmen wir einen herrenlosen Hund mit ins Abteil, wenn er sich gut hält, darf er mit nach Konstantinopel. In der Ferne tauchen links etwas abseits Türme, Kuppeln und

---

[35] Runde, Horde

Minaretts auf, es ist Adrianopel (Edirne). Gegenüber der Stadt auf der neuen bulgarischen Station werden wir verpflegt, prima Essen, Suppe, Hammelbraten und Bratkartoffel. Gesprengte Brücken und zusammengeschossene Häuser sind noch zu sehen als letzte Spuren vom Balkankrieg. Die Bahnlinie geht hier hart an der Grenze entlang, auf der türkischen Seite sehen wir Trainkolonnen[36] exerzieren. Adrianopel entschwindet unseren Blicken, dem Kompass nach geht's jetzt südwärts. Hier sehen wir riesige Friedhöfe, welche aussehen wie eine Schafweide, die vollgesät ist mit (121) abgeschlagenen Kilometer- und Marksteinen. Selten sieht man einen Menschen ohne Esel, der gehört hier scheint's zum täglichen Brot und ist unzertrennlicher Begleiter von Kind und Kegel. Auf der bulgarischen Grenzstation wird gehalten. Kinder bieten uns lebende Schildkröten an, das Stück zu 15 Pfennig. Türkisches Bahnpersonal übernimmt jetzt den Zug, unsere Fahrtrichtung geht jetzt wieder nach Osten in die Türkei hinein. Von 3 Brücken, welche hintereinander passiert werden, ragen noch vom Balkankrieg her die gesprengten Pfeiler aus dem Wasser, die letzte davon scheidet Bulgarien und die Türkei. An der Strecke entlang steht türkischer Landsturm mit vorsintflutlichen Gewehren bewaffnet als Bahnschütz vor ihren Zelten. Auf der türkischen Grenzstation wird wieder längere Zeit gehalten. Es wimmelt hier von türkischen Soldaten aller Waffengattungen in teilweise recht lumpigen Uniformen. Zum erstenmal sehen wir auf dem Bahnhof über 1 Dutzend herrenlose Hunde, durch welche die Türkei ja bekannt ist, herumstreichen. Die Frauen, die wir hier zu Gesicht bekommen, sind alle verschleiert, sie werden von uns angestaunt, als wären sie aus dem Harem des Sultans. Das türkische Essen, das wir hier fassen, der sogenannte Bulgur, schmeckt gar nicht übel. Anscheinend bleiben wir die Nacht hier liegen.

07. April 1916
Auf einer Station, welche noch etwa 120 km von Konstantinopel weg sein soll, ist wieder ein längerer Halt. Es scheint hier ein größerer Truppenübungsplatz zu sein. Links im Gelände ziehen

---

[36] Tross, Heeresfuhrwesen

lange Infanteriekolonnen mit Musik nach einem Paradeplatz. Ein Haufen hässlicher Köter, einer davon hat nur noch 2 Beine und zwar die vorderen, schleichen wieder um unseren Zug herum und bringen sich fast um, wenn wir ein Stück Zwieback hinauswerfen. Endlich geht's wieder weiter durch eine öde Gegend, die türkischen Brückenposten sind die einzigen Lebewesen weit und breit. Zum ersten Mal sehen wir in der Ferne eine kleine Kamelkarawane vorüberziehen. Die nächste Station ist Tschadalscha (Cadalka, Türkei), wo im Balkankrieg die großen Kämpfe (122) waren. Die Zeit wird zum waschen und Kaffee fassen ausgenützt. Durch eine große Kurve überwinden wir die Steigung und kommen, nachdem der Zug einige Mal stecken bleibt, schließlich auf den Höhenkamm. Hier ziehen sich große Feldbefestigungen und Schützengräben hin. Große Massengräber zeugen noch von den verlustreichen Kämpfen an der Tschadalscha-Linie. Von der Höhe aus ist schon ein Meeresarm des Marmarameeres zu sehen. Stundenlang geht's wieder durch öde, mit Dorngestrüpp bewachsene Gegend, bis nach einer Kurve eine wunderschöne Meeresbucht vor uns liegt. Zunächst fahren wir eine kurze Strecke am Ufer entlang. Dann wieder durch kurzes Bergland zu einer größeren Bucht, wo wir auf der Station einen längeren Halt machen. Von hier aus bietet sich uns ein wunderbarer Anblick dar. Kleinere Segelboote beleben die Meeresbucht; durchs Glas können wir weit draußen einige Inseln im Marmarameer erkennen. Im Osten taucht ganz im Nebel verschwommen die asiatische Küste auf. Unser Hund hat unseren Wagen verunreinigt und wird an Strand hinuntergeschleppt und erst mal richtig gebadet; doch muss ihm das kalte Seebad nicht gut bekommen sein, das arme Vieh fing jämmerlich an zu wimmern und zu heulen, so dass wir uns auf der nächsten Station genötigt sahen, ihn wieder an die Luft zu setzen. Es geht jetzt immer am Strand entlang bis zu den hübschen Vororten von Konstantinopel. Einige Moscheen in Stambul mit ihren schlanken Minaretts sind schon deutlich zu erkennen. Auf der letzten Station vor Stambul lassen wir den Balkanzug an uns vorbeifahren. Wir hatten in Sofia eine Anzahl türkischer und deutscher Fahnen gekauft, so dass fast jeder Wagen beflaggt war. Bei der Bevölkerung macht das einen

Mordseffekt, von allen Straßen und Fenstern wird uns zugewunken, dass wir zuletzt in eine ganz gehobene Stimmung (123) hineingeraten. Es scheint, dass in diesen Vororten viele Nichttürken wohnen, denn wir sehen nur wenige Frauen verschleiert. Im Gegenteil tragen viele ihre Schönheit recht auffallend zur Schau. Wir sind ganz begeistert davon und sehen uns im Geiste schon auf dem Bahnhof in Konstantinopel von türkischen Haremsdamen empfangen. Doch gar bald sollten wir von dieser freudigen Stimmung kuriert sein. In flottem Tempo fahren wir vollends um die Landzunge herum an alten Stadtmauern und Türmen vorbei. Die jungen türkischen Soldaten, welche entlang der Bahn Wache stehen, nehmen eine stramme Haltung an, als unser Zug vorbeifährt, was uns mächtig imponiert. Innerhalb der alten Stadtmauer fängt eigentlich Stambul erst richtig an. Während in den Vororten meist nette freundliche Häuschen sind, begegnen wir innerhalb einem sehr zweifelhaften Viertel. Eng aneinandergebaute Holzhäuser mit winkligen Gassen wechseln mit alten Brandruinen und halbverfallenem Gemäuer. Die Straßen sind stark belebt und werden von dem roten Fez der männlichen Bevölkerung beherrscht, während die Frauen in diesem Stadtviertel fast durchweg verschleiert sind. Der Zug fährt ganz nah an den Häusern vorbei, so dass wir öfter hinter den Holzgittern der Fenster ganz versteckt winken sehen. Unser Zug fährt langsamer um schließlich im Hauptbahnhof in Konstantinopel zu halten. Also, jetzt sind wir in Konstantinopel, welch erhebendes Gefühl. Wir müssen zunächst noch im Wagen bleiben und sehen zum Fenster hinaus. Alles ist öde und leer, nur einige mürrische türkische Bahnschaffner verführen ein Mordsgeschrei, das wir nicht verstehen. Sehnsüchtig warten wir auf das Signal zum aussteigen, endlich kommt Befehl, dass wir diese Nacht noch im Zug bleiben müssen, weil noch für kein Quartier gesorgt ist. Jetzt heißt es Geduld üben, hier gibt's keine Überstürzung, alles geht mit einer gemessenen Ruhe vor sich. Wir erfahren, dass unser 1. Transport gestern Abend angekommen ist und bis jetzt auch (124) noch nicht untergebracht ist. Jetzt sind wir 8 Tage im Eisenbahnwagen übernachtet, also kommt's auf eine weitere

Nacht auch nimmer an. Nach dem Kaffee trinken wird's so allmählich ruhig in den Wagen.

08. April 1916

Das Pfeifen der Lokomotiven, das Getute der Dampfersirenen und das tolle Geschrei der Hafenarbeiter haben uns bei Zeit auf die Beine gebracht. Betreffs Quartiere ist noch nichts bekannt, doch nehme ich an, dass schon Schritte unternommen worden sind. Die Wagenabteile müssen alle geräumt werden, so dass wir mit unseren ganzen Klamotten auf der Rampe liegen. Nach dem Kaffee gehe ich mit einigen Kameraden auf eigene Faust über unseren Bannkreis hinaus und sehe mir das bunt bewegte Straßenleben etwas näher an. Zuerst wenden wir uns nach dem neben dem Bahnhof liegenden Hafen im goldenen Horn; eigentlich ist die ganze Meeresbucht ein riesiger Hafen. Unzählige Lastträger bringen die Ladungen an Bord der kleinen Dampfer, welche den Verkehr über den Bosporus mit Asien herstellen oder laden die ankommenden Schiffe aus. Da geht es zu wie in einem Ameisenhaufen; alles geht mit großem Geschrei vor sich, dass man zuletzt ganz dösig wird. Der Platz zwischen den Eisenbahnwagen und Schiffen ist auch viel zu eng für diesen Umtrieb. Endlose Reihen Kohlenschlepper tragen vom Eisenbahnwagen die Körbe nach den Schiffen. Ganze Kolonnen, mit Bauwollballen beladen, versuchen sich ihrer Last zu entledigen und schleunigst wieder zu verschwinden. Da wartet immer einer auf den anderen. Oft fahren sie mit ihren zigeunermäßigen Fuhrwerken ineinander hinein. Dieser Spektakel, wo dann entsteht; jeder schreit so arg er kann und beschuldigt den anderen, anstatt dass rasch zugefasst wird. Mittlerweile kommen immer mehr und bilden ein Verkehrshindernis. Schließlich greifen doch einige zu und lösen den Knoten wieder. So geht es hier den ganzen Tag. Daneben werden noch Truppen (125) verladen. Das an Bord bringen der störrischen Maulesel einer österreichischen Gebirgsbatterie ist eine besonders schwierige Arbeit. Bei den Österreichern geht es etwas ruhiger zu, wie bei den Türken nebenan. Vom Hafen aus lenken wir unsere Schritte in eine verkehrsreiche Straße Stambuls. Die Geschäftshäuser und Magazine sind modern eingerichtet. Türkische Offiziere begegnen uns hier sehr viele, zum Teil sind es alte graue Hauptleute in schlapper Haltung und schlechten Anzügen. Unzählige Speiselokale, wo die Speisen und Braten in einer Front auf glühenden Holzkohlen offen warmgehalten werden, wirken ganz verführerisch auf unsere ausgehungerten deutschen Schablonenmagen, doch trauen wir uns noch nicht so recht rein, weil wir noch kein Wort türkisch verstehen und auch das türkische Geld noch nicht kennen. Es ist uns schon gesagt worden, dass der Türke jeden Neuling mit der größten Ruhe über den Löffel balbiert[37], wenn man im Geld wechseln noch nicht richtig Bescheid weiß. Deshalb verzichten wir vorläufig noch auf die lockenden Speisen. Über einem freien Platz kommen wir zu einer großen Moschee mit hohen Minaretts. Schwarz verschleierte Frauen streben in großer Zahl dem Haupteingang zu. Von hier aus kommen wir zur neuen Galatabrücke, welche über das goldene Horn führt und Stambul und Galata[38] miteinander verbindet. Wir beratschlagen erst, ob wir uns ohne Erlaubnis so weit vom Bahnhof entfernen sollen. Wir riskieren's und stellen uns eine Zeit lang mitten auf der Brücke auf der Seite auf, um den riesigen Verkehr zu beobachten. Ein bunt bewegtes Bild bietet sich hier dem Zuschauer dar. Menschen aller Farben und Nationen begegnen sich hier. Straßenbahnwagen, Luxus- und Luftautomobile, Ochsenkarren, Reit- und Tragetiere poltern über die Brücke und weil die Fahrbahn auf Pontons[39] ruht, gibt's immer ein Zittern und leises Schaukeln. Wir machen kehrt, bieten dem gesamten hohen und niederen Publikum unsere Hinterfront dar und richten unsere Blicke hinaus nach dem Bosporus. Viele Segelschiffe und kleinere Dampfer beleben die Meerstraße und das goldene Horn. (126) Auf der asiatischen Seite drüben sehen wir im Nebeldunst Skutari[40] liegen. Ein riesiges Gebäude mit 4 Türmen, anscheinend eine Kaserne fällt uns besonders in die Augen. Rechts davon ist Haidar Pascha der Ausgangspunkt der

[37] rasieren, ugs. für betrügen
[38] Karaköy
[39] militärisches Brückenschiff, schwimmender Hohlkörper zum Bau von behelfsmäßigen Brücken
[40] albanische Stadt

anatolischen und Bagdadbahn mit hohem weitragendem Bahnhofsgebäude. In der Nähe der Brücke an beiden Ufern des goldenen Horns liegen große Personen- und Frachtdampfer verankert, welche bei Kriegsausbruch im mittelländischem Meer überrascht wurden und hierher geflüchtet sind. Unter der Brücke durch herrscht ein reger Verkehr mit Ruderbooten und kleinen Dampfpinassen[41], man wird mit sehen gar nicht fertig, weil sich immer wieder etwas Neues bietet. Endlich raffen wir uns doch auf und gehen vollends hinüber nach Galata. Am Anfang der Brücke stehen Zollwächter in langen weißen Hemden und umgehängter Geldkassette und verlangen ihren Tribut, indem sie eine Art Schmetterlingsnetz an einer langen Stange vor die Passanten hinhalten; wir brauchen nichts zu bezahlen, Militär ist frei. Rechts auf der Höhe ragt der alte Galataturm weit über die Stadt hinaus. In diesem Stadtviertel stehen viele große Geschäftshäuser, Hotels und Banken, das wird wohl das Zentrum sein von Konstantinopel. Weil es inzwischen 12 Uhr geworden ist, machen wir schleunigst kehrt und gehen auf demselben Wege wieder zurück zum Bahnhof, wo wir gerade recht kommen zum Mittagessen. Nach dem Essen erhalten wir die offizielle Erlaubnis, in die Stadt zu gehen, jedoch nur in geschlossener Abteilung. Ich marschiere mit meinen Leuten ab und nachdem ich allen noch mal eingeschärft habe bis 4 Uhr unbedingt wieder zurück zu sein, lasse ich die Abteilung bequem auseinandergehen. Wir setzen unsere unterbrochene Wanderung in Galata fort und wenden uns auf einer steilen Treppenstraße mit kleinen Kaufläden hinauf nach dem Galataturm. Leider dürfen wir aus irgend (127) einem Grunde nicht auf die Galerie, wo sicher ein herrlicher Rundblick wäre. Der Stadtteil auf der Höhe heißt Pera und ist hauptsächlich von Ausländern bewohnt. Hier ist die Hauptverkehrsader Konstantinopel, die große Perastraße. Sie entspricht etwa in Berlin der Friedrichsstraße. Das Straßenbild ist wesentlich anders als in Stambul drüben. Trotzdem, dass der rote Fez auch hier überwiegt, begegnen wir doch mehr europäischer Mode. Die Schleier der jungen Türkinnen sind hier durchsichtiger wie in Stambul und wir

---

[41] größeres Beiboot von Kriegsschiffen

können feststellen, dass es sehr nette Dinger darunter hat. Im deutschen Soldatenheim in der Perastraße kehren wir ein und trinken eine Tasse Kaffee. Es ist sehr schön und geräumig. Der Vorsteher ist auch Württemberger und erkennt mich gleich an der Sprache als Landsmann. Hier orientieren wir uns einigermaßen über die Geldverhältnisse und lassen wechseln. Der Kurs des Geldes schwankt hier fast täglich, gegenwärtig profitiert man sogar am deutschen Geld einige Piaster[42]. Nachdem wir noch einige Karten nach der Heimat geschrieben haben, treten wir wieder den Rückmarsch an und erfahren auf dem Bahnhof, dass wir sofort uns zum Abmarsch ins Quartier fertig machen müssen. Ein leer stehendes Haus in Galata ist uns zur Verfügung gestellt worden. Mit Gepäck hoch beladen wie ein Packesel, so geht's über die Brücke nach Galata rüber und wieder die Treppenstraße hinauf. Die Puste geht uns fast aus, bis wir endlich an Ort und Stelle sind; so haben wir schon lange nicht mehr geschwitzt. Das Haus liegt in einer Seitenstraße und soll ein Puff gewesen sein. Die leerstehenden schmutzigen Zimmer werden bezogen und jeder ist froh, dass er seine Brocken endlich ablegen kann. Von unserer Stube haben wir einen herrlichen Ausblick über den Bosporus nach Asien hinüber. Ein Dach hätten wir jetzt über dem Kopf; nun gibt's aber Schwierigkeiten mit der Verpflegung. Diesen ersten Abend gehen wir alle auf eigene Kosten ins Soldatenheim zum Essen. Bis wir zurückkommen liegen sogar schon Strohsäcke vor dem (128) Haus, es ist gar nicht so übel. Damit ist unsere Einrichtung allerdings auch erschöpft. Wir sind alle rechtschaffen müde von dem vielen schauen und legen uns bald zur Ruhe.

9. April 1916

Unsere Verpflegung ist jetzt so geregelt, dass das Mittagessen auf einem Schiff der Hamburg-Amerika-Linie, dem Korkovado eingenommen wird, während Kaffee und Abendbrot von dort nach unserem etwa 1/2 Stunde entfernten Quartier geholt werden muss. Dieses Schiff ist von der deutschen

---

[42] seit dem 17. Jh. die türkische Münzeinheit / Münzeinheit in Ägypten, Libanon, Sudan und Syrien

Heeresverwaltung gemietet und als deutsche Etappe und Übergangsstation eingerichtet worden. Es ist ein Fracht- und Personendampfer von etwa 12000 Tonnen und ganz gut eingerichtet. Da es auf der Stambuler Seite verankert ist, müssen wir über die alte Galatabrücke oder lassen uns um 1 Piaster von einem der unzähligen Bootsleute hinüberrudern. Rechts und links dieser alten Brücke sind noch verschiedene andere größere Schiffe verankert, unter anderem der Dampfer „General" von der Deutsch-Ostafrika-Linie. Eine wunderbare Jacht des Exsultans von Ägypten fällt besonders auf; daneben liegt die zierliche Jacht eines amerikanischen Millionärs. An einigen Schiffen sind noch Torpedotreffer der Engländer zu beobachten. Gegen das Ende des goldenen Horns sehen wir vom Korkovado aus einen Teil der türkischen Flotte, doch sind es meist Schulschiffe und ältere ausrangierte Schlachtschiffe von geringerem Wert. Wir gelangen auf einem schwimmenden Steg über das Fallreep auf Deck des Korkovado. Stundenlang könnte man den Seemöwen und Seeadlern zusehen, welche zu Hunderten um das Schiff herumfliegen und im Fluge die hinausgeworfenen Brot- und Speisereste auffangen. Diesen ersten Tag benützen wir in der Hauptsache zum Briefe schreiben, was sich im Schreib- und Lesezimmer des Soldatenheims am besten machen lässt. (129) Morgen soll schon das Ausladen unserer Züge losgehen. Unsere Ausrüstung ist meist in Kisten verpackt, welche dann per Schiff nach Haidar Pascha hinübertransportiert werden um dort zunächst aufgestapelt zu werden. Da wir eine Unmasse Munition und Material mitführen, wird es wohl 8 Tage dauern, bis wir wieder marschbereit sind.

13. April 1916

Das Ausladen geht nicht so rasch vonstatten, wie wir es uns vorgestellt haben. An das türkische Tempo müssen wir uns erst gewöhnen, da heißt es immer jawesch, auf deutsch langsam, auch haben wir immer noch Schwierigkeiten mit unserer Verpflegung, hauptsächlich mit dem Brotempfang will es noch nicht klappen. Für unsere Unterkunft sollen pro Mann täglich 70 Pfennig abgezogen werden, das sind ja nette Zustände. Unsere Leute sind deshalb in einer ziemlich widerwärtigen Stimmung. Unsere

Herren Offiziere, welche im Hotel wohnen, trifft es natürlich genau so, die schimpfen auch wie die Rohrspatzen. Mein Dienst für die nächste Woche ist zum aushalten, denn ich habe nur an 2 Tagen Aufsicht beim Ausladen drüben in Haidar Pascha. So allmählich werden wir stadtkundig und kennen uns auch mit dem türkischen Geld besser aus. So lassen wir jetzt immer von Galata nach dem Korkovado hinüberrudern, 4 Mann um 20 Pfennig; wir bezahlen aber erst beim aussteigen, weil es immer mit den Bootsleuten große Auseinandersetzungen gibt über den Fahrpreis. Meistens verlangen sie das 3- und 4-fache der Taxe. Wenn keine Einigung erzielt wird, machen wir Minen ohne zu bezahlen abzuhauen, dann ist die Sache schnell erledigt. Trotzdem die Kerle uns jetzt kennen, gibt es jeden Tag das gleiche Theater. Auch die ganz jungen Gondoliere haben es den alten schon abgeguckt und gebärden sich genauso. Genau dasselbe spielt sich in den Bazaren ab, wenn wir etwas einkaufen. Die Händler sprechen meist gebrochen deutsch und laufen (130) uns auf Schritt und Tritt nach um ihre Waren anzupreisen. Wenn wir auch 10 mal sagen, wir kaufen nichts, so nützt das gar nichts. Schließlich lässt sich der eine oder andere rumbringen und fällt dann auch regelmäßig herein. Die Bazare in Stambul sind ein großes Labyrinth von überwölbten Straßen und Gassen, so dass man fast nicht mehr herausfindet. Überall herrscht ein ohrenbetäubender Lärm, wir sind immer ganz benommen, wenn wir aus diesem Viertel herauskommen. Meist sind in einer Straße immer die gleichen Kaufgeschäfte. In der einen z. B. Teppiche, in einer anderen wieder Holzwaren; dann gibt's ganze Viertel mit Lederwaren, Lebensmitteln, Fische, alte Waffen und alles nur denkbare. Es wird gar nie recht Tag in den engen Gassen und Gängen. Alte weißbärtige Türken hocken mit übergeschlagenen Beinen vor ihren Kaufläden auf einer Art Rampen und rauchen ihre Nargile[43]. Am schlimmsten sind die Stickereihändler hinter den deutschen Soldaten her und suchen für Fräulein Braut ihren Schwindel loszuwerden. Im Soldatenheim kommen wir viel mit Artilleristen und Pionieren zusammen, welche uns von ihren Erlebnissen an den

---

[43] Wasserpfeife

Dardanellen erzählen. Nach ihren Aussagen muss es für die Türken dort eine zeitlang recht brenzlig gestanden sein und hauptsächlich die Witterungsverhältnisse hätten die Engländer veranlasst, wieder abzuziehen. Wenn sie dann von den ungeheuren Mengen Speck erzählen, welche die Engländer nicht mehr vernichten konnten und von den Türken zum Stiefel schmieren verwendet worden ist, dann denken wir immer an unseren Fettmangel in Deutschland und wie notwendig wir dort so einige Schiffsladungen gebrauchen könnten. Der Korkovado ist jetzt ganz voll gepfercht mit deutschen Soldaten aller Waffengattungen, so dass beim Essen ein unheimlicher Betrieb dort herrscht. (131) Wie verlautet sollen wir von morgen ab im Soldatenheim essen, dafür wird die Brotration gestrichen; uns wäre es lieber so, denn die Massenfütterung auf dem Schiff haben wir schon satt.

15. April 1916

Heute habe ich wieder Zeit zum Schreiben, es regnet nämlich den ganzen Tag. Gestern machte ich mit noch 2 Kameraden eine kleine Segelpartie nach den süßen Wassern Europas. Es ist dies das Ende des goldenen Horns, wo ein kleiner Fluss einmündet. Das Erste war natürlich wieder der Streit mit dem Bootsmann, welcher viel zu viel forderte. Es dauerte fast eine Viertelstunde, bis wir einig waren. Die Fahrt war großartig und nahm etwa 4 Stunden in Anspruch. Infolge Kleingeldmangel hat sich die türkische Regierung genötigt gesehen, alles alte eingezogene Kleingeld wieder herauszugeben. Jetzt hat man seine liebe Not damit; bei den meisten Münzen kennen wir den Wert nicht. Es gibt ganz kleine winzige Stücke aus Silber, dann aber auch Kupfermünzen noch größer wie ein 5 Markstück. Daneben ganz dünne gebogene, welche aussehen wie Waffenrockknöpfe mit Löchern versehen. Es kommt öfter vor, dass man einem Stiefelputzer, deren es nicht wenige hier gibt, eine riesige Kupfermünze in die Hand drückt und damit Wunder meint, wie gut der Bursche entlohnt sei, bis der Kerl einen Heidenspektakel anfängt und absolut nicht zufrieden sein will. Überhaupt sind die Stiefelputzer eine Bande für sich und ganz große Gauner; dabei sprechen sie meistens mehrere Sprachen geläufig. Man muss überhaupt staunen, wie es möglich ist bei dieser Schulbildung wenn halbwüchsige Burschen schon mehrere Sprachen beherrschen. Französisch ist die 2. Muttersprache und wird bald von jedem Händler gesprochen. Ich komme z. B. mit meinem französisch überall glatt durch; daneben hört man noch viel griechisch, arabisch, armenisch, italienisch, spanisch und englisch. (132) Mit Kamerad Bernhardt, unserem türkischen Dolmetscher, der in Zivil Gewerbelehrer in Chemnitz ist, machte ich gestern Abend einen Streifzug in den Tingeltangel am Galataquai. Zuerst gingen wir gegen 2 Piaster Eintritt in ein Kabarett. Es war schon gedrückt voll, deshalb versuchten wir, im Hintergrund auf Stehplätzen uns einige Zeit aufzuhalten. Doch sofort hatte uns der Impressario entdeckt und rechnete es sich als besondere Ehre an, uns in die vorderste Reihe hinzusetzen, wo er dafür 2 Türken ziemlich unsanft am Kragen packte und von ihren Plätzen jagte. Trotzdem wir dagegen protestierten, war nichts zu machen. Nachdem der galante Herr Direktor oder was er war, jedem noch Zigaretten angeboten hat, verschwand er wieder unter allerhand Ehrenbezeugungen. Nun saßen wir vorne eingekeilt und warteten bis der Vorhang hochging. Was da geboten wurde, war nicht weit her. Auf eine eintönige Musik tanzten einige halbnackte Weiber in den unmöglichsten Stellungen. Es war schon allerhand, wie die ihre Leiber herumschmissen und verrenkten. Es war uns doch etwas peinlich zu Mut, doch mussten wir ausharren, bis der Vorhang wieder niederging. Dann standen wir auf und versuchten wieder den Ausgang zu erreichen. Da auch der Gang mit Zuschauer besetzt war, die Leute saßen auf dem Boden, so war das nicht so einfach. Schließlich kam der Herr Direktor wieder zu Hilfe und bahnte uns mit Fußtritten einen Weg, so dass wir glücklich wieder die Straße erreichten. Nachdem wir den Abend einmal so angefangen hatten, wollten wir auch vollends alles sehen und wagten uns noch in die verrufensten Straßen und Spelunken. Dass wir dabei dauernd von allerhand ekligem Geschmeiß angehalten und belästigt wurden, ist begreiflich. Beim nach Hause gehen begegneten wir noch einigen Nachtwächtern, welche mit einem eisernen Stab bewaffnet sind und diesen von Zeit zu Zeit hart auf das Pflaster (133) aufstoßen zum Zeichen, dass das Auge des

Gesetzes wacht. Für einen der nächsten Tage sind wir von einem Reallehrer Müller an der deutschen Realschule, welcher schon 16 Jahre hier tätig ist und die türkischen Verhältnisse sowie Stadt und Umgebung genau kennt, zu einem Ausflug eingeladen.

16. April 1916

Weil mir alles noch in guter Erinnerung ist, will ich unseren heutigen Ausflug kurz schildern. Der Weg führt uns zunächst durch eine, meist aus Holzhäusern bestehende Vorstadt nach einem muhamedamischen Friedhof auf einer Höhe wunderbar gelegen. Von schönen Zypressen beschattet stehen und hängen die Grabsteine kunterbunt durcheinander. Die Grabsteine der männlichen Toten tragen einen aus Stein ausgehauenen Fez, welcher je nach der Größe das Alter des Verstorbenen andeutet. Die Frauengräber schmücken meist kunstvolle runde Säulen in allen Größen. Von dort kommen wir nach dem Asmeidan, zu deutsch Pfeilschießplatz. Hier musste jeder kaiserliche Prinz seinen ersten Schuss abgeben und wurde als Andenken an diesen Schuss jedem ein Denkmal gesetzt, so dass Hunderte derartige Steine vorhanden sind. Durch eine kleine Schlucht gelangen wir zu einem großen Judenfriedhof, welcher von weitem aussieht, wie die Trümmerstätte einer alten Stadt. Bunt durcheinandergewürfelt stehen oder liegen die Steine im Gelände herum, die meisten haben die Form eines Sarges. Dieser Friedhof mag schon Jahrhunderte alt sein; trotzdem stoßen wir noch auf ganz frische Gräber. Auf der gegenüberliegenden Seite am goldenen Horn liegt in einem schönen Zypressenhain wieder ein muhamedanischer Friedhof und in dessen Nähe ein Stück der alten Wasserleitung, welche auf einer hohen bogenförmigen Brücke nach Stambul hereinführt. Die süßen Wasser links liegen lassend gelangen wir über einen Exerzierplatz nach einer großen Chaussee. Ein herrlicher Anblick bietet sich unserem Auge dar. Rechts liegt Stambul mit seinen vielen (134) Moscheen und Minaretts, vor allem die berühmte Hagia Sophia[44]. Direkt vor uns der Bosporus mit seinem wunderbaren Gestade. Im Hintergrund das Marmarameer mit den Prinzeninseln. Die

---

[44] heilige Weisheit, Sophienkirche, später Moschee, jetzt Museum

kleinste davon ist die sog. Hundeinsel. Als vor einigen Jahren auf Anordnung der Regierung die zu Tausenden zählenden Hunde, welche in Konstantinopel herrenlos herumliefen, eingefangen worden sind, wusste man sich keinen anderen Rat, weil die Religion das Töten verbietet, als die Tiere nach dieser Insel zu befördern, wo sie sich dann gegenseitig aufgefressen haben. Die ganze asiatische Küste bis zum Schwarzen Meer liegt prächtig vor uns. Unser nächster Weg führt am großen Armenhaus vorbei nach dem Freiheitshügel. Auf diesem Platz steht auf hohem Sockel ein Denkmal in Form eines riesigen Kanonenrohrs, zum Andenken an die von Enver Pascha[45] gemachte Revolution. Daneben befindet sich die Gruft eines ermordeten Sultans. Die ganze Anlage ist gut gepflegt und das Ziel vieler Spaziergänger. Auf der Rückkehr trinken wir in der Brauerei Lomonti, der einzigen in Konstantinopel, einige gute Glas Bier in einer großen Gartenwirtschaft, wo eine griechische Mandolinenkapelle für Unterhaltung sorgte. In Pera kommen wir an der großen Taximkaserne vorbei, von welcher aus die Revolution mit Enver-Bey an der Spitze ihren Anfang nahm. Nach der Rückkehr nimmt uns unser liebenswürdiger Führer noch mit in seine Wohnung in der Realschule, wo wir bei einem Glas Wein noch vieles erfahren von den Freuden und Leiden eines deutschen Lehrers auf diesem vorgeschobenen Posten. Interessant war hauptsächlich der erbitterte Kampf zwischen den ausländischen Schulen, besonders zwischen den englischen, französischen und deutschen, welche sich die größte Mühe gaben, die Kinder von prominenten türkischen Würdenträgern für ihre Schulen (135) zu angeln, um so gleich bei den Kindern sich den Einfluss zu sichern. Dass bei diesem Kampf, der mit allen erdenklichen Mitteln geführt wurde, die deutsche Schule meist ins Hintertreffen geriet, ist bezeichnend für unsere Auslandspolitik.

17. April 1916

Heute sind wir wieder gegen Typhus geimpft worden, wie oft noch? Wie wir vom Krankenhaus zurückkommen, biegt gerade ein Leichenzug in die griechische Kirche ein. Aus Neugierde

---

[45] Ismail, Politiker, General, Kriegsminister des osmanischen Reiches

gehen wir auch mit, um uns die Sache einmal näher anzusehen. Der Tote liegt offen im Sarg, es ist ein älterer Mann. Durch den üblen Geruch des Weihrauchs wurde es mir in der Kirche übel, so dass ich schleunigst wieder raus musste. Um 11 Uhr hatten wir einen kleinen Ausflug festgesetzt nach dem türkischen Kriegshafen, wo unsere beiden deutschen Kriegsschiffe Göben und Breslau liegen. Dieselben sind jetzt von der Türkei übernommen und heißen Javus-Selim[46] und Mitilli. Eine Pinasse, welche jeden Tag von dem Dampfer „General" abfährt und die Post hinausbringt, bietet uns unentgeltliche Fahrgelegenheit. In flotter Fahrt geht's heraus aus dem goldenen Horn in den Bosporus, wo wir nach links abbiegen gegen das Schwarze Meer zu. Es war eine herrliche Fahrt. Linker Hand kommen wir an den wunderbaren und märchenhaften aus Marmor gebauten Sultanspalast, dem Dolma-Bagtsche vorbei. Wunderbare Moscheen wechseln mit marmornen Palästen. Ein großer ausgebrannter Palast, in welchem bei der Revolution der Kriegsminister erschossen worden ist, steht noch als Ruine und passt schlecht zu seiner Umgebung. Dass die Türken ein derartiges Gebäude nur so verwahrlost liegen lassen können. Auf der Höhe Therapia genannt, in einem Park versteckt, sehen wir die Fahne der deutschen Botschaft. Mitten in der Meerenge, anscheinend auf Pfählen oder auf einem Felsen gebaut, steht ein kleines Häuschen; hier soll eine Sultansfrau jahrelange gefangen gehalten worden sein. Auf der asiatischen Seite hinter Skutari fällt (136) uns ein kleiner herrlicher Palast besonders auf. Es ist Bezler-Bey, der Verbannungsort des Sultans Abdul Hamid, welcher dort mit seinen Frauen seine Tage beschließt. Immerhin kein übles Gefängnis. Die Meerstraße verengt sich und biegt etwas nach links; an dieser Stelle sind zu beiden Seiten uralte Türme und Befestigungsanlagen, Rumeli-Hissar genannt, zu sehen. An einer kleinen Bucht legen wir an, wir sind am Endziel. Unmittelbar vor uns liegen die Göben und Breslau, es sind ganz ansehnliche Kästen. Die Breslau wird eben aus dem Schwimmdock geholt und neben der Göben angelegt. Türkische Rekruten lernen auf dem kleinen Exerzierplatz daneben unter

---

[46] Sultan

Aufsicht deutscher Maate am Querbaum den Ernst des Lebens kennen. Im Hintergrunde liegen viele kleine Kriegsschiffe, Torpedoboote, Zerstörer und U-Boote verankert. Nebenan ist eine große Reparaturwerkstätte mit riesigen Drehbänken und Metallbearbeitungsmaschinen, in welcher deutsche Werftarbeiter beschäftigt sind. Ein Matrose führt uns auf die Göben und zeigt uns mit Stolz das ganze Schiff von oben bis unten, besonders aber die Spuren von russischen Volltreffern von einem Kampf im Schwarzen Meer herrührend. Mit ehrlicher Bewunderung bestaunen wir die zerrissenen Eisenteile, doch denken wir für uns im Stillen, dass diese Kampfspuren, gemessen an dem Artillerie- und Minenfeuer der Westfront recht bescheidener Natur sind. So ein Kriegschiff ist eigentlich eine schwimmende Festung. Mit unserer Rückfahrt hatten wir Pech, weil die Pinasse einen Defekt hatte und vorher in Reparatur musste. So blieb uns nichts übrig, als auf dem Landweg zurückzumarschieren. Die Impfung schlaucht mich dermaßen, dass ich die große Tour gar nicht machen kann, deshalb versuchen wir, mit einem kleinen türkischen Fischdampfer, welcher von einem der (137) Küstenorte abfährt, mitzukommen. Die Leute kommen uns entgegen und weisen uns in ein kleines Boot, welches in Schlepptau genommen war. Anfangs gefiel uns das auf- und niederschaukeln ganz gut. Nach kurzer Zeit jedoch spüre ich im Bauch ein ganz sonderbares Gefühl, als ob mir der ganze Magen zum Hals herauswollte. Je größer der Wellengang wurde, desto übler wurde mir zumut, bis ich zuletzt wie ein Häufchen Elend auf meiner Ruderbank saß und auf die Katastrophe wartete. Sonderbarerweise passierte nichts, bis ich an Land stieg und wieder Boden unter den Füßen hatte. Dann ging's aber los und nicht so knapp. Zuletzt erbrach ich nur noch grüne Galle. Das hätte ich doch nicht geglaubt, dass ich wegen dieser kurzen Fahrt noch seekrank werden würde. Wir suchen die nächste Straßenbahnhaltestelle und fahren in unser Quartier, wo ich mich nur noch auf meinen Strohsack fallen lassen konnte.

18. April 1916

Mein Zustand hat sich bis Mittag so weit gebessert, dass ich mich einigen Kameraden, welche die Moscheen Stambuls und die Hohe Pforte sich ansehen wollen, anschließen kann. Zunächst gehen wir zur Hagia-Sophia. Ein Kuppelbau von solch riesigem Ausmaß wird wahrscheinlich kaum sonst wo auf der Welt anzutreffen sein. Der Eindruck, den man bekommt, wenn man erst innen hinein kommt, ist geradezu überwältigend. Schade, dass dieser erhabene Raum z. Zt. als Unterkunftsraum für türkische Infanterie herhalten muss. Die türkischen Soldaten, anscheinend eine Neuformation, sind mit Ausnahme ihrer Kopfbedeckung deutsch eingekleidet. Es werden uns noch verschiedene historische Stellen gezeigt, unter anderem an einer Wand in etwa 3 Meter Höhe der Hufeisenabdruck eines Pferdes, auf welchem Muhamed über einen Haufen Leichen hinweg geritten sein soll. An einem Pfeiler auf der Seite ist ebenfalls eine kleine Einbuchtung festzustellen, welche ähnlichen (138) Ursprung hat und als heilig gehalten wird, der Stein ist an dieser Stelle von den Muhamedanern ganz glatt geküsst. Auf einem freien Platz in der Nähe steht ein hoher Obelisk mit eingehauenen Bildern und Verzierungen, daneben die sog. Schlangensäule. In dieser Gegend befindet sich auch der von Kaiser Wilhelm gestiftete Brunnen. In einer Straße rechts davon befindet sich die sog. Säule, ein uraltes Denkmal mit eisernen Ringen zusammengehalten. Weiter gegen die Hohe Pforte zu kommen wir zur Taubenmoschee, ebenfalls ein seltener Bau. Es wimmelt dort von Tauben, daher wohl auch der Name. Die nächste Sehenswürdigkeit ist ein großer Platz, das Hypodrom[47] genannt. Zur Zeit steht ein hölzerner österreichischer 32 cm Mörser dort zum vernageln. Hier ist auch die berühmte Hohe Pforte, der Sitz des türkischen Kriegsministers und des großen Generalstabes, ein mehrflügliges Gebäude mit 2 überragenden Türmen. Auf dem Rückweg kaufen wir uns noch Tabak und Zigaretten; auch Butter und sonstige Lebensmittel kann man hier kaufen, soviel man will und zwar ohne Karten. Es fällt uns auf, dass hier noch so viel junge kräftige Kerle herumlaufen, welche eigentlich längst Soldat sein

---

[47] überdachter Platz zum spazierengehen

müssten. Es herrscht aber hier, soweit wir unterrichtet sind, noch die Unsitte, dass sich gut bemittelte Leute vom Militärdienst loskaufen können. Wenn ich mir so vergegenwärtige, wie bei uns draußen der Nachersatz aus den jüngsten Jahrgängen geholt wird, so kann ich eigentlich nicht verstehen, warum dies hier noch möglich ist. Es erfasst uns ein heiliger Zorn, wenn wir für diese Lümmel unser Leben in die Schanze schlagen sollen. Dabei müssen wir in Gegenwart von Türken recht vorsichtig sein mit unseren Ansichten und Ausdrücken. Die Herren können sich trotz ihrer großen Ruhe auch künstlich aufregen und die gekränkte Leberwurst spielen, wir sind wenigstens von oben herunter entsprechend instruiert worden, dass wir zunächst dankbar sein (139) müssen, dass sie mit uns gegangen sind. Richtig ist es aber trotzdem nicht, dass die armen Teufel Soldat sein müssen, während die Gutsituierten sich um Geld loskaufen können, da spürt man noch nicht viel vom heiligen Krieg. Die deutschen Artilleristen von der Dardanellenfront erzählten uns, dass ihre türkischen Soldaten, meist anatolische Bauern, seit dem Tripoliskrieg und Balkankrieg nicht mehr zu Haus gewesen sind, da muss man sich ja direkt wundern, dass die Leute immer noch mitmachen. Auch sonst gibt es mit unseren Bundesgenossen kleinere Differenzen. So musste das große Schild am deutschen Soldatenheim vom Hause entfernt werden, weil es zu auffallend gewesen sei; jetzt steht der Name nur noch ganz klein an der Mauer. Es sind anscheinend immer noch 2 Partien hier. Während die sogenannten Jungtürken unter Enver-Pascha mehr auf unserer Seite sind, kann man bei der älteren Generation einen gewissen Widerstand feststellen. Hauptsächlich sehen uns die älteren Offiziere direkt feindselig an, wenn wir grüßend an ihnen vorübergehen. Was die weibliche Bevölkerung anbetrifft, so lässt sich über die Muhamedanerinnen eigentlich gar nichts sagen. Die Halbweltdamen, welche jeden Abend die große Perastraße unsicher machen, sind keine Türkinnen, sondern meist Levantinerinnen und Jüdinnen. Die Kleidermode dieser Damen sind derart abnorm, dass man glaubt, die Fasnacht sei. Dabei sind alle derart geschminkt, dass es einem davor ekelt. In der Ausübung ihres horizontalen Gewerbes benehmen sie sich genau so aufdringlich auf der Straße wie anderswo. Die Deutschen in Konstantinopel haben einen Verein mit einem akademischen Namen und ist der Beitritt auch nur den sogenannten Höhergebildeten möglich, das ist wieder echt deutsch, obwohl Franzosen und Engländer im Ausland auch in Kasten sich absondern.

19. April 1916
Heute war ich das erste Mal dienstlich in Haidar-Pascha drüben beim Ausladen. Auf einem ganz alten Personendampfer mit Schaufelrädern fuhr ich hinüber. Es (140) war ganz schöner Seegang und wenn es noch etwas länger gedauert hätte, wäre ich dem Meer meinen Tribut nicht schuldig geblieben, gespürt habe ich schon etwas. Vor der Einfahrt ragen die Mastspitzen eines von den Engländern torpedierten großen Segelschiffes aus dem Wasser. Es war schon ein freches Stück von einem U-Boot, so weit sich hereinzuwagen. Der Hafen von Haidar-Pascha ist durch eine Mauer vom Meer geschützt und hat 2 Ausfahrten. Ein riesiges Bahnhofsgebäude beherrscht die ganze Lage und lässt erkennen, dass hier gleich großzügig gebaut worden ist. Nach Schluss meines Dienstes fuhr ich mit meinen Leuten über Katigo wieder zurück. Während der Rückfahrt fing es an zu regnen, dadurch konnten wir unzählige Delphine an der Wasseroberfläche beobachten. Es sind ganz respektable Fische; von Zeit zu Zeit sehen wir sie aus dem Wasser herausschnellen, wie wenn sie sich überschlagen würden. Draußen im Marmarameer übte sich eine U-Bootabwehrbatterie im Scharfschießen auf ein bewegliches Ziel, welches von einem Schleppdampfer gezogen wurde. Solange wir es beobachten konnten, gingen die Schüsse alle fehl. Für morgen ist Exerzieren angesetzt in der Taxim-Kaserne, weil am Karfreitag vor dem Sultan Parademarsch sein soll.

20. April 1916
Trotz des anhaltenden Regenwetters haben wir heute exerziert und feste Parademarsch geübt, dass uns der Dreck um die Ohren spritzte. Auf dem Rückmarsch nach unserem Quartier sangen wir durch die Perastraße unsere Soldatenlieder, dass es nur so

eine Art hatte. Alles riss die Fenster auf, um zu sehen, was da los ist. Jedenfalls kommt so etwas nicht oft vor, dass fremde Soldaten durch die Straßen singen. Nachdem wir uns umgezogen haben, gehen wir ins Soldatenheim zum Abendbrot, um dann anschließend einer Aufführung im 1. Theater Konstantinopels beizuwohnen. Um 8 Uhr sollte es losgehen, es wird aber (141) fast 9 Uhr bis endlich der Vorhang hochgeht oder besser gesagt, das Publikum trampelte so lang mit den Füßen, bis die Direktion sich endlich dazu bequemte, anzufangen. Die Bühnendekoration wirkte nicht schlecht, auch die Spieler gaben sicher ihr Bestes; aber wenn man kein Wort versteht, dann wirkt die Sache zuletzt langweilig. Ein neben uns sitzender alter türkischer Hauptmann machte sich's recht bequem, indem er seine alten Zugstiefel auszog und seine übelriechenden Schweißquanten[48] nach Herzenslust von sich streckte. Wir sind deshalb recht froh, als um ½ 11 Uhr Schluss ist. Wie wir auf die Straße hinaustreten, ertönen plötzlich Signale. Kurz darauf kamen 2 Hornisten von der Feuerwehr gerannt, welche sich beim blasen immer ablösen. Dahinterher im Laufschritt zunächst eine Abteilung Fackelträger und dann die Löschmannschaften mit Schlauch und Leiterwagen. Im Nu sind sie um die nächste Ecke verschwunden, wenn den Leuten nur die Puste nicht ausgeht, bis sie auf den Brandplatz kommen. Wenn so ein Viertel mit Holzhäusern brennt, ist meist nicht mehr viel zu retten. In den älteren Stadtteilen kommt man ab und zu an so einem Brandruinenfeld vorbei, denn aufgebaut wird nichts mehr.

21. April 1916

Gestern hat's geregnet und heut regnet's auch, heißt es zur Zeit bei uns. Trotzdem übten wir wieder auf dem Hof der Taximkaserne Parademarsch. Zum Schluss machten wir noch einen kleinen Wettlauf, wobei ich das Pech hatte, den Fuß zu übertreten. An Parademarsch ist bei mir vorläufig nicht zu denken, denn ich hatte solche Schmerzen, dass ich kaum mehr zurückgehen konnte. Als ich nach einem Vortrag über Konstantinopel, welchem ich noch im Soldatenheim beiwohnte,

---

[48] Schweißfüße

nach dem Quartier zurückgehen wollte, konnte ich kaum mehr auf den Fuß stehen. Jedenfalls muss im morgen zum Arzt.

29. April 1916

Morgen verlasse ich das Lazarett, um (142) mich meiner Kompanie anzuschließen, denn es geht wieder ab jetzt. Die Verletzung an meinem Fußgelenk war doch schwerer als ich zuerst angenommen hatte. Der Arzt hatte mich gleich ins Lazarett eingewiesen, wo ein Gipsverband angelegt wurde. Wir waren nur etwa 1 Dutzend Deutsche in dem türkischen Lazarett. Nach der Röntgenaufnahme lag eine Verrenkung im Fußgelenk vor. So musste ich immer hübsch ruhig im Bett liegen bleiben. Die deutschen Schwestern waren sehr nett mit uns, auch ließ das Essen, welches für uns jeden Tag in einem Hotel geholt wurde, nichts zu wünschen übrig. Meine Mitpatienten waren meist Artilleristen und Pioniere von den Dardanellen[49]. Ich lernte von ihnen manchen türkischen Brocken und studierte noch nebenher mein türkisches Wörterbuch, so dass auch diese Zeit nutzbringend angewendet war. Lesestoff war ebenfalls mehr als genügend vorhanden, schade, dass ich nicht noch einige Wochen hier bleiben kann. Mein Fuß ist nämlich noch nicht gut, aber wenn meine Kompanie morgen abmarschiert, möchte ich doch auch mit. Als ich heute dem Arzt davon Mitteilung machte, meinte er, dass sei ausgeschlossen. Ich schwindelte ihm jedoch vor, dass ich fast nichts mehr spüre und dass ich ja mindestens 8 Tage im Eisenbahnwagen sitzen kann. Schließlich hat er dann meiner Entlassung zugestimmt. Ich spüre aber wohl, dass es noch nicht gut ist, aber wenn ich einmal im Zug sitze, ist mir's nicht mehr bange.

30. April 1916
Reise durch das Innere Klein-Asien

Wir fahren schon durch Anatolien. Mein Kompanieführer hatte schon nicht mehr mit mir gerechnet; er freute sich deshalb sehr, wie ich plötzlich bei ihm auftauchte und mich zurückmelde. Er empfiehlt mir, den Fuß möglichst zu schonen, was ja im

---

[49] Meerenge, trennt Europa von Asien

Eisenbahnwagen ganz gut möglich ist. Allerdings sind wir jetzt 4 Mann im Abteil, da ist's wieder gut, dass ich meine Hängematte (143) mitgenommen habe. Meine Kameraden besorgten mir mein Gepäck auf das Schiff und in den Wagen, so dass ich mit Hilfe eines Stockes gut mitkommen konnte. Punkt 4 Uhr verlassen wir den Bahnhof in Haidar Pascha und fahren zunächst immer der Küste entlang mit herrlichem Ausblick aufs Marmarameer und die Prinzeninseln. In den kleinen Meeresbuchten können wir wieder viele Delphine beobachten. Dieser Küstenstrich ist sehr fruchtbar und deshalb jedes Fleckchen bebaut und ausgenützt. Hier scheint das Villenviertel der wohlhabenden Türken zu sein. Dutzende schöner Landhäuser liegen in den ausgedehnten Parkanlagen versteckt. Vor den Häusern und in den Gärten sitzen hübsche Frauen, aber ohne Schleier und erwidern freundlich unser winken. Sogar hinter den verdammten Holzgittern am Fenster können wir winkende Tüchlein feststellen. Bei Eintritt der Dunkelheit verlassen wir die Küste und fahren landeinwärts in das Innere Klein-Asiens.

1. Mai 1916

Das Stoßen und Rütteln der ausgeleierten Eisenbahnwagen ließ uns diese Nacht wenig schlafen. In aller Herrgottsfrühe sind Landfrauen schon auf den Stationen um Eier an uns zu verkaufen, das Geld scheint bei der Landbevölkerung auch knapp zu sein. Gegen Mittag durchfahren wir ein Tal, wo an den Hängen der Wein wild wächst. Man sieht wohl, dass bei den Türken der Wein verboten ist. Die Dörfer hier sind sehr armselig und meist aus Lehmhütten mit einer Art Holzgeflecht. Die weibliche Bevölkerung ist sehr scheu, wenn wir vorbeifahren, halten die Frauen nur schnell ein Tuch vor das Gesicht, dass nur die Augen sichtbar sind. Um 6 Uhr erreichen wir Eskischehir, eine Stadt von etwa 30 – 40 000 Einwohner, bekannt durch seine Meerschaumgruben. Es soll auch eine deutsche Schule hier sein. Wir haben einige Stunden Aufenthalt, dürfen aber nicht in die Stadt. Da sich neben dem Bahnhof ein großer Rasenplatz befindet, benützen unsere Leute diese Gelegenheit zum Fußball spielen.

(144) 02. Mai 1916

Die Gegend, die wir jetzt durchfahren, ist ziemlich eintönig und kahl. Ganz selten sieht man menschliche Behausungen. Die Bauern bringen ihre Frucht in ganz vorsintflutlichen Fahrzeugen nach den Stationen. Die 2 Räder bestehen aus hohen Holzscheiben mit hölzerner Achse. Der Karren quietscht und pfeift, dass man es meilenweit hören kann. In der Ferne tauchen am Horizont schneebedeckte Bergspitzen auf. Die Lokomotive wird defekt, deshalb gibt's auf einer Station wieder längeren Aufenthalt. Bald haben sich eine Anzahl Frauen eingefunden und verkaufen Eier, Milch und Käse an uns; das Ei kostet 5 Pfennig nach deutschem Geld. Endlich geht's wieder weiter und zwar überwinden wir eine Steigung bis in etwa 1000 Meter Höhe. Auf den Berggipfeln liegt noch Schnee. Große Viehherden weiden das kümmerliche Gras ab, die Tiere sind aber elend mager. Auch einige kleinere Schafherden können wir beobachten; in der Größe etwas kleiner wie die deutschen Schafe, jedoch mit einem ganz breiten, schweren kurzen Schwanz, man nennt sie deshalb Fettschwanzschafe. Es geht wieder abwärts durch eine Niederung. Es ist ganz unheimlich, was für große Scharen Störche hier zu sehen sind. Vor Eintritt der Dunkelheit durchqueren wir ödes Bergland und erreichen nachts 10 Uhr Konya. Es ist elend kalt und stockdunkel. Die türkische Bahnhofswache wärmt sich an einem offenen Feuer. Nach Empfang des Abendessens liegt unser Zug bald in tiefster Ruhe.

03. Mai 1916

Um 9 Uhr halten wir in Eregli, nachdem wir seit Tagesanbruch ununterbrochen durch eine Wüstenei gefahren sind. Das erste Mal sehen wir eine Anzahl Kamele in der Nähe lagern. Der Bahnhof macht einen guten Eindruck. Von einem als Wohnung eingerichteten Eisenbahnwagen grüßt uns die blonde junge Frau eines deutschen Eisenbahners. In langsamem Tempo erreichen wir eine Höhe von 1200 Meter und kommen auf den Höhenkamm eines Gebirgszuges, welcher dem vor (145) uns liegenden Taurusgebirge direkt vorgelagert ist. In flottem Tempo geht's wieder abwärts über Brücken und durch Tunnels, bis wir in einem wild romantischen Felsentale unsere Endstation Bosanti vor dem Taurusgebirge erreichen. Diese Gegend erinnert mich sehr an das Berner Oberland in den Schweizer Alpen. Da der Durchstich durch den Gebirgsstock des Taurusgebirges noch nicht fertig ist, hört eigentlich hier die Vollbahn zunächst auf. Es muss deshalb alles ausgeladen und mit Lastautos über die Passhöhe auf die andere Seite des Berges befördert werden. Ein Riesenbetrieb herrscht deshalb in dem engen Tale! Kraftwagenkolonnen und Kamelkarawanen kommen und gehen. Eine drückende Hitze lastet und brütet in dem Talkessel, dass wir schwitzen müssen vom Nichtstun. Nachdem wir kleine Zelte aufgeschlagen haben, legen wir uns schlafen.

04. Mai 1916

Diese Nacht war furchtbar kalt und an Schlaf nicht zu denken. Um 8 Uhr ist Pferdeempfang, jede Kompanie bekommt 12 Stück zugewiesen. Es sind kleine, lebhafte anatolische Hengste mit Schweifen bis auf den Boden. Sobald einer loskommt, geht der Kampf los. So einen Zweikampf zwischen diesen Hengsten muss man gesehen haben. Wie im Zirkus steigen sie aneinander hoch und beißen sich, dass die Fetzen hinunterhängen. Oft ist es fast nicht möglich, die Tiere wieder auseinander zu bringen. Nun haben wir den ganzen Tag Beschäftigung, bis wir gegenseitig unsere Pferde gemustert haben. Das Sattel- und Zaumzeug dürfte allerdings besser sein, das lässt sehr zu wünschen übrig. Mittags nehme ich meinen Hengst mit zum Baden in den nahen Fluss. Auf dem Rückweg riss er mir aus, dass ich 2 Stunden in der Hitze herumrennen musste, bis ich ihn wieder eingefangen hatte. Abends war Appell und anschließend ein kleiner Ausritt. Dabei stellte ich fest, dass ich noch lange nicht der schlechteste Reiter war. Verschiedene meiner Kameraden sind überhaupt noch nie auf einem Gaul gesessen, da lässt sich leicht denken, was das für eine Reiterei war. (146) Es war absolut nicht möglich, eine geordnete Marschkolonne zu halten, ja öfters glich unser Zug schon mehr Lützows wilder verwegener Jagd. Ich war zufrieden mit meinem Heiter, er ging ganz leidlich. Deshalb musste ich mit einem Kameraden tauschen, welcher mit seinem Schlachtross nicht fertig wurde; demnach muss ich in den Augen meines Leutnants keine schlechte Figur als Reiter gemacht haben. Ich habe aber einen schlechten Tausch gemacht, denn der neue Gaul ist ein unruhiges Luder. Morgen Früh ½ 5 Uhr geht's ab übern Taurus. Der Pass soll in 3 Tagemärschen überwunden werden. Unsere Mannschaften müssen in dieser Zwischenzeit verladen und fahren dann mit dem Lastwagen nach.

05. Mai 1916

Schon vor Tageseinbruch sattelten wir unsere Hengste und sammeln uns mit den Berittenen der übrigen 3 Kompanien zum Abmarsch. Es mögen etwa 45 Reiter gewesen sein, bis alle beieinander waren. Zunächst gab es noch allerhand Zwischenfälle, bis endlich halbwegs eine Marschkolonne hergestellt war. Unser Weg führte gleich bergan und später in großartigen Serpentinen bis hinauf zur Passhöhe in etwa 1500 Meter. Diese Straße wurde erst während des Krieges so weit ausgebaut, dass sie mit Kraftwagen befahren werden kann. Hunderte von Arbeitern sind auch jetzt noch an schwierigen Stellen mit dem Bau von Stützmauern und mit Steine schlagen beschäftigt. Interessant und historisch ist die berühmte Kilikische Pforte[50]. An dieser Stelle drängt sich das Felsgebirge auf beiden Seiten so nah zusammen, dass für die Straße nur ein ganz schmaler Durchlass von 4 – 5 Metern übrig bleibt. Viele alte Inschriften zeugen noch von den vielen Heerzügen, welche in früheren Zeiten durch diesen Engpass gezogen sind. An einigen Stellen müssen wir eine Zeit lang warten, bis die durch Signale angemeldeten Autokolonnen durchgefahren sind. Da heißt es für die Kraftfahrer aufgepasst in den vielen Kurven und bei diesen Steigungen. (147) Neben den Lastkraftwagen begegnen wir noch vielen Kamelkarawanen und Tragetierkolonnen. Die Treiber sehen aus wie Banditen. Um 10 Uhr erreichen wir unser 1. Marschziel Cam-alla-han und sind froh, dass wir aus dem Sattel kommen. Den meisten ist die Lust am reiten schon vergangen. Auch ich habe mich mit meinem unruhigen Bock, den ich um keinen Preis in ruhigen Trab bringen konnte, schon so aufgeritten, dass ich kaum mehr sitzen konnte. Es war auch

---

[50] Felsentor von ca. 100 m Länge und 10 m Breite auf 1050 m Höhe, heißt heute Gülek Bogazi

etwas zu viel gleich für das erste Mal. Nachdem unsere Pferde versorgt waren, legten wir uns auf einige Stunden in einer Holzbaracke, welche für durchreisende Truppen zur Verfügung stand, zur Ruhe nieder. Nach dem Mittagessen nahm ich in einem nahen Gebirgsbach ein erfrischendes Bad. Die Kraftfahrer haben hier einen großen Park angelegt mit Reparaturwerkstätte. Auch eine Kantine ist vorhanden, aber sie ist nur für die Kraftfahrer da. Nicht einmal für teures Geld und gute Worte geben sie uns etwas heraus, die Schlamper. Einige Pferde unserer Kolonne hatten unterwegs einige Eisen verloren, ich wurde deshalb von den Kameraden gebeten, in einer nebenan liegenden alten türkischen Schmiede, den Schaden zu beheben. Man hat uns auch auf die Reise geschickt wie Scherenschleifer, wenn ich das geahnt hätte, dann wären die Beschlagtaschen, welche fein säuberlich in Kisten verpackt beim übrigen Material sind, vorher herausgenommen worden. Nach langem hin und her gab mir der türkische Schmied endlich einige passende Eisen raus, welche ich dann mit seinen groben selbstgeschmiedeten Nägeln aufschlug. Es sind keine Hufeisen wie bei uns, sondern ganze Blechplatten, welche den Huf vollständig bedecken und für die Pferde sicher eine Qual sind. Als wir nach dem Preis der Eisen und Nägel fragten, verlangte der Banause eine so unverschämte Summe, dass wir gar nicht in der Lage gewesen wären, soviel Geld aufzubringen. Nachdem ich ihm durch Zeichen und Gebärden diesen unsinnigen Preis vorgehalten hatte, wurde er noch frech und aufsässig. (148) Als mich die Geduld zuletzt verließ, haute ich ihm eine runter, dass er hinter seinen Amboss flog. Ich dachte, einem Kollegen gegenüber kann ich mir das schon leisten. Wir legten ihm dann eine angemessene Summe auf den Amboss hin und verzogen uns noch ein Stück Weges von dem schimpfenden und lamentierenden Kollegen verfolgt. Während der Nacht schlichen viele Schakale, welche hier im Gebirge in ganzen Rudeln vorkommen, an unsere Baracke heran und verführten ein Geheul, dass wir nicht schlafen konnten.

06. Mai 1916

Um 4 Uhr wird wieder in den Sattel gestiegen, aber das reiten macht keinen Spaß mehr, aus gewissen Gründen. Zeitweise gehen wir auch zu Fuß, aber auch dies schlaucht bei der großen Hitze und verursacht Beschwerden, so dass man zuletzt an liebsten mit dem Kraftwagen fahren würde. Dieser Teil des Taurusgebirges ist ziemlich öd. Kein Baum und kein Strauch ist weit und breit zu sehen, von menschlichen Behausungen ganz zu schweigen. Wir machen deshalb nur einmal einen kurzen Halt und kommen gegen 11 Uhr an einige Araberhütten oder vielmehr an das Dorf Kawakli-han und haben damit unser Tagesziel erreicht. Nachdem wir unsere Pferde versorgt haben, erhalte ich vom Kompanieführer den Befehl, einen Unteroffizier 2 Stunden anzubinden, welcher infolge übermäßigem Schnapsgenusses während der Fahrt Dummheiten gemacht und hierfür in Bosanti mit 3 Tagen Arrest oder 2 Stunden anbinden bestraft wurde. Man stelle sich vor, was das für mich für ein Vergnügen war, nach diesem anstrengenden Ritt einen solch unsinnigen Befehl auszuführen. Ich nahm den Kameraden etwas abseits außer Sichtweite und suchte nach einem Baum, aber so weit das Auge reicht, alles kahl und leer. Schließlich hauen wir uns eben beide auf den Boden hin und ruhen uns von dem Ritt aus. Es war sicher das Vernünftigste, was wir tun konnten. Es wäre ja auch eine Schande gewesen, wenn so ein halbwilder Araber oder Gebirgsbewohner (149) schließlich Zeuge gewesen wäre von unserem zivilisierten Treiben. Da fast alle Leute und Pferde aufgeritten sind, sollen morgen die Gäule von türkischen Pferdeburschen vollends nach der Station Gülek gebracht werden, während wir versuchen sollen, uns einer Kraftwagenkolonne anzuschließen.

07. Mai 1916

Jeder sucht sich auf den vorüberfahrenden Kraftwagen einen Platz so gut es eben geht. So kommen wir rasch nach unserem nächsten Ziel Gülek, wo sich nach einigen Stunden alles wieder zusammenfindet. Dort erfahren wir, dass unser 1. Transport heute morgen hier weggefahren ist. Eine unheimliche Hitze herrscht hier, dass man sich fast nicht zu helfen weiß. Diese

Gegend ist sehr fruchtbar und ganz flach; es soll nur noch einige Stunden sein bis nach Tarsos, dem Geburtsort des Apostels Paulus und zum Meere hin. Zusammen mit noch einigen Kameraden mache ich einen Spaziergang nach einem in der Nähe liegenden Fellachendorf. Dort wird neben Getreidebau noch Seidenraupenzucht getrieben. Große Anlagen mit Maulbeerbäumen geben dem Ort ein freundliches Aussehen. Die Dorfbewohner, christliche Fellachen, sind sehr freundlich zu uns und setzen sogar die Glocke in Bewegung, um den Kirchendiener mit dem Schlüssel zur Besichtigung der Kirche herbeizurufen. In der Nähe der Kirche konnten wir einige Frauen beim Brot backen beobachten. Der Teig wird zu Kuchen gewellt, welche auf einer Art Polster ausgebreitet in den Ofen gebracht und dort an die Wand geklebt werden. Nebenan befindet sich eine ganz vorsintflutliche Getreidemühle mit einem Wasserrad. Bis wir wieder zur Station zurückkommen, sind inzwischen auch unsere Mannschaften und Pferde angekommen, so dass alles wieder vollzählig beisammen ist. Ein großes Zelt dient uns als Unterkunftsraum, wo wir auf dem Boden schlafen.

08. Mai 1916

Es war eine Hitze in dem Zelt diese Nacht, fast nicht zum aushalten. Wir bleiben wahrscheinlich (150) einige Tage hier. Über die Mittagszeit nehme ich meine Hängematte unter den Arm und suche mir unter Maulbeerbäumen ein schattiges Plätzchen, um den versäumten Schlaf nachzuholen, aber auch im Schatten herrscht noch so eine Bombenhitze, dass an Schlaf nicht zu denken ist. Trotzdem hätte ich um ein Haar noch die Abfahrt verbummelt, denn wie ich so gegen 5 Uhr ins Lager rüberkomme, sind die Zelte schon abgebrochen und die Pferde eingeladen. Der Abmarschbefehl kam so überraschend, dass ich noch Mühe hatte, meine sieben Sachen zusammenzusuchen und im Eisenbahnwagen zu verstauen. Zunächst fahren wir immer durch fruchtbares ebenes Land bis nach Adana. Hier ist der eigentliche Ausgang der Bagdadbahn, außerdem geht noch eine französische Bahn nach dem nahen Hafen Alexandretta an der gleichnamigen Bucht. In Adana ist auch das Hauptbüro der Bagdadbahnbaugesellschaft. Sogar eine deutsche

Baumwollspinnerei soll sich hier befinden. Die Deutschen dort haben sich zusammengetan und bewirten uns in landsmännischer Art auf dem Bahnhof. So etwas macht Freunde und tut direkt wohl. Von Adana aus geht's weiter durch ein Weinbaugebiet. Über den flachen Dächern der Wohnhäuser sind Gerüste gebaut, auf denen die Einwohner während der schwülen Nächte in luftiger Höhe schlafen gehen. In dem Fluss Saleph, welcher hier durchfließt, soll Barbarossa den Tod gefunden haben. Allmählich nähern wir uns wieder einer Gebirgsgegend und kommen in einem breiten Tal nachts 11 Uhr nach Mamure; dem vorläufigen Endpunkt der Bahn vor dem Amanusgebirge. Unsere Pferde werden noch ausgeladen, dann legen wir uns gleich daneben auf den Boden und wickeln uns in unsere Decke ein.

09. Mai 1916

In aller Frühe werden auf einem Platz in der Nähe der Station unsere großen Zelte aufgeschlagen und Pflöcke eingerammt zum anbinden der Pferde. Anschließend geht's (151) gleich ans Ausladen des Zuges. Weil auch hier einige Tunnel noch nicht fertig sind, wird unsere ganze Bagage mit einer Baubahn über das Gebirge befördert. Nur das große, etwa 6 km lange Haupttunnel, kann mit der Baubahn durchfahren werden. Da im Tunnel am Ausbau Tag und Nacht fieberhaft gearbeitet wird, geht unser Transport hier nicht so rasch durch, wie über das Taurusgebirge, denn der Bahnbau geht in erster Linie vor. Die Lokomotiven müssen von Gülek ab mit Holz heizen, welches auf Kamelen mühevoll von den spärlichen Beständen im Gebirge hertransportiert werden muss. Meist ist es nur Wurzelwerk. Eine wahre Backofenhitze herrscht in dem Tal und kein Lüftchen regt sich. Die Zeit über die Mittagsstunden kann überhaupt nicht gearbeitet werden, da liegen wir ganz energielos im Zelt und wehren uns gegen die Fliegen- und Moskitoplage. Diese Viecher bringen einen fast zur Verzweiflung.

12. Mai 1916

Von unseren Leuten sind schon verschiedene an Malaria erkrankt und sind nicht mehr transportfähig. Es scheint hier ein richtiges Fiebernest zu sein, hoffentlich dauert unser Aufenthalt nicht lange. In der nächsten Station soll es noch viel schlimmer sein, weil es dort sumpfiger ist wie hier. Auch unser Dolmetscher, Vizefeldwebel Bernhardt, liegt vom Fieber geschüttelt schwer krank danieder. Ich habe mich verhältnismäßig rasch an die Hitze gewöhnt, das Thermometer misst tagsüber 60 – 70 Grad. Mitten durch das Tal fließt ein kleiner Fluss, in welchem Gelegenheit zum Baden geboten ist. Aber auch hier heißt es Vorsicht und den Körper nicht länger als höchstens 5 Minuten hintereinander der Sonne aussetzen, sonst löst sich die Haut, dass man nicht mehr sitzen und nicht mehr liegen kann. Zigaretten und Pfeifen werden nur noch mit dem Brennglas angezündet. Mit unseren Pferden haben wir immer einen Mordsumtrieb. Die Hengste sind fast nicht zu bändigen. Am schlimmsten ist es, wenn eine rossige Stute im Lager ist; wenn sie (152) dann nicht gut angebunden sind, wird losgerissen und auf die Stute losgesteuert. Meistens sind dann schon ½ Dutzend Hengste versammelt und machen sich den Rang streitig. Regelrechte Kämpfe spielen sich dann ab. Wie Drachen gehen die Tiere aufeinander los, stellen sich auf die Hinterbeine und bearbeiten mit den Vorderfüßen den Gegner dass die Fetzen fliegen oder verbeißen sie sich derart, dass man die größte Mühe hat, die Kämpfer auseinander zu bringen. Außer Eier und Joghurt, eine Art Knollenmilch, gibt es hier nichts zu kaufen und nur gegen Metallgeld; Papiergeld nehmen die Leute überhaupt nicht an, lieber wollen sie nichts verkaufen. Wasser darf nur in abgekochtem Zustand genossen werden, wegen der großen Seuchengefahr. Heute traf ich zufällig auf der Station einen von Konstantinopel her bekannten deutschen Vizefeldwebel in türkischen Diensten, welcher einen Geldtransport nach unserem Endziel Berseba in der Wüste Sinai gebracht hatte. Der erzählt böse Sachen, wie es dort aussehen soll. Alles nur Sandwüste, kein Baum und kein Strauch und schlechtes Wasser, das sind ja nette Aussichten. Gestern muss ich mich beim Baden zu lange der Sonne ausgesetzt haben, jetzt brennt mich die Haut derart, dass ich's kaum aushalte.

17. Mai 1916

Morgen Früh geht es wieder weiter. Ich bin als Transportführer eines Kleinbahnzuges eingeteilt. Unsere Pferde werden von Türken über das Gebirge transportiert. Gestern machten wir einen schönen Spazierritt nach einem benachbarten kleinen Fellachenstädtchen Romanje. Ein reger Handel und Verkehr herrscht in den Hauptstraßen, überhaupt macht der ganze Ort einen sehr guten Eindruck. Hier ist für Geld noch alles zu haben, was wir brauchen. Bier gibt es natürlich keines, dafür ist Tee das Nationalgetränk. Auf dem Rückweg machen wir noch einen kleinen Abstecher nach einem Dorfe. Die Leute hausen in elenden Lehmhütten mit ebenen Dächern und treiben nur Viehzucht. Kinder laufen (153) fast alle splitternackt und ganz braun gebrannt in den schmutzigen Gassen herum. Es fällt uns auf, dass viele davon ganz abnormal dicke Bäuche haben, dies soll, wie wir erfahren, von einer in dieser Gegend viel auftretenden Krankheit herrühren. Heute ist ein Transport gefangener Engländer angekommen. Dieselben sind bei Kud-el-amara gefangen worden und haben diese Strecke fast ausschließlich zu Fuß zurücklegen müssen. Wir haben uns einige Zeit mit ihnen unterhalten auf deutsch, englisch und französisch, wie es am besten ging. Sie erzählten, dass bei ihrer Kolonne während dieses Marsches mehr als die Hälfte unterwegs draufgegangen und liegen geblieben sind. Viele haben ganz bösartige Hautgeschwüre, ohne dass sich ein Mensch darum kümmert. Es ist eine Schande für die sog. zivilisierte Welt, wie hier mit den Menschen umgegangen wird, die doch nur ihre Pflicht getan haben. Jetzt muss ich noch nach der nächsten Station hinübermarschieren und mein Zügle übernehmen, damit morgen alles klappt.

18. Mai 1916

Nachdem ich meine Leute auf alle Rollbahnwagen verteilt habe, gondelt unser Zügle mit der kleinen Lokomotive dem Gebirge zu. Ich habe es mir mit einem Kameraden im hintersten Kippwagen zwischen unserem Gepäck bequem gemacht und kann so meinen ganzen Zug übersehen. Plötzlich haut's in einer Kurve meinen Wagen aus den Schienen und leert uns mit samt dem Gepäck die Böschung hinunter, glücklicherweise ohne weiteren Schaden zu nehmen; doch hätte es auch dumm gehen können, wenn es an einer steilen Stelle passiert wäre. Nachdem unsere Brocken wieder verstaut und der Wagen auf die Schienen gehoben war, setzten wir unsere Fahrt wieder fort. Zunächst geht es über unzählige Kurven bergauf und bergab bis zu einer Haltestelle, wo die Lokomotive Holz fassen muss zum heizen. Von hier aus verlässt die Baubahn die Hauptspur und windet sich in Serpentinen am (154) Steilhang empor bis zu einer Höhe von etwa 800 – 1000 Meter. Eine großartige Aussicht genießt man hier oben über das weite Tal und Gebirge. Auf einer kleinen Station machen wir halt bis die Lokomotive sich wieder mit Wasser und Heizmaterial versorgt hat. Ein beim Bahnbau angestellter deutscher Ingenieur namens Seibold lädt uns zu einer Tasse Kaffee ein, den uns seine liebenswürdige Frau in einer schönen kühlen Laube serviert. Das war mal wieder eine Abwechslung, wir werden diese guten Landsleute nicht so schnell vergessen. Von hier aus geht's wieder abwärts und zwar in einem Tempo, dass der Lokomotivführer dauernd pfeifen muss, damit die türkischen Bremser nicht einschliefen. Als alles nichts fruchtete, brachte er sein Zügle zum halten und sah mit einem Stock bewaffnet nach seinem pflichtvergessenen Gesellen; das half dann ein bisschen, so dass wir vollends glücklich ins Tal kommen. Hier fahren wir auf dem Schienenkörper der Vollbahn weiter und erreichen in einer tief eingeschnittenen Schlucht vor einem mächtigen Gebirgsstock die Station Eiran, den Eingang des großen Amanustunnels. Diese Station besteht in der Hauptsache aus Werkstätten für den Tunnel- und Bahnbau und aus Arbeiterbaracken. Da wir erst morgen früh durchbefördert werden, bleibt unser Transportzügle vor dem Tunneleingang stehen. Wegen den verwegen aussehenden Tunnelarbeitern muss ich auf jeden Wagen einen Mann als Wache zurücklassen, indessen suche ich mit den übrigen Kameraden die Kantine auf, welche von einem gut deutsch sprechenden Böhmen geführt wird. Bei einigen guten Flaschen Wein unterhalten wir uns bis spät in die Nacht hinein mit einigen deutschen und schweizerischen Bauführern und Ingenieuren.

20. Mai 1916

Ich wache erst auf, als sich eine kleine Motorlokomotive vor unseren Zug setzt. Es ist mir noch ganz dumm im Kopf wie ich die Augen aufmache; mit dem Kopf liege ich (155) zuunterst im Kippwagen, während die Füße über den Kipprand hinausragen. Es scheint, dass der Wein etwas auf mich eingewirkt hat, sonst hätte ich es nicht die ganze Nacht in dieser Lage ausgehalten. Punkt 5 Uhr geht's hinein in das dunkle Loch. Die Arbeiter, welche mit ihren Laternen gerade von Nachtschicht kommen sehen aus, als hätte man sie aus allen Erdteilen zusammengelesen. Mitten im Tunnel bleiben wir etwa 3 Stunden liegen und haben so Gelegenheit, die Bahnarbeiten und den Abbau etwas näher anzusehen. Das Gerassel der Revolverbohrer in dem harten Felsgestein lässt erkennen, dass fieberhaft gearbeitet wird. Der Lärm hört eine Zeit lang auf; ich versuche etwas näher an die Arbeitsstelle heranzukommen und taste mich an dem dunklen Gang vor. Im Schein der Laternen sehe ich eine Anzahl Arbeiter mir entgegenkommen. Wie sie mich sehen, geben sie mir zu verstehen, wieder zurückzugehen, weil geschossen wird. Es dauert eine geraume Weile bis die Schüsse losgehen. Ein Dröhnen und Zittern erfüllt den Raum bis etwa 4 – 6 Schüsse gelöst sind. Der ganze Tunnel ist mit Staub und Rauch erfüllt. Große Ventilatoren am Eingang ziehen die schlechte Luft und den Pulvergestank heraus. Der größte Teil ist durch massives Felsgestein gehauen und braucht nicht ausgemauert zu werden. Nur an einigen seichten Stellen, wo das Wasser durchdringen kann, ist abgespriesst. Um 9 Uhr können wir endlich durchfahren und atmen erleichtert auf, als wir das Tageslicht wieder sehen können. Der Ausgang liegt ebenfalls wieder in einer Schlucht, mit Reparaturwerkstätten und Baracken ähnlich wie in Airan. Endlose Tragtierkolonnen, meist kleine Esel mit Wurzelwerk und Ästen beladen, kommen vom Gebirge herunter und versorgen die Maschinen mit Heizmaterial. Eine kleine Dampflokomotive setzt sich wieder von unsere Wagen und bringt uns hinaus aus dem Gebirge in ein großes Becken nach der (156) nächsten Station Islahie. Von hier ab ist wieder Vollbahnbetrieb. Nachdem wir unser Zügle aus- und umgeladen haben, trinken wir in einer Teebude einige Tassen Tee und essen um teures Geld

Hammelbraten mit Makkaroni. Beim Bezahlen wieder das alte Lied. Erst will der Kerl kein Papiergeld nehmen und nachher auf unser Papiergeld nichts mehr herausgeben. Nachdem wir eine zeitlang herumgestritten und nichts erreicht haben, greife ich mir stillschweigend eine Latte und versuche noch mal, in's reine zu kommen und siehe da, in einer Minute war der Fall erledigt. Bei der Station befindet sich ein großes türkisches Truppenlager mit vielen Hütten und Zelten. In einer Kantine bekommt man für Geld und gute Worte Essen und Trinken so viel man will. Hier heißt es aber Vorsicht, insbesondere auch mit dem Wasser, weil Flecktyphus herrscht. Die Kompanie hat bis jetzt 3 Mann unterwegs lassen müssen wegen Malaria und Darmkrankheit. In einer Holzbaracke finden wir notdürftig Unterkunft und warten die Ankunft unserer Pferde und der übrigen Mannschaften ab.

23. Mai 1916
Heute Mittag kam ich vom Aleppo, wo ich mit meinem Feldwebel und Dolmetscher 2 Tage beim Einkaufen war, zurück. Die Fahrt dauerte etwa 7 Stunden und war für uns höchst interessant, diese alte Kreuzfahrerstadt kennen zu lernen. Unser asiatischer Dolmetscher namens Lorenz, ein deutscher Kolonist aus Jerusalem und im Zivilberuf Pächter des Parkhotels in Jaffa, wusste in der Stadt gut Bescheid und diente uns zugleich als Führer. In einem türkischen Speisehaus essen wir vorzüglich und begeben uns dann lt. Befal nach dem deutschen Soldatenheim, um dort zu übernachten. Dieses Soldatenheim entspricht aufs Haar etwa einer deutschen Herberge zur Heimat. Sogar der Herbergsvater könnte nicht getreuer kopiert werden, wie von diesem alten bayrischen Unteroffizier, Seppel genannt, welcher (157) als Verwalter hier fungiert. Gar bald spürten wir in unserem Schlafsaal ein Gefühl, welches in einer deutschen Herberge mit Wanzen und Bienen genau so empfunden wird. Wir zogen es deshalb vor, unsere Decken unter den Arm zu nehmen und auf der Plattform unter freiem Himmel zu kampieren, doch war es so kalt, dass an Schlaf nicht zu denken war.

Bei Tagesanbruch verlassen wir die ungastliche Stätte und verzichten auf den Kaffee, der sich wahrscheinlich würdig an die vorgefundenen Genüsse in diesem Hause angereiht hätte. Da es noch sehr früh ist, sind die Geschäfte noch geschlossen. Diese Zeit benützen wir zu einem kleinen Streifzug durch die Stadt. Die Basare sind sehr ausgedehnt und stehen denen in Stambul wenig nach. In dem deutschen Hotel „Kasino", welches von einem Schwaben aus Untertürkheim, Hagenlocher mit Namen, betrieben wird, essen wir gut zu Mittag und können dort auch übernachten. Nach dem Mittagessen folgen wir der Einladung unseres Kollegen Lorenz, um mit ihm einen Bekannten von Jerusalem, namens Wieland, zu besuchen. Derselbe stammt ebenfalls aus Württemberg und hat in Aleppo ein Baugeschäft. In seinem neuen schönen Hause werden wir herzlich willkommen geheißen und verbringen dort einige gemütliche Stunden. Leider war die Zeit etwas knapp, weil wir noch unsere Aufträge erledigen mussten. Die größte Sehenswürdigkeit in der Stadt ist die Zitadelle, eine alte, mit festen Mauern und Gräben umgebene Burg inmitten der Stadt gelegen und dieselbe um etwa 80 Meter überragend. In früheren Zeiten hat dieser feste Punkt sicher eine große Rolle gespielt. Nach dem Abendessen bei dem Landsmann Hagenlocher legten wir uns seit langer Zeit wieder einmal in ein richtiges Bett. Wanzen hatte es allerdings auch, nun, alles kann man auch nicht verlangen. Mit dem 1. Zug fahren wir wieder zurück zur Kompanie, wo wir mit unseren Waren, bestehend aus 2 Kisten Wein, Zigaretten, Tabak und sonstigen Lebens- und (158) Genussmittel große Ehre einlegten.

26. Mai 1916

Wie verlautet soll es morgen wieder weitergehen. Damit unsere Hengste etwas in Bewegung kommen, machen wir jeden Abend kleine Ausritte in die nähere Umgebung, zugleich sollen dabei unsere reiterlichen Kenntnisse etwas verbessert werden. Die arabische Bevölkerung hier treibt auch Pferdezucht und zwar kann man Pferde sehen, dass man's nicht schöner malen könnte. Es ist eine richtige Augenweide, die Eingeborenen in ihrer malerischen Kleidung im Sattel dieser edlen Vollblüter zu sehen. Gestern sahen wir ein seltenes Fuhrwerk ankommen. Ein von 8 Büffeln gezogener Wagen brachte über das Amanusgebirge ein von deutschen Matrosen begleitetes halbes Motorboot, welches in zwei Hälften zerlegt nach dem Euphrat transportiert wird. Die Hitze macht uns ganz schlapp und energielos, nur morgens und abends ist man etwas frischer.

27. Mai 1916

Tatsächlich wurde heute Morgen ein leerer Zug an die Rampe geschoben, wir haben bald nicht mehr daran geglaubt. In 3 Stunden hatten wir Pferde und Material verladen und harrten der Abfahrt. Ehe wir wegfahren, muss alles noch vorher antreten, um vom Kantinenwirt gemustert zu werden. Derselbe hatte sich beim Kommandanten beschwert, dass ihm gestern Abend ein deutscher Soldat eine runtergehauen habe, weil er kein Kleingeld herausgeben wollte. Obwohl er einen um den anderen von uns genau musterte, konnte er den Missetäter doch nicht herausfinden, es hätte auch keinen großen Wert gehabt, denn seine Backpfeife nimmt ihm kein Jud mehr ab. Bei diesen traurigen Geldverhältnissen kommen tagtäglich solche Auseinandersetzungen vor, meistens sind wir mit unserem Papiergeld dabei die Leidtragenden. Abends 5 Uhr erreichen wir Aleppo. Auf der durchfahrenen (159) Strecke fallen uns besonders einige Dörfer auf, welche aus lauter zuckerhutartigen Lehmhäusern bestehen. Auf dem Bahnhof in Aleppo werden wir von der deutschen Kolonie dort festlich empfangen. Es gab Kaffee und Kuchen, soviel wir bewältigen konnten, von deutschen Frauen und Mädchen aufgetragen. Es ist doch etwas schönes, wenn man in fremden Ländern mit Landsleuten zusammentrifft. Kurz vor Aleppo verlassen wir die Bagdadbahnlinie, welche von hier aus nach Mesopotanien führt, während unsere Reise mehr südwärts, Jerusalem zu geht. Auf dem Bahnhof bekommt Vizefeldwebel Schramm meiner Kompanie, unser Bagageführer, einen heftigen Malariaanfall und muss zurückgelassen werden. Unser Zug wird auf den französischen Bahnhof hinüberrangiert, wo wir erst um 11 Uhr nachts wegfahren.

28. Mai 1916

Bei Tagesanbruch halten wir in einer öden Gegend von welcher wahrscheinlich das Gedicht stammt: „Viel Steine gab's und wenig Brot". Soweit das Auge reicht, kein Baum und kein Strauch. Das

Brennholz für die Lokomotiven muss mit Kamelkarawanen vom Amanus- und Libanongebirge in vielen Tagemärschen herbeigeschafft werden. Wald ist hier ein unbekannter Begriff. Auf jeder 2. oder 3. Station fasst der Lokomotivführer Holz. Im Laufe des Vormittags kommen wir an riesigen Trümmerfeldern vorbei, welche von großen Städten herrühren müssen, die vor langer, langer Zeit hier vielleicht geblüht haben. Die nächste größere Station ist Baalbek. Von der Bahn aus können wir mit dem Glas gewaltige Reste alter Tempel und sonstige größere Bauten sehen. Schade, dass wir hier nicht länger Aufenthalt haben, um diese alten Baudenkmäler näher in Augenschein zu nehmen. Soweit durch einen Bach oder Fluss das Land bewässert werden kann, herrscht hier üppiges Wachstum. Wir nähern uns dem schneebedeckten Libanongebirge mit dem höchsten Gipfel, dem Hermon. Auf den Bahnhöfen werden wir überall von Bettelvolk belästigt. Um 10 Uhr erreichen wir Rajak, wo die Vollbahn aufhört (160) und auf Schmalspur umgeladen werden muss. Unsere Pferde können wegen Wagenmangel nicht verladen werden und müssen unter Bedeckung wegen den räuberischen Kurden nach dem 70 km entfernten Damaskus in Marsch gesetzt werden. Morgen Vormittag fahren wir wieder weiter.

29. Mai 1916

Punkt 9 Uhr geht's ab nach Damaskus, einem fruchtbaren Tal entlang, mit etwas Weinbau und Seidenraupenzucht. Das Tal verengt sich immer mehr, je näher wir Damaskus zufahren. Während sich zu beiden Seiten eines Flüsschens ein grüner fruchtbarer Streifen im Talgrund hinzieht, sind die Berge und Abhänge vollständig kahl und von rötlicher Färbung. In sausendem Tempo rast unser Zug talabwärts und erreicht am Ausgang des Tales ein ebenes weites Land, wo von grünenden Gärten umgeben die Stadt Damaskus liegt. Auf einem Vorortbahnhof werden wir in einem großen Zelt von deutschen und österreichischen Damen empfangen und festlich bewirtet. Für jeden Mann liegt ein Säckchen mit allerhand guten Sachen bereit, es ist die reinste Weihnachtsbescherung. Die Mehrzahl der liebenswürdigen Landsmänninnen begleiten uns im Zug bis zum Hauptbahnhof, wo sie sich dann wieder von uns verabschiedeten.

Unser Transportzug bleibt solange hier stehen, bis unsere Pferde eingetroffen sind.

30. Mai 1916

Unser Transportführer gab uns heute die Erlaubnis, in kleinen Trupps in die Stadt gehen. Mit einigen Kameraden mache ich mich sofort auf den Weg. Zunächst fahren wir ein Stück weit mit der Elektrischen, welche für Frauen und Männer getrennte Abteile hat. Die Wagen der Frauen sind sogar noch mit Holzgittern versehen. Bei den großen Bazaren steigen wir aus und werden (161) gleich von einer Schar Bettler umringt und verfolgt. Diese Bazare sind die größten, die wir bis jetzt im Orient angetroffen haben. Eine angenehme Kühle herrscht in den hohen lichten Hallen, wo man alles kaufen kann, was das Herz begehrt. Trotzdem wimmelt es geradezu von zerlumptem Bettelvolk und bresthaften Krüppeln. Zur Zeit sollen hier täglich etwa 80 bis 100 Menschen an Cholera und Typhus sterben. Viele Gewerbetreibende arbeiten in ihren primitiven Werkstätten, aber alles geschieht sitzend. Große Kamelkarawanen durchziehen die Straßen und besorgen den Warenverkehr mit dem Landesinnern. Der weitaus größte Teil der Bevölkerung setzt sich aus Arabern zusammen, wie überhaupt seit Aleppo arabisch vorherrscht. Die Zeit vergeht rasch, so dass wir schleunigst wieder zum Bahnhof müssen. Bei unserer Ankunft dort treffen gerade unsere Pferde ein und werden gleich verladen. Um 5 Uhr geht's schon wieder weiter. Wir verlassen sehr bald den fruchtbaren Streifen und kommen in ein ödes Bergland, wo alte Ruinen und Säulenreste von längst entschwundener Zeit künden.

31. Mai 1916

Um 5 Uhr erreichen wir Samach am See Genezareth. Ein Wagen ist warmgelaufen, deshalb gibt's einige Stunden Aufenthalt. An dem See ist eigentlich nichts zu sehen. Die Uferberge sind vollständig kahl und machen einen geradezu trostlosen Eindruck. Im Nebel können wir ganz schwache Umrisse von Tiberias erkennen. Nachdem der Schaden behoben ist, geht's wieder weiter; eine Brücke führt uns über den Jordan rechts auf der Höhe ziemlich weit entfernt sehen wir Nazareth liegen. Ganz in der Ferne taucht ein kahler Bergrücken auf, es ist der Berg Tabor. Das ist also das viel gerühmte gelobte Land, o Jammer. Auf einer Zweigstation werden wir von türkischen Ärzten flüchtig auf Cholera- und Typhusverdacht nachgesehen. Nachdem alles stimmt, (162) geht's wieder weiter nach Süden zu. Diese Strecke ist erst während des Kriegs gebaut worden und windet sich in unzähligen Kurven und Einschnitten durch das wüste gebirgige Land, in welchem einige Beduinen ihr kümmerliches Leben fristen. Die wenigen Dörfer sind als solche kaum zu erkennen und hängen meist an einem Berghang. Von weitem machen sie den Eindruck wie große Steinriegel. Im Tale wächst etwas Gerste, die Eingeborenen sind gerade dabei, die kümmerliche Ernte in Bündeln zu packen und auf dem Kopfe oder mit Kamelen nach ihren Behausungen zu schaffen. Den besten Eindruck machen noch die bunt gekleideten Beduinen auf ihren wunderbaren Pferden; bei der Feldarbeit sehen wir nur Frauen beschäftigt. Durch ein Tunnel verlassen wir das Bergland und fahren in eine fruchtbare Ebene hinab, welche sich entlang der Küste nach Süden zieht. Hier ist alles angebaut von jüdischen und schwäbischen Kolonisten. Die deutschen Ortschaften, lauter Gründungen der religiösen Templer, liegen teilweise an dieser Strecke. Auf so einer jüdischen Kolonie werden wir sogar auf der Station von den Einwohnern mit Tee und guter Suppe bewirtet. Auf der nächsten Station der schwäbischen Kolonie Wilhelma hatten sich unsere Landsleute mit Kind und Kegel eingefunden zum Empfang. Beim Einfahren des Zuges singen die Schulkinder bekannte Volkslieder, man glaubt sich tatsächlich in ein Dorf nach Württemberg versetzt. Jeder kann Wein trinken, soviel er will und noch eine Flasche mitnehmen auf den Weg. Als einige an unserem Dialekt merkten, dass schwäbische Landsleute dabei sind, waren wir paar Schwaben im Nu umringt. Kinder riefen ihren Eltern zu: „Mutter, do komm schnell rom, do send oine, die schwätzet wie mir". War das eine kindliche Freude, als wir mit den Kolonisten schwäbelten, als wären wir hier zu Hause. Die Leute haben ihre Heimatsprache noch so rein bewahrt, als wenn es noch die erste Generation der Auswanderer wäre, mittlerweile sind die Jungen schon in der 3. oder 4. Generation. Nach einer halben Stunde Aufenthalt heißt es schon wieder Abschied nehmen von unsern lieben Landsleuten. Vor der Abfahrt singen wir (163) alle gemeinsam Deutschland, Deutschland über alles. Der herumgereichte Wein scheint nicht schlecht gemundet zu haben, denn unsere Leute wollen vor lauter singen nicht zur Ruhe kommen.

1. Juni 1916
Wüste Sinai

Gerade wie ich aufwache, erreichen wir unseren Bestimmungsort Berseba in der Wüste Sinai. Ich öffne das Fenster und sehe nichts als eine öde Sandwüste. Es will mir noch nicht recht einleuchten, dass wir uns in dieser öden Gegend niederlassen sollen. Wir konnten nicht umhin, die Schlussstrophe eines Liedes anzustimmen: „Oh, wie gerne kehrt ich um". Aber es half alles nichts, als sich mit der Lage abfinden. Der Zug wird and die Rampe gebracht und soll gleich ausgeladen werden. Es ist noch sehr früh aber schon jammerwürdig heiß. Auf der Station ist noch nicht viel Leben, es scheint übrigens ein kleiner Ort zu sein, denn wir sehen eine Straße mit größeren Steinbauten. Mittlerweile haben die 4 Kompanien vom ersten Transport, welche schon einige Tage vor uns eingetroffen sind, Kamele und Türken geschickt, welche unser Material nach dem etwa 20 Minuten entfernten Lagerplatz bringen sollen. Die Kameltreiber machen sich gleich daran, ihre Tiere hinzulegen und zu beladen. Das Beladen der Kamele ist für uns etwas gänzlich neues. Zunächst werden die Tiere veranlasst, sich hinzulegen, indem das Halfter einige Mal kurz nach unten gezogen und einige Kehllaute wie Kch ausgestoßen werden. Die Tiere klappen dann gleich zusammen und bleiben senkrecht auf ihren Füßen liegen, bei einigen kostet es jedoch einige Mühe bis sie sich zum Niedergehen bequemen. Beim Beladen schreien die Biester so ekelhaft, dass es uns durch Mark und Bein geht. Das Gebrüll eines Schweines ist noch ein Wohllaut dagegen. Es gehört eine gewisse Übung und Gewandtheit dazu, ein Kamel richtig zu beladen. Das erfahren wir gleich, als wir selbst darangingen, ein Tier mit dem Kompanieführergepäck zu beladen. Nachdem wir einen vergeblichen Versuch gemacht haben, will unser Leutnant die Sache selbst in die Hand nehmen, aber er hat so wenig Glück

152

wie wir. Durch unser aufgeregtes Getue werden die Tiere ganz unruhig und versuchen mit der halben Last aufzustehen, so (164) dass alles wieder herunterpurzelt. Schließlich sehen wir ein, dass wir das erst noch lernen müssen und überlassen die Sache den Treibern, welche mit der nötigen Ruhe dahinter gehen und es auch fertig bringen. Ich mache mich auch auf den Weg zum Lagerplatz und übernehme das Aufbauen unseres großen Zeltes. Natürlich stellt sich gleich heraus, dass das mittlere Stück des Zeltmastes fehlte und trotz eifriger Nachforschung nicht mehr zum Vorschein kommen will. Wo sollten wir nun in dieser Einöde eine Stange herbekommen. Ich setze mich auf meinen Gaul und galoppiere wieder zurück nach dem Bahnhof, wo ich mit vieler Müh und Not an einem im Bau befindlichen Schuppen ein passendes Holz klauen kann. Inzwischen hatte ein solcher Sandsturm eingesetzt, dass man fast kein Auge aufmachen konnte. Dadurch verfehlte ich den Weg und kam endlich nach längerem hin und her im Lager an, wo die ganze Kolonne auch mich wartete. Im tollsten Sandsturm schlagen wir dann unser Zelt auf, welches für die nächste Zeit unsere Behausung werden soll. Nachdem so wenigstens für die Unterkunft gesorgt war, hatten wir endlich Zeit zum schimpfen und unserer großen Enttäuschung Ausdruck zu geben. „Wenn ich das gewusst hätte", das war so ziemlich bei jedem der Anfang der Unterhaltung. Aber auch dieser Sturm legte sich bald und mit Galgenhumor ergaben wir uns in unser Schicksal. Bei dem Kantinenbeizer, welcher uns in Islahie noch vor der Abfahrt musterte, habe ich ein Gestell von einem Feldbett gekapert und bis hierher mitgeführt. Das stelle ich gleich auf und habe jetzt eine feine Lagerstatt. In dem Zelt herrscht eine Bombenhitze, es ist kaum zum aushalten. Endlich lässt gegen Abend auch der Sandsturm wieder nach und wird zugleich auch etwas kühler, dadurch kommen wir einigermaßen wieder zur Besinnung.

08. Juni 1916

Die letzten 8 Tage war es mir nicht zum schreiben zu Mut, so wenig wie jetzt, doch habe ich mich zusammengerissen, um wenigstens das Gröbste festzuhalten. Also, zunächst das miserable Essen, das wir hier haben. Es kostet schon eine (165)

Überwindung, bis wir uns an das fade Essen der Türken gewöhnt haben. Am meisten macht uns das Brot zu schaffen, das wir hier bekommen; es ist sogenanntes Wüstenbrot oder Peksemet, steinharter Kuchen, ähnlich wie Spratts-Hundekuchen, welche mit dem Hammer oder an der Tischkante zerschlagen werden müssen und dann in Kaffee oder Wasser eingeweicht werden. Unsere erste Arbeit war das Ausschachten eines großen etwa 1 ½ Meter tiefen Loches, über welches dann das Zelt gestellt wurde. Dadurch ist es bedeutend kühler unter dem Zeltdach geworden. Jede Kompanie bekam zunächst 2 Kameltreiber mit 4 Kamelen und 8 Wasserfässchen zugewiesen zum Wassertransport von den Brunnen in Berseba zum Lager. Dieselben müssen jeden Tag 2 mal nach dem ½ Stunden entfernten Berseba und haben vollauf zu tun, das notwendige Wasser heranzuschleppen. Es wird uns doch bald klar, dass das Kamel in der Wüste unentbehrlich ist, dabei anspruchslos in Futter und Pflege und kolossal ausdauernd. Das wüste Schreien der Tiere geniert uns jetzt nimmer, man gewöhnt sich mit der Zeit auch an ein Kamel. Von unseren Materialkisten, wo verschiedene über 2 Zentner schwer sind, schleppte ein Kamel 2 Stück vom Bahnhof zum Lagerplatz. Schon das Aufstehen mit so einer Last muss direkt bewundert werden. Die Sandstürme setzen regelmäßig so gegen 10 Uhr ein und wüten bis etwa 6 Uhr abends. Während dieser Zeit kann so gut wie nichts gearbeitet werden. Der feine Sand dringt in die geheimsten Ecken und Winkel und wird hauptsächlich im Essen unangenehm empfunden. Jeden Tag können wir Sandsäulen und Wirbel bis zu 100 Meter Höhe beobachten, welche stundenweit in der Wüste verfolgt werden können. Es ist schon einige Mal vorgekommen, dass so ein Wirbel seinen Weg direkt über unser Zelt genommen hat; deshalb können wir unsere Zeltschnüre gar nicht fest genug verankern, das rüttelt und zerrt, dass man glaubt, das Zeltdach werde zu Fetzen zerrissen. Auf große Reinlichkeit kann kein Wert mehr gelegt werden, weil doch im nächsten Augenblick alles wieder verstaubt ist. Am 4. Tag wurden (166) uns etwa 80 türkische Soldaten zugewiesen, welche zur Zeit von uns am MG notdürftig ausgebildet werden. Solche Soldaten habe ich doch noch nicht gesehen. Von einer Uniform war beim größten Teil keine Rede mehr. Die meisten davon waren barfuss und steckten nur in einem Hemd, einer weiten Plunderhose und Bluse und der einheitlichen türkischen helmähnlichen Kopfbedeckung. Die ganze Ausrüstung bestand aus einem Brotbeutel und einem Blechgefäß, welches als Feldflasche zu gelten hatte. Nur einige wenige waren mit Tornister und Zelt ausgerüstet. Die Leute behaupten, die guten Sachen seien ihnen abgenommen worden, weil die Deutschen für Kleidung und Ausrüstung sorgen werden. Uns ist aber davon nichts bekannt, wir haben nur für unsere Leute Ausrüstung bei uns. Alle Alterklassen von 18 – 50 Jahre sind vertreten, da bin ich nur gespannt, was das in den paar Wochen, die zur Ausbildung zur Verfügung stehen, für MG-Schützen hingibt. Schade, dass bei ihrer Ankunft kein Photograph da war, um auch ein Bild dieser Truppe nach Deutschland zu schicken. Der von den Türken zur Verfügung gestellte Dolmetscher ist kein Soldat und spricht nur ganz gebrochen deutsch, dafür umso besser französisch. Man stelle sich vor, was das für eine umständliche Ausbildung ist, wenn wir zuerst einem Nichtsoldaten auf deutsch oder französisch einen Begriff über die Handhabung und die Teile des MGs beibringen müssen und dieser dann auf türkisch seinen Leuten dies erklären soll; da heißt es Geduld üben bis zur Verzweiflung. Schließlich hilft dann zu guter Letzt immer noch die Zeichensprache, wenn es auch manchmal etwas humoristisch herauskommt. Aber auch das gibt es Missverständnisse und herrschen wieder andere Begriffe. Wenn ich z. B. einem türkischen Soldaten mit der Hand winke er soll kommen, so muss ich gerade das Gegenteil winken, wie es bei uns üblich ist. Hunger haben die Kerle immer wie die Affen, weil die Verpflegung noch in türkischen Händen liegt. Wir können ihnen vorläufig nichts geben als Su, d. h. Wasser; damit pumpen sie sich voll, dass sie schier aufklepfen.

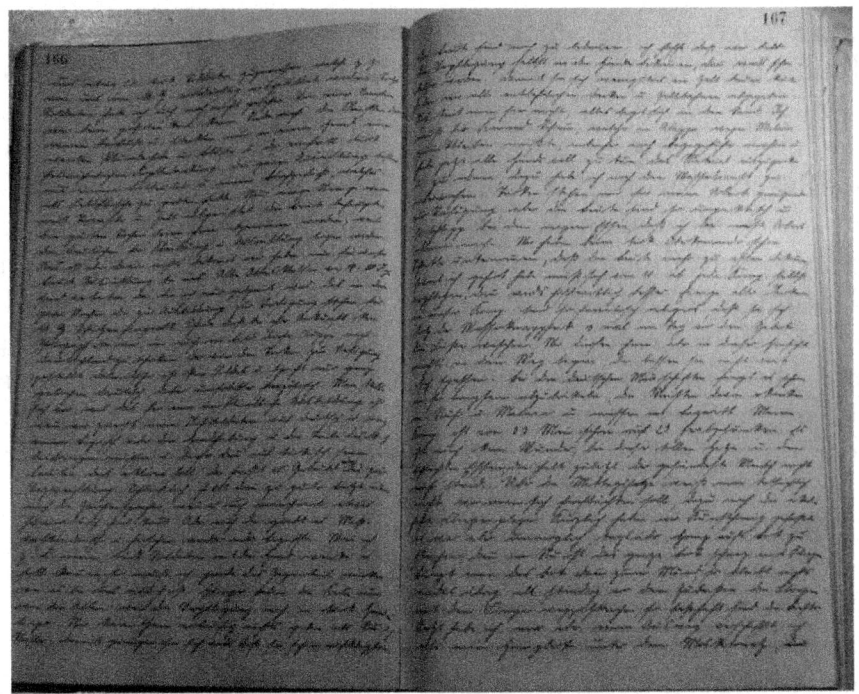

(167) Die Leute sind noch zu bedauern; ich hoffe, dass wir bald die Verpflegung selbst in die Hände bekommen, dann wird's schon besser werden. Damit sie sich wenigstens ein Zelt bauen konnten, haben wir alle entbehrlichen Decken und Zeltbahnen abgegeben. Stroh kennt man hier nicht, alles legt sich in den Sand. Ich muss für Kamerad Schramm, welcher in Aleppo wegen Malaria zurückbleiben musste, nebenher noch Bagageführer machen und habe jetzt alle Hände voll zu tun, das Material auszupacken und zu ordnen. Dazu habe ich noch den Wasserdienst zu überwachen. Türken stehen mir für meine Arbeit genügend zur Verfügung, aber die Leute sind so unpraktisch und so schlapp bei dem mageren Essen, dass ich die meiste Arbeit allein mache. Wir haben beim türkischen Oberkommando schon Schritte unternommen, dass die Leute mehr zu essen bekommen, soviel ich gehört habe, muss sich vom 10. ab jede Kompanie selbst verpflegen, dann wird's hoffentlich besser. Einige ältere Türken in unserer Kompanie sind so fanatisch religiös, dass sie sich trotzdem Wasserknappheit 3 mal am Tag vor dem Gebet die Füße waschen. Wir dürfen ihnen aber in dieser Hinsicht nichts in den Weg legen, da lassen sie nicht mit

sich spaßen. Bei den deutschen Mannschaften fängt es schon an,
so langsam abzubröckeln, die meisten davon erkranken und Ruhr
und Malaria und müssen ins Lazarett. Meine Kompanie ist von
33 Mann schon auf 23 herabgesunden. Es ist auch kein Wunder,
bei dieser tollen Hitze und dem schlechten Essen, da hält zuletzt
der gesündeste Mensch nicht mehr stand. Über die Mittagshitze
weiß man tatsächlich nicht, wo man sich hinflüchten soll, dazu
noch die ekelhafte Fliegenplage. Kürzlich haben wir Kunsthonig
gefasst, es war aber unmöglich tagsüber Honig aufs Brot zu
streichen, denn im Nu ist das ganze Brot schwarz mit Fliegen.
Bringt man das Brot dann zum Mund, so bleibt nichts anderes
übrig, als ständig vor dem Zubeißen die Fliegen mit dem Finger
wegzustreichen, so sesshaft sind die Biester. Jetzt habe ich mir
aber einen Ausweg verschafft, ich esse mein Honigbrot jetzt unter
dem Moskitonetz, dann kann die ganze Fliegenplage mit
verheulten Augen von außen zusehen, wie ich mein Brot
verzehre. Beim Ausbilden der Türken am MG bin ich nur noch
wenig beteiligt, dazu habe ich keine Zeit mehr. Unsere Leute
haben dabei keinen leichten Stand, denn viel kann man den
türkischen Rekruten nicht zumuten beim exerzieren, sonst
klappen sie um. Neben dem Exerzieren müssen die Leute noch
zum Ausgraben eines Pferdestalles herangezogen werden und
alles pressiert und sollte schon fertig sein. Dafür lagen wir fast ¼
Jahr in Berlin und wussten nicht was anfangen vor Langeweile.
Unter den jüngeren Rekruten hat es übrigens ganz gewandte
Kerle dabei; dieselben werden speziell als Richtschützen
ausgebildet. Es ist uns verboten, einen Türken zu einer
persönlichen Dienstleistung heranzuziehen. Jetzt muss ich
aufhören mit schreiben, draußen stehen ein paar Beduinenweiber
und bieten Eier feil. Ich will sehen, ob ich welche kaufen kann,
mit unserem Papiergeld wird's kaum möglich sein, die Bande will
immer Metalliks, d. h. Münzen.

16. Juni 1916

Schon wieder sind 8 Tage verflossen, bis ich mich zu einigen
Aufzeichnungen zusammengerafft habe. Wir haben es die letzte
Woche sehr streng gehabt mit Bauarbeiten und exerzieren, dass
sich sogar unsere Türken über den strengen Dienst beschwert

haben und in einer Nacht 5 Stück desertiert sind. Bei einer anderen Kompanie sind gleich 20 Mann bei Nacht und Nebel verschwunden. Dieses andauernde Treiben und Arbeiten kennt der Türke nicht. Unsere Vorgesetzten vergessen ganz, dass der Türke von Natur aus phlegmatischer und langsamer ist, sonst würden sie nicht so viel von den ausgemergelten alten Leuten verlangen. An die Hitze haben wir uns schon langsam gewöhnt, die durchschnittliche Tagestemperatur beträgt etwa 60 Grad. Zwischen 10 und 11 Uhr setzt regelmäßig ein Sandsturm ein und hält bis 5 oder 6 Uhr an. Unser Essen wird immer vegetarischer, Fleisch gibt's nur noch selten, mir ist's recht, ich bin nicht scharf darauf. Gestern war (169) Probebelastung und Besichtigung von 50 Kamelen. Dass von 8 Kompanien ausgerechnet die meine das Versuchskaninchen machen musste, war gar nicht nach meinem Sinn, denn ich hatte als Bagageführer die Hauptarbeit dabei zu bewältigen. Es blieb mir kaum Zeit zum Essen, bis ich die 50 Kamellasten vorbereitet und ausbalanciert hatte. Das Beladen klappte ganz gut fürs erste Mal, die Kameltreiber waren fast lauter geübte Leute. Unsere Vorgesetzten bekommen ab und zu eine Art Tropenkoller, das macht uns aber gar nichts mehr aus, so allmählich bekommt man auch die türkische Ruhe weg. Post kommt sehr selten und braucht von Berlin bis hierher 3 – 4 Wochen. Der Vormarsch der Expedition soll jetzt früher losgehen als ursprünglich geplant war, deshalb muss überall mit Hochdruck gearbeitet werden. Unseren Sonntag halten wir freitags mit den Türken, die halten streng an ihrem Ruhetag fest und wenn's noch so eilig ist. Mit unseren Pferden machen wir abends kleine Patrouillenritte in die Wüste hinaus, die armen Tiere stehen Tag und Nacht im Freien bis unser Stall vollends fertig ist. Von der türkischen Sprache haben wir eigentlich noch nicht viel gelernt, das merke ich am besten, wenn ich in Berseba drin mit den türkischen Depotoffizieren verhandeln muss um Baumaterial für unseren Pferdestall herauszuschinden, da komme ich mit französisch, das fast alle türkischen Offiziere sprechen, viel weiter. Bis man von dieser Bande etwas bekommt, müssen vorher regelmäßig ½ Dutzend Dienststellen ihren Stempel draufdrücken, da heißt es auch: „Schick den Narren weiter". Nachlassen darf man aber nicht, sonst ist man gleich verkauft und wenn auch mancher halbe Tag dabei flöten geht. Beharrlichkeit führt auch hier zum Ziel. Unsere Pferde und Kamele erhalten täglich etwa 5 – 6 Kilo Gerste und Wasser; Menschen und Tiere werden hier zum hungern trainiert. Das Beste ist noch der Wein, der so reichlich jeden Abend gefasst wird, dass es fast nicht möglich ist, das normale Quantum zu bewältigen. Die erfahrenen Wüstensoldaten behaupten, (170) der wo viel Wein trinkt und auch verträgt, kann auch viel aushalten und ist gegen Tropenkrankheiten besser gefeit. In der Nähe unseres Lagers liegen 2 Batterien österreichische Gebirgsartillerie, welche am letzten Sonntag eine gute Fußballmannschaft gegen uns aufstellten. Das Spiel war hochinteressant und wurde von uns knapp mit 2: 1 gewonnen. Dies wird wohl das erste Fußballwettspiel in der Wüste Sinai gewesen sein. Wie die Bibel berichtet, haben hier in Berseba die Söhne Abrahams die ersten Brunnen gegraben. Die haben tatsächlich keine schlechte Nase gehabt, denn es ist eine Seltenheit, hier in der Wüste eine solche Wasserstelle zu finden und was das Wichtigste ist, verhältnismäßig viel und gutes Wasser. Jetzt halte ich's aber vor den Fliegen nicht mehr aus und muss aufhören.

20. Juni 1916

So drückend heiß, wie die letzten 3 Tage, war es noch nie, seit wir hier sind. Es waren sogenannte Schirokkotage, in den Tropen überall gefürchtet. Während dieser Zeit weht ein ganz heißer Wind und zwar auch während der Nacht, so dass man ganz lahm und schlapp wird. Man torkelt von einer Ecke in die andere und weiß sich nimmer zu helfen. Heute Abend ist es gottlob wieder etwas kühler, das ist eine wahre Wohltat. Meine Kompanie ist jetzt auf 16 Deutsche zusammengeschmolzen, alle anderen liegen im Revier oder Lazarett. Jetzt fängt der ganze Schwindel an uns paar Mann, es wird nicht mehr lange dauern, dann sind wir auch vollends erledigt, wenn es noch eine Zeit lang so weitergeht. Nach Vorschrift sollte von morgens 8 Uhr bis abends 5 Uhr nicht exerziert werden. Die Kompanieführer halten sich aber nicht daran, weil jeder die beste Besichtigung machen will. Ich habe zur Zeit ein Zahngeschwür, dass sich bei der Untersuchung durch den Arzt eigenartigerweise als eine Zahnkrankheit der kleinen Kinder herausstellte; ich bekomme nämlich noch einen weiteren Zahn, den sogenannten Weisheitszahn, ich wusste nicht, dass ich noch nicht ganz (171) abgezahnt habe. Die Verpflegung ist jetzt etwas besser geworden, nachdem wir die Sache selbst in die Hand genommen haben. Unsere Türken sind ganz glücklich und behaupten, soviel hätten sie vorher nie zu Essen bekommen. Es wird eben auch sein wie überall, dass zu viel auf den Depots und Verteilungsstellen hängen geblieben ist. Wenn ich jetzt zum Proviantempfang gehe, nehme ich immer meinen Freund Lorenz mit, der kennt sich aus im Wurstkessel. Gestern habe ich Post bekommen, 2 Briefe und 4 Zeitungen. Mein Heimatblatt, der Alb-Bote, kommt immer regelmäßig bis hier herunter, was bei den größeren Zeitungen nicht immer der Fall ist. Als ich kürzlich in Berseba war und in der Teebude, vielmehr im Hotel Abraham, einkehrte, lernte ich einen schwäbischen Kolonisten kennen aus Haifa. Derselbe ist Bauunternehmer und baut zusammen mit seinem Bruder, welcher Schreiner und Zimmermann ist, das Bahnhofsgebäude. Er heißt Beilharz und hat, wie sich gleich herausstellte, eine Frau aus Buttenhausen namens Gräter. Er wohnt hier über die Bauzeit in einer gemieteten Hütte, wo ihm seine Tochter den Haushalt führt. Er hat mich und meine beiden schwäbischen Kameraden der Kompanie für die nächsten Tage zum Abendessen eingeladen, wo es uns zuliebe Spätzle mit Salat geben soll, ich freue mich schon darauf. In unserem Zelt krabbeln jeden Abend einige Skorpione und Taranteln herum, doch ist noch keiner von diesen gefürchteten Tierchen belästigt worden. Ein Pferdepfleger hat kürzlich in der Wüste draußen beim Einfangen eines durchgegangenen Pferdes meinen Gaul, der von allen am besten laufen konnte, derart zuschaden geritten, dass er jetzt Lungenentzündung hat und wahrscheinlich eingehen wird.

26. Juni 1916

Heute habe ich wieder ein wenig Zeit, die Ereignisse der letzten Tage festzuhalten. Mein Gaul ist krepiert, vorläufig habe ich noch keinen Ersatz bekommen. Die schönsten Stunden, die ich bis jetzt hier erlebt habe, war unser Besuch bei unserem Landsmann Beilharz. Es gab tatsächlich geröstete Spätzle, die wir uns vortrefflich schmecken ließen. (172) Wir saßen bis tief in die Nacht hinein bei den guten Landsleuten und ließen es uns wohl sein. Die Tochter unseres Gastgebers und ein christliches Arabermädchen gaben alles, was so ein primitiver Haushalt in Küche und Keller überhaupt bieten kann. Nachdem wir dem Hausgetränk, dem sogenannten Rakki ordentlich zugesprochen hatten, wurden wir so langsam warm und gar bald erklangen unsere alten schönen Volkslieder, welche auch bei unseren Landsleuten im fernen Land eine gute Heimstätte gefunden haben. Ich glaube, es ging schon dem Morgen zu, als wir unser Lager erreichten. Jeder von uns 3 bekam noch einen Laib Brot mit, kein größeres Geschenk hätten sie uns nicht mit auf den Heimweg geben können. Vor unseren Kameraden dürfen wir aber nichts verraten, wo wir das Brot herhaben, sonst würden die Leute zu sehr überlaufen und das wollen wir nicht haben, denn auch hier ist das Brot knapp bei der Zivilbevölkerung. Mit unserer Löhnung hapert's auch, bis jetzt haben wir schon 3 Löhnungen ausstehen uns sollen überhaupt erst nach Beendigung der Expedition wieder Geld erhalten, das ist wieder recht türkisch. Die Mehrzahl unserer Leute ist deshalb schon abgebrannt und kaum mehr im Stande einige Eier zu kaufen. Mit uns können sie hier in der Wüste ja alles anfangen, wir sind auf Gnade und Ungnade an die Türken verraten und verkauft. Heute wurde bekannt, dass am 4. Juli der Vormarsch angetreten werden soll. Zunächst in etwa 7 – 8 Tagesmärschen nach El-Arisch[51] am mittelländischen Meer. Dort versammelt sich die ganze Expedition zum Vormarsch nach dem Suezkanal; dann hört dieser elende Betrieb hier wenigstens auf; Berseba wird dann Hauptetappenort. Um den ganzen Ort herum wird fieberhaft gearbeitet und gebaut, Lazarettbaracken und Lebensmittelschuppen erstellt, ja sogar eine Getreidemühle sieht ihrer Fertigstellung entgegen. Den ganzen Tag treiben sich Beduinenweiber bei den Kamelen herum, wie sie mit kleinen Sieben Gerstenkörner aus dem Sand und Kamelmist heraussieben. (173) Mit einer mehr als primitiven vorsintflutlichen Vorrichtung werden die Körner dann vermahlen

---

[51] ägyptische Stadt nahe der Nordküste der Halbinsel Sinai

und von dem Mehl Brot gebacken. Die Wüste wird von den nomadisierenden Beduinenstämmen als ihr Eigentum betrachtet, deshalb sind sie weder auf der Seite der Türken noch auf der Seite Englands und treiben sich als gekaufte Spione zwischen beiden Fronten herum. Der ganze Hausrat, bestehend aus Zelten aus grobem Kamelhaarstoff, einigen Hühnerkäfigen, alten Blechbüchsen als Küchengeschirr, Wasserschläuche von Ziegenfell und sonstigem alten Lumpenkram, wird beim Weiterziehen auf die Kamele gepackt und bei der nächsten Wasserstelle wieder der Pferch aufgeschlagen. Aus ihrer Religion wird man eigentlich nicht recht klug, ich glaube, es ist noch dieselbe wie vor 5000 Jahren. So ein richtiger Beduinenscheich in seiner typischen Kleidung auf seinem Hedschin (Reitkamel) sitzend, ist wirklich eine malerische Erscheinung.

30. Juni 1916
Kamele und Wasserstellen

Die Vorbereitungen für den Abmarsch sind nahezu beendet. Vorgestern haben wir unsere Kamele empfangen, im ganzen haben wir jetzt 12 Pferde und etwa 60 Kamele pro Kompanie. Die Kameltreiber, 26 an der Zahl, sind meist ältere Araber ohne militärischen Begriff. Ihr Anzug besteht aus einer zerlumpten Pluderhose, einer Art Bluse und als Kopfbedeckung ein Tuch, welches mit einem verschlungenen Ring festgehalten wird. Letztere Kopfbedeckung haben auch wir Deutschen neu von den Türken gefasst und werden sie bei der Expedition auch tragen, das Tuch ist wegen der guten Ausdünstung bei der Hitze jedenfalls gesünder als Mütze oder Tropenhelm. Dann hat noch jeder Treiber einen aus grobem Stoff bestehenden schwarz- und weißgestreiften alten Mantel oder Umhang, welcher als Ärmel kapuzenförmige Säckchen hat für die Ellenbogen. Mit einer Hand wird das ganze Kleidungsstück zusammengehalten. Beim Schlafen rollen sie sich wie ein Igel in dieses Tuch hinein und wer nicht wüsste, dass in so einem alten Umhang ein Mensch sich eingewickelt hat, der würde von einiger Entfernung immer (174) ein Häufchen alter Lumpen vermuten. Diese Gesellschaft ist mir unterstellt, ich weiß aber selber noch nicht, wie ich mit diesen Kerlen zurechtkommen soll. Zunächst habe ich sie einmal in einer Reihe aufgestellt und mit Hilfe von Konrad Lorenz, der mir jetzt ganz unentbehrlich geworden ist, weil er arabisch so gut spricht wie deutsch, einen Obertreiber bestellt. Arslan mit Namen, derselbe scheint mir der Tüchtigste von der Bande zu sein, er ist mir bis jetzt gut an die Hand gegangen und hält die Kerle in Ordnung; übrigens hat sich heute herausgestellt, dass er gar kein Araber ist, sondern Armenier. Damit seine Untergebenen einen gewissen Respekt vor ihm haben, ist er von mir und meinem Dolmetscher zum Tschausch[52] befördert worden, jetzt fühlt er sich aber auch. Den jüngeren 12 Treibern werden die 24 Gefechtskamele zugeteilt; dieselben erhalten von Berlin mitgebrachte Patenttragesättel für das MG-Gerät, während die übrigen für den Transport der Bagage zur Verfügung stehen. Auch 2 Esel hat mein Arslan-Tschausch irgendwo aufgetrieben oder wahrscheinlich gestohlen. Einer davon wird von ihm selber geritten, während der andere für einen alten Treiber namens Achmed, welcher vorgibt, von der ärztlichen Behandlung der Kamele etwas zu verstehen, zur Verfügung steht. Morgen werde ich vollends meine Lasten ausbalancieren und einteilen und die Fässchen und Schläuche für die Wasserkamele in Empfang nehmen, dann kann es von mir aus losgehen.

06. Juli 1916

2 Tage Marsch haben wir jetzt hinter uns, es reicht mir die Zeit kaum mehr aus, um noch Aufzeichnungen zu machen. Das war noch ein Umtrieb, bis sich die Kolonne in Marsch gesetzt hatte. Am 4. abends 5 Uhr war Abmarsch. Ich glaubte alles aufs Beste vorbereitet zu haben, so dass es eigentlich keine Schwierigkeiten mehr hätte geben sollen. Alle Lasten waren gut abgewogen und abgezählt, jeder Treiber wusste genau, was für Lasten er zu beladen hatte. Doch wie es ans beladen ging, waren die Kerle wie vor den Kopf geschlagen; die wenigsten wussten mehr, was ich ihnen am Tag vorher eingebläut (175) hatte. Das schönste aber war, dass mir eine Kamellast übrig blieb. Ich zählte und zählte, der Kompanieführer zählte, der Dolmetscher zählte, Arslan wurde ins Gebet genommen, alles half nichts bis sich zu guter

---

[52] Unteroffizier

Letzt herausstellte, dass ein Kamel fehlte und wahrscheinlich in der letzten Nacht verkauft oder gestohlen worden war. Da alle Tiere fast gleich waren, konnte ich nicht mehr feststellen, welchem Treiber seines fehlte und aus den Arabern war absolut nichts herauszubringen. Mein Kompanieführer kam fast aus dem Häuschen und machte mich für diesen Saustall verantwortlich. Doch ließ ich mir auch nicht unrecht tun und wehrte mich natürlich auch, so gut ich konnte. Zunächst blieb nichts anderes übrig, als die übrig gebliebene Last auf die anderen Kamele zu verteilen. Wir waren fast auf die Minute fertig, als die Karawane sich in Marsch setzte. Mein Kompanieführer ließ mich und Lorenz sowie Arslan zurück, um das abhanden gekommene Kamel wieder aufzutreiben, wir sollten dann möglichst rasch noch in dieser Nacht nachkommen. Das war aber leichter gesagt als getan, wo sollten wir nun ein Kamel herbringen. Lorenz beruhigte mich aber und behauptete, in einigen Stunden, wenn es Nacht sei, wolle er ein Kamel beibringen. Wir beratschlagten nun, wie es am besten angegangen werden kann. Zuletzt kommen wir dahin überein, ich sollte an den Brunnen gehen, wo die Kamele abends zur Tränke geführt wurden, während Lorenz und Arslan jeder auf eigene Faust in den verschiedenen Lagern der österreichischen Artillerie und der Türken sich bemühen sollten. Unsere Pferde, ich habe inzwischen wieder einen Gaul bekommen, brachten wir einem beim Wachkommando zurück gebliebenen Mann unserer Kompanie; dann ging's aufs Geradewohl auf die Kameljagd, nachdem ich Koppel und Tropenhelm abgelegt hatte um nicht so aufzufallen und bessere Bewegungsfreiheit zu haben. Zunächst ging ich als harmloser Bummler nach den Brunnen und spionierte, ob sich nicht eine geschickte Gelegenheit ergab. Es war aber nicht so leicht, denn überall hockten müßige Türken und Araber auf dem Platze herum, die mich beobachteten. Mein erster Versuch missglückte deshalb (176) kläglich. Ein Treiber kam mit 4 Tieren von der Tränke, das letzte davon hatte ich mir ins Auge gefasst und schlich mich so sachte hinten heran. Eben erhob ich meine Hände nach dem Halfterstrick um ihn abzuschneiden, als ein in der Nähe sitzender Türke den Treiber durch Zuruf aufmerksam machte. Jetzt war es schon verpfuscht, ich machte mich deshalb wieder aus dem Staube, ohne mich mit dem schimpfenden Treiber auf große Auseinandersetzungen einzulassen. So hatte es keinen Wert, ich musste warten, bis es etwas dunkler geworden war. Fast an der gleichen Stelle kam wieder ein Treiber mit 5 Kamelen von dem Brunnen. Zum Glück wurde ich diesmal nicht beobachtet und versuchte mein Glück auf die gleiche Weise noch mal. Der Treiber saß auf einem Esel und sang so vor sich hin, er war so in seinen Gesang vertieft, dass er nicht merkte, wie ein Räuber sich von hinten an seine Tiere heranschlich und mit einem raschen Schnitt das hinterste Tier loslöste. Ohne mich nach rechts oder links umzusehen, zog ich an meinem Halfterstrick mit Leibeskräften nach der entgegengesetzten Richtung; das Tier folgte nur ungern und zog immer wieder zu den anderen zurück. Als alles ruhig bleibt und ich in der Dämmerung schon außer Sichtweite mich halte, riskiere ich endlich, mich umzusehen. Aber oh Schreck, was ist denn das, ich habe ja 2 Kamele hinter mir. Nur so schnell wie möglich in der Dunkelheit verschwinden, das war zunächst mein einziger Gedanke. Erst, als ich mich halbwegs sicher fühlte, sehe ich nach, wie dies eigentlich hat möglich sein können. Es stellte sich heraus, dass, weil die Tiere ohne Sattel waren, dieselben am Hals aneinander gekoppelt waren, dadurch war die Möglichkeit gegeben, dass das hintere Kamel vor das zweite vordrückte. Das war eigentlich nicht meine Absicht, dem armen Kerl gleich 2 Tiere wegzunehmen, aber jetzt konnte es nur heißen, so schnell als möglich ins Lager zurück und 2 Sättel verpasst und dann nach dem ausgemachten Treffpunkt hin. Vorsichtshalber machte ich aber einen großen Bogen um die Lager herum (177) und komme unangefochten nach unserem Lagerplatz. Dort verpasse ich mit Hilfe des zurückgebliebenen Kompaniekameraden 2 Kamelsättel und bekomme dadurch die Tiere etwas näher zu Gesicht. Es sind 2 ausnahmsweise stark gebaute Kamele, wahrscheinlich von der österreichischen Art, denn so kräftige Tiere hat nur die Artillerie bekommen. Nachdem mir der Depotfeldwebel noch einen Postsack für die Kompanie aufgehalst hat, besteige ich meinen Gaul und ziehe mit meinem Raub durch die Nacht dem Treffpunkt zu. Dort war eine von einem deutschen Bahnbauingenieur bewohnte Bauhütte. Nachdem ich meine Kamele etwas abseits hingelegt hatte, gehe ich zu der Hütte und sehe dort meinen Freund Lorenz bei dem Landsmann gemütlich auf einer Bank sitzen. Noch ehe ich mich dem deutschen Landsmann vorgestellt habe, lässt Lorenz durchblicken, dass er eins ergattert habe. Wie ich aber auf mich zeige und 2 Finger hebe, da ist er doch zunächst etwas platt. Eine Frau aus Marbach am Neckar, welche dem Ingenieur den Haushalt führte, erkannte an meiner Stimme, dass ich ein schwäbischer Landsmann zu ihr bin. Bei einigen Flaschen Wein war der Kontakt rasch hergestellt und wir freuten uns insgeheim, dass unser Abenteuer noch so einen schönen Abschluss gefunden hat. Schade, dass wir alle Ursache hatten, möglichst rasch von der Bildfläche zu verschwinden und so riefen wir Arslan mit den Pferden, um unsere kleine Karawane zusammenzustellen und abzumarschieren. Es war kein schöner Nachtmarsch, die vorhergegangene Aufregung und Anstrengung aber auch den rasch genossene Wein mag dazu beigetragen haben, dass wir vor Müdigkeit und Schlaf fast aus dem Sattel fielen. Bei einer Stallpause habe ich in meinem Delirium noch meine Kartentasche liegen gelassen. Gegen 3 Uhr morgens stoßen wir auf die Kolonne, alles lag im tiefsten Schlaf, auch der türkische Posten. Wenn nicht zufällig ein Pferd laut gegeben hätte, wären wir ahnungslos vorbeimarschiert. Bei Tagesanbruch regle ich zuerst die Lastenverteilung und melde mich bei meinem Kompanieführer mit 3 Kamelen zur Stelle. Er wollte es erst gar nicht glauben, aber (178) nachdem er sich überzeugt hatte, war er doch froh, dass die Sache so gut abgelaufen war, wenn er auch Zweifel hatte ob wir die Tiere auch behalten dürfen. Beim Beladen der Kamele stellte sich heraus, dass durch schlechten Sitz der Lasten, und bei Nacht lässt sich das nicht so gut übersehen, viele Tiere gedrückt waren. Mit doppelter Sorgfalt mussten wir nun darauf sehen, dass die Hälften gut ausbalanciert und verschnürt wurden. Bis alles soweit war, lief mir schon der Schweiß in aller Herrgottsfrühe in Strömen herunter. Die ganze Kolonne oder Karawane besteht aus 4 Kompanien, welche hintereinander in kurzen Abständen marschieren. Die Länge dieser Marschkolonne beträgt etwa 2 – 3 Kilometer. Während des Marsches hatte ich trotz des sorgfältigen Beladens andauernd Defekte. Wo es nicht stimmt, muss das Tier aus der Reihe herausgenommen werden, hingelegt und frisch beladen werden. Mit den Futtertürken und Wasserfässern habe ich verhältnismäßig wenig Scherereien, dagegen wollten Kisten und sonstiges Gepäck absolut ihre Lage nicht beibehalten. Die Kamele kleben so furchtbar an der Kolonne, dass man den zum Umladen herausgezogenen Tiere die Knie zusammenbinden muss, damit sie nicht immer wieder aufspringen und zu den anderen hindrängen. Dadurch gibt's fortwährend Nachzügler, welche ich im Auge behalten muss. Meine Tätigkeit während des Marsches gleicht der eines Schäferhundes. Ich habe schon gesehen, dass ich mit meinen Treibern noch andere Saiten aufziehen muss, wenn es besser klappen soll. Um 10 Uhr wird Halt gemacht und die Kamele abgelastet. Über die Mittagszeit bis 5 Uhr kann infolge der fast unerträglichen Hitze nicht marschiert werden. Die Wasserstellen liegen hier durchschnittlich 25 – 30 Kilometer voneinander entfernt. Bis jetzt hatten wir eine notdürftige Straße, doch soll dieselbe bald ausgehen. Zu sehen gibt's hier nicht viel; soweit das Auge reicht nur ödes, steiniges Hügelland. Nach dem Halt werden kleine luftige Zelte aufgeschlagen und wenn ich nicht mit Wasser fassen oder Proviantempfang in Anspruch genommen bin, lege ich mich in das bisschen Schatten im Zelt, wo es aber (179) vor den verdammten Fliegen auch kaum auszuhalten ist. Zehn Wasserkamele führen 30 Fässchen mit, welche in jeder Wasserstelle neu aufzufüllen sind. Abends 5 Uhr ist wieder Abmarsch und geht dann durch fast ohne Pausen bis um 1 Uhr nachts. Zum Schlafen sind wir auf die paar kühlen Nachtstunden angewiesen, tagsüber ist es einem Europäer auch im Schatten nicht möglich, in Schlaf zu kommen. Die erste Wasserstelle hieß Aslutsch und hatte miserables brackiges Wasser, für Menschen fast nicht zu genießen. Zur besseren Ausnutzung sind an den 2 einzig vorhandenen Brunnen eiserne Hochbehälter aufgestellt in welche ein gewisser Vorrat hinaufgepumpt wird. Einige neu errichtete Steinhäuser zur Aufnahme des Proviants sind die einzigen Behausungen. Auf 8 Kamelen führe ich für 3 Tage Futter mit; bei vollster Belastung trägt jedes 2 Stück a 1 ½

Zentner. Da zwischen Aslutsch und der etwa 40 km entfernten Etappe Hafir[53] keine Wasserstelle sich befindet, musste dieser Marsch auf einmal gemacht werden, mit 3 Stunden Pause von nachts 12 – 3 Uhr, die Kamele wurden dabei nicht abgeladen. Ich hatte meine Kamele kaum versorgt und mich hingelegt, als ich in der Nähe der Wasserkamele ein verdächtiges Geräusch hörte. Beim Nähertreten musste ich feststellen, dass unsere Türken heimlich sich über die Wasserfässchen hergemacht und dieselben teilweise schon geleert hatten. Nur mit Mühe gelang es mir die Leute von dem Wasser wieder wegzubringen, jeder wollte noch rasch wenigstens seine Feldflasche füllen. Jetzt musste ich sämtliche Fässchen wieder nachsehen und teilweise umfüllen, damit ich wieder gleiche Lasten hatte, dann stellte ich einen Deutschen mit Karabiner daneben, welcher die paar Stunden vollends aufpassen musste. In dieser Beziehung ist der Türke so unvernünftig wie ein Stück Vieh und macht sich keine Gedanken darüber, wenn am anderen Tage dann kein Tropfen Wasser mehr vorhanden ist. Pro Kopf und Tag sind etwa 5 Liter berechnet, für die Pferde 30 Liter. Für Kamele kann man überhaupt kein Wasser mitführen, (180) die müssen warten bis zur nächsten Wasserstelle. Um 11 Uhr kommen wir in Hafir an, bis hierher ist die Bahnlinie vorgebaut, auch gibt's hier trinkbares Wasser. Große Steinhäuser, alles neu gebaut, sollen später zu Lazarettzwecken für die Expedition dienen. Überhaupt scheint sich hier ein größerer Etappenort zu entwickeln. Das Schönste aber, was hier zur Verfügung steht, ist eine richtige Badeanstalt mit Duschbädern, wir haben heute Mittag gleich Gebrauch davon gemacht, das war ein Hochgenuss, sogar arabische Badewärter mit Frottierhandtüchern standen zur Verfügung. Türkische Infanterie liegt im Zeltlager um den Ort zerstreut, sogar eine Kantine war vorhanden, wo Ölsardinen und ähnliches Zeug zu kaufen war, aber nur gegen Hartgeld; wir kamen nicht in Versuchung, denn wir haben kein Metall- und kein Papiergeld mehr. Ich hatte den ganzen Mittag zu tun, bis ich wieder für 4 Tage Proviant gefasst hatte. Die Gepäckbündel meiner Kameltreiber musste ich heute einer Kontrolle unterziehen, weil

---

[53] antiker Wasserspeicher

mir viele verdächtig groß vorgekommen sind. Es stellte sich heraus, dass viele allen möglichen Lumpenkram unterwegs aufgelesen hatten. Den unnötigen Kram ließ ich im Sande vergraben. Wie ich aber heute Abend noch nach den Etappen rein gehe, sehe ich meinen alten Achmed zwischen einer Reihe anderer Händler sitzen, und vor sich auf dem Boden, den ganzen Kram, den ich vergraben ließ, zum Verkauf ausgebreitet. Wie er mich dann sah, wollte er so sachte verschwinden, doch setzte er sich wieder hin als er merkte, dass ich nichts von ihm wollte. Die alten Kerle sind manchmal wie die Kinder. An den Brunnen ist ein Hochbetrieb, da hat man seine liebe Not, bis man rankommt. Morgen Mittag 4 Uhr soll's wieder weitergehen, jetzt steht uns wenigstens wieder eine ganze Nacht zum schlafen zur Verfügung. Die Hitze wird immer toller, je weiter wir nach Süden kommen. Einen Baum oder Strauch haben wir seit unserem Abmarsch nicht mehr gesehen. Durch Zufall wurde ich heute noch mit einem Landsmann, einem Major in türkischen Diensten, Kutter mit Namen, bekannt. Derselbe kam seinerzeit als Wachtmeister mit der deutschen Militärmission unter General Otto Limann von Sanders nach der Türkei und ist jetzt Major beim Stabe. Lorenz und ich haben einige gute Flaschen Wein bei ihm getrunken. Er hat schon die Expedition nach dem Suez-Kanal mitgemacht und kennt sich gut aus.

(181) 12. Juli 1916
El-Arisch

Heute morgen um 10 Uhr erreichten wir unseren jetzigen Standort El-Arisch. Von hier aus nimmt die Expedition ihren Anfang. In den letzten 5 Tagen bin ich nicht zum Schreiben gekommen; die Märsche waren zu anstrengend, weil auf dieser Strecke nur 3 Wasserstellen zur Verfügung hatten und deshalb an 2 Tagen von abends 5 Uhr bis anderen Tag 10 Uhr mit kurzen Stallpausen durchmarschiert werden musste. Das Marschieren in dem weichen Sande ist sehr beschwerlich und geht natürlich auch viel langsamer. Die durchschnittliche Stundenleistung beträgt 3 – 4 km. In der ersten Stunde, bis die Kamele richtig angeschaukelt sind, sogar nur 2 – 3 km. Unseren Hengsten ist der Mut auch vergangen, die lassen die Köpfe bös hängen. Da hieß es so richtig, den Pferden war's so schwach im Magen, fast musste der Reiter die Mähre tragen. Am besten haben sich die Kamele gehalten, ja es war fast so, dass je länger der Marsch dauerte, das Tempo der Tiere immer schärfer wurde. Man muss geradezu staunen, wie die Viecher mit dem bisschen Futter dies leisten können. Wenn ich leere Futter- oder Wasserkamele hatte, dann gab's für die deutschen und türkischen Depotbrüder Gelegenheit zum aufsitzen. Auch einen jungen Hund haben wir in der Kompanie, er erhielt den Namen Pascha und wenn er nicht mehr laufen kann, dann wird er ebenfalls aufs Kamel gesetzt. Unseren türkischen Mannschaften war es gestattet, von Sonnenaufgang an ihre Tornister auf die Kamele zu laden; dagegen wäre nicht zu sagen gewesen. In den letzten Tagen sind sie mir aber hergegangen und haben auch nachts dieselben heimlich den Kamelen aufgehängt, meistens natürlich einseitig ohne Rücksicht auf gleiche Lastenverteilung. Dadurch habe ich jetzt über 25 gedrückte Kamele bekommen. Beim Beladen und Anmarschieren schmerzen die Druckstellen so sehr, dass die armen Tiere ganz erbärmlich schreien. Der alte Achmed waltet dann seines Amtes und schmiert die Wunden mit Holzteer ein. Öfters sind es auch ältere Druckstellen, die wieder aufbrechen und so stinken und voll sind von Maden, dass man es fast nicht sehen und aushalten kann. Die größte Sorge machte mir (182) die Wasserbeschaffung und nachher auch die Verteilung. Als einmal während der Nacht türkische Infanterie an uns vorbeimarschiert, das heißt, ganz ungeordnet und verzettelt vorüberzog, gingen diese durstigen Seelen einfach her und zogen mir an den aufgepackten Wasserfässchen während des Marsches die Spunten heraus, um ihre Feldflaschen wieder zu füllen oder hielten eben den Mund auf um das herausströmende Wasser so hineinlaufen zu lassen. Dass natürlich dabei mindestens ¾ auf den Boden lief, lässt sich denken. Bis ich dahinterkam, war das Unglück schon geschehen. Die Folge war, dass uns für den anderen Tag das Wasser für die Pferde nicht mehr ausreichte, dass dieselben nicht mehr geritten werden konnten und an den Kamelsätteln angebunden werden mussten, sonst wären sie uns keinen Schritt mehr weitergegangen, so müd und schlapp waren die Tiere. Es war für die Kamele eine Riesenbelastung, zu der Last noch die Pferde nachzuschleppen. Aber auch unsere Leute sind scharf aufs Wasser und klauen mir, wo sie können. Das Posten aufstellen hat auch nicht viel Wert, denn die sind gewissermaßen auch nicht wasserdicht. Seither lasse ich die Fässchen immer in meinem Zelt abladen, dass ich's übersehen kann. Dabei war das Wasser der 3 letzten Wasserstellen so brackig und salzig, dass es direkt eine Überwindung kostete, den Kaffee herunterzuschlucken.

Am 3. Tag passierten wir die Grenze zwischen Ägypten und Syrien bzw. Asien und Afrika. Von unserem jetzigen Lager aus haben wir etwa ½ Stunde ans Meer hinunter. Der Ort liegt nicht direkt am Meer, sondern etwa 3 km weg auf einer Anhöhe. Das Beste was es hier gibt, ist das gute Wasser. Seit unserem Abmarsch von Berseba haben wir schon vielerlei Wasser getrunken. Die Einwohner von El-Arisch, meist Araber und Juden haben sich schon auf den Militärbetrieb eingestellt und treiben einen schwunghaften Handel mit den Erzeugnissen des Landes. Für uns kommen in der Hauptsache nur Eier, Apfelsinen und Wassermelonen in Frage – während (183) die Türken viel Datteln und Oliven essen. Unser Lagerplatz befindet sich an einem trockenen Flusslauf, Wadi[54] genannt, zwischen kümmerlichen Oliven- und Feigenbäumen. Vorerst soll noch hier gewartet werden bis sämtliche Truppenteile, welche an der Expedition teilnehmen, versammelt sind.

16. Juli 1916

Morgen Abend geht's los, ran an den Feind. Es wimmelt jetzt von Truppen und Kamelen. An den Brunnen muss man stundenlang warten bis man beikommen kann und dann kann es gerade sein, dass nichts mehr drin ist. Lange könnte diese Wassernot nicht dauern, denn für so viele Menschen und Tiere reichen die vorhandenen Brunnen bei weitem nicht aus. In den letzten Tagen haben wir uns die Umgegend etwas näher angesehen. Unser erster Ritt führte uns zunächst ans Meer. Ein Stück der Küste entlang zieht sich ein schmaler Streifen von schönen Dattelpalmen. In der Nähe des Meeres pflanzen die Eingeborenen

---

[54] Trockental in Nordafrika und im vorderen Orient

ihre Wassermelonen, da hat's ganz ansehnliche Kugeln darunter. Das Fleisch innen ist rötlich und so saftig und süß, dass man es mit der Zunge zerdrücken kann. Mittelst großer Schöpfbrunnen werden die Gärten berieselt. In dem Palmenhain am Meer lagern verschiedene Beduinenstämme mit ihren schwarzen Zelten. Das Meerwasser ist ganz warm und da der Strand ganz flach ist, können wir beim Baden mit unseren Pferden einige hundert Meter weit reingehen. Es macht Spaß, wenn man von einer Welle hochgehoben und ein Stück getragen wird. Für unsere Tiere war es sicher auch eine Wohltat, so ein erfrischendes Bad nach diesen Gewaltmärschen. Der Ort selber mag einige tausend Einwohner zählen und besteht aus engen Gassen mit Lehmhütten, teilweise auch Steinhäuser. Die Höfe sind gegen die Straße durch eine Mauer abgeschlossen. Nur eine Straße macht einen städtischen Eindruck und ist auch stark belebt; dort befinden sich auch die Bazare. Für Papiergeld gibt es nicht mal ein Ei, nicht einmal für 20 Mark, dagegen für einen Piaster 4 Stück. Um während des Vormarsches so wenig wie möglich Gepäck (184) mitzuschleppen, habe ich alles entbehrliche, auch die Tornister meiner Türken in Kisten und Säcke verpackt und auf einem Depot der Deutschen Brunnenbohrer abgegeben, damit wir es wieder holen können, falls wir wieder zurückkommen. Auf dem türkischen Proviantdepot muss ich oft stundenlang warten bis ich mein Sach gefasst habe. Mit dieser langweiligen Gesellschaft muss man sich halb tot ärgern. Jetzt habe ich Gott sei Dank alles soweit beieinander, dass es jederzeit losgehen kann. Gestern brachten meine Treiber wieder ein herrenloses Kamel von der Tränke mit. Es kann möglich sein, weil morgen schon Abmarsch ist, dass es uns bleibt, ich könnte es notwendig gebrauchen.

Heute ist die österreichische Artillerie auch angekommen, jetzt habe ich immer so halb das Bauchweh, ob sie nicht nach ihren Kamelen suchen. Wir sind so froh an den beiden ausnahmsweise starken Tieren, weil unsere Waffenmeisterkisten zusammen fast 4 Zentner schwer sind und für die gewöhnlichen Kamele etwas zu schwer sind. Morgen früh sollen noch 30 Stück lebende Hämmel empfangen werden, welche auch mitgetrieben werden müssen und von Weide ernährt werden sollen. Wo aber hier in der Wüste

Weideland sein soll, ist mir noch ein Rätsel. Es ist unglaublich, was so eine Wüstenexpedition für Vorbereitungen nötig macht. Seit Berseba haben wir wieder 4 Mann ins Lazarett bringen müssen mit Ruhr. Als Ersatz sind jetzt von der 2. Kompanie 2 Mann überwiesen worden.

23. Juli 1916
In der Nähe des Suezkanals
Unser jetziger Standort ist die Wasserstelle Magebra und ist etwa 80 km vom Meer und 60 vom Suezkanal entfernt. Die nächste etwa 7 km entfernte Wasserstelle ist noch von den Engländern besetzt. Kurz vor dem Abmarsch in El-Arisch wurde noch eine Art Heerschau durch den Führer der Expedition, Oberst Kreß von Kressenstein abgehalten. Es war ein eigenartiges Bild, diese verschiedenen Truppenteile alle auf einem Haufen beieinander zu sehen. Es mögen so 10000 Mann mit ebenso viel Kamelen und Pferden beisammen gewesen sein. (185) Auf dem rechten Flügel tief gegliedert standen oder vielmehr hockten die türkischen Infanterieregimenter und einige Hedschinschwadronen dann kamen 8 MG-Kompanien, Pioniere, Telegrafenabteilungen, Funker, Brunnenbauer, Lazarettkolonnen und die Bagagekamele. Jede Kompanie erhält noch als Führer einen Beduinen zugeteilt, welche auf ihren bunt behängten Reitkamelen als echte Söhne der Wüste einen malerischen Anblick boten. Es dauerte fast 3 Stunden bis sich alles in Marsch gesetzt hatte.

Unser Weg führte zunächst etwas nach Südwesten durch weichen tiefen Dünensand und war für Menschen und Tiere sehr beschwerlich. Infolgedessen betrug unsere Marschleistung nur etwa 2 ½ km in der Stunde. Nachdem die ersten großen Sanddünen überwunden waren, wurde das Gelände etwas freier. Bald kamen kleine Palmengruppen in Sicht, welche sich in dem hellen Sand von der Ferne wie riesige grüne Punkte ausnahmen. Unser erster Halt war an einer Wasserstelle in einem Palmenwäldchen, aber mit so salzigem Wasser, dass es sogar unsere Pferde verschmähten. Gegen dem guten Wasser in El-Arisch war dies die reinste Jauche. Am 2. Tag marschierten wir von abends 5 Uhr bis anderen Vormittag 10 Uhr fast ununterbrochen durch. Die Expedition hat sich in 3 Gruppen aufgelöst. Die Gruppe I marschiert dem Meer entlang und hat das beste Los gezogen. Die Gruppe II etwa 20 km und die Gruppe III zu der wir zählen, etwa 30 km landeinwärts. Unsere Gruppe ist deshalb am schlechtesten daran, weil wir viel weniger Wasserstellen haben als die beiden anderen. So ein Marsch durch die Wüste ist etwas eintöniges und vollends bei Nacht. Es ist gut, dass der Mond im zunehmen ist, damit wir wenigstens halbwegs sehen konnten. Kleine Sanddünen wechselten mit großen fast endlosen Salzebenen. Alles geht so lautlos in dem Sande vor sich, dass man glaubt, Gespenster ziehen ihre Straße. Nur ab und zu hört man das Klappern einer schlecht verschnürten Last, das Schnauben eines Pferdes oder den monotonen Gesang eines Kameltreibers. In den Pausen fällt man vor Müdigkeit und Schlaf fast vom Gaul herunter. Ich muss dann alle (186) Lasten nachsehen und wenn alles stimmt lege ich mich in den Sand und schlafe auch gleich ein. Öfter kommt es vor, dass ein Treiber beim anmarschieren vergisst, einen Berittenen zu wecken. Bis der betreffende dann aufwacht, ist er allein auf weiter Flur; dann heisst's, die Spur im Sande nicht verlieren bis die Kolonne wieder eingeholt ist. Die Nächte sind sehr kalt, beim reiten muss der Mantel angezogen werden. Doch schon zwischen 5 und 6 Uhr morgens setzt die Hitze ein. Dieser rasche Temperaturwechsel ist für die Gesundheit sehr gefährlich, bei der türkischen Infanterie machen viele schlapp unterwegs und bleiben dann in der Hitze liegen, ich bezweifle, ob alle die Depotbrüder wieder nachkommen. Viele sterben auch an Hitzschlag oder bleiben eben liegen, ohne dass sich ein Mensch weiter darum kümmert. Die Türken unserer Kompanie haben sich bis jetzt aber ganz wacker gehalten, das kommt in der Hauptsache aber daher, dass wir ihre Tornister alle in El-Arisch zurückgelassen haben. Die Hauptsache ist eben immer das Wasser und da habe ich so den Eindruck, dass bei den türkischen Infanterieregimentern nicht genügend vorgesorgt wird. Todmüde erreichten wir die 1. Wasserstelle Bir-el-Mezar wo die Kamele abgeladen und getränkt werden. Das Wasser war wieder mehr als miserabel, wohl oder übel mussten wir aber doch daran glauben, wenn es auch abscheulich schmeckte. Man merkt wohl, dass es jetzt näher an den Feind geht; die vorhandenen Brunnen waren nur notdürftig hergerichtet, das Wasser musste an einer Leine mit Eimer hochgezogen werden, eine sehr anstrengende und langweilige Arbeit für soviel Tiere. Während meine Kameraden sich der wohlverdienten Ruhe hingeben, muss ich zunächst die Tiere alle tränken und dann noch meine Wasserfässer alle wieder füllen. Das ist aber nicht so einfach; ein förmlicher Kampf muss um das Wasser geführt werden mit den übrigen Truppenteilen. Als wir endlich so gegen 2 Uhr unser Wasser ergattert hatten, kam plötzlich Befehl, dass um 3 Uhr wieder abmarschiert wird, weil feindliche Flieger jeden Abend die Wasserstelle aufsuchten und unser (187) Vormarsch so lange wie möglich geheim gehalten werden soll. Alles schimpfen half nichts; in der ärgsten Hitze musste nach knapp 4 Stunden Rast wieder beladen werden. Vor lauter Ärger und Energielosigkeit verzichteten wir auf das Mittagessen, das wir sonst immer erst abends nach Ankunft zu uns nehmen. Auch unsere Pferde und Kamele wollten erst gar nicht recht mitmachen, so dass wir für die ersten 5 km mindestens 2 Stunden brauchten. So allmählich gegen den Abend zu wurde es dann wieder etwas besser, aber über 3 km pro Stunde kamen wir nicht mehr hinaus. Unsere nächste Wasserstelle Bir-Bajuth war etwa 35 – 40 km entfernt und zwar wusste man nicht, ob dieselbe nicht von den Engländern besetzt war. Es wurde deshalb zur Vorsicht mit Marschsicherung marschiert. Um auf dem Pferde nicht einzuschlafen und auch zur Schonung der Pferde, welche nicht mehr recht mitmachen wollten, binde ich meinen Gaul an ein Lastkamel und marschiere mit einem Stecken bewaffnet zusammen mit Lorenz hinter der Karawane drein. Zur Abwechslung besteige ich dann wieder den Esel unseres Arslan-Tschausch, der überhaupt weit besser durchhielt, wie jedes Pferd. Bei den Marschpausen fallen wir vor Müdigkeit nur um und wollen nur schlafen, so dass wieder der Anschluss fast verpasst wird. Zum Glück gibt's immer dazwischen hinein größere Stockungen, wenn es eine Sanddüne hinaufgeht, dann holt man den Abstand rasch wieder ein. Als ich dann defekt hatte mit einem Wasserkamel, merke ich zu meinem Schrecken, dass die türkische Infanteristen, es können aber auch Leute meiner Kompanie gewesen sein, meine kurze Abwesenheit ausgenützt und mir das halbe Wasser herausgelassen haben. Man darf die Kolonne tatsächlich keine 10 Minuten aus dem Auge lassen. Es ist nur schade um das Wasser, welches auf diese Art verloren geht. Von da ab legten wir uns immer neben unseren Wasserkamelen hin und jeder der heranschlich, bekam eine ins Kreuz. Am schlimmsten ist es immer bis der Mond scheint, weil in der Dunkelheit jeder Überblick fehlt und ich doch auch nicht alle 5 Minuten wie ein Schäferhund an der Kolonne entlang traben kann. (188) Nach Mitternacht war an reiten überhaupt nicht mehr zu denken, weil die Pferde nicht mehr mittaten. Ich muss mich nur wundern, dass unsere beiden Türken mit der Hammelherde immer mitkommen. Wir müssen, da bis jetzt von Weide noch nicht die Spur zu sehen war, den Tieren immer etwas Gerste geben, damit sie nicht verhungern. Nach ungeheuren Anstrengungen für Menschen und Tiere erreichen wir morgens 7 Uhr die nächste Wasserstelle Bir-Barjuth. Dieselbe liegt von hohen Sanddünen umgeben in einem Kessel und hat sogar eine kleine Palmengruppe. Die Engländer hatten die 2 neuen Brunnen zugeschüttet und nur der uralte Beduinenbrunnen war noch offen. Auf diesen Brunnen stürzte sich nun alles zu. Jegliche Disziplin und Ordnung bei der türkischen Infanterie hörte vollständig auf. Wer schon einmal gesehen hat, wie sich eine durstige Schafherde ohne Rücksicht auf den Schäfer auf das Wasser stürzt, der kann sich einen schwachen Begriff von diesem Bild machen. Es war gerade, als hätte man einen Haufen Irrsinnige aufeinander losgelassen. Ein wüstes Geschrei und ein regelrechter Kampf entstand, so oft ein voller Eimer hochgezogen wurde. Der kleine Brunnen war natürlich im Nu leergeschöpft, so dass endlich daran gegangen wurde, die zugeschütteten Brunnen wieder aufzugraben, und den Sand mit Eimern aus den mit Palmenholz ausgeschalten Schächten herauszuziehen. Zum Glück hatten die Engländer die Verschalung wenigstens nicht beschädigt. Es dauerte fast 2 Stunden bis die Brunnen wieder offen waren und was für eine Brühe zuerst herauskam, die reinste Jauche? Dessen ungeachtet schluckten die Türken das fast zur Hälfte noch mit Sand vermischte Wasser hinunter, dass man es fast nicht mehr mit ansehen konnte. Obwohl auch in meiner Kompanie alles nach Wasser direkt lechzte, wollten wir doch den gröbsten Ansturm vorher vorübergehen lassen. Als aber mittags 12 Uhr der Lärm an den Brunnen immer noch nicht nachließ und der Kampf noch so arg war wie am Vormittag, da schickte mich mein Kompanieführer auch weg mit einigen Leuten ob wir nicht (189) wenigstens für Menschen und Pferde einige Fässchen voll erobern könnten. Trotzdem ich mich frech und rücksichtslos auch herandrängte, war es mir nach 2 Stunden vergeblichem Warten immer noch nicht möglich, auch nur einen Eimer voll zu erwischen. Nachdem mir das Warten zuletzt auch zu dumm geworden war, verschaffte ich mir mit Gewalt Platz am Brunnen. Von den Türken, die sich direkt feindselig mir entgegenstellten, wurde zuletzt ein Offizier herangeholt, welcher mir zu verstehen gab, dass ich zu warten hätte bis sie fertig wären. Ich ließ mich zunächst einschüchtern und meldete den Betrieb beim Kompanieführer. Er wollte sich aber nicht einmischen und sagte mir, dass ich unter allen Umständen versuchen sollte nur wenigstens einige Fässchen zu füllen. Beim 2ten Versuch werde ich wieder abgewiesen, doch lasse ich diesmal nicht luck und versuche, meinen Eimer in den Brunnen zu werfen. Da fasste mich der türkische Offizier von hinten am Genick und wollte mich zurückziehen. Ich nicht faul, drehe mich herum und haue dem Kerl eine in die Fresse, dass die vielen Türken Maul und Augen aufsperrten. Ein 2tes mal langte der nicht mehr nach mir. Mit großem Geschrei entfernte er sich, wahrscheinlich um einen höheren Vorgesetzten heranzuholen. Zunächst dachte ich mir, jetzt bekommst du gleich die ganzen Türken auf den Hals, aber eigenartigerweise hielten sie sich zurück. Der Brunnen war fast bis auf den Grund leergeschöpft, do dass es immer einige Zeit dauerte, bis der Mann, welcher im Brunnen drin war, mit einer Konservenbüchse einen Eimer voll geschöpft hatte, weil das Wasser so langsam zulief. Nach kurzer Zeit kommt der türkische Offizier wieder zurück und befielt dem Mann aus dem Brunnen herauszusteigen, wenn ich mich nicht entferne. Das war mir gerade recht. Inzwischen waren von meiner Kompanie einige Dutzende Leute zur Stelle, die ich an dem Brunnen postierte, dann zog ich meinen Rock aus und stieg für den Türken in den Schacht hinab und füllte und füllte, bis wir wenigstens 3 Fässchen voll hatten. Als der Lärm und die

Streiterei oben wieder (190) bedenkliche Formen annahm, da sagte ich mich doch, jetzt wird's Zeit, dass du wieder hinaufsteigst, sonst wirft der so ein Banause noch den Eimer aufs Haupt. Es war tatsächlich höchste Zeit, denn meine Leute waren schon in ein Handgemenge verwickelt, wir zogen es deshalb vor, es nicht zum Äußersten kommen zu lassen und so rasch wir möglich mit unseren 3 Fässchen Wasser den Rückzug anzutreten. Inzwischen hatte auf Vorschlag unseres alten Beduinen der Kompanieführer 4 Wasserkamele nach einer nur unserem Beduinen bekannten etwa 1 Stunde entfernten Wasserstelle ausgeschickt. Wir trafen fast gleichzeitig mit unserem Wasser bei der Kompanie im Lager ein. Das von Lorenz und dem Beduinen geholte Wasser war dazu noch bedeutend besser, als das meinige, welches nur für unsere Pferde verwendet werden konnte. Während den Wasserausgaben erscheint plötzlich ein englischer Flieger über der Wasserstelle. Sofort werden die MGs frei gemacht und das Feuer eröffnet. Nach einigen Kurven verschwindet er jedoch bald. Für meine Kameltreiber war das kein kleiner Schrecken, die meisten hatten so einen großen Vogel noch nie gesehen und versteckten sich im Sande oder rissen aus. Ich hatte meine liebe Not bis ich sie mit Hilfe eines Knüppels alle wieder beieinander hatte. Abends um 5 Uhr war schon wieder Abmarsch ohne dass es mir möglich war, meine Kamele zu tränken. Es ist nämlich durchaus nicht so, wie man allgemein glaubt, dass Kamele tage- und wochenlang ohne Wasser sein können. Dies ist nur da möglich, wo die Tiere auf die Weide können. Hier in der Wüste, wo keine Weideflächen sind, wollen die Kamele auch jeden Tag ihr Wasser. Wenn man es länger anstehen lässt, dann geht ihre Leistung rasch zurück.

Bis zur Wasserstelle Magebre, wo wir jetzt liegen, waren es etwa 25 km. Es war das schwierigste Gelände während des ganzen Vormarsches, deshalb brauchten wir auch 12 Stunden zu dieser Strecke. Ich glaube, von der türkischen Infanterie ist mindestens 1/3 unterwegs (191) liegen geblieben. Von einer geordneten Kolonne war keine Spur mehr, nur ganz verzettelt zogen sie neben der Karawane her oder weit hintendrein. Obwohl wir schon seit 7 Uhr hier sind, kommen immer noch eine Masse Nachzügler halb verhungert und verdurstet angezogen. Soviel bekannt ist, sollen wir hier einige Tage liegen bleiben bis der Aufmarsch beendet und hauptsächlich die Artillerie herangeschafft ist. Die Brunnen waren hier ebenfalls zugeschüttet und mussten erst wieder aufgemacht werden, doch war diesmal die Sache besser organisiert wie auf der letzten Wasserstelle; es ging bedeutend ruhiger zu. Die nächste etwa 8 km entfernte Wasserstelle soll noch von den Engländern besetzt sein. Unsere Schützen müssen mit der türkischen Infanterie Stellungen ausheben, was in dem Sand kaum möglich ist, weil alles einrutscht. Morgen muss ich mit einer kleinen Karawane nach der Wasserstelle Bir-el-Abd, etwa 30 km von hier gegen das Meer zu gelegen, zum Proviantempfang. Wir sind ganz glücklich, dass das Wasser hier halbwegs wieder genießbar ist; es ist seit El-Arisch das beste Wasser. Heute gibt es wieder eine ganze Nacht zum schlafen, es ist aber auch notwendig, wir sind fast ausgepumpt.

24. Juli 1916

Heute morgen kam ich vom Proviantempfang zurück. Neben meinem arabischen Dolmetscher, Kamerad Lorenz, hatte ich noch meinen alten Beduinen mitgenommen. Zur Schonung unserer Pferde haben wir aber Kamele geritten, unser Beduine hat ein eigenes richtiges Reitkamel, während wir eben auf den Lastkamelen Platz nahmen. Abends 8 Uhr marschierten wir weg quer durch die Wüste ohne Weg und Steg, nur auf die Führung unseres alten Spitzbuben angewiesen; er kennt sich aber aus und wenn es noch nicht so dunkel ist und hat uns richtig geführt. Da wir keine Karten von der Wüste besitzen, sind wir auf diese Beduinen direkt angewiesen, denn mit unserem Kompass allein ist die Orientierung nicht gut möglich. Morgens 8 Uhr kamen wir auf dem Proviantdepot Bir-el-Abd an. Ein alter türkischer (191) Oberleutnant hatte die Proviantausgabe unter sich. Nur dem Umstand, dass derselbe fließend arabisch sprach und mein Dolmetscher Lorenz sich dadurch gut mit ihm verständigen konnte, hatten wir es zu verdanken, dass wir mit dem Empfang der Lebensmittel keine großen Schwierigkeiten hatten. Lorenz hatte es nämlich gleich erfasst, wo dem guten Mann der Schuh drückte; er ließ durchblicken, dass wir mit Wein und Zigarren nicht sparen wollten, wenn wir anstandslos unsere zustehenden Rationen für uns zugewiesen bekommen. Wir fassten deshalb vorher auf dem deutschen Depot unsere Getränke, Zigarren und Lebensmittel und sprachen dann bei dem alten Gauner wieder vor. Er lud uns in sein Zelt zu einer Tasse Tee ein und sah solange zum Zelt hinaus, bis wir eine Flasche Wein und ein Dutzend Zigarren in einen Winkel seines Zeltes verstauten. So gab es gar keinen Anstand als wir unsere sämtlichen Tiere voll belasteten mit Futter und Lebensmittel, so dass wir beim Rückmarsch auf das reiten verzichten mussten. Dem deutschen Depotführer versprach ich, das nächste Mal aus Magebre einige Fässchen Wasser mitzubringen, weil in Bir-el-Abd dasselbe hundsmiserabel war. Er will sich dann auch dafür erkenntlich zeigen. Bevor wir abends den Rückmarsch antraten, lagerten wir in einem in der Nähe befindlichen Palmenhain und machten uns vorher einen starken Kaffee. Die Bohnen kommen in ein leeres Zwiebacksäckchen und werden mit einer Flasche zerdrückt und zermahlen, dann wird das Säckchen in das kochende Wasser reingehängt und schon ist der Kaffee fertig. Kaum hatten wir uns unter den Palmen gelagert, als auch schon ein Haufen Beduinen mit Kind und Kegel in unsere Nähe rückte um uns anzubetteln. Lorenz fragte sie, was sie eigentlich wollten. Die Weiber sagten dann alle Bisqui, damit meinten sie unseren deutschen Zwieback. Daran sollte es nun nicht fehlen. Wir warfen einige Säckchen voll in einem weiten Bogen im Kreis herum, um uns an den Balgereien der Kinder zu freuen, dann schenkten wir noch einige volle (193) Säckchen an die Frauen bis dieselben dann unter vielen Dankesbezeugungen mit ihrer Horde wieder abzogen. Die Weiber trugen Nasenringe und ein kleines Gestell mit allerlei Münzen über die Stirn herunter als Schmuck. Um besser marschieren zu können, entledigten wir uns aller Kleidungsstücke bis auf Hemd und Hose, nahmen einen Stecken zur Hand und pilgerten so unter Führung unseres Beduinen in die Nacht hinein. Bei Tagesanbruch erreichten wir unser Lager, wo alles noch in schönster Ruhe lag. Jetzt wären wir wieder für 3 Tage verproviantiert, besonders für meine Türken habe ich diesmal soviel Proviant gefasst, dass sie sich wieder ordentlich die Bäuche voll schlagen können; ich bin deshalb auch besonders gut angeschrieben bei ihnen. Heute Mittag hatten wir Besuch durch einen schwäbischen Kolonisten, Fritz Frank mit Namen, welcher mit Lorenz eng befreundet ist. Derselbe ist schon seit Kriegsbeginn bei den Beduinenstämmen und macht Kundschafterdienste. Er ist auch von einem Beduinen nicht zu unterscheiden und hat eine ganz gefährliche Aufgabe.

27. Juli 1916

Heute früh kam ich wieder vom Proviantempfang. Diesmal habe ich zur Vorsicht gleich mehr Kamele mitgenommen. Kurz bevor wir drüben in Bir-el-Abd ankamen, hatte ein englischer Flieger Bomben auf die Wasserstelle geworfen. Ich musste deshalb mit dem Proviantempfang bis 11 Uhr warten, bis sich die Gemüter wieder etwas beruhigt hatten. Der türkische Proviantoffizier war noch ganz aus dem Häuschen, weil durch die Bomben von seinen Leuten 3 Mann tot und etliche schwer verwundet worden sind. Die Verluste wären noch höher gewesen, wenn die Bomben in dem weichen Sand eine größere Wirkung gehabt hätten. Mit einigen Flaschen Wein und Zigarren ließ er sich aber zuletzt doch herbei, uns den Ausgabezettel zu unterschreiben, so dass wir auf dem Amber[55] fast die ersten waren, die abgefertigt wurden. Auch auf dem deutschen Depot kam man uns rasch entgegen, weil wir einige Fässchen von unserem sogenannten guten Wasser mitgebracht hatten. Leider musste ich beim Zurückkommen erfahren, dass an der Wasserstelle Cholera ausgebrochen war und dass unser bester Mann in der Kompanie, ein Schütze namens Claß aus Stettin gebürtig, dieser Seuche schon zum Opfer (194) gefallen ist. Heute Mittag haben wir ihn auf einer Sanddüne begraben mit 3 Ehrensalven. Das ganze Lager musste einige Kilometer von der Wasserstelle wegverlegt werden. Mein Kompanieführer hat mir schon wieder Auftrag gegeben morgen Abend wieder nach Bir-el-Abd zu marschieren um so rasch als möglich Wein und Schnaps herzubringen, das soll ja ein gutes Vorbeugungsmittel sein gegen Cholera.

---

[55] türkisches Proviantamt

29. Juli 1916

Wie ich heute das 3. mal vom Empfang zurückkomme, war die ganze Wasserstelle geräumt und sämtliche Lager etwa 6 km vorverlegt nach der von den Engländern besetzten Wasserstelle zu. Die Kompanie hatte zu meiner Orientierung einen Mann zurückgelassen, welcher uns nach dem neuen Lagerplatz führte. Ich habe diesmal den Beduinen nicht mitgehabt, weil er anderweitig verwendet wurde. Wir haben aber den Weg trotzdem gefunden, nur ein einziges mal kamen wir von der Spur ab, als der Mond noch nicht am Himmel war; mit Hilfe des Kompasses war es ab er doch möglich, die allgemeine Marschrichtung einzuhalten. Als es Tag wurde merkten wir, dass wir etwa 3 km zu weit nach links abgekommen waren. Einen, wie sich nachher herausstellte, harmlosen Zwischenfall will ich kurz noch erwähnen. Es mag so gegen 5 Uhr morgens gewesen sein, als uns, etwa 12 km von Bir-el-Abd entfernt, einige deutsche Schützen der MG H 606 entgegen gelaufen kamen und ganz aufgeregt erzählten, dass herumstreifende Beduinen einen Unteroffizier ihrer Kompanie geschnappt und in die Wüste verschleppt hätten. Derselbe sei infolge Lockerung der Lasten der beiden Kamele mit dem Kompanieführergepäck zurückgeblieben und nicht mehr aufzufinden gewesen, trotzdem sogar Leuchtkugeln und Schüsse abgefeuert wurden. Es war uns auch schon aufgefallen, dass ein Beduinenlager, das wir eine Stunde vorher passiert hatten, vollständig leer und wie ausgestorben war. Auch einige Beduinenweiber konnten wir ganz verscheucht in dem Gelände feststellen. Das sah ja ganz gefährlich aus. Wir machten unsere Karabiner schussfertig und ritten vorsichtig weiter, bis wir (195) auf eine kleine Karawane stießen, die sich als ein MG-Zug der 6. Kompanie entpuppte, welcher auf die Suche nach dem Unteroffizier ausgesandt worden war. Der Zugführer hatte schon mindestens 1 Dutzend Beduinen mit ihren Weibern und Kindern aufgegriffen, um sie eventuell als Geiseln zurückzubehalten. Wir erzählten, dass wir außer dem verlassenen Beduinenlager nichts verdächtiges gesehen hätten. Mein Kamerad Lorenz, der ja die Beduinensprache gut beherrschte nahm die Gesellschaft einmal ins Verhör. Die Leute beteuerten aber ihre Unschuld und behaupteten, gut türkisch und deutsch gesinnt zu sein, wenn sie auch gerade keinen vertrauenserweckenden Eindruck auf uns machten, besonders die Weiber hatten direkt etwas raubtierhaftes in ihren Augen. Wir hatten aber keine Zeit mehr, uns mit der Angelegenheit länger aufzuhalten, weil wir so rasch wie möglich unseren Marsch fortsetzen mussten. Der deutsche Proviantmeister König ließ mich gar nicht in seine Nähe kommen, als er hörte, dass in meiner Kompanie Cholera herrschte und ließ das Wasser, das wir ihm wieder mitgebracht hatten, auf den Boden laufen aus lauter Angst vor Ansteckungsgefahr. Dafür war er in der Abgabe von Schnaps und Wein absolut nicht kleinlich. Von der Kompanie wurde ich mit Sehnsucht erwartet; die mitgebrachten Getränke wurden sofort ausgegeben und jeder widmete sich zunächst dem stillen Suff, denn inzwischen waren in der Kompanie weitere 8 Türken an Cholera gestorben. Das waren recht traurige Aussichten für uns. Der verloren gegangene Unteroffizier der 6. Kompanie hatte sich inzwischen mit seinem Beduinen und seinen beiden Kamelen auch eingefunden. Derselbe hatte auf Vorschlag seines Beduinen einen kürzeren Weg eingeschlagen und traf noch vor seiner Kompanie ein. Die gefangenen Beduinen wurden wieder freigelassen, nachdem sie vorher ordentlich gefüttert waren; so löste sich dieser Vorfall in Wohlgefallen auf. Von einer hohen Sanddüne aus können wir von hier aus mit dem Glas den von den Engländern besetzten Palmenhain der nächsten Wasserstelle sehen. Um über die Stärke (196) der Engländer an dieser Wasserstelle im klaren zu sein haben wir uns entschlossen, mit Erlaubnis des Kompanieführers heute Nacht eine Patrouille zu machen. Dazu haben wir außer 3 Deutschen noch 4 junge Türken unserer Kompanie ausgewählt, hoffentlich gelingt die Sache.

01. August 1916

Gestern sind wir wieder einige Kilometer nach der feindlichen Wasserstelle vorgerückt. Zu der Patrouille marschierten wir nachts 2 Uhr ab. Unser Sanitätsfeldwebel Ohr gesellte sich noch zu uns, so dass wir 8 Mann stark waren. In der Dunkelheit richteten wir uns hauptsächlich nach dem Kompass und behielten unsere Marschrichtung ziemlich gut bei, denn bei Tageseinbruch waren wir nur noch etwa 1 km von dem

Palmenhain entfernt. Weiter vorzugehen hatte zunächst keinen Zweck, deshalb legten wir uns auf die Lauer bis es vollends Tag wurde. Bald entdeckten wir auch hinter dem Palmenhain etwa 10 englische Spitzzelte und etwa 20 Reiter, welche sich eben zum aufsitzen fertig machten, auch waren im Sande noch überall Spuren der großen englischen Pferde zu sehen. Die Engländer teilten sich dann in 3 Trupps zu je 6 – 8 Mann und ritten nach verschiedenen Richtungen hinaus. Ein Trupp hatte zunächst Richtung auf uns zu, schwenkte dann aber rechts ab und bald waren alle 3 Patrouillen hinter Sanddünen verschwunden, ohne dass wir entdeckt worden wären. Vorsichtig, das Gelände ausnützend, pirschten wir uns wieder zurück und kamen unbehelligt wieder bei der Kompanie mit der Meldung an. Da wir die Erkundung barfuss machten, war es höchste Zeit, dass wir zurückkommen, denn der Sand brannte schon ganz bedenklich heiß auf unsere Fußsohlen. Englische Flieger besuchen uns auf allen Lagerstellen der letzten Tage und warfen auch Bomben, aber bis jetzt ohne Erfolg. Die Dinger haben in dem weichen Sand keine große Wirkung und dazu schmeißen sie fast immer daneben. Heute mittag kam der Aufmarschbefehl, am 4. soll es auf unserer ganzen Linie losgehen. Anscheinend hat der beschwerliche Transport (197) von 2 Stück 15er Feldhaubitzen den Aufmarsch so lange verzögert. Bei unserer Gruppe befindet sich nur eine türkische Mauleselbatterie, während die österreichische und deutsche schwere Artillerie, letztere bestand eigentlich nur aus den beiden Haubitzen, der Gruppe I und II zugeteilt waren. Um für alle Fälle genügend Proviant zu haben, soll ich noch vorher nach Bir-el-Abd rüber zum Empfang und werde mich gleich heute abend noch nach der nächsten, mehr vorwärts liegenden Wasserstelle in Marsch setzen, von hier aus soll es ein bisschen näher sein. Ich komme bald nicht mehr aus dem Sattel, während die anderen auf der Bärenhaut liegen. Seit ich immer zum Proviantempfang muss, ist mir der Wasserdienst abgenommen worden, es wäre auch zu viel für mich geworden.

3. August 1916
Wasserstelle Hod-el-Sagia

Mein jetziger Standort ist die Wasserstelle Hod-el-Sagia, etwa 5 km bis zur englischen Hauptfront, nicht zu verwechseln mit einem Hotel, denn so sieht's hier verdammt nicht aus. Jetzt bin ich bald so ausgepumpt, dass ich kaum mehr die nötige Energie aufbringe, Aufzeichnungen zu machen. Mein letzter Marsch nach Bir-el-Abd war mit großen Hindernissen verbunden. Als ich am Abend des 1. Marschtages die Wasserstelle erreichte, freute ich mich schon auf einige Stunden Schlaf, weil ich erst morgens 2 Uhr weitermarschieren wollte. Kurz nach Mitternacht wurde ich jedoch von einem Treiber geweckt und an den Brunnen geholt. Da alle meine Kameltreiber schon auf den Beinen waren und so verlegen herumstanden, dachte ich mir gleich, dass etwas außergewöhnliches passiert sei. Lorenz fragte was eigentlich los sei, das zeigten die Kerle in den Brunnen hinunter und behaupteten, von unsern Kamelen hätte sich eines losgerissen und sei in den Brunnen hinunter gefallen. Ich konnte es anfangs nicht glauben, dass es überhaupt möglich sei, dass ein Kamel in einen etwa 1 ½ m im Quadrat messenden Schacht hineinfallen könnte. Tatsächlich sehen wir aber beim Schein einer Kerze so ein Biest ganz verdreht in dem etwa 4 Meter tiefen Schacht stecken. Das Wasser war etwa 1 ½ Meter tief. Von (198) den 3 eingeteilten Posten bekam jeder zunächst seine Tracht Prügel, dann beratschlagten wir, was zu tun sei. Drinnen lassen konnten wir es auf keinen Fall, weil an dieser Wasserstelle sowieso nur 3 Brunnen waren und auch bekannt war, dass sich am 4. die großen Bagagekolonnen mit Hunderten von Kamelen hier versammeln, da reichen ja die 3 Brunnen sowieso kaum aus. Zuerst versuchten wir mit Stricken, das Tier hochzuziehen, doch mussten wir bald einsehen, dass diese Mühe vergeblich ist. Es musste auf eine andere Art angegriffen werden. Ich ließ nun einen Spaten holen, den wir glücklicherweise bei uns hatten und die aus Wellblech bestehende Schalung einer Brunnenseite ganz freilegen. Dabei lösten wir einander alle 5 Minuten ab, dass jeder mit Volldampf arbeiten konnte, bis wir nach einer Stunde angestrengter Schanzarbeit eine   Schräge Bahn hergestellt haben. Die Wellblechschalung wurde dann auf einer Seite umgebogen und das Tier neu angefesselt. Nur dadurch, dass wir die Stricke oben immer um einen Stamm nachziehen konnten, gelang es uns nach vieler Mühe und Not, das halb verendete Tier herauszuziehen. Trotz der Kälte schwitzten wir alle derart, dass die Kleidung vollständig durchnässt war. Der Brunnen wurde dann so notdürftig wieder hergerichtet und das Kamel ein Stück von dem Brunnen weggeschleppt. Das es keine großen Lebenszeichen mehr von sich gab, holte ich meine Pistole um das Biest vollends zu erschießen, doch wie ich zurückkomme ist das Tier inzwischen aufgestanden und wieder zum Leben gekommen. Trotzdem wir noch einen starken Kaffee gekocht hatten, um unsere Lebensgeister wach zu halten, traten wir bei Tagesanbruch in der größten Hitze den Weitermarsch an. Bei dem Kamel und übrigen Gepäck ließ ich einen Mann als Wache zurück. In der glühenden Mittagshitze kamen wir in Bir-el-Abd an und mussten noch einige Stunden mit dem Proviantempfang warten. Diese Zeit wollte ich ausnützen um meine Tiere zu tränken, weil die Brunnen ausnahmsweise nicht belagert waren um diese (199) Zeit. Kaum hatten wir damit angefangen, da kommt ein Offizier in türkischer Uniform angeritten und stellt mich zur Rede, warum ich mit meinen Kamelen noch an den Brunnen sei und warum ich dieselben nicht gleich nach Ankunft auf die Weide getrieben hätte, wie der Befehl laute. Ich sagte dem Herrn, der übrigens ein Deutscher war im türkischen Diensten namens Moers, wie ich später erfuhr, dass mir dieser Befehl nicht bekannt sei und dass ich durch einen Unfall erst jetzt hier angekommen sei. Wenn er mir eine Weide zeigen könne, werden wir seinem Befehl nachkommen, im übrigen aber jetzt unter allen Umständen unsere Kamele und Pferde tränken. Damit gab sich dieser Hanswurst aber nicht zufrieden, sondern gab mir, als ich keine Miene machte, von den Brunnen wegzugehen einen direkten Befehl und wollte sogar meinen Treiber daran hindern, den leeren Wassereimer wieder in den Brunnen hinabzulassen. Jetzt war's mir aber doch zu dumm, ich riss dem Treiber den Strick heraus und füllte selbst den Eimer mit Wasser. Da ritt der Kerl tatsächlich auf mich ein und wollte mich mit seinem Pferd vom Brunnen wegdrängen. Kurz entschlossen nahm ich seinen

Gaul an der Kandare und stauchte ihn solange zurück bis ich wieder Platz hatte, dann griff ich nach meiner Pistole und erklärte dem Herrn, wenn er noch einen Versuch mache, mich von dem Brunnen wegzudrängen, dann schieße ich ihn vom Gaul herunter. Schließlich schrieb er noch meinem Namen und Truppenteil auf und sagte noch zu mir, er werde mich sofort zur Meldung bringen. Während wir dann Gerste fassten auf dem türkischen Amber, tauchten englische Bombenflieger auf und belegten das Depot mit etwa 1 Dutzend Bomben. Die Türken auf dem Depot rissen alle aus, wir nützten dies aus und fassten einige Säcke mehr Gerste als uns zustand. Eine Bombe fiel allerdings in so bedrohlicher Nähe nieder, dass der Sand auf unser Zeltdach niederprasselte. Nachdem die Vögel wieder weggeflogen waren, wurde auf der Wasserstelle an Verlusten 10 Kamele und 1 Türke festgestellt. Mit meinem anderen Proviant fassen hatte ich noch meine liebe Not, die Kerle kommen ja (200) fast aus dem Häuschen wegen so ein paar Fliegerbomben. Vor dem Rückmarsch gab ich jedem Mann noch eine Büchse Fleischkonserven und einen guten Kaffee, denn auf die Anstrengungen und Aufregungen der letzten 24 Stunden waren wir alle halb kaputt. Es war das erste Mal, dass ich bei Tage einige Stunden schlafen konnte.

Um 8 Uhr traten wir den Rückmarsch an. Als wir bei Tagesanbruch auf einer großen Salzebene marschierten, kam wieder ein englischer Flieger und belästigte uns mit seinem MG ohne glücklicherweise zu treffen. Vorsichtshalber ließ ich meine Treiber mit ihren Kamelen weit ausschwärmen, damit wir nicht alle auf einem Haufen beisammen waren. Der Lump trieb so richtig seinen Sport mit uns, stieß auf einige hundert Meter herab und fasste uns von hinten, dass wir uns genötigt sahen, abzusteigen und mit den Karabinern das Feuer zu eröffnen. Wir konnten fast jedes Geschoss aus dem Maschinengewehr in dem kristallenen Sand aufspritzen sehen. Zuletzt gab er seine Jagd doch auf und ließ uns unbehelligt unsern Marsch fortsetzen. Wie gerädert kam ich an unserem Schauplatz des nächtlichen Abenteuer wieder an, um unser zurückgelassenes Gepäck vollends zuzuladen. Der zurückgelassene Türke mir, dass das kranke Kamel doch noch verendet sei; dass er aber inzwischen schon wieder ein anderes geklaut habe, denn die Wasserstelle wimmelte jetzt von Bagagen mit Hunderten von Kamelen. Von meiner Kompanie war ein Befehl da, ich sollte bis zum Abend hier liegen bleiben und dann in einer etwa 2 Stunden von hier entfernten Wasserstelle mit der Gefechtskompanie zusammentreffen. Morgen Früh soll der endgültige Vormarsch angetreten werden. Ich habe mich deshalb aufgerafft und die Ereignisse der letzten Tage noch kurz festzuhalten, weil man ja doch nie weiß wie es geht.

08. August 1916

Die Schlacht ist geschlagen, wir sind leider schon wieder auf dem Rückzuge. Ich will mit meinen (201) Aufschrieben da weiterfahren, wo ich das letzte mal am 3. August 1916 aufgehört habe. Also, um 9 Uhr abends stieß ich wieder zu der Kolonne. Als ich mich beim Kompanieführer zurückmeldete und unsere Zwischenfälle ihm erzählte sagte er zu mir, er müsse mir leider eröffnen, dass ich wegen meinem Verhalten dem deutschen Offizier-Stellvertreter Moers gegenüber, vom Chef der Expedition Oberst Kreß von Kressenstein zu 3 Tage Mittelarrest bestraft worden sei. Das ging ja wie der Blitz, und ohne dass ich vorher dazu gehört worden bin. Nachdem ich meinem Leutnant den Fall eingehend geschildert hatte, meinte er, erstens könne er mich nicht entbehren und zweitens halte er diesen Herrn Moers für einen großen Affen. Um aber der ausgesprochenen Strafe Genüge zu geben, solle ich mein Seitengewehr bis morgen Früh bei ihm abgeben, dann sei für ihn der Fall erledigt, sofern ich nachher nicht Beschwerde erheben wolle. Nebenbei brachte ich noch in Erfahrung, dass dieser Herr Moers gar nicht aktiv Soldat gewesen und nur durch seine türkischen und arabischen Sprachkenntnisse zu seinem Posten gekommen ist. Wenn ich heute die Sache auch fast vergessen habe, so habe ich mich im Augenblick doch geärgert, dass der Oberbefehlshaber einfach hergehen kann und ohne den Fall zu untersuchen auf die Meldung eines Halbsoldaten hin 3 Tage Mittelarrest verhängen kann. Ich konnte doch als verantwortungsvoller Führer meiner Karawane keine andere Haltung einnehmen, nur weil so ein

Fatzke seine Befehlsgewalt ausüben wollte. Den Beschwerdeweg gegen den Expeditionsführer zu beschreiten, hielt ich auch für aussichtslos und so habe ich mich mit der ausgesprochen Strafe abgefunden. Nachdem der Kompanieführer die Gefechtslage noch bekannt gegeben hatte und die Kamele und Ladungen der Gefechtskompanie noch einmal nachgeprüft waren, wurde morgens 3 Uhr der Vormarsch angetreten. Eine deutsche Flugstaffel sollte den Angriff durch Abwerfen von Bomben eröffnen. Wer aber nicht kam, waren unsere Flieger, ich möchte noch heute gerne wissen, was die Flieger von ihrem Befehl abgehalten hat oder war es nur ein Bluff. Bald hörten wir leichtes Infanteriefeuer und um 6 Uhr den (202) ersten Kanonenschuss ziemlich weit rechts von uns. Die ersten Wasserstellen, welche von den Engländern nur schwach besetzt waren, wurden fast ohne Kampf besetzt. Die Hauptstellung der Engländer war noch etwa 6 km von hier bei den Wasserstellen Romanje und Katia. Während ich mit der Bagage in dem Palmenhain einer besetzten Wasserstelle zurückbleiben und weiter Befehle abwarten sollte, marschiert die Kompanie mit der türkischen Infanterie der Gruppe III links heraus gegen die rechte Flanke der feindlichen Stellung und hatte dabei noch ganz erhebliche Geländeschwierigkeiten zu überwinden. Gegen Mittag hörten wir am Infanterie· und Artilleriefeuer, dass der Kampf eingesetzt hatte. Trotzdem, wie mir gesagt wurde, die türkische Infanterie mit Unterstützung unserer MG sehr tapfer vorgegangen ist, konnte kein nennenswerter Fortschritt erzielt werden. Die Engländer hatten an der Küste im Gefechtsabschnitt mehrere Kriegsschiffe stationiert, welche mit ihren schweren Kalibern schossen, was das Zeug hielt, dazu noch die ausgezeichnete Unterstützung ihrer Flieger, dass an ein Durchbrechen der feindlichen Linie zunächst nicht zu denken war. Von einer hohen Sanddüne in der Nähe meiner Wasserstelle konnte ich mit dem Fernglas sogar ein großes englisches Lager feststellen mit Hunderten von weisen Spitzzelten, dagegen war es auf die große Entfernung nicht möglich, Einzelheiten der Fronlinie zu unterscheiden. Voll Unruhe verbrachten wir die Nacht ohne dass ein Befehl für mich gekommen wäre.

Schon in aller Herrgottsfrühe ging die Schießerei wieder los um gegen Mittag fast ganz aufzuhören. Am 3. Tage am 6. August merkten wir, dass alles zurückging. Von der Kompanie hatte ich immer noch keinen Bescheid. Zunächst konnte ich nichts tun als abwarten. Als aber um 11 Uhr immer noch kein Befehl da war, kam ich doch in Sorge, weil die Gefechtskompanie nur für 2 Tage Lebensmittel und Wasser mitgenommen hatte. Ich rüstete deshalb rasch eine kleine Karawane mit 8 Kamelen mit dem Notwendigsten aus und machte mich mit meinem Beduinen auf die Suche nach (203) der Kompanie, während Lorenz bei der übrigen Bagage bleiben musste. Als wir etwa 5 km weit vormarschiert waren und überall versprengte türkische Infanterie regellos zurückging wurde mein Beduine immer ängstlicher und fragte bald jeden türkischen Soldaten ob die Engländer noch nicht kämen. Zuletzt wollte er absolut nicht mehr mit, bis ich ihm mit der Pistole drohen musste. Endlich sahen wir in nicht allzu großer Entfernung kleine Schrapnellwölkchen und hörten auch wieder Infanteriefeuer, folglich musste von uns auch noch Leute vorn sein. Nach einer halben Stunde sehen wir in einem kleinen Palmenhain noch Truppen. Beim Näherkommen erkenne ich an der Khakiuniform einige deutsche Soldaten und richtig sind es auch einige versprengte Schützen meiner Kompanie. Keiner wusste Näheres über den Verbleib oder das Schicksal der Kolonne. Wie wir noch beratschlagen was zu tun sei, kommt der Feldwebel von der 6. Kompanie und erzählt, dass alles regellos zurückgeht und dass die 5. Kompanie, sowie ein Teil der 6. Kompanie gefangen wurde. Von meiner Kompanie wusste er auch nichts näheres. Als dann die Schrapnellwölkchen auch über unserem Palmenhain platzten, entschlossen wir uns zum Rückzug, weil ein weiteres planloses Vordringen zwecklos erschien. Überall liefen herrenlose Kamele und Pferde herum. Von einer geschlossenen geordneten Abteilung weit und breit nichts mehr zu erblicken, nur noch ganz vereinzelt einige versprengte Türken oder Kameltreiber. Mein Beduine hatte sich auch gedrückt, dem kam die Sache nicht mehr geheuer vor. Mindestens 1 Dutzend englischer Flieger waren in der Luft und flogen teilweise sehr nieder. Deutsche Flieger blieben verschollen. Bis ich wieder bei meiner Bagage ankomme ist die Nacht hereingebrochen und weit und breit nichts mehr zu hören und zu sehen. Lorenz meldet mir, dass die Kompanie vor ungefähr 3 Stunden hier in der Nähe durchgekommen sei, ohne zu halten, der Kompanieführer hätte einem Berittenen herübergeschickt mit dem Befehl, wir sollten selbständig handeln. Das waren ja nette Aussichten, so hätte es (204) doch sicher nicht pressiert. Von anderen Bagagen, welche an dieser Wasserstelle gelagert hatten, lagen noch eine Masse Lebensmittel herum, welche in der Eile nicht mehr aufgepackt werden konnten. Wir suchten uns das Beste davon heraus, hauptsächlich Datteln und Pestil, letzteres sieht aus wie zusammengeballtes Leder und ist aus Aprikosen hergestellt. Es war nicht ratsam, die Nacht noch in dieser Wasserstelle zu verbringen, weil doch bestimmt damit gerechnet werden konnte, dass die englischen Kavallerie die Verfolgung aufgenommen hat und unter Umständen alle Augenblicke auftauchen konnte. Deshalb beluden wir rasch noch unsere leeren Kamele und verschwanden in der Dunkelheit ohne ein bestimmtes Marschziel zu haben. Ich musste ständig meinen mit Leuchtzeiger versehenen Kompass in der Hand halten, um die Marschrichtung beizubehalten. Noch während der Nacht stießen wir auf einen Palmenhain, leider konnten wir trotz eifrigen Suchens in der Dunkelheit keinen Brunnen entdecken. Wir beschlossen, hier zunächst den Tag abzuwarten, aber ohne abzuladen, damit wir jederzeit wieder verschwinden konnten. Sicherheitshalber nahmen wir unsere Karabiner zur Hand und stellten uns etwas feindwärts auf einer Sanddüne auf. Es blieb aber alles totenstill. Bei Tagesanbruch setzen wir unseren Marsch fort und begegnen einem herumstreifenden Beduinen. Lorenz erkundigt sich bei ihm nach der nächsten Wasserstelle. Er erfuhr, dass Bir-el-Abd etwa 6 Zigarren von hier entfernt sei, da die Beduinen keinen Zeitbegriff nach Stunden oder Entfernung nach Kilometer kennen, sollte dies wohl heißen, dass man etwa 6 Zigarren rauchen kann bis man dort ist. Kaum hatten wir aber einige Kilometer zurückgelegt, da hatten uns englische Schrapnell beim Genick. Also, so nah waren sie uns schon auf den Fersen. Ich ließ rasch die ganze Korona in unregelmäßigen Abständen auseinandergehen und befahl den Kameltreibern zu versuchen, das Tempo etwas zu beschleunigen. Zum Glück war das Gelände ziemlich hügelig, so dass wir (205) bald zwischen 2 Sanddünen verschwinden konnten. Nach kurzer Zeit hörten wir nicht weit vor uns Artillerieabschüsse und stoßen auf eine feuernde österreichische Haubitzbatterie. Dort erfahren wir, dass nicht weit von ihnen 2 MG-Kompanie Aufnahmestellung bezogen hätten. Gottlob hatten wir doch endlich wieder Fühlung mit der Kolonne bekommen. Nach einer halben Stunde hatten wir die Kompanie ausfindig gemacht. Mein Kompanieführer hatte nicht mehr bestimmt damit gerechnet, dass wir noch ungerupft davonkommen werden. Umso größer war die Freude, zumal Menschen und Tiere fast nichts mehr zu futtern hatten. Nachdem Lorenz mit etwa 25 Kamelen nach Bir-el-Abd in Marsch gesetzt war, blieb ich bei der Gefechtskompanie bis zum weiteren Rückmarsch. Doch sollte die Kompanie vorher den Rückzug der österreichischen Batterie decken, auch hatten in der weiter rückwärts liegenden Wasserstelle Ogratina die türkischen Lazarette noch nicht abgebaut. Die Verluste der Kompanie beim Angriff betrugen 1 Deutscher schwer, 1 leicht verwundet und 6 türkische Schützen tot, außerdem etwa 7 Kamele verloren, teils durch die Schiffsgranaten getötet oder ausgerissen. Tagsüber war es verhältnismäßig ruhig, als aber so gegen 4 Uhr die englische Artillerie wieder einsetzte und im Vorgelände mit dem Glas schon englische Kavallerie beobachtet werden konnte, wurde es auch für uns so langsam Zeit abzuhauen. Um 5 Uhr brachte ein Meldereiter vom MG-Stab in Ogratina den Rückzugsbefehl und mir nebenbei noch ein Feldpostpaket, so etwas nennt man Glück haben. Zum Schutze unserer Karawane gegen englische Kavalleriepatrouillen mussten wir Berittene einige hundert Meter seitwärts im Gelände reiten mit schussbereiten Karabinern. Gegen Mitternacht stoßen wir auf unsere im Rückzug befindliche 2 schweren 15er Feldhaubitzen. An jedes Geschütz sind 12 schwarze Büffelochsen gespannt. An den Rädern befinden sich breite Klappen welche das Einsinken in Sand verhindern sollen. Wohl oder übel mussten wir uns dem Schneckentempo dieser Fahrzeuge anschließen, denn wir wollten schließlich doch nicht haben, dass diese beiden (206) Geschütze noch geschnappt würden. Ich wundere mich übrigens, dass die Engländer keinen Versuch gemacht haben, diese Geschütze zu erbeuten, denn das Klappern der Sandreifen war weithin hörbar. Gegen Morgen erreichen wir unbehelligt die Wasserstelle Bir-el-Abd und treffen dort so ziemlich alle Ausreißer einschl. unserem Beduinen wieder beisammen. Wie wir erfahren, hatten schon gestern abend englische Patrouillen im Vorgelände herumgegeistert, so dass wir uns eigentlich wundern mussten, dass uns der Rückzug von den Engländern nicht abgeschnitten wurde. Die türkische Infanterie hatte sich inzwischen hier wieder gesammelt und Aufnahmestellung bezogen, es war zunächst nichts zu befürchten. Für unsere Kamele war es höchste Zeit, dass die Lasten wieder herunterkamen und dass die Tiere getränkt wurden. Unser Kompanieführer wird vom deutschen Proviantmeister König eingeladen, den auf dem deutschen Depot übrig gebliebenen Wein vollends zu trinken, während wir hinter einer Anhöhe einen Lagerplatz beziehen. Soviel bis jetzt bekannt, ist die ganze 5. Kompanie, eigenartigerweise mit Ausnahme des Kompanieführers, mit Burschen und des Kompaniefeldwebels gefangen worden. Wie das eigentlich hat möglich sein können weiß niemand und die es wissen, werden es nicht sagen. Es soll vorn ein richtiger Durcheinander gewesen sein ohne einheitliche Führung; jeder operierte auf eigene Faust und wusste nimmer was los war. Die österreichischen Mauleselbatterie ist in unserer unmittelbaren Nähe auch wieder in Stellung gegangen, die sind auch nicht aus ihrer Ruhe zu bringen. Wenn uns die Engländer in Ruhe lassen, soll bis morgen abend hier ausgehalten werden. Das deutsche Depot hat fast alles weggebracht, während auf dem türkischen Amber noch eine Unmasse Lebensmittel und Material herumliegt. Die Verwundeten werden in langen Karawanen in sogenannte Kakulis, das sind hölzerne Tragegestelle zu beiden Seiten der Kamele, zurückbefördert. Die armen Leute müssen ja unheimliche Qualen ausstehen, die 100 km bis El-Arisch (207) oder noch weiter zurück in diesen Foltergestellen zurückzulegen. Hoffentlich lässt uns der Engländer diese Nacht in Ruhe, damit wir wieder halbwegs zur Besinnung kommen.

12. August 1916
Wasserstelle Bir-el-Masar

Unser jetziger Standort ist die Wasserstelle Bir-el-Mesar. Hier
richten wir uns ernstlich zur Verteidigung ein. Unsere Ruhe in
Bir-el-Abd hatte knapp bis zum anderen Morgen gedauert. Weil
ich dem guten Wetter nicht recht traute, möbelte ich meine
Treiber vor Tagesanbruch auf, sämtliche Tiere zu tränken. Kaum
¼ Stunde, nachdem diese Arbeit fertig war, platzten die ersten
englischen Geschosse über der Wasserstelle. Ich war eben im
Begriff, auf dem türkischen Proviantdepot noch nachzusehen, ob
wir eventuell noch etwas mitnehmen können, da spritzte schon
der Sand von den englischen Schrapnellkugeln auf. Rasch packte
ich noch einen Sack Tee aufs Pferd und galoppierte zu dem
Lagerplatz zurück, wo inzwischen meine Türken schon
angefangen hatten, die Kamele zu beladen. Während die
Gefechtskompanie vorn liegen blieb, zog ich mit meiner Bagage
nach einem neuen Lagerplatz einige Kilometer rückwärts. Wir
glaubten uns schon in Sicherheit, da erwischte ein
Schrapnellstück noch 1 Kameltreiber im Bauch. Es blieb nichts
übrig, als den armen Kerl aufs Kamel zu laden und später sich
um ein Kakuli umzusehen, wenn er es solange aushielt.
Inzwischen hatte die österreichische Batterie auch in den Kampf
eingegriffen. Gegen Mittag griffen die Engländer an. Man ließ sie
bis auf einige Hundert Meter herankommen und seifte sie dann
so ein, dass die Mehrzahl davon sich hinter die Sanddünen wieder
zurückzog. Meine Kompanie hatte dabei 1 Toten und 2
Verwundete zu beklagen. Auf die Dauer war aber hier an einen
ernstlichen Widerstand nicht zu denken, weil die Artillerie keine
Munition mehr hatte. Wenn man bedenkt, dass die Granaten alle
auf Tragetieren vorgeschafft und mitgeführt werden, so lässt sich
leicht errechnen, dass sparsam damit umgegangen werden
musste. Für die zwei 15er schweren Feldhaubitzen waren z.B.
nur 600 Schuss für die ganze Expedition zur Verfügung. Für den
Transport dieser bescheidenen Artilleriemunition waren aber
allein 100 Kamele notwendig. In Frankreich wurde dieser (208)
Munitionsvorrat von einer Batterie in einer Stunde verfeuert. Da
die Kompanie wieder den Rückzug decken musste, so erhielt ich
Befehl, nach Bir-el-Mesar zurückzumarschieren und dort zu

versuchen, Futter und Lebensmittel zu fassen bis die Kompanie zurückkommt. Der ganze Karawanenweg war nur noch eine endlose Kolonne von Bagagen- und Munitionskolonnen. Es gelang uns, den verwundeten Kameltreiber einer Sanitätskolonne auf ein Kakuli zu laden, der Mann hätte diesen Marsch sonst nicht mehr ausgehalten. Überall am Wege lagen verendete Kamele und Pferde und verbreiteten einen üblen Geruch. Für die beiden schweren Haubitzen war stellenweise in dem weichen Flugsand ein besonderer Weg geschaffen, in welchem die beiden Räderspuren mit Gestrüpp und Wurzelwerk angefüllt waren um ein Einsinken zu verhindern. Diese umständliche Maßnahme hatte eigentlich unseren Vormarsch so hinausgezögert; dadurch haben die Engländer sich ganz gemütlich auf unseren Empfang vorbereiten können.

Als wir in Bir-el-Abd ankommen, tauchte ein großes englisches Wasserflugzeug auf und flog einige Mal um die Wasserstelle herum. Ich hielt es deshalb für geraten, unseren Lagerplatz etwas abseits zu wählen und die Tiere möglichst weit auseinander zu nehmen. Nachdem das Flugzeug wieder dem Meere zu verschwunden war, glaubten wir, den Fall für erledigt. Darin hatten wir uns aber getäuscht. Lorenz und ich hatten uns auf unsere Pferde gesetzt und wollten zuerst nachsehen, ob auf dem türkischen Depot noch etwas zu bekommen war. Vorher versuchten wir aber unsere abgematteten Gäule zu tränken. Während dieser Zeit erschien plötzlich das Flugzeug wieder und ließ direkt über dem Brunnen einige Bomben fallen. Die Geschichte konnte für uns elend brenzlig ausfallen, denn eine davon fiel etwa 20 m von uns nieder und schlug einen großen Trichter in den Sand, ohne dass wir von einem Splitter getroffen wurden. Unsere Pferde, welche vorher vor Müdigkeit kaum mehr von der Stelle zu bringen waren, bekamen auf einmal wieder Leben und galoppierten mit uns im schnellsten Tempo aus dem Gefahrbereich heraus. (209) An Proviantfassen war unter diesen Umständen nicht zu denken, denn von den türkischen Depotoffizieren war in den nächsten 3 Stunden keiner mehr zu sprechen. Von unserem Lagerplatz aus konnten wir dann beobachten, wie das Flugzeug nach einigen Kurven direkt über der Wasserstelle einige Leuchtkugeln abschoss. Eine Minute später gurgelt vom Meer her eine Schiffsgranate und schlug etwa 50 m hinter dem Brunnen ein. Gleich darauf kam eine 2. und 3. in so bedenkliche Nähe, dass wir uns noch auf einen Treffer gefasst machen mussten. Zum Glück saßen die nächsten fast alle zu kurz; trotzdem kostet dieses kurze Bombardement etwa 1 Dutzend Kamele und einige verwundete Türken. Nach etwa 18 Schüssen verschwand das Flugzeug wieder. Abends hatten wir noch das seltene Glück auf dem türkischen Proviantdepot für 5 Tage Verpflegung zu fassen, jetzt waren wir doch auf 5 Tage dieser Sorge enthoben. Die Granatstrichter haben wir uns dann auch noch angesehen, es müssen schon ganz ordentliche Kaliber gewesen sein. Hier geht das Gerücht, dass ein großer Teil der Gruppe III einschl. der türkischen Mauleselbatterie vorn bei Romanje samt dem Führer, einem türkischen Major, übergelaufen sei, das wären ja nette Zustände, wenn dies wahr ist. Meine Kompanie kam um Mitternacht mit der Nachhut zurück, ohne dass die Engländer die Verfolgung weiter aufgenommen hätten. Es scheint, dass der Feind zunächst nicht die Absicht hat, nachzurücken, denn je weiter sie von ihrer Operationsbasis bei Katia entfernt sind, desto schwieriger gestaltet sich der Nachschub bei den Engländern, weil dieselben nicht diese riesigen Karawanen haben wie wir und nur ihre großen starken Pferde, welche bei weitem nicht das aushalten, wie unsere kleinen zähen Hengste. Heute wurde etwa 2 km von der Wasserstelle entfernt eine Verteidigungslinie ausgesucht, welche in den nächsten Tagen, so gut wie es in dem weichen Sande eben möglich ist, weiter ausgebaut werden soll. Unmittelbar hinter dem zugewiesenen Abschnitt wird das Lager aufgeschlagen, (210) während auf der Höhe einer Düne die MG in Stellung gebracht werden. Wenn wir hier nur nicht so miserables Wasser hätten, da habe ich ein heiliges Grauen davor. Von den mitgenommenen Hämmeln habe ich noch 12 Stück lebend, alle anderen sind unterwegs geschlachtet worden. Dass wir diese Tiere vorne nicht verloren haben, hat mich oft gewundert, jedenfalls waren die beiden Türken, welchen ich die Herde anvertraut hatte, ganz tüchtige und zuverlässige Kerle.

17. August 1916

Von den Engländern sind wir bis heute noch nicht belästigt worden. Wenn die erfahren, was es hier für ein miserables Wasser gibt, dann haben wir vorläufig noch nichts zu befürchten. Man muss sich direkt Gewalt antun und darf ja nicht daran denken, sonst bringt man auch als Kaffee das ekelhafte Zeug nicht hinunter. In den paar Tagen seit wir hier liegen, hat die Kompanie nicht weniger als 9 Mann darm- und malariakrank ins Lazarett schicken müssen. Jetzt sind wir nur noch 10 Deutsche in der Kompanie. Ich fühle mich gottlob noch gesund und munter, soweit man überhaupt in dieser Gluthitze noch von Munterkeit sprechen kann; wenn's nicht lange mehr dauert, glaube ich, dass ich vollends durchhaue. In 14 Tagen sollen wir abgelöst werden von einer anderen MG-Kompanie, welche seither in El-Arisch in Ruhe liegt. Das deutsche und türkische Verpflegungsdepot ist wieder nach dort zurückverlegt worden. Jeden 7. Tag marschiere ich mit einer kleinen Karawane zum Proviantempfang und benütze meistens die Gelegenheit zum Baden im Meer, da ist man wieder ein ganz anderer Mensch. Ebenso nehme ich meine sämtliche Wasserfässchen mit, so dass wir wenigstens zum kochen und trinken ein annehmbares Wasser haben. Für meine Türken ist es immer das reinste Fest, wenn täglich 2 mal Süßwasserempfang ist, da heißt es aber einteilen, damit es ausreicht. Von Beduinenweibern kaufe ich ab und zu Ziegenmilch und Wassermelonen; letztere müssen aber mit Vorsicht genossen werden, sonst tut (211) der Magen und die Gedärme nicht mehr mit.

Man wird hier mit der Zeit auch zu einem Beduinen, an der Gesichtsfarbe würden wir uns heute schon nicht mehr von den brauen Gesellen unterscheiden. Auf Reinlichkeit kann nicht mehr viel gesehen werden, ich habe z.B. nur noch 2 Hemden und die sind verlaust; 3 Stück sind mir gestohlen worden. Am Essen fehlt's nicht; wenn wir wollten, könnten wir jeden Tag so einen halb verhungerten Ochsen essen, aber keiner will bei der Hitze ans Feuer hinstehen und kochen. So schlägt man sich eben mit Zwieback und Fleischkonserven so recht und schlecht durch. Als Getränk hat sich der Tee am besten bewährt. Der

Futternachschub für unsere Pferde und Kamele wird immer knapper und unregelmäßiger, so dass die Tiere immer kleinere Rationen bekommen, pro Tag etwa 4 kg Gerste, das ist gerade soviel, dass sie nicht verhungern. Feindliche Flieger besuchen uns fast jeden Tag, doch haben sie bis jetzt nur einmal Bomben geworfen, auch vom Meere her haben wir kein Feuer mehr erhalten.

23. August 1916

Unsere Patrouillen haben festgestellt, das die Engländer sich in Bir-el-Abd in großer Zahl festgesetzt haben, während einige der etwas 7 – 10 km von uns entfernten Wasserstellen nur zeitweise von feindlichen Patrouillen besucht werden. Unsere Türken wurden von irgend einer Seite gegen uns aufgehetzt und haben sich über das Essen beschwert. Ich ließ alle antreten und fragte jeden, ob er sich über das Essen, das übrigens von ihnen selber gekocht wird, zu beklagen habe. Auf einmal hatte keiner mehr etwas auszusetzen, im Gegenteil behaupteten die Meisten, dass sie in türkischen Formationen nie so viel zu essen bekamen wie bei uns. Da stecken sicher ein paar Aufwiegleer unter den Leuten, die immer gegen uns hetzen und schüren. Auch sonst treten die üblen Elemente mehr in den Vordergrund. So bekam kürzlich ein türkischer Unteroffizier meiner Kompanie vom türkischen Führer Jermi-Besch d.h. 25 Stockhiebe als Strafe zudiktiert, weil er sich nachts in unsittlicher Weise an einem Kameraden vergehen wollte. Die Strafe wurde vor versammelter Mannschaft, welche im Halbkreis aufgestellt (212) war, vollzogen. Vorgestern kam ich wieder von El-Arisch zurück und brachte Post und Zeitungen mit. Unsere Hoffnung auf baldigen Frieden wird immer kleiner, wenn wir die Zeitungsberichte lesen. Die Entfernung auf El-Arisch beträgt etwa 45 km. Der Karawanenweg führt zunächst über Dünengelände nach der Küste zu und von hier über unübersehbare Salzebenen. Ich marschiere abends 6 Uhr hier weg und komme anderen tags etwa um 11 Uhr in El-Arisch an, dabei machen wir nachts nur 1 Stunde Pause. In den letzten Tagen sind die eisernen Halbmonde verteilt worden, 22 Stück kamen in die Kompanie. Es ist kaum zu glauben, wie hier mit den Sachen umgegangen wird. Weil es mir zu schade war, habe ich kürzlich alle Felle und Häute von dem geschlachteten Vieh nach El-Arisch mitgenommen, weil die Tiere ja sowieso leer nach dort marschieren. Es war mir aber nicht möglich, eine Dienststelle in El-Arisch zu finden, welche sie mir abgenommen hätte, so dass ich etwa 6 Kamelladungen einfach wegwerfen musste. Wenn man bedenkt, was für eine Unmasse Stiefel und Lederzeug von Deutschland nach der Türkei geschickt werden und hier weiß man mit den Häuten und Fellen nichts anzufangen, dann bekommt man einen heiligen Zorn. Die beiden österreichischen Haubitzenbatterien, welche hier liegen, haben an den Geschützen nur österreichische Mannschaften, während wir in jeder MG-Kompanie knapp noch 1 Dutzend Deutsche sind, welche den Karren nachschleifen müssen. Nicht umsonst werden unsere Leute krank, weil es einfach zu viel ist, was dem Einzelnen aufgehalst wird. Heute morgen marschierte ich auf eigenes Risiko mit meinem Beduinen und 3 Wasserkamelen nach einer etwa 3 Std. entfernten zwischen beiden Linien liegenden Wasserstelle, wo es auch Süßwasser gibt. Da auch schon die Engländer dort Wasser geholt hatten, war einige Vorsicht geboten. Ehe wir zur Wasserstelle, welche in einem tiefen Kessel liegt, hinunterstiegen, ritt ich mit meinem Beduinen an den Rand heran und spähte vorsichtig hinunter. Tatsächlich waren die Brunnen schon besetzt von 3 berittenen khakifarbenen Soldaten mit etwa 6 Kamelen. Mit dem Fernglas stellte ich englische Uniformen fest. (213) Ein englischer Kameltreiber musste uns schon entdeckt haben und zeigt heftig gestikulierend nach unserer Richtung. Wir waren also schon erkannt. Doch sagte ich mir, wenn sie nicht schießen, dann lassen wir sie auch in Frieden ziehen; es wäre mir ja eine Kleinigkeit gewesen, auf die kurze Entfernung die beiden Bewaffneten in der tiefen Mulde drin abzuschießen. Die beiden Engländer dachten jedoch nicht daran, nach uns zu schießen, sondern bestiegen schleunigst ihre Pferde und machten sich aus dem Staube, ohne auf ihre Wasserkamele zu warten. Ehe wir aber zu den Brunnen hinunter stiegen, stellte ich doch oben einen Mann mit schussbereitem Karabiner auf, falls sie Miene machten wollten, später gegen uns wieder Front zu machen. Ohne Zwischenfall konnten wir jedoch unsere Fässer füllen und unangefochten wieder heimwärts ziehen. Die Zahl meiner Kamele hat sich jetzt wieder über die planmäßige Stärke erhöht, es vergeht fast kein Tag ohne dass meine Treiber Zuwachs von der Tränke mitbringen, jetzt ist mir's aber gar nicht mehr so wichtig bei der Futterklemme. Auf dem Weg nach El-Arisch liegen Dutzende halb verendete oder als Kadaver herum und verpesten die Luft.

27. August 1916

Morgen sollen wir abgelöst werden, wenn nichts mehr dazwischen kommt. Ich habe schon den ganzen Krempel zusammengepackt, damit wir schnell fertig sind, wenn es losgeht. Zwei Drittel der deutschen Mannschaften in der Kompanie ist wegen Krankheit bis jetzt ausgeschieden, wir können deshalb nicht mehr alle Gewehre besetzen. Lorenz und ich sind fast die einzigen Deutschen im Lager und halten den Betrieb aufrecht. Auch für die Zubereitung des Essens sind wir verantwortlich, eigentlich so richtig Mädchen für alles. Die paar deutschen Schützen, die wir noch haben, müssen ständig an den Gewehren bleiben und können nicht mehr abgelöst werden. Außer den Fliegern wurden wir vom Feind bis heute nicht belästigt. Bald jeden Tag werden der Spionage verdächtige Beduinen (214) eingebracht, einige mal sogar ganze Familien und Stämme. An den Brunnen herrscht immer Hochbetrieb, weil die Pumpen längst defekt sind und das Wasser mit Eimern heraufgezogen werden muss. Sogar eine türkische Feldbäckerei hat sich hier eingerichtet, aber die muss man gesehen haben. Die erste Kompanie, welche links von uns liegt, hatte gestern Verluste zu beklagen durch Fliegerbomben.

06. September 1916
Rückmarsch und Krankheit

Am 28. August wurden wir von der 7. Kompanie abgelöst und traten abends gleich den Rückmarsch an. Die transportfähigen Kranken wurden alle mitgenommen. Etwa 3 Stunden vor El-Arisch machten wir über Mittag Rast in einem Palmenhain unmittelbar am Meere und benützten gleich die Gelegenheit zu einem herrlichen Bad. Gegen Abend setzten wir unseren Marsch fort und kamen wohlbehalten auf unserem alten Lagerplatz in El-Arisch an. Unterwegs machte mir auf dieser Strecke noch ein

Kamel schlapp und war nicht mehr hochzubringen, so dass ich umladen musste. Ein vorüberkommender Derwisch[56] erbot sich, das Tier wieder gesund zu machen. Aber trotz allem möglichen Hokuspokus gelang es auch ihm nicht, das Kamel wieder auf die Beine zu bringen und so musste ich es eben liegen lassen. Wie froh waren wir, nachdem unsere Zelte aufgeschlagen waren, einmal wieder richtig ausspannen zu können. Unser Koch, welcher 3 Wochen im Lazarett war, traf ebenfalls wieder ein, so dass mir auch diese Sorge wieder abgenommen war. Wider Erwarten erhielten wir sogar unsere Löhnung ausbezahlt, davon etwa ¼ in Metallgeld. Jetzt war wieder Flagge hoch. Eier und Wassermelonen sind die hauptsächlichsten Genussmittel, die wir darum kaufen können; nicht zu vergessen die fetten Wachteln, welche im Ort lebend feilgeboten werden. In großen Netzen, welche an Stangen längs des Meeres aufgehängt sind, werden die Vögel auf ihrem Durchzug gefangen und dann noch einige Wochen gefüttert und fettgemacht. Obwohl es ein elender Unfug ist, die (215) Tiere wegzufangen, haben wir doch uns kein Gewissen daraus gemacht, auch welche zu kaufen und fertig zu machen. Das Stück kostete nach deutschem Geld etwa 10 Pfennig; die Hauptarbeit beim zubereiten ist immer das rupfen; wenn sie dann gerupft und ausgenommen sind, werden gleich 1/2 Dutzend in die Pfanne gelegt und im eigenen Fett gebraten. Ich muss sagen, die Dinger schmecken prima, man vergisst dabei ganz, dass es eigentlich eine Brutalität ist, unsere in der Heimat so beliebten Wachteln auf diese Art auszurotten. Seit sich unsere Türken über das Essen beschwert haben, nehme ich mich nicht mehr darum an und lasse sie jetzt selber wursteln. Jeden 2. Tag gehen wir mit Pferden und Kamelen ans Meer zum baden, das ist für Menschen und Tiere immer ein Hochgenuss. Die englischen Flieger besuchen uns fleißig und belegen die Lager mit Bomben, so dass wir uns gezwungen sahen, neben unseren Zelten Schützengräben auszuheben, wo wir dann während des Bombardements uns verkriechen. Lorenz war 4 Tage mit einer kleinen Karawane in Jaffa und hat aus den Restbeständen seines jetzt geschlossenen Parkhotels alles mitgebracht, was noch an

---

[56] pers.türk. „Bettler", Mitglied eines islamischen religiösen Ordens

erlesenen Weinen, Likören usw. vorhanden war. Das meiste davon wurde vom Offizierskasino übernommen, doch ist für uns noch genügend übriggeblieben. So viele Arten seltener Getränke waren mir bis heute nicht bekannt. Da kann man sehen, was die internationalen Reisenden, welche in Friedenszeiten das Heilige Land besuchten und in Jaffa meist ausgeschifft wurden, für schleckige Zungen hatten. Übrigens ist unser Kaiser, als er seinerzeit seine Orientreise machte, im Parkhotel in Jaffa übernachtet. Lorenz, welcher dieses Haus ja bis Kriegsbeginn gepachtet hatte, erzählte mir, dass er für die Zimmer, welche der Kaiser bewohnt hatte, immer eine so große Nachfrage hatte, dass er hauptsächlich von den Amerikanern und Engländern direkt darum gebettelt wurde. Dass er fürs Übernachten in diesen historischen Räumen das 5-fache von diesen Geldleuten einnahm, ist leicht verständlich. Gestern (216) war ich bei der Beerdigung eines Deutschen, welcher im Lazarett an Typhus gestorben ist. Der deutsche Friedhof, welcher schon einige Dutzend Gräber aufweist, befindet sich etwa ½ Stunde von der Stadt entfernt auf einer hohen Düne unmittelbar am Meer. Die Lazarette sind alle überfüllt mit Verwundeten und Schwerkranken. Was irgendwie transportfähig ist, wird nach Berseba abgeschoben. Jeden Tag geht so eine kleine Karawane mit Kakulis nach Berseba ab.

2. Dezember 1916

Es ist jetzt beinahe ein Vierteljahr verflossen, seit ich meine letzten Tagebuchaufschriebe gemacht habe. Nicht viel hätte gefehlt, und ich wäre auch auf der Sanddüne in El-Arisch am Meer neben dem deutschen Kameraden, dem ich seinerzeit die letzte Ehre erwies, zur ewigen Ruhe im Wüstensande eingebettet worden. Dass ich heute noch am Leben bin, verdanke ich neben meinem guten Stern meinem kräftigen Körper und vielleicht auch dem Willen, noch nicht sterben zu wollen. Typhus und Amöbenruhr haben mich an den Rand des Grabes gebracht. Heute befinde ich mich als Genesender im Paulus-Hospiz in Jerusalem und habe mich das erste mal wieder zum Schreiben aufgerafft. Ich will nun versuchen, die Ereignisse und meinen Krankheitsverlauf während des vergangenen Zeitraums kurz aufzuzeigen. Am 7. September war ich wie schon öfters mit

Pferden und Kamelen beim Baden am Meer. Dabei geriet mir ein Kamel an eine tiefe Stelle und war nicht mehr imstande, ohne fremde Hilfe herauszukommen. Da ich schon fertig zum Heimweg angekleidet war, schickte ich einige Treiber nochmals ins Wasser hinein um zu versuchen, das Tier herzulocken. Dabei geriet einer davon im Eifer ebenfalls in die tiefe Stelle und schrie jämmerlich um Hilfe. Rasch warf ich meinen Rock herunter und komme dem Mann zu Hilfe, dabei kam ich selbst in die größte Lebensgefahr, weil der Kerl sich ganz wahnsinnig an mich klammerte. Nur dem Umstand, (217) dass es mir noch im letzten Augenblick gelang, mich an das schwimmende Kamel anzuklammern, habe ich es zu verdanken, dass wir nicht miteinander in die Tiefe gingen. Dass ich dabei ganz gehörig Salzwasser habe schlucken müssen, ist begreiflich. Auch auf dem Kamelrücken war die Situation noch keineswegs gesichert, weil das Tier mit der doppelten Last auch einige Male untertauchte, doch hatte ich inzwischen wieder soviel Luft geschnappt, dass ich wieder an Land zurückschwimmen konnte. Inzwischen hatten einige Leute, welche des Schwimmens kundig waren, mit Stricken das Halfter des Tieres angebunden und vom festen Boden aus das Kamel samt dem Treiber soweit herausgezogen, dass es wieder festen Fuß fassen konnte. Sei es, dass ich mich bei dieser Rettungsaktion überangestrengt oder erkältet oder auch den Bazillus schon in mir gehabt habe, kurzum, als ich mich abends zur Ruhe niederlegen wollte, war es mir schon nicht mehr ganz echt. Am anderen Morgen hatte ich schon so hohes Fieber, dass ich mich krank melden musste und zunächst ins Revierzelt kam. Während ich dort 2 Tage lag, verschlimmerte sich mein Zustand derart, dass ich im Delirium aus meinem Feldbett heraussprang und wieder auf den Boden hinschlug. Daraufhin wurde ich sofort ins Lazarett nach Al-Arisch hineingetragen und dort genau untersucht. Es wurde Typhus festgestellt.

Ich wurde in eine abseits stehende kleinere Araberhütte gebracht, wo noch ein deutscher Kamerad ebenfalls an Typhus darniederlag. Von den übrigen Kranken isoliert, habe ich nun in dieser Hütte mit meinem anderen Leidensgenossen zusammen 4 Wochen darniedergelegen und 2 Fieberperioden durchgemacht.

Es ging auf Leben und Tod. Ich weiß nur noch, dass ich in meinen Fieberdelirien ständig mit einem Feind kämpfte, der mich keine Minute in Ruhe ließ, es war gerade so, als ob ich mit meinem zweiten Ich um mein Leben ringen müsste. Nur morgens ließ das Fieber etwas nach und ich kam wieder halbwegs zur Besinnung. Als ich meine 2. Fieberperiode durchmachte, hörte ich im (218) Halbfieber meinen Krankenwärter zu einem Kollegen welcher fragte, was seine 2 Patienten machen, sagen, dass der rechts, damit meinte er mich, wahrscheinlich nicht mehr lange macht. Das traf mich trotz meines Fiebers doch bis in die Seele hinein; also, soweit war es nun mit mir, dass ich bald sterben sollte. Alle Lebensgeister, die noch in mir waren, bäumten sich dagegen auf, ich wollte doch noch weiterleben. Mit der ganzen Energie, deren ich in meinem Zustand noch fähig war, klammerte ich mich an den Gedanken, du musst es durchhauen und ich habe es dann auch tatsächlich durchgehauen. Als an dem kritischen Tag, an welchem das Fieber nicht mehr höher steigen durfte, mein Krankenwärter die Fieberkurve auf der Tafel, welche am Fußende der Feldbettstelle hing, eingetragen hatte, bat ich meinen Kameraden, welcher die Krise schon überstanden hatte, in Abwesenheit unseres Wärters, er möchte doch nachsehen, ob mein Fieber wieder weitergestiegen sei. Wie atmete ich auf, als er mir sagte, es sei genauso hoch wie gestern, das hieß ja, dass ich's gewonnen habe. Von diesem Zeitpunkt an fiel das Fieber wieder von Tag zu Tag, bis ich zuletzt vollständig fieberfrei war. Aber wie sah ich aus? Meine Augen tief in den Höhlen, die Backenknochen aus dem Gesicht hervorstehend, Arme und Beine so mager, dass ich mich fast schämte, mein Gewicht in den 4 Wochen von 150 Pfund auf etwa 100 Pfund herabgesunken. Ich bekam aber so langsam wieder Appetit und konnte nicht genug Schleimsuppe essen. Später gab's sogar täglich noch 2 Eier und 1 Tasse Milch, welche aber sehr schwer zu beschaffen war. Auch Wein konnte ich trinken, soviel ich wollte, ich musste mich aber immer dazu zwingen, weil er mir anfangs widerstand. Es waren 2 deutsche Schwestern im Lazarett, welche sich etwas um meine Kost annahmen und mir sogar Hühnerfleisch besorgten, damit ich wieder auf die Beine kommen sollte. Bei Fliegerangriffen, welche fast regelmäßig jeden 3. Tag stattfinden, wurden wir zur

Sicherheit auf einer Tragbahre in den zu diesem Zweck im Hof errichteten Schützengraben (219) hinausgetragen. Überhaupt muss ich sagen, dass wohl kaum deutsche Schwestern im Kriege soviel Opfermut und Heldentum aufbringen mussten und auch gerne aufgebracht haben wie gerade diese beiden. Einmal besuchte uns sogar der oberstkommandierende Kreß von Kressenstein, der mir die 3 Tage Mittelarrest aufgebrummt hatte. Er hat aber nur den Kopf zur Türe hereingesteckt und gefragt, wie es uns geht. Jede Woche ging eine kleine Karawane nach Berseba ab mit transportfähigen Kranken. Kurz vor meiner Fieberkrise hatte ich einmal vormittags, als das Fieber noch nicht so hoch war, nach Hause einen Brief geschrieben und darin mitgeteilt, dass ich krank im Lazarett liege, habe aber zu meinem Krankenwärter gesagt, er solle den Brief noch zurückbehalten und wenn es schief gehen sollte, das Ende selbst dazuschreiben. Glücklicherweise kam ich dann selbst wieder in die Lage, den Brief vollends zum guten Ende zu führen. Da die Fliegerangriffe sich immer häufiger wiederholten, hieß es eines schönen Tages, die Wasserstelle Bir-el-Mesar sei von den Engländern genommen und alles im Rückmarsch auf Berseba begriffen. El-Arisch soll nicht verteidigt und vollständig geräumt werden. Nach einigen Tagen hieß es sich entscheiden, ob man sich kräftig genug fühlt, den 125 km weiten Transport im Kakuli mitzumachen. Der Arzt meinte, für mich sei es das beste, wenn ich hier bleibe; es seien noch etwa 1 Dutzend deutsche Schwerkranke, welche den Transport nicht mitmachen können und welche mit einem Sanitätsunteroffizier, welcher sich freiwillig dazu hergab, dableiben, bis die Engländer kommen. Ich wollte aber auf diese Weise nicht in Feindeshand fallen und da mein Kamerad sich ebenfalls für transportfähig hielt entschloss ich mich auf jeden Fall mitzugehen, obwohl ich doch heimlich ein Grauen vor diesem Transport hatte, denn ich war alles, nur nicht transportfähig, insbesondere trat Verstopfung bei mir auf, was mir schwer zu schaffen machte. So bestieg ich zusammen mit meinem Leidensgenossen, vielmehr legten wir uns in die Traggestelle und schlossen uns dem letzten Transport von etwa 24 Kranken (219) auf 12 Kamelen an. Am 8. Oktober abends 6 Uhr war El-Arisch unseren Blicken entschwunden. Schon bei den ersten paar

Kilometern spürte ich wie es in meinem Gedärm, bei der fortwährenden Schaukelbewegung auf dem Kamelrücken, wo die Kakulis in besonderen Sätteln eingehängt waren, rumorte. Es traten anfangs solche heftigen Schmerzen auf, dass ich am liebsten wieder gesagt hätte: Bringt mich wieder zurück ins Lazarett, ich halte es nicht aus, aber das hätte mich doch nichts genützt, nachdem wir nun einmal in Marsch gesetzt waren. Ich musste mich zeitweise, wenn die Tiere eine schnellere Gangart einschlugen, mit beiden Händen in dem Traggestell festhalten und die Stöße abfangen, sonst hätte ich die Schmerzen kaum ausgehalten. Zu allem Unglück hatten die Kamele auch noch eine Hautkrankheit und versuchten bei jedem Halt, ihre Köpfe oder ihre Hinterpartien an unseren hölzernen Tragegestellen zu scheuern, dass man keine Minute sicher war, aus dem Kakuli hinauszufliegen. Die Strecke musste in 4 Märschen gemacht werden, aber nicht auf unserem Anmarschweg, sondern mehr gegen das Meer zu. An den Wasserstellen, wo tagsüber Rast gemacht wurde, versuchten wir uns ein wenig von dem Marsch zu erholen, was in der unbarmherzigen Hitze nur im Schatten eines Palmenhains möglich war. Zum Glück wurden auch nur an Wasserstellen mit Palmenhainen gerastet. Mein Zustand verschlimmerte sich wieder derart, dass ich nach den 125 km Marsch in Berseba sofort in ein von österreichischen Schwestern geleitetes und in großen Zelten untergebrachtes Etappenlazarett transportiert wurde. Dort wurde ich wieder untersucht und Amöbenruhr bei mir festgestellt. Ich sollte daher so bald wie möglich per Auto ins Lazarett nach Jerusalem transportiert werden. Es dauerte aber noch 4 Tage, bis ich an die Reihe kam. Doch, bevor ich Berseba verließ, wollte ich noch meine Landsleute, bei denen wir so herzlich aufgenommen worden waren, einen kurzen Besuch abstatten. Das Haus war nur einige 100 Meter von unserem Zelt entfernt und so konnte ich es schon wagen. (2219 Sie saßen gerade beim Mittagessen, als ich bei ihnen anklopfte. Zunächst erkannten sie mich gar nicht mehr in meinem Bart und weil ich körperlich in der kurzen Zeit so heruntergekommen war. Als sie dann noch hörten, dass ich Typhus und Ruhr gehabt bzw. noch habe, da sah ich an den bestürzten Mienen, dass sie mit solchen Besuchen nicht in engere

Fühlung treten wollten und habe mich dann gleich wieder verabschiedet. Mit einem Lastwagen, der zum Krankentransport eingerichtet war, wurde ich mit noch einigen Leidensgenossen in 8 Stunden nach Jerusalem ins St. Josephs-Krankenhaus überführt. Dort kam ich in einen großen Saal mit etwa 25 Ruhrkranken und habe einmal so richtig kennen gelernt, was es heißt, wochenlang nur ganz wenig Schleimsuppe zu essen und dabei täglich um sich herum Kameraden sterben zu sehen. Wir hatten ein Stück spanische Wand im Saal, welche immer bei denen aufgestellt wurde, wo es bald zu Ende ging. Weil dies jeder wusste, gab's oft schreckliche Szenen und Auftritte, denn keiner, und wenn er auch nur noch im Fieberdelirium war, wollte dulden, dass der Verschlag um seine Bettstelle herumgestellt wurde. Solche Augenblicke muss man miterlebt haben, das lässt sich nicht mit Worten schildern. Ähnlich war es auch, wenn jede Woche das Körpergewicht festgestellt wurde. Wir haben verschiedene kranke Kameraden gehabt, bei denen eben bei jedem Wiegen eine stetige Abnahme des Körpergewichts festgestellt wurde. Es konnte auch gar nicht anders sein, den manche von uns brachten es auf 60 – 70 Stuhlgänge pro Tag, meine Höchstzahl war 40. Dass hier nur noch Blut und Schleim ausgeschieden wird, ist verständlich. Dieses Bewusstsein, dass der Körper von Tag zu Tag weniger wird, haben sich manche so zu Herzen genommen, dass später überhaupt keiner mehr gewogen werden durfte. Hier muss ich noch einer guten Frau und Landsmännin, Frau Wieland, gedenken, welche uns von Zeit zu Zeit besuchte und alles zu lieb tat, was in ihrer Macht stand. Wenn ich wieder etwas besser auf dem Damm bin und einmal ausgehen darf, werde ich sie in ihrem Hause besuchen. Für uns Darmkranke (222) wäre eben Luftveränderung das Beste gewesen. Als es bei mir wieder etwas besser wurde, kam ich in einen anderen Saal, wo fast nur Malariakranke lagen. Dort war es dann etwas besser und nicht mehr so trostlos wie bei den Ruhrkranken. Ein großer Fehler ist auch, dass Jerusalem nur Zisternenwasser und keine Wasserleitung hat, ebenso kein ordentliches Licht, sondern nur Ölfunzeln, da bleibt beim Eintreten der Dunkelheit nichts übrig als zu schlafen soweit dies überhaupt möglich ist. Die Versorgung im Lazarett war gut.

Unser Krankenwärter war sogar in zivil Professor in Zürich, aber auch die paar deutschen Schwestern haben ihr möglichstes getan um unser Los zu erleichtern.

Meine Kompanie liegt hier in der Nähe in Ain-Karin, dem Geburtsort von Johannes dem Täufer in Winterquartier. Kurz, ehe ich aus dem Lazarett ins Erholungsheim St. Paulus entlassen wurde, bekam ich einmal Besuch von meinem Freund Eisele. Er war beritten und hatte mich herunterholen lassen. Vor lauter Freude ist er mir dann in seinem angeheiterten Zustand um den Hals gefallen und hat geweint. Der Alkohol hatte ihm aber schon so zugesetzt, dass er beim Aufsitzen auf der anderen Seite vom Gaul wieder hinunterfiel, zum größten Gaudium der umstehenden Einwohner. Dieser Zwischenfall war mir etwas peinlich, denn Betrunkene gibt es hier sonst nicht. Nachdem sich mein Zustand soweit gebessert hatte, kam ich hierher ins Paulushospiz. Hier bewohne ich mit noch einem Kameraden, einem Professor von Tübingen, welcher hier Ausgrabungen leitet, ein kleines Zimmerchen und fühle mich jetzt wieder ganz wohl, wenn ich mich mit dem Essen auch noch elend in Acht nehmen muss. Es kostet eine große Überwindung, wenn man beim Mittagstisch den anderen zusehen muss, wie sie wickeln, während für uns Darmkranke eine extra lendenlahme Suppe aufgetischt wird. Doch muss es so sein, ein Überschreiten der Diätvorschriften muss man bitter büßen. Von morgen ab habe ich jeden Tag einige Stunden Ausgang, dann will ich einmal alle die historischen und biblischen Stätten aufsuchen.

(223) 10. Dezember 1916
Da ich morgen wieder zur Kompanie entlassen werde, will ich vorher kurz über meine Streifzüge durch Jerusalem berichten. Mein erster Besuch galt dem Heiligen Grab in der Grabeskirche, dem Ziel aller christlichen Wallfahrer. Dabei hatte ich gleich ein besonderes Glück insofern, als ich mit einem Franziskanermönch bekannt wurde, welcher in der Zionskirche so eine Art Mesner oder Obermönch war. Durch Zufall kamen wir miteinander ins Gespräche und dabei stellte sich heraus, dass derselbe von Bregenz gebürtig war. Er erbot sich gerne, mir mit noch einigen

Kameraden vom Hospiz in der Grabeskirche als Führer zu dienen. Pater Hyronimus wurde er genannt. Die Kirche wäre eigentlich ohne das Heilige Grab keine große Sehenswürdigkeit vom architektonischen Standpunkt aus, auch schon deshalb nicht, weil sie nicht frei steht, sondern zwischen allen möglichen Gebäuden direkt eingeklemmt ist. Die Außenfassade am Eingang sieht etwas verwahrlost aus, weil überall herumgeflickt worden ist. Das hat aber auch seinen Grund darin, dass früher die frommen Pilger mit Hammer und Meißel sich ein Stück von der heiligen Stätte losgemeißelt und als Reliquie mit nach Hause genommen haben. Heute sind ständig Wächter aufgestellt, welche diesen Unfug steuern müssen. Tritt man in das Innere, so kommt man zunächst an ein anderes Heiligtum, den sogenannten Salbungsstein, auf welchem Christus gesalbt worden sein soll. Das Innere der Kirche besteht nicht aus einem großen Raum, sondern aus verschiedenen Abteilungen, welche sich im Eigentum von 5 verschiedenen christlichen Kirchen befinden. Dabei spielt sich genau das gleiche Schauspiel ab, wie bei allen Menschen, welche nur einen Anteil an einem Haus besitzen, dass nämlich unter den verschiedenen Besitzern immer Händel und Streit entstehen, wenn irgend eine Reparatur oder kleine bauliche Veränderung notwendig wird. Unter diesem Missstand leidet natürlich auch die innere Ausstattung der Kirche. Vom Salbungsstein gingen wir etwas seitlich zu einer (224) in eine Mauer eingelassene Marmortreppe, welche hinauf nach Golgatha führt und von den Pilgern so glatt geküsst ist, dass wir mit unseren Kommissstiefeln aufpassen mussten, dass wir nicht ausrutschten. Mit diesem Aufstieg über die etwa 8 – 10 Meter hohe Treppe ist mein Bild, das ich mir von Golgatha im Geiste von Kind auf gemacht habe, jäh zerstört worden, denn ich stellte mir in meinen kindlichen Glauben diese Stätte wie einen Hügel vor, der vor der Stadt draußen liegt. Hier musste ich feststellen, dass Golgatha und das Heilige Grab unter einem Dach und kaum 40 Meter voneinander entfernt ist. Der Platz, wo die 3 Kreuze standen ist genau bezeichnet und befindet sich in dem Teil der Rotunde, welcher der römisch katholischen Kirche gehört. Wir steigen die Treppe wieder hinab und lassen uns an einem übermauerten Felsen den Spalt zeigen von dem Erdbeben. Der

Felsen klafft hier tatsächlich etwa 10 – 20 cm auseinander. Von hier aus betreten wir den Hauptraum, in welchem sich das Heilige Grab befindet. Dasselbe ist aber zunächst nicht sichtbar, weil über dieses Felsenstück innerhalb der Kirche noch mal eine Art Kapelle gebaut ist. Der Vorraum dieser Kapelle ist an Wänden und Decken derart mit goldenen Ampelleuchtern und dergl. überladen, dass es dem Auge an dieser heiligen Stätte fast weh tut. Ein kurzer, schmaler etwa 1,40 m hoher Gang führt dann zum eigentlichen Grab. Es sieht aus, wie eine marmorne Ruhebank und ist deshalb ein sogenanntes Bankgrab. Tag und Nacht hält ein Mönch irgend einer der beteiligten Kirchen darin Wache. Zur Zeit unseres Besuches war's ein sogenannter Kopte. Diese Sekten- oder Kirchenangehörige sind besonders kenntlich an ihren hohen schwarzen zylinderartigen Kopfbedeckungen. Auch im eigentlichen Grabesraum hängen in dichten Reihen kostbare Gefäße und Ampeln über dem Grab, so dass ich eigentlich von meinem ersten Eindruck etwas enttäuscht bin. Es fehlt an diesem Raum das Ruhige und Erhabene. In der Hauptkirche oder Abtei, wie man sagen will, welche der griechisch-katholischen Kirche gehört, befindet sich in der Mitte auf dem Boden ein aus Mosaik gebildeter Kreis, welcher als der Mittelpunkt (225) der Welt bezeichnet wird. In einem kleinen kapellenähnlichen Raum, welcher wieder der römisch-katholischen Kirche gehört, ist eine kostbare Reliquie zu sehen, eine Geißel mit der Christus gegeißelt worden sein soll. In den Untergeschossen der Kirche befindet sich die sogenannte Kreuzauffindungskapelle und viele Gewölbe und Katakomben in welchen sich noch einige Mumien befinden. Neben dem Raum der römisch-katholischen Kirche wurde seinerzeit durch Vermittlung und in Verbindung mit der Reise des deutschen Kaisers ein den Türken gehöriger Anteil der Grabeskirche den Franziskanern zur Verfügung gestellt, welche dort ein kleines Kloster mit etwa 12 Zellen und einem Speiseraum eingerichtet haben. Mein nächster Weg führte mich nach der Via Dolorosa oder dem Leidensweg Christi. Vom Garten Gethsemane, welcher in einem Tal außerhalb der Stadtmauer gegen den Ölberg zu liegt führt der Weg herauf nach dem Stephanstor. Der ganze Bergabhang links davon ist mit tausenden von Gräbern bedeckt, in welchem Pilger auf die einstige Wiederkehr Christi warten. Dies ist die Stadt der Toten. In der Nähe davon ist in der Stadtmauer ein zugemauertes Tor, das sogenannte Königstor, durch welches dann Christus einstens seinen Einzug halten wird. Nach dem Stephanstor kommen wir an die Stelle, wo Pilatus gesagt hat: „Ich wasche meine Hände in Unschuld". Dann geht's links ab durch enge Gassen an den verschiedenen Stationen vorbei, welche meist durch eingemauerte Tafeln bezeichnet sind, nach der Grabeskirche. Meine 2. Wanderung galt dem Tempelplatz mit der Omarmoschee. Ich halte dieses Bauwerk für das schönste von ganz Jerusalem wie überhaupt der Tempelplatz ein gewaltiges Denkmal längst versunkener Zeiten ist. Schon die riesige Ausdehnung dieser Anlage lässt darauf schließen, dass tatsächlich einmal ein ähnlicher Tempel, wie er in der Bibel näher beschrieben ist, hier gestanden ist. Das Betreten der Omarmoschee war für einen Nichtmoslemen vor dem Kriege mit ziemlichen Umständen verknüpft; heute wird es nicht mehr so genau genommen, besonders bei deutschen (226) Soldaten nicht. Neben der Omarmoschee befindet sich noch eine, jedoch nicht so wertvolle und interessante wie diese. Ehe wir das Innere betreten, müssen wir in große Filzpantoffeln hineinschlüpfen, damit wir die auf dem Boden ausgebreiteten wertvollen Teppiche nicht verunreinigen. Auf dem Platz, wo die Moschee steht, soll das Allerheiligste von Salomons Tempel gestanden haben. Heute befindet sich inmitten des wunderbaren Raumes ebenfalls ein Heiligtum, nämlich der sogenannte Abrahamsfelsen. Ein Derwisch versuchte uns die Bedeutung dieses Heiligtums zu erklären, ich wurde aber aus seinem Kauderwelsch nicht klug. Der Felsen ist mit einem kostbaren Geländer eingefasst und birgt im Innern eine aus dem Felsen herausgehauene Grotte mit einem kaminartigen runden Loch. Den Gebärden des Derwisches nach, soll wahrscheinlich Abraham durch dieses Loch in den Himmel gefahren sein. Das Innere der Moschee ist wohl eines der größten Meisterwerke der Mosaikkunst. Überhaupt atmet der ganze wunderbare Raum eine Ruhe und Stimmung, dass wir davon ganz ergriffen sind im Gegensatz zu der Grabeskirche, wo man an manchen Stellen nicht den Eindruck hat, sich in einem Gotteshaus zu befinden. Auf dem Tempelplatz stehen noch uralte

Zypressen, welche den alten Säulen und Mauerresten wie überhaupt dem ganzen Bild die nötige Stimmung geben. Die Hauptumfassungsmauern, welche von 4 Türmen abgegrenzt sind, weisen noch Steinquader auf, dass man nur staunen muss, wo diese riesigen Bausteine nur hertransportiert worden sind. Da kann man wohl begreifen, dass diese Mauern jeder Zerstörung standgehalten haben und noch Jahrtausende überdauern werden. Unter dem Platz befinden sich noch große Zisternen, Gewölbe und Hallen, welche zur Zeit der Kreuzzüge von den Ritterheeren als Pferdeställe benützt worden sein sollen. Überhaupt sollen noch viele für die Archäologen wertvolle Räume unter dem Tempelplatz verschüttet sein, doch lassen die Muhamedaner keine Ausgrabungen machen. Ein anderer Weg führte mich nach den sogenannten Königsgräbern, dieselben (227) befinden sich außerhalb der Stadt nördlich des Damaskustores. Eine kleine ganz unscheinbare Türe in einer Gartenmauer führt zu einem großen ausgegrabenen viereckigen Loch. Auf einer alten Steintreppe steigt man hinunter und kommt durch ein altes Tor auf den Vorplatz, wo noch alte Säulenreste und Verzierungen in den Felswänden zu sehen sind. Links und rechts der Treppe befinden sich große in den Stein eingehauene Zisternen. Von dem Vorplatz aus gelangt man durch einen schmalen Gang in ein kellerähnliches Gewölbe. Neben dem Eingang befindet sich ein großer etwa 1,20 m im Durchschnitt messender runder Stein, welcher in einer schmalen Rinne vor das ovale Loch gewälzt werden kann und dadurch den Eingang abschließt. Innerhalb an den Wänden sind Bänke eingehauen auf welchen früher die Särge mit den Mumien lagen. Weiter führt eine enge Treppe ein Stockwerk tiefer wieder in eine Halle, wo statt der Grabbänke kleine Höhlen in den Fels eingehauen sind, welche ebenfalls wieder zur Aufnahme von Särgen dienten. Die Mumien sind aber längst von sammelwütigen Engländern und Amerikanern gekauft oder gestohlen worden. Einen sehr lohnenden Ausflug machte ich auf den Ölberg nach dem Augusta-Viktoria-Hospital. Dasselbe dient z. Z. deutschen Offizieren als Erholungsheim. Unten im Tal zwischen Jerusalem und dem Ölberg noch etwas am Hang sind noch kümmerliche Reste vom Garten Gethsemane. Die russische Kirche hat dort eine Kapelle hineingestellt und den übrigen Teil als Garten angelegt und sorgfältig gepflegt. In der Nähe befindet sich noch Absaloms Grab und verschiedene uralte Grabdenkmäler. Wenn man von hier aus nach der Stadtmauer hinaufsieht mutet die Stadt an wie eine große Festung. Die heutige Stadtmauer soll übrigens noch nicht so alt sein. Die Stadt liegt eigentlich auf einer vorspringenden Bergnase und ist nur von einer Seite nach dem Damaskustor zu mit dem bergigen Gelände so ziemlich eben, deshalb war nur nach dieser Richtung eine Ausdehnungsmöglichkeit außerhalb der Mauer vorhanden. Ein interessantes Bauwerk innerhalb der Stadtmauer (228) ist die Davidsburg unmittelbar beim Berg Zion. Das Grab Davids befindet sich darin, ist aber für Nichtmosleme nicht zugängig. Die Zionskirche, welche sich ebenfalls dort in der Nähe befindet, gehört der römisch-katholischen Kirche. Dort treffe ich wieder Pater Hyronomus, welcher uns mit Brot und Wein in seiner Klause bewirtet. In einem Anbau hat ein hochinteressantes Altertumsmuseum Platz gefunden, welches höchst wertvolle Stücke, hauptsächlich aus der Kreuzfahrerzeit besitzt. Ich lese auf Steintafeln, welche gewissermaßen als Visitenkarte dienen mussten, die Namen von wohlbekannten schwäbischen Ritter- und Adelsgeschlechtern. Ein überaus wertvolles Stück ist eine alte Mosaikkarte von Jerusalem, welche in einem alten ausgegrabenem Tempel gefunden wurde als Fußboden. An Hand dieses Bildes kann man wohl noch Anhaltspunkte über die frühere Stadt mit dem Tempelplatz feststellen. Die Mönche haben nun diesen Fußboden in Miniatur nachgemacht und mit Hilfe der Mosaikkunst die hauptsächlichsten früheren Bauten besonders herausgestellt. Eine weitere, ganz merkwürdige Sehenswürdigkeit beim Tempelplatz bzw. an einem Stück Umfassungsmauer vom Tempelplatz bildet die sogenannte Klagemauer. Der Weg dahin führt durch viele winklige und unreinliche Gassen, welche meist von Juden bewohnt sind. An diese Mauer stellen sich täglich viele Juden und klagen um die vergangene Herrlichkeit, es wird aber wenig Wert haben, denke ich. Die türkischen Bazare und jüdischen Kaufgeschäfte in der Altstadt sind die schmutzigsten Löcher, die ich bis jetzt im Orient gesehen habe. Überhaupt ist das ältere Stadtviertel eng und winklig und macht keinen guten Eindruck. Nur vereinzelt, hauptsächlich in der Gegend des Jaffatores sind größere modern eingerichtete Geschäftshäuser. Vor dem Jaffator befindet sich ein freier Platz, wo vor einigen Tagen gleich eine ganze Serie Spione miteinander gehenkt wurde. Es gelang einem Kameraden, dieses Schauspiel auf der Platte festzuhalten. In den Kaufgeschäften ist alles sehr teuer und das Papiergeld um die Hälfte entwertet.

Die (229) Hauptgeschäfte, sowie die staatlichen Gebäude befinden sich alle außerhalb zwischen Jaffa- und Damaskustor. Ebenso eine Unmenge Klöster und Hospitäler aller Nationen. Die meisten davon sind von der türkischen Heeresleitung beschlagnahmt. Zum Andenken an meinen Besuch in der Grabeskirche lasse ich mir beim Patriarchen einen Pilgerschein ausstellen, auch von der Leitung des Paulushospizes erhalten die zur Entlassung kommenden Insassen einen solchen ausgehändigt. Der Hauptteil der Bevölkerung besteht aus Juden, aber echten, wie sie im Buche stehen. Der Rest setzte sich in Friedenszeiten aus Türken, Arabern und sonstigen internationalen Völkerrassen zusammen. Am letzten Sonntag wohnte ich einem Gottesdienst in der Erlöserkirche bei. Diese Kirche ist noch neu und ist ganz in der Nähe der Grabeskirche von den Protestanten gebaut. Einer Einladung meines Kameraden Schneller folgend, welcher bei der 2. Kompanie den gleichen Posten wie ich innehat und mit dem ich öfters während der Expedition zusammen marschierte, besuchte ich das von seinem Großvater gegründete syrische Waisenhaus etwa 1 ½ Stunden von der Stadt entfernt. Aus kleinen Anfängen und unter den schwierigsten Verhältnissen, hat sich hier eine Anlage gebildet, deren Wert durch seine deutsche Schulen und Industriewerkstätten für das Deutschtum in Syrien nicht genug gewürdigt werden kann. Der Vater meines Kameraden, Direktor Schneller, stammt übrigens von der Schwäbischen Alb[57] und kann heute noch seine schwäbische Herkunft nicht verleugnen. Wir wurden von den gastfreundlichen Leuten gut bewirtet und im ganzen Betrieb herumgeführt. In den leerstehenden Räumen ist eine deutsche Kraftwagenkolonne einquartiert. Unter den

---

[57] aus Erpfingen bei Reutlingen

deutschen Geschäftsleuten und Handwerkern in der Stadt befinden sich viele schwäbische Namen. So las ich auch den Namen Christian Eppinger, Sattler- und Tapeziergeschäft, auf einem Schild. Ich ging dann in den Laden hinein und habe mich über die Herkunft des Inhabers erkundigt. Derselbe war sehr erfreut, einen Landsmann zu treffen, es (230) stellte sich aber heraus, dass er mit der Münsinger Eppingerfamilie nicht verwandt ist. In der in der Nähe des Bahnhofes befindlichen deutschen Kolonie wohnen fast ausschließlich Schwaben. Man glaubt sich fast in ein schwäbisches Dorf versetzt, wenn man die Namen hört und die freundlichen Häuschen ansieht. Eben brachte mir ein Kamerad von der Kompanie meine Winterkleidung, denn es ist jetzt in der Regenzeit ganz empfindlich kalt geworden. Er erzählte mir, dass die Kompanie kurz nach meinem Abtransport von El-Arisch 2 Monate auf einer Wasserstelle El-Nachel ziemlich tief in der Wüste stationiert war, ohne jedoch mit dem Feind in Berührung zu kommen.

20. Dezember 1916

Seit 16. Dezember liege ich schon wieder krank darnieder und weil ich nicht mehr in das Lazarett zurückwollte, blieb ich auf der Revierkrankenstube in Ain-Karin. Kaum 6 Tage war ich wieder bei der Kompanie, da fing die alte Darmgeschichte wieder von Neuem an. Es hat ganz den Anschein, als ob es hier überhaupt nicht mehr besser wird. Der Ort hier besteht in der Hauptsache aus russischen Klöstern und Kirchen, welche uns jetzt als gute Winterquartiere dienen. Es liegt in einem tief eingeschnittenen Tal mit Quelle, rings herum ödes Felsgebirge. Die Häuschen sind nur so an den Berghang hingeklebt und liegen meistens zwischen Zypressen versteckt. In großen Zisternen wird während der Regenzeit das Wasser gesammelt und die Gärten und Anlagen damit bewässert. Fast jeden Tag gehen wolkenbruchartige schwere Gewitter nieder, auch in Jerusalem habe ich einige Gewitter erlebt, wie sie an Heftigkeit bei uns draußen nicht erlebt werden. Auf den Höhen rings um unsern Ort gegen die Stadt zu werden zur Zeit von den Türken große Verteidigungsstellungen ausgehoben und in den Felsen gesprengt. Anscheinend wird damit gerechnet, dass die Engländer bis Jerusalem vordringen.

Die MG-Kompanien sind mit Rekruten ausbilden beschäftigt. Unsere Kamele sind alle bis auf 8 Stück abgegeben worden, (231) meine Treiber hatten eine kindische Freude, als sie mich wieder sahen, sie müssen mich scheint's doch gern gehabt haben. Letzten Sonntag hatten die 8 Deutschen MG-Kompanien in Jerusalem großes Sportfest veranstaltet, abends war dann hier in einem Kloster Preisverteilung. Ich habe das Kranksein und Herumliegen und nicht zuletzt das Schleimsuppenessen jetzt so satt, dass ich ganz unglücklich bin.

31. Dezember 1916

Wir sind nur noch 5 kranke Deutsche am Ort. Ganz unerwartet sind alle MG-Kompanien am heiligen Abend alarmiert worden und mit Kraftwagen nach Berseba befördert worden, weil die Engländer von El-Arisch den Vormarsch angetreten haben. Der deutsche Arzt, welcher mich hier behandelt und von El-Arisch aus noch gut kennt, sagte mir gleich, dass für mich das Beste sei, wenn ich von hier wegkomme, möglichst gleich nach Deutschland, denn auf eine Besserung meines Zustandes sei hier nicht mehr zu rechnen. Unter diesen Umständen habe ich auch kein Verlangen mehr hier zu bleiben. Soviel mir bis jetzt bekannt ist, soll sogar schon übermorgen ein Transport mit so Depotbrüder abgehen, wo ich jedenfalls mitfahren kann. Heute kam die Nachricht, dass die Engländer in Hafir alle Türken gefangen haben und auf Berseba zumarschieren. Die Kompanien liegen bei strömendem Regen bei Berseba in Aufnahmestellung und warten auf die Engländer.

04. Januar 1917
Auf der Fahrt nach Deutschland

Bin schon seit 3 Tagen auf der Fahrt nach Deutschland. Nach vielen Scherereien mit der türkischen Bahnverwaltung ist uns, etwa 30 Mann, 1 Personen- und 1 Gepäckwagen zur Verfügung gestellt worden. Am 2. Januar verließen wir mit einem türkischen Personenzug die Heilige Stadt und kamen in der Nacht hier in Afule, dem Gabelpunkt Jerusalem – Beirut – Damaskus an. Seither sitzen wir hier fest, weil auf der Strecke eine Störung eingetreten sein soll. Wir müssen uns selber verköstigen und essen jetzt was kommt, selbst auf die Gefahr hin, dass der Magen wieder (232) streikt. Eigenartigerweise wird mein Zustand zusehends besser und meine Stuhlgänge immer fester, trotz der verbotenen Kost und vielleicht gerade wegen der verbotenen Kost. Ein Oberleutnant ist dem Namen nach unser Transportführer. Bis jetzt musste aber ich als ersetzender Transportführer alles machen, wie es ja beim deutschen Kommis allgemein üblich ist. Da werde ich noch meine liebe Not haben, bis wir in Konstantinopel sind, denn meine Pfleglinge sind meist Kraftfahrer und sonstige Heeresunsichere, welche wegen allen möglichen Delikten von der Türkei abgeschoben werden. Die Kerle sind ganz verwildert und benehmen sich nicht mehr als Soldaten.

08. Januar 1917

Heute Morgen 8 Uhr kamen wir wohlbehalten in Damaskus an. Von Afule konnten wir erst am 5. wieder abfahren und passierten mittags die Station Samach am See Genezareth. Nach weiteren 2 Stunden Fahrt hieß es plötzlich Halt, kehrt Marsch, wieder zurück nach Samach. Infolge des anhaltenden Regenwetters war in dem tief eingeschnitten Jordantal der Banndamm stellenweise unterspült und nicht mehr fahrbar. Wie lange es dauert, bis die Strecke wieder hergerichtet war, wusste zunächst kein Mensch. Der türkische Zugführer meinte, es könnten mehrere Tage vergehen. Da wir es ja absolut nicht eilig hatten, benützten wir den unfreiwilligen Aufenthalt, um gegen ein Fahrgeld von 4 Mark mit einem kleinen Dampfer nach Tiberias hinüberzufahren. Die Überfahrt war ziemlich stürmisch und dauerte etwa 1 ½ Stunden. Die Stadt ist mit einer uralten Mauer umgeben und in der Hauptsache von Juden bewohnt, welche das sogenannte Jiddisch sprechen, das mit dem Deutschen einige Ähnlichkeit hat und von uns teilweise verstanden wird. Nachdem wir die Stadt eingehend besichtigt hatten, speisten wir im deutschen Hotel in Tiberias vorzüglich zu Mittag. Im Essen und Trinken und Lumperei machen, da waren meine unsicheren Transportkameraden Hauptkerle, da war nichts dran auszusetzen. Doch hat der starke (233) Palästinawein verschiedenen so zugesetzt, dass sie bei der Rückfahrt noch seekrank wurden. Abends 10 Uhr stiegen wir in

Samach wieder an Land, wo noch keinerlei Anzeichen wegen Weiterfahrt festzustellen waren. Am anderen Tag machen wir in die nähere Umgebung kleine Ausflüge. So sehen wir einen kleinen deutschen Soldatenfriedhof, wo etwa 20 Pioniere und Minenwerfer begraben liegen, welche vor einigen Wochen in unmittelbarer Nähe der Station samt ihrem Zug in die Luft geflogen sind. Die zertrümmerten Wagen und Eisenteile liegen jetzt noch im ganzen Gelände zerstreut. Die mit schweren Minen beladenen, offenen und nur mit einer Decke zugedeckten Wagen sind entweder durch Warmlaufen einer Achse oder durch Funkenfeuer infolge der Kamelmistfeuerung in Brand geraten und alle explodiert. Die Eisenteile sind teilweise sogar in die Lehmhütten des Dorfes geflogen und haben noch unter der Zivilbevölkerung Verluste verursacht. Zur Kurzweil gab es auch bei unserem mitreisenden türkischem Publikum einige Zwischenfälle. Eine Probe davon will ich hier kurz festhalten. Ein türkischer Soldat hatte an einen Araber während der Fahrt ein paar Stiefel verkauft und dieselben in der Nacht gleich wieder gestohlen. Die Sache kam vor den Kadi, in diesem Fall den türkischen Bahnhofskommandanten. Nachdem der Tatbestand aufgenommen war, wurde gleich zur Aburteilung geschritten und zwar erhielt nach Rückgabe der Stiefel jeder eine ordentliche Tracht Prügel; der Türke, weil er gestohlen und der Araber, weil er arische Gegenstände gekauft hatte. Außerdem wurde jeder von dem Kommandanten 3 mal ins Gesicht gespuckt. Am 7. morgens ging's endlich wieder weiter. Nach einigen Stunden Fahrt konnten wir die Ursache unseres langen Aufenthalts sehen. Große Felsblöcke und Erdmassen waren von den Steilhängen herabgestürzt und hatten die Strecke zugedeckt. In großen Kurven und Tunnels verlassen wir das Jordantal und kommen wieder hinauf auf das Hochplateau, (234) wo auf einer größeren Station einige Stunden gehalten wurde. In flotter Fahrt ging's dann wieder weiter, bis wir heute Morgen Damaskus erreichten. Nach einem kleinen Bummel durch die Stadt essen wir im deutschen Soldatenheim billig und schlecht zu Mittag. Hier erfahren wir, dass an der Strecke, die wir jetzt passieren, ein großes Eisenbahnunglück stattgefunden hat, wobei einige hundert Menschen, meist Frauen und Kinder eines

Armeniertransportes ums Leben gekommen sind. Die Bremsen sollen versagt haben und der ganze Zug bei dem starken Gefälle in den Abgrund geschleudert worden sein.

08. Januar 1917

Am 8. abends 11 Uhr fahren wir wieder ab und passieren bei Tagesanbruch die Unfallstelle. Es sah noch bös aus. Ein Teil der Wagen lag unten in der Tiefe auf einem Trümmerhaufen, während etwa 5 Wagen oben an die Felswand geschleudert wurden und regelrecht zusammengeklappt sind. Teilweise sehen wir noch menschliche Körper und Gliedmaßen eingeklemmt zwischen den Eisenteilen hängen. Eine Anzahl Türken sind eben dabei, mit Eisensägen und Meisel Luft zu machen. Bis Rajak sehen wir überall auf den Stationen beschädigte Wagen stehen, es muss ein sehr langer Zug gewesen sein. In Rajak wird auf Vollbahn umgeladen; es bleibt noch Zeit zu einem guten Mittagessen in der Bahnhofswirtschaft für 20 Piaster = 4 Mark. Um 3 Uhr geht's wieder weiter nach Aleppo. Es war schade, dass wir Balbeck nachts passierten, ich hätte gern die großen Ruinen noch gesehen. Vormittags 9 Uhr erreichen wir Aleppo und haben 20 Stunden Aufenthalt. Diese Zeit benützen wir zur näheren Besichtigung der Zitadelle. Dem Wächter müssen wir vorher einen Bakschisch, d. h. Trinkgeld in die Hand drücken, damit er uns Zutritt gewährt. Wir stöberten in allen Winkeln, Gewölben und Hallen des riesigen Bauwerks herum. Es sind in einigen Grabgewölben (235) sogar noch Mumien aufgebahrt. Von oben aus hat man einen wunderbaren Rundblick über die Stadt und die ganze Umgebung. Von diesem festen Punkt aus konnten früher die Sarazenen das Herannahen der Kreuzzüge gut beobachten. In den Straßen und Bazaren herrscht reger Verkehr. Ein großer Zug junger Türken zieht gerade durch die Straßen mit Musik und fliegenden Fahnen; es scheinen eine Art Pfadfinder zu sein. Gewissermaßen ein Gegenstück dazu können wir in einer anderen Straße feststellen. Dort sehen wir an einem langen Seil paarweise angefesselte türkische Rekruten, welche eben rekrutiert worden sind. Zunächst werden wir nicht recht klug daraus, doch bald kommen wir dahinter, was es damit für eine Bewandtnis hat. Trotz des heiligen Krieges versuchen es nämlich viele, hauptsächlich aber Araber, deren es hier in der Hauptsache sind, sich um die Kriegspflicht herumzudrücken. Deshalb muss von Zeit zu Zeit gewaltsam rekrutiert werden. Das geschieht folgendermaßen: Ohne vorherige Bekanntmachung natürlich, werden von einem Kommando Soldaten plötzlich einige Straßen vollständig abgesperrt und dann die Häuser nach tauglichen Militärdienstpflichtigen durchsucht. Alles was etwa Soldat sein könnte, wird teilweise mit Gewalt herausgeholt und an das Seil angebunden, um zur Behörde gebracht zu werden, wo sich jeder ausweisen muss. Kann er das nicht, wird er gleich dabehalten und abtransportiert. Dass sich natürlich bei dieser Art Rekrutierung große Szenen abspielen, ist klar. Mit großem Wehklagen hängen sich die Frauen und Mädchen an ihren Sprössling, Mann oder Bruder an und versuchen mit allen möglichen Mitteln den Soldaten weis zu machen, dass ihr Angehöriger nicht pflichtig ist. Wir sahen diesem Schauspiel auch eine Weile zu, nicht ohne eine gewisse Schadenfreude, weil wir es für ganz richtig halten, dass die Drückeberger geholt werden. Als ich die sonderbare Kolonne in Bewegung setzte, mussten die Weiber mit Gewalt zurückgehalten werden. So sieht also der Heilige Krieg aus, (235) von dem mir mein Hauptmann Schaidler in Belgien beim Abschied sagte, dass die Muhamedaner mit einem Fanatismus, den wir hier nicht kennen, sich ins Zeug legen. An den Straßeneingängen, wo die öffentl. Häuser sind, stehen ebenfalls Posten, welche alle Soldaten den Zutritt verweigern. Der Kursunterschied zwischen Metall- und Papiergeld ist hier besonders krass. Bevor wir zum Abendessen nach einer der beiden deutschen Gasthäuser gehen, mache ich noch einen kurzen Besuch bei einem Sohn der Frau Wieland, den ich ja auf der Herfahrt durch Lorenz kennen lernte. Nach dem Abendessen bei dem Landsmann begegne ich auf dem Weg zum Bahnhof noch 2 Zivilisten, welche sich als die beiden Offiziere unseres Transports entpuppten, die wollten sich jedenfalls Aleppo bei Nacht ansehen. Am anderen Morgen 6 Uhr geht's wieder weiter. Auf der dritten Station vor Islahie fällt es den Türken plötzlich ein, unseren Gepäckwagen abzuhängen und stehen zu lassen. Hätten wir nicht vorsichtshalber, weil wir unsere Pappenheimer zu gut kennen, einen Mann in dem Wagen postiert gehabt, der mit dem Wagen zurückblieb, dann wäre unser Gepäck auf Nimmerwiedersehen verschwunden. So warteten wir in Islahie bis zum anderen Mittag und waren dem türkischen Bahnhofsvorstand so lange aufsässig, bis unser Wagen endlich wieder zur Stelle war. Am 11. Januar abends verladen wir auf die Baubahn vor dem Amanustunnel auf der Station Entilli. Dort bleiben wir bis zum anderen Mittag wieder liegen. An dem Tunnel arbeiten viele englische Kriegsgefangene meist Inder und Gurkhas[58]. Die Inder sind große schlanke Leute, während die Gurkhas mehr Ähnlichkeit haben mit den Japanern. Im Tunnel sind die Vollbahnschienen zum großen Teil schon gelegt, nur an vereinzelten Stellen sind die Bohrer noch am arbeiten. Kurz, bevor wir in Airan aus dem Tunnel herausfahren, passierte noch ein kleiner Unfall. Während der Fahrt wurde eine große Lore der Vollbahn, welche hart neben der Baubahn läuft, von unserem Zügle erfasst und eine Strecke mitgeführt. (237) Kurz entschlossen fassten wir alle fest an und hoben den Mitläufer aus dem Geleise, dabei wurde einem Türken die Hand verquetscht. Zum Glück hatten wir Verbandspäckchen bei uns, so dass wir die Hand gleich verbinden und die Fahrt wieder fortsetzen konnten. In Airan wechselten wir unsere Motorlokomotive mit einer kleinen Dampflokomotive und nachdem ich noch mit einem türkischen Offizier, welcher mit seinen Leuten absolut mitfahren wollte, auf französisch einen kleinen Wortwechsel hatte, steuerten wir mit unserem Zügle in stockdunkler Nacht über das Gebirge bis zur nächsten Talstation Entschilli, wo wir gegen 4 Uhr morgens total durchgefroren ankamen. Bei Tagesanbruch gingen wir gleich daran, unsere Sachen in einen bereitstehenden Güterwagen der Vollbahn zu verladen und werden dann sofort nach der nächsten Station Mamure rangiert. Dort hatte sich seit unserem letzten Hiersein eine deutsche Etappe eingerichtet, sogar ein deutsches Soldatenheim war schon aufgeschlagen. Eingeborene bieten uns schöne Gänse an, das Stück zu 5 Mark; schade, dass wir keine mit nach Deutschland nehmen können, dort wäre gewiss eine größere Nachfrage.

---

[58] nach einem ostindischen Volk in Nepal, Soldat einer nepalesischen Spezialtruppe bzw. in der britischen Armee

14. Januar 1917

Am 14. morgens fahren wir wieder los und erreichen 2 Uhr nachmittags die Station Gülek. Dort sehen wir zufällig beim hereinfahren vom Wagenfenster aus, wie ein türkischer Bahnschaffner beim rangieren oder wie der Türke sagt, manövrieren zwischen 2 Puffer gerät und zu tot gedrückt wird. Im Soldatenheim essen wir gut zu Mittag, der Vorsteher dort ist wieder ein schwäbischer Landsmann, in Zivil Missionar. Andern Tags verladen wir unser Gepäck auf Lastauto, welche uns rasch über den Taurus bringen. Das Tunnel soll in allernächster Zeit fertig werden, dann hat die lästige umladerei ein Ende. Die Straße ist stellenweise durch den Regen so schlecht geworden, dass wir einige mal absteigen und schieben müssen um aus den Löchern wieder herauszukommen. Auf der Passhöhe begegnen wir durchmarschierender türkischer Artillerie, welche von Rumänien kommt. Eine große Anzahl dieser Leute ist mit dem eisernen (238) Kreuz ausgezeichnet. An der kilikischen Pforte müssen wir längere Zeit halten um türkische Tragtierkolonnen durchzulassen. Um 6 Uhr erreichen wir die großzügig angelegte Parkstation Scham-alla-han und trinken dort den ersten Kaffee im neu eröffneten Soldatenheim. Ein großer Ofen machte den Raum behaglich warm, was uns bei der Kälte hier oben direkt wohltut. Am anderen Morgen in aller Herrgottsfrühe bei einer Hundekälte geht's weiter nach Bosanti; hier herrscht wieder ein besseres Klima. Nach unserer Ankunft werden wir zuerst entlaust und haben dann in einem schön angelegten neuen Soldatenheim Gelegenheit, mit viel Geduld unsere leiblichen Bedürfnisse zu befriedigen. Die Station, welche voriges Jahr nur aus einigen Hütten bestand, hat sich inzwischen zu einer richtigen Ortschaft entwickelt, wie überhaupt auf allen deutsch-türkischen Etappen sich alles total verändert hat seit dem letzten Jahre. Wo Deutsche sich niederlassen wird eben gleich gebuddelt und gebaut, so dass die Türken wohl oder übel auch mitmachen müssen und dadurch ein kleiner Wettbewerb entsteht. Die Türken scheinen so langsam aus ihrer Bullenruhe aufzuwachen. So sind fast auf allen Stationen, wo die Lokomotiven mit Holz gefeuert werden müssen, kleine Sägereien mit Kraftbetrieb aus der Erde gewachsen, welche die mühevolle Arbeit des Holzzerkleinerns mit den schlechten primitiven Werkzeugen jetzt spielend bewältigen. Von Bosanti ab fahren wir mit dem Postzug, da geht's etwas schneller.

18. Januar 1917

Am 18. erreichen wir Konya, hier musste ich in die Stadt hinein aufs Telegrafenamt und nach Konstantinopel unsere Ankunft melden. Die Lebensmittel scheinen hier nicht sehr teuer zu sein, denn für 4 Piaster erhalte ich zwei große Weißbrote. Auf dem Bahnhof ist wieder ein deutsches Soldatenheim eingerichtet, welches von einem alten schwäbischen Missionar geleitet wird; wir essen dort vorzüglich zu Mittag. Als wir etwa 2 Stunden von Konia weggefahren sind, fangen (239) unsere Wagen plötzlich an zu holpern, als wenn die Räder direkt über die Schwellen wegspringen würden. Wir springen alle auf und haben im Augenblick das Gefühl, dass der Zug entgleist ist. Gleich darauf kommt die Maschine glücklicherweise zum Stehen. Es stellt sich heraus, dass die Lokomotive mit den vorderen beiden Rädern aus den Schienen gesprungen ist und auf einer Strecke von einigen hundert Metern sämtliche Laschen weggedrückt hatte. Infolgedessen waren die Schienen zwischen den Schwellen alle abgeknallt in kurze Stücke. An eine Weiterfahrt war so nicht zu denken. Doch haben die türkischen Bahnbeamten diesmal nicht versagt, nach etwa 3 Stunden saß die Lokomotive wieder flott auf den Rädern. Während dieser Zeit gab's fortwährend Unterhaltung mit einem Transport türkischer Rekruten. Die Leute waren in Viehwagen untergebracht und mussten natürlich auch ihre Notdurft verrichten. Zu diesem Zweck entfernten sich verschiedene davon verdächtig weit vom Eisenbahnwagen und, anstatt ihre Notdurft zu verrichten suchten sie im Laufschritt das Weite. Die paar Soldaten, welche zur Bewachung mitgegeben, waren nicht mehr im Stande, allen den Flüchtlingen nachzulaufen und so gelang es etwa 1 Dutzend Rekruten zu entkommen. Durch ganz langsames vorsichtiges Anfahren kommen wir glücklich über die brenzlige Stelle weg und erreichen Eskeschehier, wo wir im Soldaten- und Eisenbahnerheim gut zu Mittag essen. Als ich vor dem Bahnhof bei einem jungen

Banausen meine Stiefel putzen lasse, fängt das Bürschchen auf einmal an zu singen: „Püppchen, du bist mein Augenstern". Ich fragte ihn, woher er so gut deutsch könne, da antwortete er mir, er sei hier in die deutsche Schule gegangen. Nach dem Essen machten wir einen kleinen Streifzug durch die Bazare der Stadt. Alles ist noch gespickt voll mit Lebensmittel aller Art; wer Geld hat kann hier noch alles kaufen. Auf dem Rückwege zum Bahnhof begegneten wir wieder einem Trupp neuer Rekruten, (240) welche wie in Aleppo an ein langes Seil gebunden zum Bahnhof marschierten. Um 9 Uhr abends geht's ab nach Esgeschehier. Wir fahren die ganze Nacht durch und erreichen am 20. mittags 11 Uhr das Marmarameer und abends 6 Uhr unser vorläufiges Endziel Haidar-Pascha. Dort bleiben wir in einem Zelt in Katigö und kommen am anderen Tag auf den Korkovado, wo noch genau der gleiche Betrieb ist wie vor einem Jahr. Ich muss schon sagen, ich war mehr als froh, dass ich meiner Aufgabe als 2. Transportführer entledigt war. Es war für mich keine Kleinigkeit, diese zusammengewürfelte Gesellschaft zusammen zu halten, denn der eigentliche Transportführer Oberleutnant R. kümmerte sich keinen Deut darum. Im Gegenteil machte er mir mit seinen Ansprüchen doch andauernd Scherereien, weil die 3 deutschen Herren für sich immer ein Coupé beanspruchten, obwohl sie auch nur gewöhnliche 2. Klasse-Fahrkarten besaßen. Solange Platz vorhanden war, hatten die türkischen Bahnbeamten auch nicht viel dagegen einzuwenden. Wenn sie auch nur mir gegenüber ihrem Ärger Luft machten. Zwischen Bosanti und Konya war aber der Personenverkehr in der 2. Klasse so stark, dass türkische Offiziere teilweise stehen mussten. Ein türkischer Major setzte es schließlich doch durch, das in das Coupé unserer 3 Herren noch einige türkische Offiziere untergebracht werden. Sofort ließ mich Herr Oberleutnant holen und befahl mir, ich solle in unserem 3. Klass-Wagen ein Coupé für sie freimachen, da sie keine Lust hätten mit den verlausten Türken zusammen zu sitzen, obwohl wir selbst wie die Heringe aufeinander saßen, mussten wir wohl oder übel noch mehr zusammenrücken, dass man zuletzt keinen Fuß mehr strecken konnte. Nachdem wir die Herren umgebettet hatten, sollten von uns 2 Mann in das Offizierscoupé rüber und die Plätze der Herren besetzt halten.

Dass ließen sich die türkischen Offiziere wieder nicht gefallen und schickten die paar Leute wieder hinaus und mit Recht. (241) Sie ließen mir durch den Schaffner, der gut französisch sprach, sagen, dass ein gemeiner Soldat nicht 2. Klasse fahren darf und wenn unsere Offiziere zu stolz seien mit uns zu fahren, so könne ihnen auch nicht zugemutet werden, dass sie mit unseren Mannschaften das Coupé teilen sollen. So blieben dann die 3 Plätze frei, während wir uns fast nicht mehr regen konnten. Ähnliche Vorfälle hatte ich während der ganzen Fahrt ins Reine zu bringen und wenn heute die Türken nicht so gut auf uns zu sprechen sind, so braucht man sich nicht zu wundern, sie haben auch Grund dazu. Von meinen MG-Kameraden sind wir noch 4 Mann auf dem Schiff und dem Zwischendeck ganz leidlich untergebracht. Es ist ein richtiger Hochgenuss, nach dieser Reise einmal in einem Bett die Glieder wieder ausstrecken zu können. Dass wir vorher entlaust wurden, versteht sich von selbst. Bei der ärztlichen Untersuchung am anderen Tag wurde der ganze Transport wieder K.V. geschrieben. Mein Gesundheitszustand hat sich mit jedem Reisetag so gebessert, trotz der bunten Kost, dass ich tatsächlich heute nicht mehr viel zu klagen habe. Es scheint doch, dass die Luftveränderung das meiste zu meiner Besserung beigetragen hat. Wer Lust hat in der Türkei zu bleiben, kann sich melden, doch habe ich kein großes Verlangen mehr danach. Auch gab mir der Arzt den Rat, um einen Rückfall zu verhüten, lieber nach Deutschland zu fahren. Es regnet hier fast jeden Tag, so dass wir nichts unternehmen können und den ganzen Tag aufs Schiff oder Soldatenheim angewiesen sind.

30. Januar 1917

Am 26. Januar war ich beim Selamlik[59] und hatte Gelegenheit, einmal den Sultan und die hohen Würdenträger der Türkei zu sehen. Der ganze Rummel ist mehr Theaterspiel und geht mit großem Tamtam vor sich. Noch lange, bevor die Sache losgeht ist der Platz um die Moschee durch spalierbildende Truppen und der

---

[59] Empfangsraum in einem vornehmen muslimischen Haus

Leibwache des Königs den sogenannten Janitscharen[60] abgesperrt.

(242) Endlich geht eine Bewegung durch die Reihen, die Musik fängt an zu spielen und bald sehen wir auch einige, mit wunderbaren Pferden bespannter Gefährte im leichten Trabe vorbeifahren und vor der Moschee halten. Während der Wagen des Sultans vorüberfährt, rufen die Soldaten auf deutsch übersetzt: „Der Sultan soll noch lange leben". Ausnahmsweise bekamen wir auch Zutritt in die Moschee und mussten etwa 1 ½ Stunden warten, bis der Sultan mit seinen Audienzen fertig war, um dann in der Moschee sein Gebet zu verrichten. Er machte keine besonders imponierende Figur mit seinem schweren Oberkörper und seinen kurzen krummen Beinen. Unter den Augen hingen die reinsten Tränensäcke. Wegen diesem Anblick hätten wir uns die 1 ½ Stunden Wartezeit sparen können. In den letzten Tagen mussten wir auf der deutschen Militärmission unsere übrigen Tropenausrüstungsstücke abgeben. Infolge meiner Krankheit sind mir einige Stücke unter anderem auch mein 2. Paar Wickelgamaschen in Jerusalem abhanden gekommen. Der Pascha auf dem Büro der Militärmission, ein gewisser Intendantursekretär Merz, machte deswegen einen solchen Lamentabel, dass man hätte glauben können, der Krieg sei deshalb verspielt. Als er nach einem fehlenden Khakirock fragt und ich ihm antwortete, derselbe sei infolge des strengen Gebrauchs eben kaputt gegangen, antwortete mir dieser Schuft: „Hoffentlich gehen Sie auch noch kaputt". So etwas soll man sich nach 2 ½ Jahre Krieg als alter Feldsoldat von so einem Etappenhengst noch ins Gesicht sagen lassen. Ich hätte dem Herrn am liebsten eine in die Fresse gehauen, so hat mich die Sache aufgeregt. Erst als ich wieder auf der Straße war und meine letzte Leidenszeit noch mal überdachte und dann diesen Ausspruche dazu, da kommen mir vor Wut und Schmerz die Tränen in die Augen, dass ich rasch an ein Schaufenster gehen musste, damit die Passanten mein Gesicht nicht (243) sehen konnten. In meinem ganzen Leben hat mir noch nichts so weh getan, wie der Ausspruch dieses Etappensoldaten. Beim

---

[60] Soldat einer Kerntruppe des osmanischen Sultans

Mittagessen auf dem Schiff habe ich diesen Vorfall auch einigen Kameraden erzählt. Hier erfuhr ich, dass dieser Herr Merz allen in Konstantinopel weilenden Soldaten als wüster Klob, um mich schwäbisch auszudrücken, bekannt war. Besonders ein alter Ostafrikaner, ebenfalls Vizefeldwebel, ließ mir keine Ruhe bis ich beim Chef der Militärmission, General Liman von Sanders, gegen Merz eine Beschwerde eingereicht habe. Ich bin nur gespannt, ob es einen Wert hat. Soviel ich bis heute erfahren habe, ist die Beschwerde beim Generalbevollmächtigten schon angehalten worden, um Herrn Merz noch Zeit zu geben, den Fall zu schlichten, bevor die Beschwerde vor den General kommt. Wie ich heute wieder dort war, um mich nach unserer Abreise zu erkundigen, erfahre ich, dass meine Kompanie mit Mann und Maus von den Engländern bei Gazza gefangen wurde. Da habe ich ja wieder Glück gehabt, dass ich bei der Kompanie vorher krank geworden bin, sonst wäre ich jetzt auch dabei. Eben erfahre ich, dass der Intendantursekretär auf dem Schiff war und nach mir gefragt hat.

3. Februar 1917

Am 1. Februar kam der Abmarschbefehl, wir sollen in kleinen Trupps von 3 – 4 Mann mit den fahrplanmäßigen Personenzügen abgeschoben werden. Während der letzten Tage hat mich auf dem Schiff der Intendantursekretär 2 mal aufgesucht, um mich zur Zurücknahme meiner Beschwerde zu bewegen. Ich merkte wohl, dass es ihm diesmal an den Kragen gehen würde, denn es war nicht der erste derartige Fall. Es gab bald keinen deutschen Soldaten in Konstantinopel, der entweder auf der Etappe oder auf der Durchreise nicht mit diesem Mann zu schaffen gehabt hätte. Alle Ansprüche des Soldaten oder Offiziers in bezug auf Ausrüstung und Verpflegung konnten nur mit seiner Genehmigung erfüllt werden. Diese uneingeschränkte Macht nützte (244) dieser Etappenmensch bis zum Äußersten aus. Jetzt war er auf einmal so klein geworden, der große Herr und bedauerte seine Äußerungen auf alle Arten. Er hätte es nicht so gemeint, durch Überarbeitung sei er auf den Nerven herunter und deshalb gleich aufgeregt und was dergleichen Dinge mehr sind. Ich ließ mich aber zur Zurücknahme meiner Beschwerde nicht bewegen, obwohl er 2 mal hier war und mich bearbeitete. Zuletzt versprach er mir noch, falls ich noch irgend einen Wunsch hätte bezüglich Verpflegung und Ausrüstung, so solle ich es doch sagen, er werde mir in jeder Beziehung entgegenkommen. Wie ich heute früh 6 Uhr mit noch 3 Kameraden das Gepäck ins Boot bringe, um nach dem Bahnhof zu fahren, da kam er schon wieder angerudert und fasste mich im letzten Moment noch ab, und erklärte sich sogar bereit, vor seinem ganzen Büro Abbitte zu leisten. Schließlich ließ ich mich zuletzt doch umstimmen und unterschrieb ihm eine schon vorbereitete Erklärung, dass ich meine Beschwerde wieder zurückziehe, nur dass ich diesen Waschlappen endlich vom Halse hatte. Inzwischen war es auch höchste Zeit geworden, zum Bahnhof zu fahren. Am Billettschalter hatte ich noch meinen Ärger mit dem türkischen Schalterbeamten, welcher uns trotz vorschriftsmäßiger Ausweispapiere keine Fahrkarten herausgeben wollte. Wahrscheinlich wollte er noch einen Bakschisch herausschinden. Als er auf meine deutsch gesprochene Bitte absolut nicht reagierte und nur immer die Achseln zuckte, versuchte ich es auf französisch, ihm die Sache klar zu machen, aber auch daraufhin hatte er nur ein Achselzucken übrig. In meiner Wut fiel mir zuletzt nichts anderes ein als der schwäbische Gruß vom Götz von Berlichingen. Siehe da, darauf reagierte er sofort und sagte zum Schalter heraus: „Ich lecke nicht ....“. Also dies hatte er doch verstanden. Zum Glück kam ein Soldat der deutschen Bahnhofswache herbei, welche die Sache vollends regelte und uns die Billette aushändigte.

Nachdem so alle Hindernisse glücklich beseitigt waren, bestiegen wir unseren Zug und nach einer halben Stunde Fahrt waren die letzten Behausungen Konstantinopels unseren Blicken entschwunden. Ein Andenken musste ich leider zurücklassen und zwar meine Brieftasche, welche mir auf der Galatabrücke von einem Taschendieb gestohlen wurde. Dort war ein Taucher an der Arbeit und weil wir dies noch nie gesehen hatten, stellten wir uns auch am Brückengeländer auf, um auf das Auftauchen zu warten. Mit der Zeit hatten sich zu diesem Schauspiel soviel Menschen angesammelt, dass in 2 oder 3 Reihen von hinten hergedrängt wurde, um den Taucher beim Heraussteigen zu sehen. Dieses Gedränge hatte so ein Gauner ausgenützt und an meiner Rocktasche, welche gut zugeknöpft war, den Boden aufgeschnitten und die Brieftasche herausgleiten lassen und zwar erst in dem Augenblick, als der Tauscher an der Wasseroberfläche erschien und so alle Augen und Sinne auf diesen Punkt konzentriert waren. Als ich mich nach einigen Minuten vom Geländer aufrichtete, merkte ich den Verlust zwar sofort, aber wie sollte ich unter soviel Publikum den Dieb feststellen, der auch wahrscheinlich inzwischen verschwunden war. Der Inhalt betrug neben meinem Soldbuch und sonstigen Papieren und Fotographien etwa 45 Mark an Papiergeld. Ich durfte es nicht einmal sagen, als ich mir ein neues Soldbuch ausstellen lassen musste, dass es mir so dumm gegangen ist, sonst wäre ich noch gerügt worden, weil diese Diebe meist im Dienst unserer Gegner arbeiten, um an Hand der Militärpapiere die Truppenteile festzustellen. Mit dieser wenig angenehmen Erinnerung passierten wir abends 9 Uhr die türkische Grenze bei Kulileburgas.

04. Februar 1917

Am 4. morgens kommen wir nach Sophia. Die Bulgaren machen uns noch allerhand Schwierigkeiten mit unseren türkischen Fahrkarten. Von Sofia bis Nisch ist die Bahn seit (246) Mackensens Offensive in Rumänien mit deutschem Personal besetzt. Abends 7 Uhr erreichen wir Nisch und bleiben die Nacht über im Wartesaal. Ein bulgarischer Bundesbruder, auch im Rang eines Feldwebels, mit dem ich mich auf der Fahrt angefreundet hatte, hat mir im Eisenbahnwagen, während ich schlief, meine Pistole aus der Tasche am Koppel herausgestohlen. Wie bin ich doch so froh, dass ich jetzt aus diesen verstohlenen Banausenländern herauskomme. Von Belgrad an haben wir wieder ungarisches Bahnpersonal. Die ungarischen Bahnschaffner können es in bezug auf Klobigkeit getrost mit den schwäbischen aufnehmen. Abends 5 Uhr erreichen wir Budapest. Der Zug war so überfüllt, dass wir die ganze Strecke im Gang sitzen mussten, was bei der Hundekälte nicht gerade angenehm war, aber der Gedanke, dass wir bald in Deutschland sind, hebt uns über alles hinweg. In Budapest müssen wir mit der Elektrischen nach einem anderen Bahnhof fahren. Der Straßenbahnschaffner will aber unser Gepäck nicht hereinnehmen lassen. Wir bieten ihm den doppelten Fahrpreis und erreichen knapp noch den Anschluss an einen deutschen D-Zug. Am 7. morgens geht's über die deutsche Grenze.

Deutschland

Im Abteil haben wir jetzt keine Ruhe mehr, sondern müssen immerfort zum Fenster hinaussehen, so eine kindische Freude haben wir an unserem deutschen Land. Um 3 Uhr erreichen wir Berlin und möchten am liebsten singen: „Deutschland, Deutschland über alles". Das Straßenbild Berlins hatte sich in der Zwischenzeit nicht wesentlich verändert. Der Tag unseres Eintreffens bei der II. Ers. MG- K. des Gardekorps, wo wir uns melden mussten, war aus unseren Ausweispapieren nicht ersichtlich, so dass wir noch einige Tage Spielraum hatten. Ein Kamerad der 4. Kompanie, Schulz mit Namen, der in meinem Range stand und der einzige Sohn einer Bankbeamtenfamilie in Berlin war, ließ nicht nach, ich sollte mit ihm einige Tage bei seinen Eltern verbringen, damit wir dann gemeinsam beim Ers. Truppenteil (247) wieder eintreffen sollten. Da ich keine Lust hatte, allein einige Tage in Berlin rumzubummeln nahm ich die Einladung gerne an und so fuhren wir mit einem Taxameter nach dessen Wohnung. Das Wiedersehen zwischen den überraschten Eltern und dem geliebten Sohn war mehr als stürmisch, das lässt sich denken; lag er doch auch an einer Darmkrankheit auf Leben und Tod in Jerusalem darnieder. Trotzdem das Muttersöhnchen gleich am 2. Tage den wilden Mann spielte, was ich seiner mangelhaften Zucht in seiner Jugend zuschrieb, habe ich bei diesen gastfreundlichen Leuten doch einige schöne Tage erlebt. Die Eltern wollten doch mit ihrem, mit dem eisernen Halbmond geschmückten Sohn ein bisschen paradieren und so waren wir jeden Tag irgendwo eingeladen oder in besseren Lokalen zu Gast. Wir wurden von den fürnehmen Damen mit dem Lorgnon fast wie Wundertiere angestaunt und immer sollten wir von Jerusalem erzählen. Ich mag mit meiner viereckigen Figur und meinem süddeutschen Dialekt fast wie ein Fremdkörper zwischen diesen geschniegelten und gebügelten Kreisen mich ausgenommen haben, trotzdem habe ich mich sehr rasch in meine Rolle hineingefunden. Die interne Unterhaltung in diesen Kreisen bewegte sich in der Hauptsache um Familienangelegenheiten beim kaiserlichen Hof, sogenannter Hofklatsch, anscheinend gehörte das zum guten Ton.

10.03.1917

In Groß-Besten bei Berlin, dem Standort unseres Ers. Truppenteils, trafen wir bei unserer Ankunft schon etwa 1 Dutzend Kameraden von der Paschaformation an. Die Unterkunft der Kompanie ist in einer leeren Ziegelei und ziemlich feldmäßig. Ich wurde sofort zum Lehrpersonal einer Rekrutenabteilung zugeteilt und mache nun den öden Kasernenhofdrill mit. Es kostete mich anfangs eine große Überwindung nach unserem Räuberlesleben in der Türkei auf einmal wieder diesen engherzigen Kasernengeist und die Speichelleckerei und die Liebedienerei vieler Unteroffiziere vom Lehrpersonal bei den Vorgesetzten mitanzusehen; es ekelt mich direkt an. Neulich sollte ich in der Instruktionsstunde über (248) die Mitglieder des kaiserlichen und königlichen Hauses und ihre Geburtstage Unterricht erteilen, da ich dieses Thema jedoch selbst nur ganz schwach beherrschte, ging mir der Stoff natürlich zu bald aus und so habe ich meinen Rekruten von der Kriegsführung in der Türkei erzählt, das hat dann den jungen Menschen gut gefallen; mir trug es aber einen Rüffel ein von Seiten des Leutnants, welcher meine Instruktionsstunde heimlich belauscht hatte. Ich komme jetzt auch so langsam dahinter, auf was es hier den meisten ankommt, nämlich darauf, solange wie möglich seine Stellung zu halten. Vor einigen Tagen ging ein Transport an die Front. Man macht sich aber keinen Begriff wie da vorher die Herrschaften von Berlin gefahren und geritten kommen um den einen oder anderen durch irgend eine Schiebung wegzubringen. Da muss der Kompanieführer oder der Feldwebel schon ein ganz seltener Charakter- und Wahrheitsfanatiker sein, um all den vielen Versuchungen und Lockungen standzuhalten. Mit Sekt und Weibern, Geschenken und Autofahrten werden die maßgebenden Führer traktiert, wenn es gilt, so einen Sprössling in der Heimat dem Vaterlande zu erhalten und unentbehrlich zu machen. Die armen Teufel, die nirgends einen Vetter im Himmel haben, gehen eben wieder hinaus ins feindliche Leben. Wie sagte doch in den Argonnen Herr Hauptmann W. von der MG-K 127: „Das versteht ihr nicht, mit eurem beschränkten Untertanenverstand".

10.04.1917
Mein Gastsspiel bei der II. Ers. MGK hat nicht sehr lange gedauert. Obwohl ich es nicht schlecht hatte, war ich doch von diesem Betrieb nicht befriedigt. So ergriff ich kurz vor der Rekrutenbesichtigung die Gelegenheit, als die Kompanie für eine Sturmpanzerwagen-Neuformation MG Leute und Wagenführer zu stellen hatte. Es sollten möglichst kampferprobte Soldaten sein und ohne langes Besinnen meldete ich mich freiwillig als Wagenführer. Ohne Verzug mussten wir sofort unsere sieben Sachen zusammenpacken und kommen (249) nach Wündsdorf bei Zossen. In einem modernen Kasernenbau der Schießstube liegen wir jetzt schon bald 3 Wochen, ohne dass wir von unserer neumodischen Waffe, den sogenannten Tanks, etwas gesehen hätten, die Sache ist anscheinend erst im Werden. Neben dem bisschen Exerzieren vormittags ist der Nachmittag dem Sport, hauptsächlich dem Fußballsspielen gewidmet. Ich habe es in meinen alten Tagen auch noch angefangen und bin schon so mit Leib und Seele dabei, dass ich es kaum erwarten kann, wenn die Mannschaften zum Spiel antreten. Unsere beiden Führer sind ganz verständige Männer und lassen uns fast ungeschoren. Zwischenhinein fahren wir nach Berlin herein und machen uns einen schönen Tag, soweit es der Geldbeutel zulässt. Die Futterklemme ist überall stark spürbar; an den Lebensmittelgeschäften sieht man Hunderte Schlange stehen. Die Kuchen, welche man in den Kaffees und Restaurants vorgesetzt bekommt, sind fast nicht mehr zu genießen, so kunstvoll sind sie hergestellt. Wo man geht und steht, wird man von Frauenzimmern belästigt, welche ihrem horizontalen Gewerbe nachgehen. Wenn man dies Leben und Treiben nur oberflächlich betrachtet, könnte man glauben, bei uns sei alles noch in bester Ordnung. Kommt man aber mehr mit dem

werktätigem Volk in Berührung, so merkt man sofort, dass die Leute tatsächlich hungern müssen. Sogar den Kindern sieht man es schon an, dass es an einer kräftigen Kost fehlt.

Das Hauptunterhaltungsthema dreht sich um die Beschaffung von Lebensmitteln. Es kommen wohl aus unzähligen dunklen Kanälen markenfreie Lebensmittel herein, jedoch gehören gute Verbindungen her und vor allem Geld, wenn man davon etwas erwischen will. Es fehlt besonders an Fett, das spüren wir auch bei unserer Massenfütterung. Der sogenannte Ulanenhäcksel hängt uns bald zum Hals heraus.

17.05.1917

Mit unserem Abtransport hat es noch gute Weile. Bis jetzt haben wir von Daimler Marienfelde einen (250) Wagen bekommen zum Ausprobieren; diese Konstruktion hat sich aber nicht bewährt. Es ist nicht so einfach, mit den schweren Kästen über Gräben und Hindernisse wegzufahren, ohne dass dabei etwas in die Brüche geht. Bis dann mit Winden und Hebewerkzeugen so ein Ding aus einem Graben herausgewunden ist, vergehen einige Tage. Der Aufenthalt in den Eisenkasten während der Fahrt ist nicht gerade angenehm, weil nur die kleinen Schießscharten geöffnet werden können. Nach so einer Fahrt sind wir immer ganz betäubt von dem Gerassel und Gestank und von der Backofenhitze, welche sich durch den starken Motor entwickelt. Zur Zeit sind wir wieder ohne Wagen, vielleicht geht der Krieg auch zu Ende, ehe wir mit unseren Tanks kampffähig sind, dann ist's auch so recht. Hier in der Nähe befindet sich ein muhamedanisches Gefangenenlager mit Moschee. Mit dem türkischen Geistlichen habe ich mich schon öfter unterhalten; es ist ein sehr gescheiter Mann und freut sich immer, wenn er einen alten Orientkrieger an seinem eisernen Halbmond erkennt. Das schönste was wir hier haben, ist die Badegelegenheit in einem nahen See, wir machen fast täglich Gebrauch davon. Trotzdem wird die Sache hier auf die Dauer langweilig. Ich habe versucht ob ich nicht bei Daimler in Marienfelde an unserem Wagen mitarbeiten darf, es war aber nichts zu machen.

06.06.1917

Das faule Leben hier nimmt immer noch kein Ende. Mit unseren Wagen will es absolut nicht klappen, ich glaube, die jetzige Konstruktion ist auch verfehlt. Eigentlich haben wir ja nichts zu klagen, aber wenn man wochenlang untätig daliegen muss, während zum Beispiel mein alter Vater zu Hause sich schinden und plagen muss, dann ist's einem nicht ganz wohl bei der Sache. Und wenn ich so die ganze Kriegslage überdenke, so habe ich nur noch eine schwache Hoffnung, dass wir den Krieg jetzt noch gewinnen, (251) es sei denn, dass noch irgend ein Wunder geschieht. Vielleicht schaffen es unsere U-Boote noch, auf die jetzt so große Hoffnungen gesetzt werden. Auf dem Marsch vom Exerzierplatz singen wir manchmal. Wir Deutsche lassen uns nicht unterkriegen, wir müssen siegen trotz Übermacht, die Zahl ist ganz egal, mit Kraft wird es geschafft und seid ihr noch viel mehr, viel Feind, viel Ehr. Jetzt habe ich doch schon allerhand Kriegserfahrung hinter mir, so dass ich mit meinem beschränkten Untertanenverstand, um mit Hauptmann Weber zu reden, doch ein gewisses Gefühl dafür habe, was sein kann und was nicht. Nach diesen Versen habe ich aber immer ein bisschen ein schlechtes Gewissen, weil ich in meinem Innern nicht mehr daran glauben kann. Besonders nicht, wenn der Bürokratismus so auf die Spitze getrieben wird, wie ich gestern erfahren musste. Es lag nämlich ein Schreiben vor an meine Abteilung vom Intendantursekretär Merz aus Konstantinopel mit mindestens 1 Dutzend Anlagen. Mein Leutnant ließ mich auf das Dienstzimmer kommen und brachte mir den Inhalt zur Kenntnis. Es handelt sich immer noch um den Verbleib meines II. Paares Wickelgamaschen, welche mir in Jerusalem während meiner Krankheit abhanden gekommen sind. Herr Merz hat hierwegen trotz meiner zurückgenommenen Beschwerde noch einige mal nach Jerusalem an das Bataillon und an das Lazarett geschrieben und Nachforschungen angestellt. Nun sollte ich bei meinem jetzigen Truppenteil noch mal ins Verhör genommen werden. Es war nur gut, dass ich noch nicht wieder ins Feld gekommen und vielleicht inzwischen gefallen war. Es wäre ja für Deutschland mehr als schädlich gewesen, wenn ich dadurch diesem Verhör entschlüpft wäre, ähnlich wie der Feldwebel einmal gesagt hat: Scheußlich, Herr Hauptmann stirbt der Karl und hat noch 3 Tage Loch gut. Ich habe dann meinem Leutnant den ganzen Vorfall erzählt und ihm wahrheitsgetreu über alles Bericht erstattet. Er meinte dann, wenn dieser Herr in Konstantinopel nichts wichtigeres zu tun habe, als sich mit solch ärmlichen Angelegenheiten zu befassen, dann gehöre er schon längst an einen Platz (252) wo ihm derartige Schreiben vergehen. Das Beste sei in diesem Falle, wir geben gar keine Antwort mehr. In Kospoli hat mich dieser Etappenhengst fast auf den Knien gebeten, dass ich meine Beschwerde wieder zurückziehe und ich dummes Luder habe es auch getan. Zum Dank dafür will er mir hinterher an den Kragen. Da wundert man sich noch, wenn das Heer der Bürosoldaten und Heimkrieger immer ärger anschwillt.

19. Juli 1917

Zur Abwechslung war ich inzwischen 10 Tage im Urlaub. Es ist mir jetzt ganz egal was kommt; unsere Tanks geben doch keinen Ausschlag mehr, denn so wie sie sich bis jetzt bewährt haben, ist nichts vernünftiges damit anzufangen. Die Futterklemme wird immer schlimmer; Lebensmittelschiebereien und Brotkartenschwindel ist Trumpf. Berlin ist wirklich ein bisschen unruhig wegen der Krise im Reichstag, da kommt auch nichts Gedeihliches dabei heraus. Auf dem Rückmarsch vom Scharfschießen vor einigen Tagen habe ich mich auch mit meinem Leutnant unterhalten, der denkt auch nicht viel anders über die Lage wie ich. Er fragte mich, ob ich ihm von Süddeutschland Butter besorgen könne, er würde mich gut dafür bezahlen. Versuchen will ich's, es wird aber schwer halten, ich schmiere mir meinen Barras selber nur noch mit Kunsthonig oder Margarine. Trotz dieser Not sind in Berlin die Theater und sonstigen Vergnügungslokale meist ausverkauft. Man taumelt so von einem Tag in den anderen hinein und versucht, jeder auf seine Art, diesem verpfuschtem Leben die beste Seite abzugewinnen. Ich frage mich nur immer wie lange dieser Zustand noch anhalten mag, bis die große Enttäuschung kommt. Heute soll der Reichskanzler wieder eine große Rede halten, alles ist gespannt darauf. Es gibt immer noch Optimisten, welche an Wunder glauben und unseren traurigen Zustand noch gar nicht

(253) ernst nehmen, bis eines schönen Tages alles drunter und drüber geht. In vielen Truppenteilen um Berlin herum herrscht zur Zeit Dysenterie[61] und Ruhr; jeden Tag sterben Dutzende in den Lazaretten meist junge Leute von 18 – 20 Jahren. Mein Leutnant sagte mir in 4 – 6 Wochen soll die Abteilung mobil werden, ich rechne aber bei dem derzeitigen Stand des Tankproblems noch mit Monaten.

20. August 1917

Vor Paris nichts Neues, so müsste bei uns jeder Tagesbefehl lauten. Heute kam Befehl, wir sollen einer Straßenpanzerabteilung 6 MG abgeben, daraus schließe ich, dass es bei uns noch keine Eile hat. Der neue Wagen, welcher diese Woche kam, ist gleich bei der ersten Versuchsfahrt wieder defekt geworden und braucht mindestens wieder 3 Wochen zur Reparatur. Also, vorläufig haben die Franzosen vor unseren Tankgeschwadern nichts zu fürchten.

18. 10. 1917

Unsere Abteilung ist jetzt wieder aufgelöst und soll bei den Kraftfahrern neu formiert werden. Da die neuen Wagenführer von dort gestellt werden bin ich wieder frei geworden und zur Rekrutenausbildung nach Groß-Besten zurückgekommen. Die schönen Tage von Aranjuez[62] sind jetzt vorüber, wahrscheinlich komme ich gleich mit dem nächsten Transport ins Feld. Wenn ich aber schon ins Feld komme, dann möchte ich doch am liebsten wieder zu meiner alten Kolonne. Zu diesem Zweck habe ich ein Versetzungsgesuch nach der III. Ers. MGK des XIII. A.K. eingereicht, welche auf dem Truppenübungsplatz Münsingen, also in meiner Heimat stationiert ist. Wenn das Gesuch durchgeht, bin ich bald wieder daheim im Schwabenländle. Ich müsste aber lügen, wenn ich behaupten wollte, mit den Preußen sei nicht gut auszukommen, fast möchte ich behaupten, sie sind noch kameradschaftlicher wie meine engeren Landsleute, wenigstens habe ich jetzt während meinem (254) Dienst in

---

[61] (Med.) Durchfall
[62] spanische Stadt

preußischen Formationen wirklich ehrliche und treue Kameraden kennen gelernt. Wichtiger für meinen Stellungswechsel ist die Magenfrage; ich möchte auch einmal wieder etwas Gescheites zum Essen und da kann es nirgends besser sein wie zu Hause. Mein Bruder schrieb mir heute von der Westfront, ich sollte sehen, dass ich von meiner Tankabteilung wieder wegkomme. Das sei nichts Genaues nach den Erfahrungen mit den französischen Tanks. Vor seinem Frontabschnitt seien bei einem Angriff fast sämtliche französische Tanks zusammengeschossen worden und die Besatzungen elend ums Leben gekommen. Jetzt ist er ja dieser Sorge enthoben, wenn er erfährt, dass ich wieder bei einem Ers. Truppenteil bin.

25.11.1917

Meine Versetzung ist immer noch nicht heraus; wenn nicht bald etwas kommt, muss ich von hier aus noch ins Feld, reif bin ich nämlich schon längst. An die Rekrutenausbildung habe ich mich so allmählich gewöhnt, 50 Mann sind meiner Obhut anvertraut, wir vertragen uns ausgezeichnet miteinander. Mein Stubengenosse ist in Zivil Opernsänger am Stadttheater in Düsseldorf und lässt mir von seinen Gottesgaben auch etwas zukommen, da geht es manchmal lustig zu, wenn ich mit ihm über Land gehe, wo er nebenher noch in Kirchen und Konzerten mitwirkt; so möchte ich nur auch singen können wie der. Schade, dass er kein Geld im Sack leiden kann. Ich muss mich über seine Lebensweise oft wundern. Hat er zum Beispiel irgendwoher 1 Pfund Butter ergattert, dann wird gleich so dick aufgestrichen, dass er im Nu damit fertig ist. Er kann dann aber, wenn er abgebrannt ist, 8 Tage lang sich mit selbst gesottenen Kartoffeln und Brot zum Vesper begnügen, das macht ihm gar nichts aus. Wenn der Dienst aus ist wird entweder gekegelt oder Karten gespielt, das tut er (255) leidenschaftlich gern, obwohl er fast regelmäßig sein ganzes Geld verspielt. Jeder Tag kann für mich jetzt den Marschbefehl bringen.

02.01.1918
Fliegerlager
Die Versetzung ist noch zur rechten Zeit herausgekommen; jetzt sitze ich direkt in meiner Heimat und bilde vorläufig wieder Rekruten aus, bis ich wieder ins Feld komme. Daneben kann ich meinen Eltern noch ein bisschen an die Hand gehen. Alles wickelt sich nach Wunsch ab, mehr kann ich nicht verlangen.

01.04.1918
Obwohl ich längst reif wäre fürs Feld, hat noch kein Mensch in meiner Kolonne diesbezüglich Andeutungen gemacht. Anscheinend gehöre ich hier zum Stamm des Lehrpersonals, so gut muss ich mich auf diesem Gebiete bewährt haben. Erst heute haben wir wieder eine neue Serie Rekruten bekommen, da geht die Arbeit noch lange nicht aus. Mir soll es recht sein, lange kann der Schwindel sowieso nicht mehr dauern. Trotzdem habe ich mich von meinem Stubenkameraden überreden lassen, mit ihm zu den Fliegern zu gehen. Ich sagte mir verspielen kannst du jetzt nicht mehr viel und habe mich gemeldet.

10.08.1918
Am 1.6.1918 war ich in Ulm bei der Untersuchung und bin als Flieger tauglich befunden worden. Heute ist nun meine Versetzung nach Böblingen zu der FEA[63] 10 gekommen. Inzwischen habe ich meine fertigen Rekruten vorher nach der Westfront gebracht und wieder ein bisschen Pulver gerochen. Es ist immer noch dicke Luft draußen. Nach den Schilderungen der Frontkameraden ist es immer noch das gleiche Elend, eher noch etwas schlechter als zu meiner Zeit. Die Stimmung ist sehr gedrückt; ich habe so den Eindruck bekommen, dass alles abgekämpft ist, da dauern mich nur meine jungen Rekruten. Die Vorgesetzten lügen einander selber an wenn, sie immer wieder berichten, der Kampfgeist (256) der Truppen sei noch vorzüglich. Das ist einfach nicht wahr; man muss ja ganz mit Blindheit geschlagen sein, wenn man die Stimmung noch als kampffreudig anspricht. Da will eben keiner derjenige sein, der seiner

---

[63] Fliegerersatzabteilung

Kompanie ein schlechtes Zeugnis ausstellt, ich will nur sehen, wie das noch endet. Es stellt sich eben doch so langsam heraus, dass unsere Gegner uns an Material und Reserven weit überlegen sind und das mit den U-Booten scheint ein großer Schwindel zu sein. Das Erfreulichste in den Berichten sind eigentlich die Erfolge unserer Kampfflieger, obwohl wir wahrscheinlich auch viele Verluste dabei zu verzeichnen haben werden. Ich habe innerlich den Glauben an einen Sieg längst verloren, wenn man auch nach außen nichts merken lassen darf. Es wird noch ein schwieriges Problem werden, aus diesem Schlamassel noch halbwegs anständig herauszukommen; jedenfalls sind die besten Chancen zu Friedensverhandlungen längst verpasst. Jetzt werde ich mein Heil noch bei den Fliegern versuchen, es ist wenigstens wieder etwas Neues.

20.08.1918

Bei meiner Ankunft im Fliegerlager war ich Zeuge eines Unglücks, das meiner Lust zur Fliegerei gleich einen gewaltigen Dämpfer aufsetzt. Wie ich vom Bahnhof unter der Bahnunterführung gegen den Lagereingang komme, saust ein Flugzeug in etwa 150 Metern Höhe über den Flughallen weg nach der Stadt zu. Plötzlich schwenkt direkt über mir die Maschine und stürzt wie vom Blitz getroffen etwa 40 Meter von mir weg mitten auf den Bahngeleisen ab. Alles spielte sich so schnell ab, dass mir schier der Atem ausblieb. Ich eile den Bahndamm hinauf nach der Unglücksstätte wo das Flugzeug total zertrümmert zwischen den Schienen liegt. Inzwischen eilen noch mehr Leute herbei und wir versuchen die beiden unter den Trümmern (257) liegenden Flieger hervorzuziehen. Einer war schon tot, der andere gab nur noch schwache Lebenszeichen von sich und verschied auf dem Transport. Das war für mich gleich ein trauriger Empfang, doch habe ich im Lager gleich gemerkt, dass nicht viel Wesens daraus gemacht wird, weil Abstürze hier fast an der Tagesordnung sind. Vorläufig bin ich den sogenannten Vorratsschülern zugeteilt, wo ich Gelegenheit habe, mir die theoretischen Kenntnisse der Fliegerei anzueignen. Eine alte ausgeräumte Zuckerfabrik ist als Schule eingerichtet und das Lehrmaterial darin untergebracht. Alle Schüler sind in Gruppen eingeteilt. Für jeden wichtigen Teil des Motors und Flugzeugs steht der Gruppe etwa 1 Woche Zeit zur Verfügung zum eingehenden Studium. Dies soll etwa 8 Wochen dauern bis alles durchgenommen ist und das Fliegen losgehen kann. Nebenher wird noch geturnt und Sport getrieben.

10.10.1918

Die letzten Wochen sind mir nur so vorbeigeflogen. Für jeden der ein bisschen Interesse hat ist die theoretische Ausbildung zum Flieger sehr interessant und kurzweilig. Der Gruppenführer ist meist ein älterer erfahrener Flieger, welcher die einzelnen Teile zerlegt und erklärt. Außerdem ist noch für sämtliche Gruppen gemeinsamer Vortrag von Technikern und Professoren. Selbstverständlich wird an den Tischen der einzelnen Gruppen nicht immer das vorgeschriebene Thema behandelt, sondern dazwischen hinein auch ein bisschen Weltpolitik getrieben und Witze und Episoden aus dem Krieg erzählt. Im Gegensatz zu anderen Ersatz-Truppenteilen herrscht hier zwischen den Schülern, ob Unteroffizieren oder Mann, ein schönes kameradschaftliches Verhältnis. Auf dem Flugplatz ist immer großer Betrieb von früh bis spät, sofern das Wetter günstig ist. Bevor die Schüler der einzelnen Schulen zum Startplatz rollen, prüfen die Monteure die Maschinen nochmals durch. Bei schönem Flugwetter (258) geht es dann den ganzen Tag wie in einem Taubenschlag. Es vergeht fast kein Tag, dass nicht eine Maschine Bruch macht, d. h. beim Landen verunglückt oder abstürzt. Durchschnittlich kommen auf die Woche 1 – 2 tödliche Unfälle. Wir Vorratsschüler haben dann immer die Ehre, bei der Beerdigung oder Überführung die Mannschaften zur Leichenparade zu stellen. Die Verluste bei dem fliegenden Personal sind meiner Schätzung nach während der Ausbildung durchschnittlich so hoch wie draußen bei den Feldfliegern. Das kommt hauptsächlich auch von den schlechten Maschinen und alten Kisten, die hier für die Lehrlinge zur Verfügung stehen. Das wird bei den Fliegern aber nicht tragisch genommen und gehört mit dazu. Wenn dann eine Maschine ganz bresthaft[64] ist, so wird

---

[64] veraltet mit Gebrechen behaftet

sie gewaltsamerweise auf den Fildern mit Absicht hart aufgesetzt und mit Benzin dem Verbrennungsprozess etwas nachgeholfen. Schließlich wird der Rockärmel noch etwas ans Feuer gehalten und eine knappe Rettung vom Feuertod vorgetäuscht. Auf den Stuben in der Kaserne erfährt man dann so unter der Hand den tatsächlichen Sachverhalt. Es ist ganz sonderbar, dass im Verlauf der Ausbildung die Lust zum Fliegen täglich zunimmt, trotz der vielen Unglücksfälle; wenigstens habe ich dies bei mir selber schon festgestellt. Deshalb versuchen wir Vorratsschüler immer wieder, trotz strengem Verbot, bei vorgeschrittenen Flugschülern heimlich mitzufliegen. Meine beiden Stubenkameraden, welche bereits das Gröbste hinter sich haben, haben mir schon lange versprochen, mich bei günstiger Gelegenheit einmal mitzunehmen. Gestern war nun ein wunderbares Flugwetter und da wir nachmittags in der Schule frei hatten, war die Gelegenheit günstig. Ich verschaffte mir einen Sturzhelm und begab mich auf den Flugplatz. Mein Kamerad, der nebenbei noch ein großer Windbeutel war, setzte seine Monteure von meinem Vorhaben in Kenntnis und schmuggelte mich in einem unbewachten Augenblick in den Beobachtungssitz seiner Maschine hinein, wo ich sofort volle Deckung nahm. Die Schulübung schrieb eine Höhe von 1500 m vor und eine Flugdauer von ½ Stunde. Wir rollten miteinander zum (259) Startplatz, dort wurde die Maschine ohne Anstand freigegeben. Das Flugzeug rollte an, machte noch einige Sprünge bis ich dann spürte, dass wir den Boden verlassen hatten. Nach einer Weile ging ich vorsichtig hoch, setzte mich ohne rechts oder links zu sehen, auf meinen Sitz und schnallte mich fest. Jetzt erst hatte ich den Mut, mich etwas umzusehen. Zuerst kam es mir vor als ob wir in der Luft still stünden und die Felder, Straßen und Bäume unter uns wegsausten. Das gleichmäßige Arbeiten des Motors und der starke Propellerwind ließen jedoch keinen Zweifel darüber, dass wir ein gutes Tempo hatten. Das Rattern und Surren war derart stark, dass eine Verständigung mit meinem Führer unmöglich war. Die Maschine stieg immer höher und höher; die Menschen auf den Straßen und Feldern waren nur noch als dunkle Punkte zu erkennen. Das in den ersten Minuten auftretende beängstigende Gefühl und besonders das Gefühl der Verlassenheit wurde bald abgelenkt durch die wunderbare Aussicht die sich dem Auge darbot. Die Alpen, die Vogesen und der Schwarzwald schienen mir ganz nahe. Gegen diese Gebirgszüge war unsere Alb nur ein kleines Hügelland. Zuletzt wurde ich etwas kecker und beugte mich über den Rand hinaus um noch besser sehen zu können. Ich hatte keine Brille mitgenommen, deshalb wirkte der starke Propellerwind ziemlich störend. Als wir unsere vorgeschriebene Höhe erreicht hatten, machten wir einen kleinen Abstecher über den Schönbuch und kehrten wieder zum Flugplatz zurück, den wir einige Male umkreisten. In Kurven und Spiralen ging's rasch wieder in die Tiefe; dabei bekam ich es manchmal mit der Angst zu tun, wenn ich in einer Kurve nach dem höher liegenden Flügel hinaufschaute, weil ich dann immer glaubte, das Flugzeug sei am umkippen. Dabei hielt ich mich ganz krampfhaft fest und verlagerte mein Körpergewicht unwillkürlich auf die höher gelegene Seite. Zuletzt hatte ich gar nicht mehr den Mut nach dem Flügel hinaufzusehen. Flog er eine Linkskurve, bog ich mich nach rechts oder umgekehrt. Es ist bloß gut, dass (260) mich bei diesen krampfhaften Bewegungen niemand beobachten konnte. Bei den Spiralen ging ein so starkes Zittern durch die Kiste, dass ich immer das Gefühl hatte, als sei etwas nicht ganz in Ordnung. Als mein Führer zum Gleitflug ansetzte, gab er mir durch einen Wink zu verstehen, wieder in volle Deckung zu gehen. Das war aber leichter gesagt als getan, weil ich immer glaubte, beim Losschnallen vom Sitz würde mich der Wind beim Gleitflug zur Kiste hinausblasen. Wohl oder übel musste ich mich zuletzt aber doch dazu entschließen, dabei passierte mir das Missgeschick, dass ich mit dem Fuß seitwärts auf eine federnde Klappe trat, welche nachgab und sich nach unten öffnete, so dass ich mein Bein mindestens ½ Meter unten herausstreckte. Bis ich in dem engen Raum meinen Fuß wieder hochgezogen hatte, rollte die Maschine nach einigen Sprüngen nach dem Aufsetzen schon wieder auf ihren Platz zurück. Der aufsichtsführende Fluglehrer hatte diesen Vorgang jedoch längst bemerkt und empfing uns beide mit einem Donnerwetter. Nach einem kurzen Verhör eröffnete er uns, dass er beide dem Kompanieführer zur Meldung bringen werde. Die Strafe fiel gelinde aus, sie bestand aus 2 Strafsonntagsdiensten, das war der Spaß ja auch wert.

01.11.1918

Die Vorbereitungzeit als Vorratsschüler wäre nun beendet. Die Hälfte von uns soll auf einen Flugplatz nach Norddeutschland versetzt werden zur Flugausbildung; ob ich bei dieser Hälfte bin, weiß ich noch nicht. Vor einigen Tagen war für die gesamte FEA Vortrag über die allgemeine Lage und über das durchhalten. Nachdem alle 4 Kompanien einschließlich der Werftkompanie, welche nur aus garnisondienstfähigen Handwerkern besteht, im Viereck versammelt waren, bestieg ein Oberleutnant das Rednerpult und legte los. Anfangs hörte alles ganz ruhig zu. Als er aber über das kameradschaftliche Verhältnis und Zusammenhalten zwischen Offizier und Mannschaften, insbesondere aber über die (261) Ernährung und das Verpflegungssystem ein vollständig falsches Bild entwickelte, da ging doch ein ungläubiges Kopfschütteln und Geflüster durch die Reihen, das sich im Lauf der weiteren Ausführungen wiederholte und zuletzt solche Formen annahm, dass der Offizier nicht mehr weiter sprechen konnte. Eine derartige offene Auflehnung innerhalb einer geschlossenen militärischen Formation hatte ich noch nie erlebt. Es war allerdings auch ein starkes Stück, was uns hier glaubhaft gemacht werden sollte, das konnte man kleinen Kindern vormachen und nicht alten Soldaten. Unter großer Unruhe und erst nachdem hinter den Reihen Offiziere als Aufpasser postiert waren, konnte der Oberleutnant seinen ganz ungeschickt aufgebauten Vortrag vollends zu Ende führen. Ich muss ehrlich sagen, mir war es nicht mehr ganz wohl bei der Sache und wenn es überall so aussieht, dann geht der Schwindel nicht mehr lange. Auch in unseren Lehrgruppen hat die Aufmerksamkeit in der letzten Zeit stark nachgelassen. Im was ich im ganzen Krieg mitgemacht Lehrsaal für mich das Schwerste, habe. Ich bin heute noch durch die aufregenden Ereignisse bei der und auch beim Turnen und Spielen hat man seine liebe Not als Aufsichtsführender, Zucht und Ordnung in den Reihen zu halten.

24.11.1918
Der Krieg ist aus

Der Krieg ist aus. Diese letzten Aufzeichnungen habe ich zu Hause vollends niedergeschrieben. Diese letzten Wochen waren FEA 10 so kaputt, dass ich mich erst wieder erholen muss. Dass es noch so ein trauriges Ende nehmen würde, hätte ich nie geglaubt. Die unruhige Versammlung in der Flughalle seinerzeit war eigentlich schon ein Sturmzeichen. Was ich über die nachfolgenden Ereignisse zu berichten habe, ist für mich heute noch fast unbegreiflich und zwar deshalb, weil ich ohne meinen Willen noch mitten in den Revolutionsstrudel mit hineingerissen worden bin. Zunächst waren trotz des gestörten Vortrages in der FEA keinerlei weitere Anzeichen dafür vorhanden, dass der Zusammenbruch so nahe bevorstand. Ich habe sogar noch am 11. November 1918 (262) als Unteroffizier vom Kompaniedienst meine Abteilung ordnungsmäßig nach der Werftschule geführt. In geordneter Kolonne von etwa 150 Mann erreichten wir unser Arbeitsfeld und alle Leute nahmen wie sonst ihre Plätze ein. Im Lehrsaal war bei den einzelnen Gruppen allerdings eine unruhige und etwas aufgeregte Stimmung wahrzunehmen, welche sich bis zur Pause um 9 Uhr auch auf dem Hof insofern bemerkbar machte, als einige Leute hergingen und mitten auf dem Platz einige große Steine zusammentrugen, ihre Ordensbänder vom eisernen Kreuz und anderen Auszeichnungen vom Waffenrock entfernten und auf den Steinen niederlegten. Diesem Beispiel, das zunächst als fauler Witz aufgefasst wurde, folgten noch viele andere, so dass in kurzer Zeit der ganze Stein mit Ordensbänder voll belegt war. Da auch viele Unteroffiziere dabei waren, die diesen Unfug mitmachten, meldete ich den Vorgang dem Werftschulleiter, Leutnant M., welcher mich beauftragte, sämtliche Leute sofort wieder heraufzuschicken. Ohne Zaudern wurde meiner Aufforderung Folge geleistet und mit dem Unterricht wieder begonnen. Aber es lag schon etwas in der Luft. Entweder war es Massensuggestion oder musste von irgendwoher etwas von Revolution durchgesickert sein, kurzum, nach etwa einer Viertelstunde standen verschiedene Gruppen von den Tischen auf und begannen laut zu politisieren und durcheinander zu schreien. In diesem Augenblick kam eine Ordonanz und befahl mich als Unteroffizier vom Dienst zum Werftschulleiter. Er erklärte mir mit ernsten Worten, dass im Lager drüben und in den Daimlerwerken in Sindelfingen Revolution herrsche und alles im Aufruhr begriffen sei. Ich solle versuchen, die Leute noch möglichst geordnet nach dem Lager zurückzuführen. Wie ich wieder in den Saal zurückkomme haben alle Leute ihre Tische verlassen und waren im Begriff die Werftschule zu verlassen. Ich konnte nur noch in den Saal hineinrufen: „Alles (263) auf dem Hof antreten", um dann schleunigst die Treppe hinunterzustürzen und im Fabrikhof Aufstellung zu nehmen. Das erste Mal in meiner ganzen Militärzeit musste ich erleben, dass die Truppe und zwar auffallenderweise auch noch viele Unteroffiziere dem Befehl des Diensthabenden nicht Folge leisten wollten, obwohl ich im Dienstanzug, also umgeschnallt, mit Helm vor der Front stand. Was dies für einen aktiv gedienten Soldaten für ein Gefühl ist, kann von einem Nichtsoldaten kaum begriffen werden. Ich versuchte es schließlich mit guten Worten, bis endlich so halbwegs eine Marschkolonne hergestellt war. Während des Rückmarsches durch die Stadt ging es noch ganz leidlich. Als wir aber in die Nähe des Lagers kamen, sahen wir auf der Sindelfinger Straße einen großen Demonstrationszug mit roten Fahnen, von den Daimlerwerken nach der Stadt zu marschieren. Damit war in meiner Abteilung die Marschordnung aufgelöst, so dass ich, im Lager angekommen, nicht mehr Halt zu kommandieren brauchte. Im Lager selber ging es zu wie in einem gestörten Ameisenhaufen, Offizier war überhaupt keiner mehr zu sehen. Zum Essen sollte ich eigentlich die Kompanie wieder antreten lassen und in den Speiseraum führen; angetreten sind aber nur noch einige Dutzend. Kein Mensch wusste, wer eigentlich noch Herr war und so flatterte alles auseinander. Mehr wie die Hälfte der Abteilung verschwanden auf einige Tage spurlos. Da auch von draußen im Lande und von der Front nichts Näheres bekannt war, so fuhr ich am anderen Morgen mit noch einem Kameraden nach Stuttgart, um mir dort den Betrieb anzusehen und festzustellen, was eigentlich los war. Wie wir vom Westbahnhof herauskommen, stehen dort eine große Anzahl

Arbeiter und Soldaten und fordern uns auf, unsere Kokarden[65] wegzumachen. Selbstverständlich kamen wir dieser Aufforderung nicht nach und als mir einer zu aufdringlich wurde, erklärte ich ihm, sobald er nach meiner Mütze greife, haue ich ihm eine in die Fresse. (264) So kamen wir ungehindert bis in die Rotebühlstraße. Aber auch hier wurden wir fortwährend von Zivilisten, darunter auch Frauen, angehalten und aufgefordert, unsere Seitengewehre und Kokarden verschwinden zu lassen. Am Feuersee erklärte mir ein Herr, er könne uns nur den wohlgemeinten Rat geben, unsere Kokarden zu entfernen, wenn wir nicht an der Rotebühlkaserne mit den dort versammelten Arbeitern und Soldaten in Konflikt kommen wollten. Ich erkläre ihm, jetzt sei ich bald 7 Jahre Soldat und soll mir noch von Zivilisten befehlen lassen, Kokarden und Seitengewehre verschwinden zu lassen, das sollte mir nicht passieren. Wie wir aber gegen die Kaserne herunterkommen, sehen wir schließlich doch ein, dass es keinen Wert hat, gegen diese aufgeregte Menschenmasse anzukämpfen und steckten Kokarden und Seitengewehr in die Tasche. Nachdem wir eine Zeit lang dem Treiben vor der Rotebühlkaserne zugeschaut hatten, gingen wir hinunter zum Bahnhof. Am Portal des Hotel Marquardt stehen 2 MG scharf geladen in Stellung. Auf dem Schlossplatz war wieder großer Menschenauflauf. Mit großem Stimmaufwand hielt ein Soldat mit roter Armbinde auf dem Dach eines Autos eine Rede, aus der wir absolut nicht klug werden konnten. Vor dem Wihelmspalais war wieder eine große Menschenmenge versammelt. An der Umfassungsmauer stand überall mit Kreide angeschrieben: „Volkseigentum". Auf dem Fahnenmast war die rote Flagge gehisst. Aus den Aufrufen an den Plakatsäulen war zu ersehen, dass im ganzen Reiche die Revolution ausgebrochen und die Republik erklärt sei. Der Kaiser sei nach Holland entflohen und die Arbeiter und Soldatenräte hätten die Macht ergriffen. Um die Zeit bis zum Abgang unseres Zuges nach Böblingen auszufüllen, gehen wir noch ins Friedrichsbautheater. Die Vorstellung war noch nicht zur Hälfte abgewickelt, als nach

---

[65] rosettenförmiges oder rundes Hoheitszeichen in den Landes- oder Stadtfarben an Kopfbedeckungen von Uniformen

einer Programmnummer der Vorhang wieder hochgeht und 3 bewaffnete (265) Soldaten mit aufgepflanztem Bajonett auf die Bühne treten. Unter allgemeiner Spannung verliest ein Unteroffizier mit roter Armbinde eine Erklärung mit dem Schlusseffekt, dass das Theater sofort zu räumen sei; wer nach 10 Uhr noch auf der Straße sei, werde erschossen. Wie eine Bombe schlug diese Erklärung bei dem Publikum ein und fluchtartig verlassen die Besucher das Theater. Wir gingen noch zur Kasse und wollten unser Eintrittsgeld wieder zurückverlangen, aber auch der Kassier hatte sich inzwischen gedrückt. So blieb uns nichts anderes übrig, als nach dem Bahnhof zu gehen. Trotz Revolution verkehrten die Züge noch fahrplanmäßig, mehr konnten wir nicht verlangen. Um 12 Uhr erreichten wir das Lager, wo die Revolutionäre inzwischen eingeschlafen waren. Am anderen Morgen wird bekannt, dass um 10 Uhr auf dem Flugplatz eine Versammlung stattfinden soll, wo ein Vertreter der USP[66]-Partei eine Rede halten wird. Es mögen so etwa 800 Mann der FEA beisammen gewesen sein, als um ½ 11 Uhr immer noch kein Referent erscheinen will. Die Versammlung wollte schon auseinandergehen, als statt dem USP-Redner der sozialdemokratische Abgeordnete Keil auf der Bildfläche erscheint und uns in groben Zügen über die augenblickliche Lage informiert. Da er in Sindelfingen bei den Daimlerarbeitern als Redner bestellt war, konnte er nur kurz über das Allernotwendigste sprechen. Dies war zunächst die Aufforderung, unverzüglich Soldatenräte zu wählen, damit wieder etwas Ordnung in den Sauhaufen hereinkommt. Wenn unsere seitherigen Führer sich nicht mehr dazu hergeben, so sollten wir aus unseren Reihen geeignete Leute wählen. Jetzt wussten wir wenigstens halbwegs wie die Sache stand und so wurde von einem Werftarbeiter, welcher anscheinend die Versammlung einberufen hatte, vorgeschlagen, nachmittags 2 Uhr nochmals zusammenzukommen, um die Soldatenräte zu wählen und die FEA wieder auf die Beine zu stellen. Soweit noch die Offiziere zu erreichen sind, sollen sie ebenfalls eingeladen werden. Nachdem (266) um 2 Uhr alles wieder versammelt war; auch ein Dutzend

---

[66] Unabhängige und Spartakusleute

247

Offiziere hatten sich mit dem Führer Graf v. B. dazu eingefunden, besteigt derselbe Werftarbeiter wieder das Rednergerüst und hält eine Ansprache, welche in der Hauptsache darin gipfelte, keine Offiziere mehr zu wählen, weil ihnen absolut nicht zu trauen sei. Jetzt gelte es in erster Linie die politische Macht in den Händen zu behalten, von unserem seitherigen Führer seien wir jetzt lange genug schikaniert und belogen und betrogen worden. Als Führer schlage er einen im politischen Kampfe bewährten und klassenbewussten Kameraden vor. Ein Teil der Leute, hauptsächlich aber die Angehörigen der Werftkompanie klatschten Beifall, während die übrigen sich stillschweigend verhielten. Der vorgeschlagene Führer war den wenigsten bekannt und ob dies der richtige Mann war, diesen verfahrenen Karren wieder in Gang zu bringen, musste stark bezweifelt werden. Was die Besonneren unter uns waren, konnten diesem Vorschlag unmöglich zustimmen, denn es kam doch für uns zunächst darauf an, wieder Ordnung in die Abteilung zu bringen, das hatte mit Politik zunächst sehr wenig zu tun. Ja, es war geradezu unmöglich, dass so ein junger Mensch, der zunächst nur über ein gutes Mundwerk verfügte, die etwa 1500 Mann starke Abteilung wieder zu ordnen und an die Arbeit zu bringen, im Stande war. Dazu kam, dass jetzt stündlich Flugzeuge von der Front angeflogen kamen, welche übernommen und ordnungsmäßig verpflegt sein wollten, das konnte zu nichts Gutem führen. Nach einer Weile bestieg ein anderer das Podium, um ebenfalls eine politische Rede zu halten, nur noch etwas radikaler als sein Vorredner. Auch diesem wurde Beifall gezollt. Es war ein Trauerspiel ohnegleichen. Von annähernd 1000 Menschen sollte keiner da sein, der gegen diese Unvernunft ankämpft. Ein weiterer (267) Vorschlag wurde nicht mehr gemacht und der Versammlung 5 Minuten Zeit gelassen bevor zur Abstimmung geschritten wurde. In meiner Nähe waren viele ruhige und besonnene Leute vom fliegenden Personal, welche einsahen, dass diese Entwicklung der Dinge unter allen Umständen aufgehalten werden musste, aber keiner wollte öffentlich auftreten und etwas sagen. Andere wieder sagten, die sollen mir alle den Buckel herunterrutschen, ich fahre jetzt nach Hause, soll hier werden was will. Ich hielt diesen Standpunkt für falsch. Tage- und wochenlang haben wir im Trommelfeuer ausgehalten und hier sollen wir vor ein paar radikalen Schreiern feige auskneifen, das wäre doch die größte Schande. Geh' doch du hinauf und mache den Leuten deinen Standpunkt klar, hieß es auf meine Bedenken. Obwohl mir der seitherige Führer kaum bekannt war, sagte ich mir doch, sicher ist es das kleinere Übel, wenn wir unseren alten Führer wieder wählen, denn er ist eingearbeitet und bietet doch eine bessere Gewähr dafür, dass wieder Ordnung in den Haufen herein kommt. Dieser Meinung waren noch viele, nur war niemand da, der dies den Leuten beibrachte. Die Offiziere standen etwas abseits und sahen sich dieses Schauspiel von der Ferne an. Der Werftarbeiter bestieg wieder das Gerüst und fragte, ob sonst noch ein Kamerad einen Vorschlag zu machen habe. Kein Mensch meldete sich. Da sagte ich mir, jetzt gilt's, wenn keiner da ist, dann riskier ich es. Kurz entschlossen meldete ich mich und klettere auf das Montagegerüst, das als Rednertribüne herhalten musste, hinauf. Ich beginne mit der jetzt üblichen Anrede: „Kameraden". Was ich dann noch alles gesagt habe und wie es herausgekommen ist, weiß ich heute nicht mehr. Das Eine steht jedenfalls fest, als ich käsweiß vor Erregung mit meinen Ausführungen fertig war, hatte ich die Mehrheit der Kameraden auf meiner Seite. Wohl oder übel musste jetzt über beide (268) Vorschläge abgestimmt werden. Etwa 2/3 waren für den seitherigen Führer und 1/3 für den 1. Vorschlag. Für Letzteren stimmte die Werftkompanie fast geschlossen. Nach diesem Ergebnis ertönten Schmährufe gegen mich und den alten Führer, den ich übrigens in den 8 Wochen, seit ich bei der FEA war, das erste Mal sah. Ein Tumult entstand, dass es fast den Anschein hatte, als sollte die ganze Wahl umsonst gewesen sein. Graf v. B., welcher alles mit angesehen und angehört hatte, löste sich endlich aus seinem Kreise los und kommt durch eine Gasse zur Rednertribüne her. Auch er begann mit der Anrede: Kameraden, wurde aber gleich von höhnischen Zwischenrufen unterbrochen. Nachdem wieder etwas Ruhe eingetreten war, erklärte er unter Beifall, dass er sich nur schweren Herzens entschlossen habe, die Wahl anzunehmen. Er werde versuchen, seiner schweren Aufgabe so gut wie möglich gerecht zu werden; es sei ihm aber unmöglich und das werden wir von ihm auch nicht verlangen, dass er sich von heute auf morgen umstellen könne. Die Kompanien sollen jetzt gleich vor ihren Quartieren antreten und ihre Führer- und Soldatenräte wählen, damit so rasch wie möglich wieder Ordnung hereinkomme. Damit war die Versammlung aufgelöst.

Nun begann innerhalb der Kompanien die Wahl der Führer- und Soldatenräte. Unser Kompanieführer war sehr unbeliebt und kam nicht mehr in Frage, dagegen hatten wir unseren Werftschulleiter als einen verständigen Mann kennen gelernt. Er wird einstimmig gewählt und nimmt die Wahl an, allerdings erst nach langem Zureden. Dann ging's an die Wahl der Soldatenräte, 2 Mann aus der Reihe des fliegenden Personals und einer aus den Vorratsschülern. Meine Vorratsschüler verfielen auf mich und setzten mir mit Hilfe des neuen Kompanieführers solange zu, bis ich ja sagte. Um diesen Preis hätte ich in der (269) Versammlung den Mund halten können. Nachdem ich aber durch mein öffentliches Auftreten in den Vordergrund geschoben war, musste ich konsequenterweise auch mitmachen. Es ist mir heute noch ein Rätsel, wie ich bloß dazugekommen bin, vor 1000 Menschen auf das Podium zu steigen und eine Rede zu halten, wo ich doch vorher in meinem Leben mich nie mit Politik beschäftigt habe, geschweige denn öffentlich aufgetreten bin. Mit diesen Wahlen war zunächst der geordnete Weiterbetrieb der Kompanie gesichert. Brenzlig stand es jetzt um unseren Kompaniefeldwebel G. Dass der verschwinden musste, war für jeden Mann der Kompanie eine Selbstverständlichkeit, denn er hatte zu viel auf dem Kerbholz. Wie wir die Treppe hinaus nach seiner Schreibstube kommen, haben ihn schon einige am Kragen, ja ich vermute sogar stark, dass er schon Schläge bekommen hatte. Um die klägliche Kreatur vor weiteren Misshandlungen zu schützen, brachten wir ihn auf die Wache in Schutzhaft. Zu seinem Nachfolger wird ein Unteroffizier, der auf der Schreibstube sowieso schon die Hauptarbeit geleistet hat, bestimmt. Damit war der 1. Akt von diesem Drama abgeschlossen. Nun begann der politische Kampf innerhalb der Arbeiter und Soldatenräte. Gleich am anderen Tag sollte auf dem Rathaus der Stadt Böblingen eine gemeinsame Sitzung stattfinden. Es stellte sich nämlich bald heraus, dass die Situation noch keineswegs als gesichert angesehen werden konnte. So war z. B. die in der Nähe in Stellung befindliche Flakbatterie mit der FEA noch nicht solidarisch, außerdem ging das Gerücht, dass etwa 150 aus dem Felde inzwischen eingetroffene Fliegeroffiziere mit dem Führer der Flakbatterie[67] sich in Verbindung gesetzt und in einer in einem Hotel in Böblingen abgehaltenen geheimen Versammlung beschlossen hätten, das Lager zu bombardieren und die Soldatenräte zum Teufel zu jagen. Das waren ja nette Aussichten für uns, wo wir doch (270) diese Ämter nicht deshalb uns aufdrängen ließen, um den Staat auf den Kopf zu stellen. Dass aber bei der Mehrzahl der A. und S.-Räte[68] nur das politische Ziel im Vordergrund stand, sollten wir in der Sitzung im Böblinger Rathaussaal bald erfahren. Um vor jeder Überraschung gesichert zu sein, waren an allen öffentlichen Gebäuden und Plätzen sowie am Rathaus selber Posten mit geladenen Gewehren aufgestellt. Nachdem der ganze hohe Rat sich in den Stadtratssesseln niedergelassen hatte, eröffnete der Vorsitzende des Arbeiterrats, ein richtiger Revolutionär, die Sitzung und hielt zunächst eine politische Rede. Anschließend fand eine längere Aussprache statt, welche hauptsächlich von der radikalen Linken bestritten wurde. Wenn ich mich auch noch nie viel mit Politik beschäftigt habe, so kam ich doch bald dahinter im Verlauf der Aussprache, dass hier zwischen SPD, USP und Spartakus ein erbitterter Kampf um die politische Macht geführt wurde und dass die gemäßigten Elemente, zu denen ich mich wohl auch rechnen musste, unter Führung der Vertreter der SPD weit in der Minderheit waren. Fast während der ganzen Verhandlungen wurde um die Maßnahme zur Sicherung der politischen Macht gestritten. Wir Soldatenräte spielten dabei eine ganz untergeordnete Rolle. Es wurde scharf kritisiert, dass bei uns noch Offiziere in den führenden Stellen tätig sind und unter allen Umständen auf eine Entfernung derselben hingearbeitet werden müsse. Die Flakbatterie soll sofort entwaffnet werden, falls sie sich nicht freiwillig mit der FEA vereinigt. An den Banken und öffentlichen

---

[67] Flugzeugabwehrkanone
[68] Arbeiter- und Soldatenräte

Gebäuden sollen bis auf weiteres Tag und Nacht Posten aufgestellt werden, ebenso müsse ein Hauptaugenmerk darauf gerichtet werden, dass den landenden Flugzeugen, welche jetzt zu Hunderten von der Front angeflogen kommen, sofort die MG abgenommen werden. Diesen im politischen Kampf erprobten Rednern waren wir natürlich nicht gewachsen und so wurde ein schüchterner Versuch von mir, man (271) möchte uns die Regelung der Angelegenheiten innerhalb der FEA selbst überlassen, als eine vollständig falsche Auffassung der Dinge hingestellt. Dasselbe Spiel wiederholte sich am anderen Tage bei einer internen Sitzung innerhalb des Soldatenrats. Auch hier herrschten die radikalen Elemente stark vor. Gleich in der ersten Viertelstunde gab es einen Zusammenstoß und eine erregte Auseinandersetzung wegen der Wahl des Vorsitzenden, wo wiederum ein ganz junger Mensch, namens Kuhn, in Vorschlag gebracht wurde. Ich konnte mich mit diesem Vorschlag absolut nicht einverstanden erklären und empfahl einem älteren Soldaten vom fliegenden Personal. Bei der geheimen Abstimmung musste ich jedoch die Erfahrung machen, dass von 12 Mann nur 4 auf meiner Seite waren. Einen weiteren Zwischenfall gab es, als nach Erledigung der dienstlichen Angelegenheiten dieser junge Mensch, der nun zum Vorsitzenden gewählt war, die ebenfalls anwesenden Offiziere aufforderte, sich zu entfernen. Da die Sitzung auch noch im Offizierskasino stattfand, so ist es begreiflich, dass die Herrn eine derartige Behandlung nicht ohne weiteres hinnahmen. Sie erklärten, und das konnte man ihnen nicht übel nehmen, dass, wenn sie nur dazu da seien, die Kompanien zusammenzuhalten, und ihnen im übrigen nur Misstrauen entgegengebracht werde, sie auf die Ehre verzichten, länger Kompanieführer zu sein. Dazu kam, dass gleich in den ersten Tagen mindestens einige hundert Maschinen mit ihren Besatzungen angeflogen kamen. Die Mehrzahl dieser Führer und Beobachter waren Offiziere, welche sich absolut nicht in die neue Lage hineinfinden wollten und den Anordnungen des Soldatenrats direkten Widerstand entgegensetzten. Diese Herren hatten natürlich keine Ahnung über die trostlosen Zustände in der Heimat und in den Ersatz-Truppenteilen. Da die meisten davon privat in der Stadt untergebracht waren, und uns wiederholt von geheimen Zusammenkünften berichtet wurde, so konnten wir tatsächlich nicht (272) wissen, was alles gegen uns geplant wurde. Unter diesen Umständen sah ich die Sache schließlich doch auch mit anderen Augen an, denn wenn ich mich schon zur geordneten Weiterführung der Abteilung zur Verfügung gestellt hatte, so müsste dieses Ziel auch unter diesen erschwerten Verhältnissen durchgeführt werden, selbst wenn das Leben dabei auf dem Spiele stand. Außerdem war bis dahin noch vom ganzen Reiche und von der Front nicht ein Fall bekannt, wo ein Truppenteil mit der Liquidierung des Krieges nicht einverstanden gewesen wäre. Jetzt hieß es eben noch, retten was zu retten ist. Um nun die Gewähr dafür zu haben, dass die MG und sonstigen Waffen der heimkehrenden Maschinen auch ordnungsmäßig abgenommen wurden, musste ständig ein Mitglied des Soldatenrats auf der Flugleitung sein, um die Abnahme der Waffen zu überwachen. So war ich auch einmal 24 Stunden im Büro der Flugleitung tätig. Dabei hatte ich die Gelegenheit, die Feldflieger etwas näher kennen zu lernen. Viele von ihnen hatten rote Fahnen an den Tragflächen und gaben dadurch gleich ihr Einverständnis mit den neuen Verhältnissen bzw. dem Kriegsschluss kund. Die Kisten waren durchweg dermaßen vollgepackt mit Koffern und sonstigem Gepäck, z. B. Fahrräder, welche am unteren Teil der Tragflächen festgebunden waren, dass man sich wundern musste, wie die Maschinen nur vom Boden weggekommen sind. Einer hatte sogar in seinem Beobachtungssitz ein lebendes schlachtreifes Schwein untergebracht. Die Monokeloffiziere sahen mich ziemlich scheel an und streiften mit verächtlichen Blicken mein rotes Armband. Einer davon war anscheinend noch nicht ganz im Bilde. Ich hörte, wie er in der Schreibstube auf der Flugleitung fragte, ob hier auch der Soldatenrat herrsche. Als dieses bejaht wurde, meinte er großsprecherisch, er hätte einige MG mitgebracht, mit dieser Sorte Soldaten werde er bald fertig sein. Als ich dann im Türrahmen erschien und ihm bedeutete, das er sich (273) vorläufig noch den Anordnungen des Soldatenrats zu fügen habe, machte er ein ganz dummes Gesicht und gab anstandslos seine beiden MGs ab. Auch während der Nacht kamen viele angeflogen und musste deshalb auf dem Flugplatz dauernd ein großes Feuer unterhalten werden und Mannschaften zur Übernahme bereit sein. In regelmäßigen Zwischenräumen wurden Leuchtkugeln abgeschossen zur Orientierung der anfliegenden Maschinen. In den Flughallen werden sofort die Flügel abmontiert und die Maschinen in Reih und Glied auf den Kopf gestellt. So allmählich rollen auch von den Flugplätzen im Feld die Materialzüge heran, welche ausgeladen werden mussten. Die Leute wollten absolut nicht mehr arbeiten. Schon am 3. Tag mussten wir einen Befehl herausgeben, dass derjenige, welcher sich von der Arbeit drückt, streng bestraft wird. Daraufhin wurden die Arbeitsfreudigen gegen uns aufgehetzt, wir seien kein Haar besser, wie die Offiziere und gehören auch hinuntergehauen. Jeden Morgen, wenn ich meine Leute zur Arbeit antreten ließ, musste ich ihnen vor Augen halten, wie notwendig es sei, die Züge auszuladen, damit der Rücktransport unserer Truppen nicht gefährdet sei. Mit meinem Vorratsschülern ging es noch einigermaßen, dagegen war mit den Mannschaften des fliegenden Personals fast nichts anzufangen. Insbesondere waren es die Norddeutschen, welche nicht mehr an die Arbeit heranzubringen waren und welche nach Hause entlassen sein wollten. Bei der Wachkompanie war überhaupt nur noch auf die ganz jungen Leute Verlass, zu ihrer Ehre sei es gesagt, die ließen uns nicht im Stich. Während der ersten paar Tage hatte ich noch die Urlaubsabteilung unter mir, meine Bude wurde beinahe gestürmt, so dass ich Tag und Nacht hätte Urlaubsgesuche prüfen müssen. Es sollten doch noch einige hundert Leute dableiben zum arbeiten. Als es mir zu bunt wurde, machte (274) ich dem Kompanieführer den Vorschlag, die ungebärdigsten Urlauber gleich zu entlassen, denn anfangen können wir mit diesen Elementen doch nichts mehr. So haben wir es dann auch gemacht und dadurch wieder etwas mehr Ruhe in die Abteilung hereinbekommen. Eine ganze Masse sind gleich in den Revolutionstagen einfach abgehauen, ohne sich mehr um die Abteilung zu kümmern. Jetzt tauchen diese tapferen Helden wieder auf, um ihren Unmut über diese Zustände Luft zu machen und ihre Entlassungspapiere und die Entlassungsanzüge in Empfang zu nehmen. Das werden diejenigen sein, welche später ihr Maul am weitesten aufreißen werden. Wenn es aber alle so gemacht hätten, wie diese traurigen Kadetten, dann hätten sie wahrscheinlich nicht einmal mehr ihren Entlassungsanzug erhalten. Das ist gerade das Traurige an der Sache, dass überall dunkle und unehrliche Elemente durch diesen Umsturz an die Oberfläche gekommen sind und nun überall in die Soldatenräte sich eingeschmuggelt haben. Die sind noch viel schlimmer wie die radikalen Elemente, sofern diese wenigstens ehrliche Kerle sind. So habe ich in einer der letzten Sitzungen des Soldatenrats einen unserer Soldatenratskollegen entlarvt und an den Pranger gestellt. Es wurde mir gesagt, dass derselbe mit den gefütterten Fliegermänteln, welche er auf der Flugleitung den ankommenden Fliegern abnahm, nach Stuttgart einen schwunghaften Handel treibe. Daraufhin forschte ich der Sache nach und bekam genügend Beweise in die Hände, um ihn zu überführen. Es war mir schon immer aufgefallen, dass dieser Mensch mit dem Dienstauto fast jeden Tag nach Stuttgart fuhr, um angeblich die Verbindung mit dem Kriegsministerium herzustellen; in Wirklichkeit stellte er die Verbindung mit irgend einer Schieberzentrale her. Nachdem ich mein Beweismaterial nachgewiesen und unverhohlen diese Gaunerei gegeißelt (275) hatte, mussten seine Gesinnungsfreunde wohl oder übel zur Maßregelung schreiten. Ich hatte dabei aber das Gefühl, dass einige mit ihm unter einer Decke steckten. Das Beste wäre allerdings gewesen, wir hätten diesen Tropfen gleich an die Wand gestellt. Unter diesen Umständen und nachdem die radikale Richtung fast ganz die Oberhand gewonnen hatte, sagte ich mir zuletzt wie der König von Sachsen: "Schafft euren Dreck alleene". Auch haben mir die aufregenden Ereignisse gesundheitlich derart zugesetzt, dass ich nachts keinen Schlaf mehr finden konnte. So fiel es mir nicht schwer, als ich mit meinen Entlassungspapieren in der Tasche von der Kompanie Abschied nahm. Sang- und klanglos kehrte ich in die Heimat zurück. Hier hatte ich in den letzten Tagen noch Gelegenheit, die Tätigkeit der Soldatenräte des Truppenübungsplatzes kennen zu lernen. Was ich da sah und hörte, gab mir vollends die Gewissheit, dass auch hier die übelsten Elemente die Führung an sich gerissen hatten und statt Zucht und Ordnung, Zuchtlosigkeit und Unordnung eingeführt hatten. Es wollen mir immer wieder Bedenken kommen, ob ich überhaupt recht daran getan habe, mich für diese undankbare

Aufgabe hergegeben und eingesetzt zu haben. Wenn ich mir aber vergegenwärtige, wie es geworden wäre und auch teilweise geworden ist, wenn jeder einfach seine Truppe im Stich gelassen und dem Verbrechertum ausgeliefert hätte, so komme ich immer wieder zu dem Schluss, dass jeder verantwortungsvolle und pflichtbewusste Soldat so handeln musste. Heute ist es so, dass ich gar niemand sagen darf, dass ich auch Soldatenrat war, so schlecht ist ihr Ruf schon geworden. Wenn aus dem Zusammenbruch auch nicht mehr viel gerettet worden ist, so habe ich mir keine Vorwürfe zu machen. Ich habe in diesen schweren Tagen als Soldat das getan, was ich aus innerster Überzeugung tun musste. Wie die Tätigkeit der Soldatenräte später beurteilt (276) wird, ist mir vollständig gleichgültig. Ich will so ehrlich sein und keinen Hehl daraus machen, dass ich trotz dem schmählichen und bitteren Ende aus innerstem Herzen froh bin, dass dieses unsinnige Völkermorden nun zu Ende ist. Was uns jetzt noch bevorsteht wissen wir nicht, jedenfalls nichts Gutes und doch wäre jetzt genug Elend und Not über die Menschheit hereingebrochen. Hoffen wir, dass uns nun ruhige Zeiten bevorstehen und der geplagten Menschheit Zeit gelassen wird, die Wunden des Krieges zu heilen.

Damit schließe ich mein Tagebuch mit dem Wunsche, dass unsere Nachkommen eine bessere Zukunft beschieden sein möge und dass sie aus diesen Kriegserlebnissen die nötige Lehre ziehen.

Zweiter Teil der Lebenserinnerungen
von Ludwig Bückle
über die Jahre 1918 –1946

1918/1919

Gedanken und Politik der Zwischenkreigszeit

Wenn ich nun versuche gewissermaßen als Fortsetzung des Kriegstagebuches die Vorgänge der Nachkriegszeit in der engeren Heimat zu schildern, so dreht es sich hier mehr um Ereignisse politischer Art als Folge des militärischen Zusammenbruches. Mit politischen Fragen hatte ich bis zu meiner Zeit als Soldatenrat in der Fea.[i]10, herzlich wenig zu tun gehabt. Ich war wohl in der Fremde gewerkschaftlich organisiert im Metallarbeiterverband doch traten die politischen Fragen dort weniger in den Vordergrund. Erst durch die Ereignisse und Erfahrungen beim Arbeiter- und Soldatenrat in Böblingen kam ich dahinter, warum es in diesen Tagen ging. Trotzdem trat bei mir nach meiner Rückkehr in die Heimat das Interesse an den politischen Ereignissen wieder zurück um einer Entspannung und Befriediegung Platz zu machen, daß der Krieg endlich aus war. Über die Zukunft machte ich mir kein großes Kopfzerbrechen. Die Vorgänge im Barackenlager zwangen mich jedoch bald wieder dazu den politischen Dingen wieder mehr Aufmerksamkeit zu schenken. Wie in allen Ersatztruppenteilen waren im Alten Lager Soldatenräte ans Ruder gekommen und zwar waren es hier ganz üble Elemente welche die Macht an sich gerissen hatten und das große Wort führten. Gerade die Thätigkeit dieser Volkgenossen brachte es mit sich, daß sich notgedrungen jeder alte Frontsoldat auflehnen mußte. Es hatten sich unter dieser Herrschaft allmählich Zustände entwickelt welche auch die Nichtpolitiker und Gleichgültigen aufregte. Das Schillerwort: *Der Gute räumt den Platz dem Bösen und alle Laster walten frei*[ii] hatte sich hier bewahrheitet. Ich war kaum einige Wochen zuhause da hatte der Soldatenrat vom Lager in der Mehrzahl unabhängige und Spartakusleute sofern sie überhaupt einen politische Standpunkt hatten eine öffentliche Versammlung in der Turnhalle einberufen. Aus Neugierde ging ich auch hin. Zunächst betrat ein noch junger Soldat, wenn man diesen Kerle in seinem mehr als schlampigem Aufzug so nennen will, das Rednerpult und eröffnete den Reigen. Was der für einen Mist verzapfte war schon nicht mehr schön. Als Reallehrer Costabel und ich an diesem unerhörten Auftreten in der

Diskusion Kritik übten, drohte uns der Hauptredner des Abends, ein Sodatenrat mit einer richtgen Verbrecher-Physiognomie, mit Abführen und verlangte Abbitte. Tatsächlich kamen am anderen Tag einige bewaffnete bei Reallehrer Costabel auf die Bude und wollten Genugtuung. Da kann man sich ungefähr einen Begriff machen was wir in diesen Wochen fürZustände hatten. Bezeichnend ist jedoch, daß auch von den vom Kriegsschauplatz zurückkehrenden Truppenteilen keine Hand sich rührte, um diesem Treiben ein Ende zu machen. Der Grund hierfür kann nur der sein, daß alles kriegsmüde war und jeder zunächst für sein persönliches Fortkommen befragt war. Das sogenannte Bürgertum das sich nicht genugtun konnte im Schimpfen und Kritisieren hatte sich in Mauslöcher verkrochen und zeigte sich erst wieder aktiv als das Gröbste vorbei war und keine Gefahr mehr bestand. Nun ging es über die sogenannten Novemberverbrecher her und wurde die Dolchstoßlegende in die Welt gesetzt. Irgend jemand mußte doch schuld sein an der Niederlage, da waren diejenigen welche sich bemühten wieder etwas Ordnung in den Wirrwar hineinzubringen als Prügelknaben gerade gut genug. Wenn immer wieder behauptet wird, daß wir noch eine Wende hätten herbeiführen können, wenn die Soldaten noch einige Zeit durchgehalten hätten, so wird dabei ganz vergessen, daß unsere Bundesgenossen längst vor uns das Gewehr weggeschmissen hatten, sodaß wir nur noch allein standen auf weiter Flur. Es war unsere oberste Führung, welche in Erkenntnis dieser Tatsachen um Waffenstillstand gebeten und Schluß gemacht hatte.

Der Frontsoldat hatte schon längst das Gefühl, daß nichts mehr zu gewinnen war, darum konnten auch die Durchhalteparolen nichts mehr ändern, war doch das Heer der Etappenhengste und Heimkrieger größer als die Kampftruppen. Tausende gab es, welche hinter der Front ihre schönste Zeit erlebt hatten. Gerade diese waren es aber, welche beim Wiederaufbau an allem etwas auzusetzen hatten. Forschte man dann nach, wo sich diese Burschen während des Krieges herumgetrieben hatten, so stellte sich in 90 von Hundert Fällen heraus, daß es Drückeberger waren. Unterdessen tobte der Kampf innerhalb der politischen Parteien um die Macht.

Die Linksparteien, welche durch den Zusammenbruch so plötzlich und unerwartet zur Führung gelangten waren allein nicht in der Lage das halb ausgehungerte und durch den Krieg demoralisierte Volk zu lenken.Dazu fehlte vor allen Dingen die Erfahrung und die nötigen Kräfte. Es nützte nicht viel, wenn die Männer, welche jetzt die Führung in Händen und den guten Willen hatten den Karren aus dem Dreck zu ziehen, in den Beamtungen und ausführenden Organen, wo in der Regel politische Gegner saßen, auf Widerstand und Sabotage stießen. Dazu noch die Uneinigkeit innerhalb der Parteien selber. In Württemberg gelang es mit der Zeit der sozialen Partei Deutschlands die unruhigen und radikalen Elemente auszubooten und sich durchzusetzen, dagegen hatten die andern Bundesländer wie zum Beispiel Bayern und Sachsen die Linksradikalen Elemente die Führung an sich gerissen. Endlich regte sich auch das Bürgertum und forderte zur Bildung von sogenannten Einwohnerwehren auf. Auch bei uns in Münsingen kam eine solche zustande unter Führung von Reallehrer Köhler. Da wir mit Waffen und Munition ausgerüstet waren und diesen freiwilligen fast ausnahmslos alte Soldaten waren, mußte mit uns gerechnet werden. Das hatte zur Folge, daß auch bei den noch vorhandenen Resten der Feldtruppen die unruhigen Elemente weichen mußten. Als erste halbwegs geordnete freiwillige Truppe bildete sich die sogenannte Haasformation, genannt nach ihrem Führer Oberst Haas. Obwohl auch bei diesem zusammengewürfelten Haufen noch nicht alles zum Besten stand, so war es doch wenigstens wieder ein Anfang. Gleichzeitig mit der Bildung der Einwohnerwehren versuchten auch die politischen Parteien ihre Organisation wieder auf zubauen. Als einer der Ersten kam ein Vertreter der sozialen Partei Deutschlands, ein Herr Ruggaber aus Ulm. Wie es so üblich war sollte aus der Mitte der Versammlung ein Vorstand gewählt werden. Durch Zuruf fiel mir diese Rolle zu. Am Schlusse des Vortrags welcher bei der überwiegenden Zahl der Teilnehmer Zustimmung fand wurde eine Ortsgruppe gegründet und ich vorläufig zum Vorstand gewählt. Damit hatte ich mir ein Amt aufgeladen, welches mir noch viel Ärger und Verdruß bereiten sollte. Gar bald verspürte ich die Folgen dieses Schrittes. Zunächst waren es die sogenannten bürgerlichen und bäuerlichen Kreise, welche in einem Sozialdemokraten einen Menschen sahen welcher gut leben, wenig arbeiten und die Ordnung umstoßen will. Wo es nur möglich war, versuchte man mich zu schädigen und zu boykotieren. Dabei waren diese Kreise selbst nicht fähig und auch nicht gewillt an der Wiederaufrichtung einer staatlichen Ordnung mitzuhelfen; statt dessen wurden diejenigen, welche sich für diese Aufgabe in uneigennütziger Weise zur Verfügung gestellt hatten in der schamlosesten Weise angegriffen und verleumdet. Das Schicksal von Reichspräsident Friedrich Ebert ist ein Beispiel dafür. Wenn ich auch mit den Zielen der sozialen Partei Deutschlands nicht immer einig ging, so sagte ich mir doch, daß überall der gute Wille vorhanden war, wieder halbwegs Ordnung hereinzubringen. Wie sah es denn in Wirklichkeit aus? Diejenigen, welche am meisten mit Schuld an dieser Katastrophe waren, hatten sich verkrochen als drunter und drüber ging.

Erst als sie sich wieder sicher fühlten kamen sie wieder hervor um zu Nörgeln und zu Kritisieren und alle Maßnahmen zu sabotieren. Es ist klar, daß unter solchen Umständen die führenden Männer einen schweren Stand hatten. Wo sollten die Linksparteien auch auf einmal die Leute herbringen, welche notwendig gewesen wären, um die Staatsmaschenerie wieder in Gang zu bringen. Auch konnten viele nicht begreifen, daß es ein anderes Ding ist, wenn man selbst die Verantwortung zu tragen hat als Kritik zu üben. Normaler Weise hätten müssen diejenigen, die Suppe auslöffeln, die sie eingebrockt haben. Statt dessen, wurde ein Erzberger, welcher versuchte bei den Waffenstillstandsverhandlungen noch herauszuholen was herauszuholen war, beschimpft und schließlich noch ermordet. So mußten überall Hemmungen entstehen denen die neuen Leute nicht gewachsen waren. Auch innerhalb der Parteiorganisation spielten sich nebenher noch Kämpfe ab, welche schließlich zu einer Spaltung führten. Daß in solche Zeiten in allen Lagern dunkle und fragwürdige Gestalten auftauchten um ihr Süppchen zu kochen und sich in den Vordergrund zu drängen, ist noch immer so gewesen. Leute die über den ganzen Krieg sich daheim herumgedrückt hatten standen auf einmal im Vordergrund und konnten sich nicht radikal genug gebärden. Auch in unserem neuen Ortsverein war ein Lokomotivführer Striegel, welcher dauernd stänkerte und kritisierte, sodaß es dauernd zu widerwärtigen Auseinandersetzungen kam. Bei der ersten Gemeinderatswahl war er auch Kandidat und wurde als 12. gewählter Kanditat beim öffentlichen Bekanntmachen genannt. Es war aber beim Auszählen ein Fehler vorgekommen und so mußte wieder durch öffentliches Ausschellen sein Mandat wieder für ungültig erklärt werden. Das war eine böse Blamage für ihn, die ich ihm aber von Herzen gegönnt habe.

Neben all diesen innerpolitischen lokalen Plänkeleien rumorte es im Kreis wegen einer Oberamtsaufteilung. Es mußte in den Randorten wie zum Beispiel in Laichingen und Zwiefalten Versammlungen abgehalten werden um diese Orte bei der Stange zu halten. Zwiefalten wurde von Riedlingen her poussiert und Laichingen von Blaubeuren und Geislingen. Es war immer irgend etwas los. So hatte ich dauernd meine Zeit zu opfern und erntete dafür nur Undank. Da ist es kein Wunder, wenn ich zu letzt des Treibens müde wurde und mich zurückzog. Mein Gemeinderatsmandat behielt ich noch bei. Von dem langsam zurückgehenden Schmiedegewerbe konnte ich allein nicht mehr leben und so nahm ich Arbeit an in der Beschlägfabrik Schreiber. Mittlerweile kam ich in ein Alter wo das Heiraten üblich ist. Meine Hochzeit fand am 18. November 1923 statt; als kurz nachdem die Inflation ihren Höhepunkt erreicht hatte. Ich hatte während meiner Fremde und im Krieg etwa 5000 Goldmark gespart und zwar fast am Munde abgespart. Für dieses Geld konnte ich gerade noch einen Zylinderhut kaufen zur Hochzeit. Ist es da ein Wunder, wenn niemand mehr sparen wollte und das Vertrauen in den Staat und seine Führung schwand. Dabei wollten die Leute nicht wissen, daß dies eine Folge des verlorenen Krieges war. Wenn 4 Jahre lang nur noch für den Krieg produziert und das Geld buchstäblich in die Luft verpulvert wird, da ist es kein Wunder, daß sich dies eines Tages rächen mußte. Unzählige sind dadurch um ihre Ersparnisse gekommen und bettelarm geworden. Es gab aber auch solche, welche es verstanden haben durch Heereslieferungen und allerlei unsaubere Manipulationen zu großem Vermögen an Sachwerten zu kommen. Versuche, diesen Kriegsgewinnlern ihr Geld wieder wegzusteuern blieben meistens stecken, weil inzwischen in den Parlamenten die Vertreter der Minderbemittelten von den andern überstimmt wurden. Verhungern konnte man aber niemand lassen, es ging aber in manchen Familien daran herunter, weil uns die Lebensmitteleinfuhren von unseren ehemaligen Feinden gesperrt waren und alles rationiert werden mußte.

Nur wer auf dem Schwarzmarkt etwas ergatterte konnte sich ganz satt essen, ausgenommen allerdings die Bauern. In dieser Zeit erinnerten sich die Städter wieder an ihre Vettern und Basen auf dem Lande meistens auch mit Erfolg.

Fast keine Sitzung im Gemeinderat verging in welcher man sich nicht mit Lebensmittel oder Wohnungsfragen befassen mußte. Im Gemeinderat war die Lösung des Wohnungsproblems das heikelste Thema, weil auf dem Oberamt ein Dr.Battenberg regierte, welcher in allen Dingen ein Extremist war und uns im Gemeinderat herumkommandieren wollte. Auch politisch riß er eigenhändig Wahlplakate der Linksparteien von den Plakatsäulen. Schließlich kam es soweit, daß er den alten Stadtrat Schwenk, welcher in der Wohnungskommision an der Reihe war, einsperren lassen wollte. Das hatte zur Folge, daß keiner mehr die Wohnungskommision übernehmen wollte. Schließlich wurde mir als dem Jüngsten Generalvollmacht erteilt. Mit der Zeit gelang es mir zuletzt mit Hilfe der Polizei meist gegen den Willen sowohl des Vermieters als auch oft des Mieters die Fragen zu lösen. Daß ich mir dabei keine Lorbeeren erwerben konnte, versteht sich.

Große Auseinandersetzungen im Kollegium über diese Fragen gab es überhaupt nicht; es darf deshalb ohne Überheblichkeit gesagt werden, daß sowohl in unserer Stadt, als auch in Württemberg die sozialen Verhältnisse gut geregelt waren, soweit es die Verhältnisse erlaubten. Manchmal hatte man sogar das Gefühl, daß des Guten zuviel getan wurde, das wirkte sich dann zum Beispiel bei der Arbeitslosenversicherung so aus, daß ein Arbeiter mit einer großen Kinderzahl sich besser stellte, wenn er nicht arbeitete. Fälle, wo ein Amtsdiener mehr einnahm monatlich wie sein Chef, waren keine Seltenheit. So griff mit der Zeit eine große Erbitterung Platz und Unzufriedenheit mit der Regierung, welche inzwischen längst auf Grund einer neuen demokratischen Verfassung von einer Mehrheit von rechts oder links oder der Mitte gebildet wurde und nie lange am Ruder war. Dazu kam noch die Arbeitslosigkeit und die Kriegsfolgelasten. Diese traurigen Zustände führten dazu, daß sich eine neue Volkbewegung unter dem Namen Nationalsozialismus gebildet hatte. Der Führer dieser neuen Partei war ein österreichischer Malergeselle, welcher in der deutschen Armee im Kriege gedient hatte. Er verstand es meisterhaft, die unzufriedenen und vor allem die unruhigen Elemente welche sich in Freikorps zusammenschlossen und den Anschluß an das zivile Leben verabscheuten, eine richtige prätoriomer Garde, unter dem Symbol des Hakenkreuzes zu sammeln und Unruhe zu stiften. Sein erster Putsch zum Umsturz mißlang allerdings. Er mußte dafür auf der Festung Landsberg einige Jahre brummen. Dies Haft gab ihm Zeit ein Buch zu schreiben unter dem Titel „Mein Kampf" das später zur heiligen Schrift bei den Nationalsozialisten erklärt wurde. Innerhalb unserer Stadt gab es zunächst nur einige wenige Fanatiker, welche Morgenluft witterten und sich dieser Bewegung anschlossen. Wir im Gemeindrat hatten ohne dies Sorgen genug um mit den zunehmenden Schwierigkeiten Herr zu werden. So wurde zum Beispiel zur gleichmäßigen Verteilung des Bauholzes eine Kommision gebildet der auch ich angehörte. Es ist verständlich, daß wir es bei der herrschenden Mangellage an Baumaterial nicht allen Leuten recht machen konnten. Da gab es immer genügend Stoff für die ewig Unzufriedenen, zu schimpfen und zu kritisieren. Als dann 1929 die große Weltkrise und die Bankenzusammenbrüche kamen und die Arbeitslosenzahl mit der Zeit bei uns ein Höhe von fünf Millionen erreichte, da blühte der Weizen für die neue Volksbewegung, welche inzwischen zu einer Massenpartei geworden war.

Die bürgerlichen Rechtsparteien taten ihr Möglichstes, um das demokratische System beim Volk in Mißkredit zu bringen und das Großkapital untertstützt die neue Partei finzaniell in jeder Beziehung. Schließlich kam es bei den regierenden Koalitionsparteien ebenfalls zu Unzuträglichkeiten, welche den Nationalsozialisten zu gut kamen. Dies hatte zur Folge, daß nur noch mit Notstandsparagraphen regiert werden konnte. Politische Morde waren an der Tagesordnung. Die Mörder von Erzberger und Rathenau wurden als Helden gefeiert. Der Staatsapparat begann auseinanderzufallen und das Gerüst zu wanken. Die Nationalsozialisten schwollen zu einer Massenpartei an und umfasste das ganze Bürgertum. Als stärkste Partei im Staate versuchten ihre Führer zu nächst auf sogenannten legalen Wege zur Macht zu kommen. Nachdem durch alle möglichen demagogischen Kniffe sogar Reichspräsident Hindenburg dem Druck von Rechts nachgeben mußte, gab es nach seinem Tode kein Halten mehr. Durch das sogenannte Ermächtigungsgesetz das Hitler, inzwischen zum Bundeskanzer geworden, im Reichstag durchgesetzt hatte, war der Untergang des demokratischen Staates und Systems weimarer Prägung besiegelt.

1933
Machtergreifung und Terror 1933
Was nun nach dieser Machtergreifung kam, war ein Terror wie ihn die Welt noch nie kennengelernt hatte. Die politischen Vertreter der Linksparteien im Reichstag wurden verhaftet, sofern sie es nicht vorzogen ins Ausland in die Emigration zu gehen. Sämtliche Organisationen und Vereine bis herunter zum kleinsten Ziegenzuchtverein wurden gleichgeschaltet, unter gleichzeitiger Beschlagnahme ihres Vermögens. Daneben ging die Judenhetze mit einer Brutalität ohnegleichen.

Natürlich gab es auch im Münsinger Gemeinderat einen großen Kehraus, war doch unter den 12 Mitgliedern nicht ein Einziger, welcher sich der Nazipartei angeschlossen hatte. Deshalb wurden alle durch PG ersetzt; das heißt von der Kreisleitung unter Führung eines 21jährigen frechen Schulmeisters zu Ratsherren ernannt. Mit Ausnahme von Bürgermeister Werner, welcher sich in letzter Stunde der Not gehorchend der Partei angeschlossen hatte und sich schleunigst umstellte, mußten alle Alten weg. Daß natürlich an der Tätigkeit des alten Gemeinderats kein gutes Haar gelassen wurde versteht sich am Rande.

Am meisten tat sich dabei Malermeister Hans Lorch hervor. Mit seinem angeborenem krankhaften Geltungsbedürfnis hatte er die Situation als fortschrittlicher Mann am raschesten erfaßt und konnte sich als Nazi nicht genug tun obwohl er vorher für die Allgemeinheit keine Zeit übrig hatte und nur an sich selbst dachte. Da ich als Antinazist bekannt war, erfolgte als eine der ersten Amtshandlungen des neuen Gemeinderats meine Absetzung als städtischer Bauverwalter.

Meine Tätigkeit als solcher durfte ich solange ausüben, als ich mich politisch jeglicher Kritik enthielt. Von jetzt ab jagte eine Veranstaltung die andere. Es mußten schleunigst neue Fahnen beschafft werden, denn aus jedem geringsten Anlaß mußte beflaggt werden. Wer nicht beflaggte, galt als politischer Gegner und wurde geächtet und sofern er ein Geschäft hatte, boykottiert. Der Andrang zur Parteimitgliedschaft wurde unter diesem Zwang so stark, daß eine Sperre verhängt werden mußte. Jeder Anwärter hatte vorher eine Probezeit durchzumachen. Die sogenannten alten Kämpfer waren überall oben auf und hatten Narrenfreiheit; sie konnten sich die größten Gemeinheiten und Durchstechereien leisten, ohne dafür belangt zu werden. Von der Partei wurden sie in jedem Fall gedeckt. Kein Feldschütz konnte ohne Zustimmung der Kreisleitung mehr angestellt werden. Alle freiwerdenden Posten in Staat und Gemeinde mußten der Kreisleitung gemeldet werden. Auf diese Weise wurden in 1. Linie die alten Kämpfer untergebracht. Bald jeden Sonntag fand irgend eine Gleichschaltungsversammlung statt. Die meisten

Vereine bekamen neue Vorstände und leere Kassen. So mußte z. B. der landwirtschaftliche Bezirksverein, welcher unter seinem mehr als sparsamen Vorstand Gutsbesitzer Hahn ein Vereinsvermögen von mehr als 20.000,- angesammelt hatte, das ganze Geld an den Reichsnährstand abgeben. Ähnlich erging es den Innungen mit Ausnahme der Schmiedeinnung, welche beizeiten Lunte roch und vorher im Adler in Münsingen ein zünftiges Fest feierte, auf welchem der ganze ansehnliche Kassenbestand auf den Kopf geschlagen wurde. Die alten Vereine Liederkranz und Turngemeinde mußten ebenfalls durch diese Gleichschaltungsmühle. Bei der Turngemeinde wirkte es sich so aus, dass alle Jugendlichen in die Parteiorganisation gezwungen wurden und jeglicher Sport nur noch innerhalb der Partei betrieben werden durfte. Das hatte zur Folge, daß der alte freie Turnergeist unterdrückt und die Jugend vollständig dem Einfluß der Partei ausgeliefert war. Unter diesen Voraussetzungen dauerte es nicht lange, bis die Turngemeinde nur noch dem Namen nach existierte und vollends ganz einschlief. Nicht so leicht ging dieses Spiel im Liederkranz. Trotz Gleichschaltung herrschte unter den Sängern noch der alte Geist. Insbesondere widersetzten sich die älteren Sänger jeglicher Uniformierung und Abhängigkeit. Die ersten Zusammenstöße gab es, als der Dirigent, Reallehrer Costabel, welcher anfangs auch von dem neuen Geist infiziert war, Nazilieder des Nazikomponisten Ganser[iii] einüben wollte. Die Mehrzahl dieser Sänger nahmen gegen diesen Versuch Stellung, so daß zeitweise ein gespanntes Verhältnis zwischen Sängern und Dirigenten bestand, bis der Dirigent endlich einsah, daß man zum singen niemand zwingen kann. Diese Haltung der Liederkränzler blieb auch dem Kreisleiter nicht unbekannt, so daß der Liederkranz bei der Partei nicht gut angeschrieben war. Ein endgültiger Bruch erfolgte aber erst, als der Liederkranz zur Umrahmung aller möglichen und unmöglichen Veranstaltungen, wobei immer am Schluß mit erhobener Hand das Horst-Wessellied gesungen wurde mit herangezogen wurde. Es dauerte daher nicht lange, bis sich unter den Sängern gegen diese von der Kreisleitung gewünschte Mitwirkung stärkster Widerstand geltend machte, zumal den meisten Sängern die Schlußzeremonie mit dem

Hackenlied wie Spitzgras war und nur das Deutschlandlied mitgesungen wurde. Da uns hierbei mancher Spitzel auf den Mund sah, konnte leicht festgestellt werden, wer dem System feindselig gegenüber stand. Nachdem dieser Zwang immer schlimmer wurde, blieb zuletzt nichts anderes übrig, als von diesen Veranstaltungen und zuletzt auch von den Singstunden wegzubleiben. Dies hatte zur Folge, daß die Singstunde nur noch von Parteihörigen besucht wurde. Inzwischen hat auch unser Dirigent Reallehrer Costabel ein Haar in der Suppe gefunden und war bei Kreisleiter Schrage in Ungnade gefallen, so trat auch noch eine Dirigentenkrise hinzu. Obwohl Malermeister Lorch mit allen Mitteln versuchte, mit den jüngeren Sängern den Singstundenbetrieb wieder in Gang zu bringen mit einem auswärtigen Dirigenten, schlief der Liederkranz mit der Zeit ein.

Bei Totenehrungen und Beerdigungen von Mitgliedern stellten sich die Sänger jedoch restlos zur Verfügung. Ein ähnliches Schicksal erlebte die von Albert Scheck dirigierte Stadtkapelle, welche von der Kreisleitung als SA-Kapelle uniformiert wurde und bei allen Parteiveranstaltungen unentgeltlich mitwirken mußte. Soweit ging auch hier der Idealismus nicht. Auch die Musik ließ sich nicht mehr in den Parteikarren spannen und gab lieber das Musizieren auf. Es bildete sich zuletzt ein Zustand heraus, der ein zwangloses Vereinsleben nirgends mehr aufkommen ließ und das ganze Dasein von der Partei bespitzelt und überwacht wurde. Keiner traute mehr seinem Nachbarn und Nebenmenschen.

Das Beflaggen der Häuser war zuletzt von der Partei zu einer mechanischen Sache geworden. Der Grund der Beflaggung interessierte überhaupt nicht mehr. Wer aber nicht beflaggte, kam auf die schwarze Liste. So wurde eines Tages der pensionierte Hauptlehrer Mayer, welcher kein Huhn beleidigen konnte und keinem Menschen etwas zu Leid tat, wegen Nichtbeflaggung von einer Nachbarin bei der Kreisleitung denunziert und eingesperrt. Das der pietistischen Gemeinschaft, welche von Mayer geleitet wurde, gehörige Haus, das alte Spital, wurde rücksichtslos weggenommen und die NSV darin untergebracht. Diese an die Partei angegliederte Organisation, welche in der Hauptsache als Versorgungsanstalt für alte Kämpfer und willfährige Werkzeuge der Partei an allen Orten ihr Unwesen trieb und den Leuten ihr Geld abnahm, von dem niemand genau wußte wo es hinkam, übte genau wie die Parteiorganisation ihren Terror aus. Die Rechenschaftsberichte welche zum Schein herausgegeben besagten gar nichts, denn eine Kontrolle war bei dem korrupten System so gut wie unmöglich. Wenn dann einmal ein Fall in die Öffentlichkeit kam, wo NSV-Gelder verludert wurden, war schnell die Partei bei der Hand um ihren schmutzigen Mantel darüber zu decken. Dabei wurden die Sammellisten von der Kreisleitung kontrolliert, wieviel der Eine oder Andere gegeben hatte. War es der Kreisleitung zu wenig so ließ man den Betreffenden wissen, daß man mit seiner Gabe nicht zufrieden sei. Aber trotz aller Allmacht der Partei gab es doch Fälle, die einfach nicht vertuscht werden konnten. Ein Beispiel war der von der Stadt bald nach der Machtergreifung angestellte Famulus der Volksschule. Unter vielen Bewerbern wurde von der Kreisleitung ein alter Kämpfer von Eßlingen namens Schiedel ausgewählt, welcher bei Statthalter Murr dadurch einen Stein im Brett hatte, daß er in Versammlungen, welche Murr vor der Machtergreifung abhielt, als Schläger in Saalschlachten bekannt war. Es dauerte nicht lange, da wollte der Famulus dem Gemeinderat vorschreiben, was er Gehalt zu bekommen habe und was seine Dienstobliegenheiten sind. Die Arbeit im Schulhaus teilte er ein wie er es für gut hielt und niemand hatte den Mut, diesen Burschen in die Schranken zu weisen. Zuletzt war sein Verhalten doch zu bunt als er auch noch dem Schulleiter vorschreiben wollte, was er zu tun und zu lassen hätte. Dem Faß den Boden ausgeschlagen hatte endlich eine Auseinandersetzung mit dem Schulvorstand, bei welcher der Famulus verlangte, daß der Stürmer ein ganz übles Hetzblatt im Schulhaus ausgehängt werden soll. Aber so einfach ging es natürlich nicht, einen Günstling von Statthalter Murr wieder aus seinem Dienst zu entfernen. Nach langem Hin und Her gelang es endlich, die Kreisleitung davon zu überzeugen, daß dieser Zustand einfach unhaltbar geworden war. Nachdem auch die Instandhaltung der Schulräume sehr zu wünschen übrig ließ und bei den Geschäftsleuten in der Stadt Schlappen des Famulus festgestellt wurden. Die Stadt kostete dieser Rückzug zusätzlich zum Gehalt noch etliche Tausend Mark bis man den Kerl endlich los geworden war. Trotz diesen schlechten Erfahrungen mit den sogenannten alten Kämpfern änderte sich an diesem System nicht das Geringste. Die Geister die man rief, wurde man einfach nicht mehr los. Mitunter erlebt man aber auch, daß ein alter Kämpfer welcher seinem Aufstieg moralisch nicht gewachsen war und mit anvertrauten Geldern nicht umzugehen wußte, die Konsequenzen zog, ehe er der öffentlichen Verachtung anheim fiel. So endete auch der erste Münsinger Ortsgruppenleiter, ein Bürgersohn der lange noch nicht der schlechteste Mensch war, durch Freitod. Man fand ihn im Schnee auf dem Hungerberg erschossen. Eine ganz üble Zeiterscheinung waren die Volksgenossen beiderlei Geschlechts, welche aus lauter Liebedienerei und Knechtsseligkeit beim Kreisleiter aus und ein gingen und sich als Märchenträger betätigten. Vor diesen Leuten hieß es sich in Acht nehmen. Weil ich mit der Partei keine Gemeinschaft haben wollte und trotz Warnung meiner kritischen Einstellung diesem System gegenüber manchmal offen Ausdruck gab, wurde meine Stellung mit der Zeit immer unsicherer. So wurde mir zuletzt der Vorwurf gemacht, ich würde beim Herrichten der Turnhalle zu Parteiveranstaltungen nicht mit dem nötigen Interesse die Vorbereitungen treffen und die Dekoration des Saales im Sinne des Nationalsozialismus sehr mangelhaft durchführen. Offen gestanden geriet ich bei derartigen Arbeiten in einen inneren Konflikt mit meiner politischen Überzeugung, denn wie konnte ich auch mit Lust und Liebe einen Saal dekorieren wenn mir die Symbole des herrschenden Systems in tiefster Seele verhaßt waren. Die Einzigen, die mich noch hielten, waren Landrat Eisenlohr und Bürgermeister Werner, mit denen ich ausgezeichnet zurechtkam. Auch warnte mich von Zeit zu Zeit der Bürgermeister vor dem Kreisleiter und gab seiner Besorgnis Ausdruck, daß wenn ich mich nicht sehr in Acht nehme, meine Stunde geschlagen habe. Ich wußte, daß ich von Anfang an bei der Kreisleitung auf der schwarzen Liste stand und es nur eine Frage der Zeit war bis mir die Stiefel hinausgestellt wurden. Meine Weigerung in die N.S.V.

einzutreten, war für einen städtischen Angestellten schon ein starkes Stück und wurde mir übel vermerkt. Ich sollte den Grund angeben, warum ich mich der N.S.V. gegenüber ablehnend verhalte. In meinem Schreiben teilte ich dem Kreisleiter mit, daß ich infolge meiner Schulden der Zinsknechtschaft verfallen sei und ich nach Abschaffung derselben keinen Augenblick zögern werde, in die N.S.V. einzutreten. Da dies eine Hauptforderung und ein Hauptschlager im Parteiprogramm war und bis dato nicht das geringste unternommen worden war diese Forderung wahr zu machen, wußte der Kreisleiter sehr wohl daß meine Ausrede mehr oder weniger als Hohn gedacht war.

Es sollte dann auch nicht lange mehr dauern, bis mich mein Schicksal ereilte. Dies kam so: Anläßlich einer Wahl bei welcher vor lauter Liebedienerei und Knechtsseligkeit ohne Wahlkabinen, also mit offenen Karten gespielt werden mußte, herrschte natürlich bei allen Nazigegnern Kampfstimmung, aber man konnte nur eine Faust im Sack machen, weil man vor Spitzeln nirgends mehr sicher war. Abends kamen alte Sänger im Paradies noch zusammen und machten aus ihrer Einstellung gegenüber einem solchen Wahlschwindel keinen Hehl. In kritischer Weise wurde der Fall diskutiert und eine solche Wahl als Hohn bezeichnet. Ein Münsinger Bürger (Hermann Genkinger) äußerte sich besonders scharf und gab zu verstehen, daß er sich gegen diese Wählerei beschweren würde, was er übrigens am anderen Tag auch tat. Es darf wohl gesagt werden, daß schon etwas Mut dazu gehörte wieder den Stachel zu löcken. Nun saßen in dem Lokal noch einige P.G., welche diese Art Wahl verteidigten. Als jeder spürte, daß die Situation so langsam brenzlich wurde, schlug Sangesbruder Fritz Brändle, Korbmacher, zuletzt vor, daß Lied „Freiheit die ich meine" anzustimmen. Daß dies von den P.G. als Provokation aufgefaßt wurde, war verständlich. Nach diesem Vorgang mußten einige P.G. in das Parteilokal zur Post gegangen sein und dem Kreisleiter, welcher mit seinen Getreuen den Wahlsieg feierte, berichtet haben: Im Paradies sitzen Liederkränzler, welche über die Wahl schimpfen und das Lied „Freiheit die ich meine" singen. Kurz und gut, es dauerte gar nicht lange, bis von der Post eine S.A.-Patroullie erschien und Genkinger verhaften wollte. Wir protestierten dagegen und ließen es nicht zu, obschon jeder sich bewußt war, daß diese Affäre Folgen haben wird, insbesondere bei solchen, welche eine Stellung hatten welche auf das Wohlwollen der Partei angewiesen war, dazu gehörte auch ich als Stadtarbeiter. Es dauerte dann nur einige Tage bis der Bürgermeister vom Kreisleiter den Befehl erhielt mich sofort fristlos zu entlassen. Damit war ich meines Dienstes enthoben. Auf meine Beschwerde bei der Gauleitung wurde mir zu verstehen gegeben, man hätte mir 5 Jahre Zeit gegeben meine Einsatzbereitschaft unter Beweis zu stellen, und ich hätte keinen Gebrauch davon gemacht, deshalb bleibe die Maßnahme wegen politischer Unzuverlässigkeit bestehen. An dem Tage meiner Entlassung hatte ich vormittags noch einer Baufirma aus Cannstatt, Baumann, welche ein Straßen- und Bahnbauprojekt nach dem Russenlager aussteckte, eine Anzahl Fluchtstäbe ausgeliehen. Bei dieser Gelegenheit fragte mich der Vertreter dieser Firma, der frühere technische Bürgermeister der Stadt Stuttgart Dr. Sigloch, welcher ebenfalls vom Naziregime aus freien Stücken aus dem Dienst geschieden war, weil sein Sohn eine Jüdin zur Frau hatte, ob ich ihm keinen Meßgehilfen wisse. Als ich mich am Nachmittag gleich selbst als Meßgehilfe vorstellte, war er natürlich etwas verblüfft bis ich ihn darüber aufklärte, daß ich seit 12 Uhr bei der Stadt entlassen sei. Er stellte mich ohne Bedenken ein und tröstete mich mit seinem Los. Nur hat er es gemacht wie der Ulmer Kuhhirt, er ging vorher weg. Nach Beendigung dieser Arbeit welche einige Monate dauerte, ging ich zu einer Tiefbohrgesellschaft welche in Seeburg beim großen Felsen einen Bohrturm in Betrieb hatte. Diese Arbeit, bei der es allerdings etwas schmutzig zuging, war trotzdem sehr interessant. Wir bohrten vom Herbst bis zum Frühjahr bis zu einer Tiefe von 360 m, ohne jedoch fündig zu werden so daß der Versuch aufgegeben und der Bohrturm wieder abgebrochen wurde. Nun versuchte ich, mein altes selbständiges Handwerk wieder auszuüben, was mir aber von der Partei infolge meiner politischen Einstellung nicht gestattet wurde. Weiter machte ich den Versuch meine z. Zt. geschlossene Wirtschaft zur Linde wieder aufzumachen. Meine Eingabe um Konzessionserteilung wurde ebenfalls aus dem gleichen Grund abgelehnt. Es war also unter diesen Umständen vollständig ausgeschlossen, wieder selbständig zu werden. So blieb mir nichts anderes übrig, als bei der Firma Genkinger als Schmied und Elektroschweißer zu arbeiten.

Das Nazisystem hatte sich inzwischen so gefestigt, daß man auf Schritt und Tritt bespitzelt wurde und jederzeit gewärtig sein mußte, bei einer unbedachten Äußerung bei der Kreisleitung denunziert zu werden und Gefahr lief, noch ins K.Z. zu kommen. Jeder mißtraute Jedem, ein Zustand, der alle noch halbwegs freiheitlich denkenden Menschen anekelte. Kamen Bürger in einer Wirtschaft zusammen und wollten sich unterhalten, so suchte man krankhaft nach einem harmlosen Thema. Es dauerte dann nicht lange bis man beim Wetter oder Klatsch angekommen war. Politische Unterhaltungen waren fast lebensgefährlich.

Nur im Waldhorn bei Jakob Mack war es noch einigermaßen möglich, sich auch über politische und wirtschaftliche Dinge zu unterhalten. Es war ein schweigendes Übereinkommen, daß sich dort diejenigen trafen, die dem Nazisystem feindlich gegenüber standen. Dies war aber nur möglich, weil es der Waldhornwirt verstand, in kluger Weise das Thema zu lenken und wenn Gefahr im Verzug war, oder der Alkohol die Stimmen allzusehr gelockert hatte, die Unterhaltung auf ein neutrales Gebiet herumzuwerfen. Insbesondere trafen sich dort die alten Sänger des Liederkranzes Albert Scheck, August Münz, Ernst Münz und noch viele andere welche unseres Glaubens waren. Wir haben da trotz allem manchmal schöne Stunden erlebt. Es war in unserer Gesellschaft überhaupt kein Spielverderber darunter. Auch wenn der Liederkranz nur noch dem Namen nach existierte, so wurde, so oft wir zusammen kamen, immer wacker gezecht und gesungen. Wenn dann Hochstimmung war, ließ Jakob, der ja Junggeselle war, meist einige Flaschen Wein auffahren, so daß des öfteren die Polizeistunde überschritten wurde. Bei allen öffentlichen Veranstaltungen war es eine Selbstverständlichkeit, daß vom Leiter am Schluß drei ‚Sieg Heil‘ auf den Führer ausgebracht werden mußten. Bei solchen Gelegenheiten wurde von den parteihörigen Kreaturen immer scharf aufgepaßt, wer nicht mitmachte. Aus diesem Grunde ging man nur noch dahin, wo man unbedingt dabei sein mußte. Damit diese von der Partei angeordneten Versammlungen besucht wurden, mußte die Partei zu allen möglichen Mitteln greifen. So ordnete der Bürgermeister von Trailfingen, weil er seine Pappenheimer genau kannte, kurzer Hand eine Feuerwehrübung an und ließ die ganze Mannschaft am Schluß geschlossen zu dem Wirtschaftslokal marschieren, wo dann die geplante Versammlung sich anschloß. Bei dieser Gelegenheit hatten einige Bürger beim Sieg Heil nicht den Arm erhoben. Dies wurde von einer anwesenden Lehrerin beobachtet und weitergemeldet. Schon einige Tage danach mußten die Betreffenden auf der Kreisleitung vorreiten und waren kurze Zeit darauf im Besitz ihres Stellungsbefehls.[iv] War es da noch ein Wunder, wenn man allen Veranstaltungen und Umzügen möglichst aus dem Weg ging, trotz dem viel angewandten Spruch: „Erscheinen ist Pflicht". Die Hakenkreuzfahne wurde zum Geßlerhut und wehe dem, der ihr nicht Reverenz erwies. Auch innerhalb der Parteiorganisation sah man in der Mehrzahl sogenannte ‚Mußleute', d.h. Beamte und Angestellte von Behörden. Konnte man doch diejenigen an den Fingern abzählen, welche den Mut aufbrachten und das Risiko auf sich nahmen, bei Nichtmitgliedschaft aus seiner Stellung gefeuert zu werden. Die Angst und Feigheit ging so weit, daß nach meinem Hinauswurf mir manche Leute aus dem Wege gingen, um ja nicht in Verdacht zu geraten, mit mir Worte gewechselt zu haben. Auch unter den Geschäftsleuten gab es nur ganz wenige, welche sich nicht als Mitglieder der Partei anschlössen. Bei den Bauern auf dem Land sah es in dieser Hinsicht etwas besser aus, aber auch hier galt der Spruch: *Der König rief und alle kamen*, insbesondere bei den wieder neu erwachten Militär- und Kriegervereinen. Wo solche nicht bestanden, wurden Kleinkaliberschießstände gebaut, damit jeder Bürger Gelegenheit hatte, *Äug und Hand zu üben für's Vaterland.*

Am krassesten zeigte sich die Unterwürfigkeit aber beim Grüßen, als an Stelle unseres „Grüß Gott" das ekelhafte „Heil Hitler" gesetzt wurde. Tausende von Geschäftsleuten, welche sich als gute Schwaben mit "Grüß Gott" begrüßt hatten, schämten sich nicht, an ihre Ladentüre einen Schild anzubringen mit dem Text „Der Deutsche Gruß heißt Heil Hitler". Von den Beamtungen will ich gar nicht reden, da war es eine Selbstverständlichkeit. Der Bürgermeister einer Nachbargemeinde, von der schon einmal die Rede war[v], ging sogar so weit, daß er seine Bürger wieder hinaus schickte vor seine Türe, weil sie mit „Grüß Gott" gegrüßt hatten, statt mit „Heil Hitler". Der junge Kreisleiter, welcher sich ohne jegliches Taktgefühl in die internsten Familienangelegenheiten hineinmischte, galt zuletzt als der Heiland, dem alle Beschwerden und Angelegenheiten, die da und dort auch innerhalb der Familie auftraten zur Regelung unterbreitet wurden. Es kam sogar vor, daß Frauen ihren Männern drohten: „Ich gehe zum Kreisleiter, wenn Du nicht anders wirst." Man braucht sich deshalb nicht zu wundern, wenn sich mit der Zeit so ein junger Kreisleiter wie ein Halbgott vorkam und mit sich selber per Sie sprach. So wurde er ja von der Masse erzogen. Es ist kein Zweifel, daß der Durchschnittsdeutsche eine knechtsselige Natur ist. Sogenannte Radfahrernaturen: nach unten treten und nach oben einen Buckel machen. Bei einem Umzug, welcher vom Lager aus nach Münsingen maschierte und sich in der Hauptsache von Beamten und sonstigen ‚Mußleuten' zusammensetzte, ich glaube, es war am I.Mai, ließ sich der Herr Kreisleiter als einziger mit dem Auto fahren, während alle anderen Sterblichen zu Fuß mit maschierten.

Als Herr Schrage durch einen Denunzianten erfuhr, daß sich unter anderen auch der Landstallmeister Storz[vi], der auch zu den ‚Mußleuten' zählte, über sein Benehmen empörte, schrieb er ihm einen Brief, worin stand: „Ob ich fahre oder laufe, das geht Sie einen Dreck an". Dies sind nur einige Ausschnitte, wie es zu dieser Zeit bei uns zuging. Da der Mensch ein Gewohnheitstier ist, regte man sich zuletzt nicht mehr groß auf. Wichtig war nur, daß man nirgends auffiel. Bei dem herrschenden Spitzelsystem und Denunziantentum hütete sich jeder, wider den Stachel zu locken. Bei der Besetzung von Stellen wurden in allen Fällen ohne Rücksicht auf Begabung und Können PG bevorzugt. Bei Lehrerzusammenkünften gab der 22jährige Kreisleiter den alten

Lehrern und Pädagogen Anweisung, wie die Kinder unterrichtet werden müssen. Der Samstag war der Tag der Jugend. An diesem Tag hatten die Lehrer frei und wurden die Kinder sich selber überlassen, sie sollten sich sozusagen selber erziehen.[vii] Gar bald stellte sich aber heraus, daß die Kinder eher verwilderten, als daß von einer Selbsterziehung die Rede sein konnte. So wurde diese Neuerung ganz unauffällig, ohne große Begründung vom Erziehungsminister wieder aufgehoben.

Außenpolitisch errang Hitler einen Erfolg nach dem anderen, weil er es verstand, mit seinen Forderungen und Maßnahmen den anderen Mächten gegenüber immer bis hart an die Grenze zu gehen, sodaß die Gefahr kriegerischer Entwicklung gerade noch abgewendet wurde. Mit dieser Taktik erzielte er solange Erfolge, bis es den anderen zuletzt zu bunt wurde. Sie glaubten den Friedensschalmeien nicht mehr. Nebenbei erzielte Hitler wirtschaftlich innerhalb der Bundesrepublik[viii] dadurch Erfolge, indem er durch ungeheure Rüstungsaufträge die Arbeitslosigkeit beseitigte. Daß diese Waren, die hier produziert wurden, keinen Wert darstellten, weil sie nur zur Vernichtung dienten, wollten die meisten Deutschen nicht sehen. Um das Volk von diesen Dingen abzulenken und sich eine Rückendeckung zu verschaffen, fanden von Zeit zu Zeit Abstimmungen statt, wo die Fragen so raffiniert gestellt waren, daß auch Nazigegner in innere Konflikte kamen, ob sie mit ja oder nein stimmen sollten. Das Wahlergebnis wurde ohnehin gefälscht und zurechtfrisiert, daß bei jeder Wahl fast 100 % mit Ja gestimmt hatten. Nachdem innerhalb die Machtposition so gesichert war, daß keiner mehr aufmucken konnte, wandte sich Hitler den Problemen außerhalb zu. Überall in der Welt, wo Deutsche sich befanden, wurden Naziorganisationen gegründet und nach dem gleichen Muster aufgezogen wie im Reich. Daß ausgerechnet die Auslandsdeutschen, von denen man einen größeren Gesichtskreis hätte erwarten können, auf die Naziparolen hereinfielen, ist mir unverständlich. Dadurch wurde aber auch das Ausland aufmerksam und beobachtete die Entwicklung mit steigendem Argwohn.

Daß dabei die Juden die aufmerksamsten Beobachter waren, braucht nicht Wunder zu nehmen. Waren doch bei uns die antisemitischen Maßnahmen schon so scharf gehandhabt, daß die Hebräer sich kaum mehr auf der Straße zeigen durften. Jeder mußte an der Brust den sogenannten Judenstern tragen, daß er schon von weitem als Jude erkenntlich war. Viele versuchten noch auszuwandern, aber auch das war mit Schwierigkeiten verbunden.

Schließlich wurden die ganzen Familien mit Kind und Kegel abtransportiert in die Vernichtungslager, was aber erst später bekannt wurde. Die Angliederung Österreichs und der Tschechoslowakei waren weitere Stationen dem Verhängnis entgegen. In Urach befanden sich Angehörige der sogenannten österreichischen Legion, welche seinerzeit als Nazis unter dem Dollfußregime[ix] flüchten mußten, Nun konnten sie wieder nach Österreich als alte Kämpfer zurückkehren, um dort die wichtigsten Positionen einzunehmen. Nachkommen derselben sind heute noch in Urach anzutreffen. Reichstagssitzungen hatten nur zwei Tagungsordnungspunkte: 1. Entgegennahme der Regierungserklärung; 2. Absingen des Deutschlandliedes und des Horst-Wesselliedes · es war das reinste Affentheater. Zwischendurch gab es wieder auch einige Höhepunkte, wie zum Beispiel die Olympiade in Berlin, welche mustergültig organisiert war und einen glänzenden Verlauf nahm. Das muß man den Nazis lassen, organisieren hatten sie los. Nachdem nun Österreich eingemeindet und die Sudentenländer befreit waren, ging es hinter Polen und den Danziger Korridor.[x] Weil es bisher so gut geklappt hatte, konnte man schon wieder etwas riskieren. Nun muckten die Westmächte aber doch auf. Hinter Polen standen Frankreich und England. Es gab keinen Zweifel mehr, daß es zu einer kriegerischen Auseinandersetzung kommen wird, wenn Hitler die Hand nach Danzig und Ostpreußen ausstrecken würde. Er ließ es darauf ankommen und so begann der größte Krieg, den die Weltgeschichte je gesehen. Nachdem die Würfel gefallen waren, begann die Mobilmachung. In Münsingen begann sie damit, daß auf Schloß Grafeneck, das später noch so eine traurige Berühmtheit erlangen sollte, sämtliche Kraftfahrzeuge vorgeführt, gemustert und je nachdem für kriegstauglich befunden und sofort nach ihrem Bestimmungsort in Marsch gesetzt wurden. Auf dem Sportplatz ging es ebenso mit den Pferden. Die auf dem Truppenübungsplatz stationierten Truppen rückten teilweise direkt auf den Kriegsschauplatz ab. Daß es auch bei einer so genau ausgeklügelten Sache Fehler gab, zeigt folgender Fall: Zwei Tage nach der Mobilmachung traf von Freiburg kommend eine Kolonne von Lastwagen und Zugmaschinen ein. Ihr Marschbefehl lautete nach Münsingen. Da kein Mensch etwas davon wußte, was diese badische Kolonne hier machen sollte, wurden die Fahrzeuge wieder zurück nach Freiburg in Marsch gesetzt. Die Einberufungen folgten nun am laufenden Band. Viele der in der HJ groß gewordenen jungen Leute konnten es nicht erwarten und meldeten sich freiwillig. Der Blitzfeldzug in Polen brachte Sieg auf Sieg, so daß das Beflaggen kein Ende nehmen wollte. Es war strategisch gesehen keine besondere Leistung, dieses unvorbereitete Land zu überfallen. Als vollends mit Rußland ein Abkommen getroffen wurde, atmete alles erleichtert auf. Doch dieses Aufatmen war verfrüht, es sollte noch anders kommen. Hitler stach der Hafer, aus ganz fadenscheinigen Gründen ließ er in Rußland einmaschieren und damit nahm unser Schicksal seinen Lauf. Die Goebbels'sche Propagandamaschine arbeitete auf Hochtouren. Das Anhören ausländischer Sender wurde als Selbstverstümmelung bezeichnet und mit der Todesstrafe geahndet. Ein Terrorregiment setzte ein und fand seinen Ausdruck in den KZ-Lagern. Anfangs wußte die Bevölkerung nicht gleich, was sich dort abspielte; gar bald aber sickerte durch, daß da und dort einer nachts aus dem Bett geholt wurde und nie mehr wiederkam. Durch die sich steigernden Luftangriffe war es notwendig geworden eine Luftschutzorganisation aufzuziehen, wobei auch Mädchen eingesetzt wurden. Auch die Feuerwehr bestand in der Hauptsache aus weiblichen Mitgliedern. Allmählich trafen auch die Verlustlisten ein und jedem wurde klar, daß die Siege durch ungeheure Verluste erkauft waren. Der Feldzug in Rußland brachte in erschreckender Weise zum Bewußtsein, daß unsere Truppen für einen Winterfeldzug ganz ungenügend ausgerüstet war. Es mußte eine große

Sammelaktion für Winterkleidung eingeleitet werden.[xi] Diese Anordnung kam aber zu spät, sodaß an der Front die Kälte zusätzlich Opfer forderte durch Erfrierungen. Daß wir uns mit Rußland verschätzt hatten, wurde so langsam jedem klar, trotz den propagandistischen Reden von Hitler und Goebbels, daß dieser Gegner in den letzten Zügen liege. Die Verlustlisten zeigten ein anderes Bild. Die Kriegsschauplätze wurden immer ausgedehnter und die Nachschublinien länger. Es war einfach nicht mehr möglich, Material und Menschen für diese ungeheuren Nachschublinien bereit zu stellen. Nachdem Hitler noch den Oberbefehl übernommen hatte und sich als Stratege produzierte, wußten wir es vollends ganz gewiß, daß wir einer Katastrophe zutreiben. Den führenden deutschen Generälen kann der Vorwurf nicht erspart werden, daß es große Schlappschwänze waren, weil sie sich vor lauter Knechtsseligkeit von einem blutigen Laien kommandieren ließen. Auf dem Übungsplatz und in den Lagern herrschte um diese Zeit Hochbetrieb. Tausende haben von hier aus ihre letzte Reise angetreten. Je offensichtlicher wir dem Abgrund zusteuerten, desto schärfer wurden die Maßnahmen der Partei. In vielen Ortschaften um den Truppenübungsplatz herum waren Ausbildungskompanien stationiert. Man hatte aber mehr oder weniger den Eindruck, daß es Drückebergerkommandos waren, in denen sich alles sammelte was bis dahin um eine Einberufung zur Feldarmee herumgekommen, zumindest aber mit der Partei verwandt oder verschwägert war. Daß die Partei in erster Linie ihre Mitglieder schonte, war ein öffentliches Geheimnis. Umso rascher kam jedoch der Verfall. Die Bombengeschwader, welche fast täglich nachts die Stadt überflogen und Städte und Industrieanlagen in Trümmer legten, ließen keine Hoffnung mehr aufkommen, daß nochmal eine Wende eintreten könnte. Unsere Flieger waren fast vollständig ausgeschaltet, selbst wenn noch genügend Maschinen und Personal vorhanden gewesen wäre, so fehlte es an Benzin. In unterirdischen Stollen und unbenutzten Straßen-und Eisenbahntunnel hatten sich die kriegswichtigsten Betriebe verkrochen. Die Verdunkelungsmaßnahmen waren bitter notwendig, das zeigte ein nächtlicher Bombenwurf in Seeburg. Ursache dieses Angriffs war ein schlecht abgedunkeltes Fenster auf Schloß Uhenfels. Glücklicherweise fielen die meisten Bomben in den Talgrund, nur eine Scheuer, welche an ein Wohnhaus angebaut war wurde weggefegt. Die beiden alten Leute, welche in dem Hause wohnten, kamen mit dem Schrecken davon.[xii]

Den Parteigenossen wurde es so langsam schwummerig zu Mut, Hakenkreuzfahnen waren nicht mehr gefragt. Das Häuserbeflaggen gehörte längst der Vergangenheit an. Die ganz Unentwegten hofften aber immer noch auf eine Wunderwaffe. Die bald darauf die Amerikaner auch brachten in Form der Atombombe auf Hiroshima.

Kurz möchte ich noch einer Einrichtung Erwähnung tun, die ich eingangs schon angedeutet hatte. Es handelt sich um die Vorgänge auf Schloß Grafeneck.[xiii] Eines Tages hieß es, Grafeneck, welches lange Jahre ein Samariterstift war, müßte geräumt werden, es komme ein Lazarett hinein. Die Insassen, meist körperlich und geistig verkrüppelte Menschen, mußten Knall und Fall ausziehen, irgendwo ins Allgäu hinauf. Nach der Räumung wurden Bauhandwerker verpflichtet, welche unter schwerster Strafandrohung, falls sie etwas über ihren Auftrag aussagten, eine Einrichtung außerhalb des Schlosses in einer Baracke schaffen mußten, zu dem Zweck, unheilbare Irrenanstaltsinsassen dort zu vergasen und zu verbrennen. Das Personal waren sogenannte Ärzte und Schwestern aus Berlin, jedoch, wie sich später herausstellte, alle unter falschem Namen. Ein zwei Meter hoher Bretterzaun schirmte die ganze Anlage ab. Als Wache war ein SS Kommando verpflichtet. Ebenso wurden für zwei große Omnibusse Garagen errichtet. Obwohl anfangs allerhand gemunkelt wurde, konnte jedoch niemand genau sagen, was dort getrieben wurde. Das Personal war ausschließlich im Schloß untergebracht. Die beiden später so gefürchteten mit Mattscheiben versehenen Busse brachten jede Woche einige hundert Kranke, ohne daß die Unterkunftsmöglichkeit vergrößert zu werden brauchte. Das Personal, welches in Marbach in der Gestütswirtschaft viel verkehrte und in keiner Weise den Eindruck eines Krankenhauspersonals machte, hielt vollständig dicht. Trotzdem war es bei uns in der Umgebung zuletzt öffentliches Geheimnis, was in Grafeneck getrieben wurde, nur durfte man es nicht öffentlich sagen. Am raschesten kamen die Bewohner des Hofgutes Fauserhöhe, welches in östlicher Richtung etwa zwei bis drei Kilometer entfernt war, dahinter, denn bei dem meistens vorherrschenden Westwind trieb es den Rauch und Gestank der Verbrennungsöfen über den Hof weg. Außer den Beteiligten hatte niemand Zustritt. Sehr bald war die Sache im ganzen Land ruchbar, aber mit Ausnahme der kirchlichen Behörden, welche aber nichts zu melden hatten, war niemand in der Lage, irgendwelche Kritik zu üben, wenn er nicht in Gefahr laufen wollte ins KZ gesteckt zu werden. Bei dem Leiter der Verwaltung des Landgestüts[xiv], welcher sich einmal abfällig über Grafeneck geäußert hatte, ging es hart am KZ vorbei. Die Zahl der Vergasten konnte nie genau festgestellt werden, man vermutet zehn- bis fünfzehntausend. Irrenanstalten von ganz Deutschland waren Lieferanten dieser Opfer. Angehörige, welche sich nach ihren Leuten erkundigten, wurde irgendeine Krankheit mit tödlichem Ausgang vorgeschwindelt, oder sie wurden nach Österreich verwiesen, wo auch eine solche Anstalt in Betrieb war.[xv]

Nachdem die feindlichen Heere immer weiter vordrangen, wurde der sogenannte Volkssturm ins Leben gerufen.[xvi] Die Führer desselben waren meist Parteibonzen und glaubten selber nicht mehr an einen Sieg. Trotzdem wurde an dem Terror festgehalten und jedes Aufmucken mit Tod oder KZ bedroht. Die Ausbildung war deshalb schon von vornherein ein aussichtsloser Fall. Jedenfalls hatte von uns keiner mehr Lust, für so eine verlorene Sache sein Leben noch zum Schluß aufs Spiel zu setzen. An den Ausbildungsabenden und bei den Geländeübungen wurde nur unter Strafandrohung mitgemacht. So weit noch Leute für die Frontformation in Betracht kamen, wurden dieselben vom Ortsgruppenleiter nominiert, aber nur dumme Kerle spurten noch. Der Glaube an ein Wunder wurde nur noch von Fanatikern geteilt.

Nachdem in Italien durch den Badoglioputsch[xvii] die Lage aussichtslos geworden war, wurden die noch unter deutschem Befehl stehenden italienischen Truppen zwangsweise auf unseren Truppenübungsplatz verteilt.[xviii] Das neue Lager war voll dieser armen Kerle, die nicht mehr wußten, wem sie gehorchen sollten. Das Schlimmste war, daß fast nichts mehr zu essen da war, und für diese Truppe ohnehin nicht mehr viel zur Verfügung stand. Ich hatte glücklicherweise in diesem Jahr ziemlich viel Obst geerntet. Eine Obsthändlerin, welche mir alles abkaufte wie es vom Baum kam, konnte den Italienern nicht genug davon bringen. Es ging so darauf los, daß es nur unter Aufsicht möglich war, das Obst zu verteilen, so daß jeder wenigstens ein Pfund davon erhielt. Wenn diese Truppe manchmal singend und zwar schön singend durch die Stadt marschierte, so gab es viele Volksgenossen bei uns, welche den Soldaten Beleidigungen und Verwünschungen nachriefen, die sie hoffentlich nicht verstanden haben. Die halb verhungerten Leute konnten doch nichts dafür, daß uns ihr Land in den Rücken fiel. Es wäre auch ungerecht, wenn ich behaupten würde, diese Soldaten hätten sich schlecht benommen. Wenn sie in eine Wirtschaft kamen, waren sie grundanständig und machten einen sehr deprimierenden Eindruck Die Mehrzahl ihrer Offiziere wurden zuerst nach Polen, Tschenstochau, verfrachtet, wo sie in einem Lager so knapp gehalten wurden, daß es ihnen nicht schwer fiel, was sie zu tun gedenken, als man sie vor die Alternative stellte, entweder bis Kriegsende dort zu bleiben, oder sich für Mussolini zu entscheiden und wieder zu ihrer Truppe nach Münsingen zurückzukehren. Ein Arzt aus Turin, namens Rutscher, welcher mit mir näher bekannt wurde, kam oft in mein Haus um etwas Deutsch zu lernen, was aber nur über französisch ging, das er gut beherrschte, klagte mir sein Leid über das Dilemma, in welches seine Truppe hineingestellt worden war. Nachdem diese Hutsoldaten (man nannte sie so, weil sie statt einen Helm Filzhüte mit einer Feder darauf trugen) wieder notdürftig organisiert waren, kam Mussolini in einem Sonderzug nach Münsingen, um seine Landsleute zu besichtigen. Es war an einem Sonntagnachmittag, als der Zug eintraf. Mussolini fuhr in

Begleitung einer Sicherheitswache in einem offenen Wagen durch die Stadt nach dem Alten Lager, wo seine Truppe zur Parade aufgestellt war. Er machte einen sehr ernsten Eindruck, man sah ihm an, daß er wußte, daß sein Stern im sinken war.[xix]

Nach dem Abtransport der Italiener kamen Russen von der Wlassow-Armee zur Ausbildung auf den Übungsplatz.[xx] Sehr schnell wurden wir gewahr, daß die aus Gefangenen und Desserteuren zusammengewürfelte Gesellschaft keine Elitetruppe war. Beim Marsch durch die Stadt sangen sie ihre russischen Weisen. Ein Vorsänger sang voraus, dann fiel die Masse ein mit einer eintönigen monotonen Melodie. Bei der herrschenden Futterklemme bekamen die Leute nicht satt zu essen und so sah man täglich, wie diese Soldaten auf Ablagerungsplätzen und Dunglegen nach halbverfaulten Kartoffeln und Kohlraben suchten, um sie nach oberflächlicher Reinigung roh zu verschlingen. Wie der Krieg die Menschen verroht, sei in diesem Zusammenhang an folgendem Vorgang dargestellt.[xxi] Als in Münsingen der erste Transport gefangener Russen eintraf, noch zu der Zeit, als es im Osten noch vorwärts ging, war alles gespannt, wie dieses Volk wohl aussehen würde. Es war gerade um die Mittagszeit, als bekannt wurde, daß auf dem Bahnhof ein Transport russischer Kriegsgefangener ausgeladen werde. Da ich vom Geschäft zum Mittagessen heimging, machte ich einen kleinen Umweg über den Bahnhof, um mir die Leute anzusehen. Was ich hier sah, spottete jeder Beschreibung. Dieses Bild wird mir zeitlebens in Erinnerung bleiben. Die Gefangenen waren schon zum Abmarsch aufgestellt. Wer noch ein menschliches Fühlen in sich hatte, den mußte dieser Anblick auf das tiefste erschüttern. Bleich und abgemagert, vor Schmutz starrend, verlaust und verwahrlost, jeder in einem alten Sack oder sonstigem Behältnis seine sieben Sachen bei sich tragend, standen die armen Teufel stumm wie Tiere und teilnahmslos in ihr Schicksal ergeben, zum Abmarsch bereit. Als der traurige Zug sich in Marsch setzte, konnte man erschütternde Bilder sehen. Die Leute, welche nicht mehr fähig waren, in der Kolonne mitzumarschieren, wurden von ihren Kameraden regelrecht mitgeschleift. Vier Mann packten den

Kranken an Armen und Beinen und schleppten den Mann eine Strecke weit mit, ob der Kopf ab und zu auf dem Boden aufschlug, wurde nicht mehr beachtet. Links und rechts der Kolonne begleiteten deutsche Landser, neben ihrem Gewehr noch mit einem Stecken ausgerüstet, den Trauerzug. Hier kam einem so recht zum Bewußtsein, wie das sogenannte Stahlbad des Krieges den Menschen vertiert und seinem Nebenmenschen gegenüber verhärtet. Jegliches Mitgefühl schien erstorben zu sein. Daß unterwegs viele liegen blieben und später mit einem Wagen gesammelt nachgeführt werden mußten, war schon beim Abmarsch vorauszusehen. In den verlassenen Eisenbahnwagen sah es unbeschreiblich aus. Anscheinend wurde den Leuten wenig Gelegenheit gegeben zum Austreten. Eine ganze Anzahl konnten nur als Tote geborgen werden. Im Russenlager gab es ein Massensterben an Ruhrkranken, so daß von dem ganzen Transport mindestens ein Drittel im Massengrab endete. Diese wahrheitsgetreue Schilderung sollten sich diejenigen merken, welche von dem Wahn besessen sind, wir Deutschen seien eine Herrenrasse und alle anderen mehr oder weniger Halbmenschen und Sklaven. Wenn man sich vergegenwärtigt, wie es wohl unseren Leuten in der Gefangenschaft gehen mag, dann muß man zuletzt an der Menschheit verzweifeln.

Nach dieser kurzen Abschweifung wieder zurück zu der Wlassow-Armee. Durch die ungenügende Ernährung dieser Truppe ist es verständlich, daß in der näheren Umgebung von Münsingen nichts Eßbares mehr sicher war. Je näher es zum Ende ging, nahm Raub und Diebstahl überhand. Immer wieder hieß es, in den nächsten Tagen soll diese Landplage wegkommen, stattdessen kamen immer noch mehr. Am schlimmsten waren die außerhalb liegenden einsam gelegenen Höfe dran. Diese Bauern konnten sich kaum mehr dieser halbverwilderten Soldateska erwehren. Wenn Fliegeralarm war, und das kam häufig vor, mußte die ganze Besatzung das Neue Lager verlassen und in den umliegenden Wäldern Deckung suchen. Auch der Tannenwald auf dem Hungerberg wurde dazu benützt. Da es in diesem Winter viel Schnee gab und grimmig kalt war, durften die Truppen infolge Kohlenmangel in den Waldungen Holz sammeln. Dies sah dann so aus, daß insbesondere bei Fliegeralarm sich die Leute mit Axt und Beil bewaffneten und während des Alarms Bäume ummachten, aber nicht am Boden, sondern in etwa 0,80 bis 1,0 m Höhe, wo es recht bequem war. So hörte man immer während des Alarms ein geschäftiges Treiben auf dem Hungerberg und sah nacher jeden Mann mit Holz beladen dem Lager zustreben. Im Münsinger Gemeindewald sah es deshalb bös aus. Sämtliche Gemeinden um den Truppenübungsplatz herum waren davon betroffen. Obwohl feindliche Bombengeschwader fast jeden Tag oder Nacht die Stadt überflogen, wurden wir nur zweimal durch Jagdbomber angegriffen. Das este Mal fielen die Bomben in die Wiesen unmittelbar beim Bahnhof, ohne Schaden anzurichten. Das zweite Mal galt der Angriff einem Eisenbahnzug und hier wieder hauptsächlich den Lokomotiven. In dieser Zeit wurden im ganzen Land die Lokomotiven mit Bordwaffen aufs Korn genommen. Es gab Tote und Verwundete, unter anderen auch die Tochter von Sattlermeister Käuffert Diese Jabos machten auch auf einzelne Fahrzeuge auf den Landstraßen Jagd und waren der Schrecken der Bauern und Autofahrer. Da ich Luftschutzwart im Krankenhaus war, mußten wir die Kranken immer in das Kellergeschoß befördern, obwohl dies eigentlich kein Luftschutzraum war. Doch hatten die Kranken wenigstens das Gefühl einer Sicherheit.

Gegen Schluß des Krieges wurden noch zwei Stollen in den Hungerberg getrieben, aber nicht mehr benützt. In meinem Wirtschaftslokal war schon längst ein Fremdarbeiterlager untergebracht für die in den hiesigen Betrieben arbeitenden Ausländer. Es waren meist Ukrainer von 15 Jahren aufwärts, auch Mädchen waren mit dabei aus Belgien und Polen. Mit wenigen Ausnahmen waren es ruhige und anständige Leute, welche sehr rasch Deutsch lernten und sich an unsere Verhältnisse gewöhnten. Trotzdem ich in meinen Äußerungen sehr vorsichtig war, so passierte es mir doch gegen den Schluß, daß mir einmal eine kritische Bemerkung entschlüpfte, was sofort irgend ein Denunziant der Kreisleitung hinterbrachte. Die Folge davon war, daß ich einige Tage darauf als Volkssturmmann mit 55 Jahren einen Stellungsbefehl erhielt, wie ja in jener Zeit die Ortsgruppen- und Kreisleiter bestimmten, wer einzurücken hatte. Daß dabei in erster Linie Nazigegner bevorzugt waren, liegt auf der Hand. Ich mußte mich also feldmarschmäßig mit Tornister auf der Kreisleitung melden. Da ich aber in meinem Betrieb als Elektroschweißer dringend gebraucht wurde, gelang es meinem Chef mich wieder loszueisen. Mein Marschbefehl lautete zum Bataillon Lichtenstein, welches im Schwarzwald stationiert war. Dieses Bataillon hätte ich ohnehin nicht mehr erreicht, denn es war um diese Zeit schon auf dem Rückmarsch und in Auflösung begriffen.

Wie es gegen den Schluß hin bei unseren Truppen aussah, zeigte uns eines Tages eine Kolonne Küstenartillerie, welche vom Mittelmeer herauf mit Pferd und Wagen, aber ohne Geschütze hier ankamen, um hier abzumustern. Es war eigentlich keine Truppe mehr, sondern eine lange Karawane von requirierten Fahrzeugen und Zugtieren jeder Art und Rasse, sogar ein Leichenwagen war darunter. Man stelle sich vor, wie dieser Haufen vom Mittelmeer heraufgezogen kam, er glich eher einer Zigeunerbande, als einer Truppe. Offiziere waren überhaupt keine mehr dabei oder jedenfalls nicht erkenntlich. Vom Schweizer Sender wurde man jeden Mittwoch durch die „Weltchronik" von Prof. Salis auf dem Laufenden gehalten, wie die Fronten stehen. Danach konnte man sich so ungefähr ausrechnen, wie lange es noch dauerte, bis auch bei uns der Feind einzog. Jede Stadt und jeder Ort war deswegen in Sorge, wie die Besetzung vor sich gehen werde. Es kam des öfteren vor, und diese Nachrichten eilten den Truppen voraus, daß ein Bürgermeister, welcher aus Sorge um seine Stadt beim Herannahen der feindlichen Truppen dem Druck der Bürger nachgab und die weiße Flagge hißte, um dann von den noch anwesenden Gestapo- und SS-Leuten dafür an die Wand gestellt und erschossen zu werden. Vernunft wurde von diesen Brüdern klein geschrieben, wenn man auch kein Benzin mehr für die Fahrzeuge und fast nichts mehr zu beißen hatte, so mußte ausgehalten werden bis alles vollends kaputt war. Jungen und kaum dem Knabenalter entwachsenen Kindern gab man Panzerfäuste und Maschinengewehre in die Hand, als ob dies noch eine Rettung bedeutet hätte. Viele davon fielen noch in den letzten Tagen oder wurden gefangen, um nachher jahrelang in der Gefangenschaft für unsere Feinde zu arbeiten. So rückten die Fronten immer näher.

Mein Bruder Christian hatte einmal auf einer Wanderung mit seinem Freund Ludwig Brändle aus Auingen ins Fischburgtal vor einer Arbeiterbaracke mit französischen Gefangenen, welche dort am Straßenbau beschäftigt waren[xxii], mit Mundharfe und Zupfgeige die Marseillaise gespielt, um die Franzosen herauszulocken. Diese harmlose Sache wurde der Kreisleitung hinterbracht. Die Folge davon war, daß er in Ulm bei der Gestapo vorreiten mußte und knapp am KZ vorbei kam. Tausend Mark Kaution mußte er stellen auf zwei Jahre Bewährung. Sein Freund Ludwig, welcher PG war, erhielt einen Rüffel. Nachdem die Bewährungsfrist längst abgelaufen war, wollten die 1000,- M nirgends mehr heraus. Der Sparkassendirektor, wo das Geld deponiert war, gab es ohne Anweisung von der Gestapo nicht heraus. Trotz mehrfacher Bemühungen und Vorsprache in Ulm war diese Anweisung nicht beizubringen. Man verwies ihn auf eine Gestapostelle in Stuttgart. Ich erbot mich, noch in Stuttgart einen letzten Versuch zu machen. Ich setzte mich auf mein Fahrrad und fuhr nach Stuttgart hinunter. Nach meiner Ankunft erfuhr ich, daß die Amis schon vor Ludwigsburg standen und die Parteistellen größtenteils schon weg waren. Durch einen glücklichen Zufall erfuhr in meinem Nachtquartier bei Verwandten, wo auch ein Gestaposchreiber wohnte, von demselben die Dienststelle und sogar den Namen des betreffenden Gestapobeamten , welcher solche Fälle bearbeitete. Das Büro befand sich in der Nähe der Heusteigstraße und war noch besetzt. Nachts gegen zwei Uhr wurde an der Glastüre geläutet und der Schreiber aufgefordert, daß er sich sofort in seine Dienststelle zu begeben hätte, weil der Abmarsch, bzw. die Flucht angetreten werde. Jetzt war allerdings wenig Hoffnung mehr vorhanden, ob ich bei dieser Sachlage noch etwas erreichen werde. Trotzdem gab ich das Spiel noch nicht verloren. Morgens sechs Uhr begab ich mich in das Gestapoquartier. Als ich dort ankam, ging es zu wie in einem Bienenschwarm. Die Autos standen schon im Hofe bereit und wurden mit den Büroeinrichtungen beladen. Es war schwer in diesem Tumult den zuständigen Beamten ausfindig zu machen, zumal ich als fremder Zivilist von dieser Garde sehr argwöhnisch betrachtet wurde. Ich stellte mich im Treppenhaus auf und sprach einigemale Beamte, welche etwa der Beschreibung entsprachen, an, aber immer waren es die Falschen. Endlich hatte ich aber doch den Richtigen erwischt. Als ich ihm mein Anliegen vorgetragen hatte, fragte er mich, ob ich denn verrückt sei, ich hätte noch Nerven, in dieser Situation noch solch ein Verlangen zu stellen. Zuletzt verlegte ich mich aufs Bitten. Schließlich sagte er zu mir, ich solle in einem Zimmer auf ihn warten. In diesem Zimmer sah es der Situation entsprechend aus. Nachdem ich mehr als eine Stunde gewartet hatte, gab ich die Hoffnung auf und wollte mich unverrichteter Sache entfernen, als ich auf der Treppe den Beamten noch einmal traf. Ob ich denn immer noch da sei, das hätte jetzt keinen Wert mehr, die Akten seien schon verpackt und aufgeladen. Nach einigem Hin und Her ließ er sich endlich herbei auf einem Zettel mit Bleistift eine Bescheinigung zu schreiben, daß die 1000,- Mark wieder frei seien. So hatte ich im letzten Augenblick doch noch Erfolg gehabt. Während meiner Wartezeit in dem Zimmer lauschte ich auf die Gespräche, welche draußen auf dem Korridor erregt geführt wurden. Unter anderem hörte ich, wie einer zu dem andern sagte: „Wenn ich nur wüßte, was ich jetzt mit den Häftlingen machen soll". „Umlegen, Umlegen" bekam er zur Antwort. Darauf wieder der erstere: „Das hast Du leicht sagen, so viel Verantwortung kann ich nicht auf mich nehmen". Darauf wieder der andere: „Tue was Du für richtig hältst, ich habe jetzt keine Zeit mehr um mich um die Häftlinge zu kümmern." Ob tatsächlich politische Gefangene an diesem Morgen von den Gestapoleuten umgelegt wurden, entzieht sich meiner Kenntnis. Jedenfalls hatte ich meine Bescheinigung in der Tasche und fuhr so rasch wie möglich wieder der Heimat zu. Auf dieser Rückfahrt waren von den Fildern bis Urach Volkssturmleute damit beschäftigt Straßensperren zu errichten. Nach meiner Rückkehr sprach ich auf der Sparkasse bei Direktor Frey vor und zeigte meine Bescheinigung. Als er zögerte, schilderte ich ihm den ganzen

Sachverhalt, so daß er mir wohl oder übel Glauben schenkte und die gesperrten 1000.· Mark freigab.

Jetzt ging es immer rascher dem Ende zu. Durch das Lenninger Tal kamen die ersten amerikanischen Panzerverbände auf die Alb herauf. Der Widerstand unserer Truppen wurde nun schwächer. Es waren ja längst Verhältnisse eingetreten, wo die Zahl der Etappenformationen und Heimkrieger die der Frontsoldaten weit überwog. Dazu trug die Partei mit ihren Drückebergern, welche noch einen Staat im Staate bildete, wesentlich bei. Es kam unverhohlen jedem zum Bewußtsein, daß die PG vorsätzlich geschont wurden. Dabei sind sogar noch in den letzten Monaten Siebzehnjährige gemustert und zwangsweise zur SS ausgehoben (worden), trotz Protest der Eltern. Sogar die Gendarmerie mußte noch mithelfen und die jungen Leute einschüchtern, daß sie sich nicht getrauten gegen ihre Einstellung zur SS zu protestieren. Aber auch ältere Jahrgänge wurden einfach zur SS überschrieben, obwohl sie nicht das Geringste mit der Partei gemein hatten und ausgesprochene Nazigegner waren. Auf diese Weise kam auch mein Nachbar K[arl] Krehl, Dreher, noch als SS Mann in Kriegsgefangenschaft und nie mehr zurück. Die Vorzeichen eines fluchtartigen Rückzugs machten sich täglich bemerkbar. Der ganze Troß der geschlagenen Armee, schon längst zum größten Teil ohne Kraftfahrzeuge und statt dessen mit Bauernwagen und Pferden ersetzt, wälzte sich auf allen Landstraßen dem Süden zu. Pferde wurden den Bauern vom Pflug weggespannt und ohne die geringste Entschädigung fortgenommen. Oft sah man Zugmaschinen, welche drei und mehr Geschütze hinter sich herzogen. Dazwischen passierten Parteistäbe mit ihren Anhängseln unsere Stadt und hielten sich an den Spruch „Laßt uns heute leben, denn morgen sind wir tot." Auch der Gauleiter Murr[xxiii] mit seinem Stabe war auf der Flucht. Alles strebte nach dem Allgäu zu, als ob dort noch das Heil zu erhoffen gewesen wäre. Der Gaustab nahm in St.Johann Quartier, Anhängsel desselben auch hier in Münsingen in der geräumten Kleinkinderschulbaracke.[xxiv] Dabei spielte sich folgender Vorfall ab: Bei einem in unmittelbarer Nachbarschaft wohnenden Bürger versuchten einige Russen vom neuen Lager einzubrechen. Die Frau dieses Bürgers hatte daraufhin die Angehörigen des Gaustabs alarmiert und ihnen gelang es, einen der Einbrecher noch zu erwischen. Dieser Mann wurde dann kurzentschlossen an einem Schnurgerüst in der Nähe auf gehenkt.[a] Diese Russen stammten noch von der Wlassow-Armee, welche einige Wochen zuvor an die Front in Marsch gesetzt, zu Hunderten desertierten und wieder zurückkamen ins Neue Lager. Diese zügellose Horde war nicht mehr zu bändigen und wurde der Schrecken der Stadt und der ganzen Umgebung. Als sie am ändern Tag ihren Kumpan an einer Stange baumeln sahen, war es um die Ruhe und Sicherheit der Eheleute Scheck, bei welchen der Einbruch verübt worden war, geschehen. Tag und Nacht wurde das Haus von den überall herumlungernden Russen beobachtet und bewacht, so daß die Leute nur unter Lebensgefahr ihr Haus verlassen und betreten konnten. Ich will hier gleich das traurige Ende vorwegnehmen. Einige Wochen nach dem Einmarsch fühlten sich diese Russen auch als Sieger und setzten der Frau derart zu, daß sie zuletzt die Nerven verlor und sich das Leben nahm. Der Mann mußte vor der Rache dieser Räuberbande in Schutzhaft genommen werden und mußte später eine Zeit lang Münsingen verlassen.

Weil niemand wußte, was alles noch über uns kommen würde, legten sich die meisten Einwohner an verborgenen Orten Lebensmittelvorräte an. Ich hatte von einem ungarischen Soldaten, welcher bei dem aus Ungarn nach Marbach geflüchteten Landgestüt war, für ein noch gebrauchsfähiges Fahrrad 20 Pfund ungarischen Speck erworben und denselben ebenfalls in Büchsen unter dem Boden meines Bienenstandes versteckt, auch zu Hause hatten wir noch etliches an Wäsche usw. verborgen für den äußersten Notfall. So wartete man die Dinge ab, die da kommen sollten. Als der Geschützdonner von Böhringen und Westerheim[xxv] schon sehr nahe klang, stauten sich die Bagagen und sonstigen Fahrzeuge in unserer Stadt. Verschiedentlich sah man die zivilen Besitzer der Zugmaschinen

[a] *gehängt*

auf ihren Fahrzeugen fahren, weil sie so hoffen konnten, ihr Vehikel noch zu retten. Scheunen und Ställe waren voll von Pferden und Mannschaften. Alles strebte nach kurzem Quartier dem Lautertal zu. Ganze Autokolonnen mußten wegen Benzinmangel zurückgelassen werden und wurden gesprengt. An unserer Benzintankstelle versuchten immer wieder vorbeifahrende Autos Benzin herauszupumpen. Dabei gab es Spezialisten, welche mit kleinen Flügelpumpen ausgerüstet waren und tatsächlich noch einige Liter herausbrachten. In diesen Tagen hatte ich zwei Offiziere im Quartier aus Ostpreußen, größere Gutsbesitzer, welche die Lage vollständig nüchtern beurteilten. Der eine wußte von seiner Heimat schon längere Zeit überhaupt nichts mehr, während der andere von seiner Frau aus Hannover Nachricht hatte, wo sie mit den letzten vier Zuchtstuten auf der Flucht war. Ich vermute, daß ihr dieselben von unserer Truppe auch noch weggenommen wurden. Im Vergleich zu diesen Menschen waren wir noch gut dran, wir hatten wenigstens noch unsere Heimat.

Die Jabos, welche in diesen Tagen unsere Truppen auf ihrem Rückzug schwer zusetzten, waren die reinste Landplage. So wurde draußen im Spannagel eine Fahrzeugkolonne, welche in den Wald flüchten wollte, total zusammengeschlagen, mit Pferd und Wagen. Dabei blieb ein Feldwebel, welcher, wie sich später herausstellte gar nicht zu dieser Truppe gehörte, sondern nur als Flüchtender aufgesessen war, tot zurück. Erst Monate später konnte seine Heimat ermittelt und von seinem einsamen Grab im Wald dorthin überführt werden. Nachdem der Troß die Stadt verlassen hatte unter Hinterlassung von vielen Wagen und Geräten in Richtung Lautertal, kamen unsere eigentlichen Kampf verbände durch. Von eigentlichen geschlossenen Truppenteilen konnte man schon nicht mehr sprechen, denn die Verbände waren schon in Auflösung begriffen. Waffen, Munition und Ausrüstungsstücke bleiben in Massen zurück und konnten nicht mehr mitgenommen werden. Herrenlose Pferde schweiften in der Stadt und im Gelände herum. Amerikanische Panzer waren inzwischen schon an der Grenze des Truppen- übungsplatzes angekommen und waren aus Zainingen gemeldetlJ Der Volkssturm wurde nun alarmiert und im Russenlager[xxvi] zusammengestellt. Die Leute der umliegenden Ortschaften durften jedoch in der ersten Nacht noch einmal nach Hause. Keiner hatte Lust für eine so aussichtslose Sache zu kämpfen und die Führer, meist NS-Parteifunktionäre wären ohnehin nicht mehr in der Lage gewesen, den Haufen in den Kampf zu führen. Und so taten sie das Klügste, was sie in diesem Falle machen konnten, sie lösten am anderen Tage, als die Ami schon von Trailfingen gemeldet wurden, den Haufen wieder auf, nachdem viele dem Alkohol schon wacker zugesprochen hatten. Einige Patrouillen, welche in Richtung Trailfingen morgens vorgeschickt waren, kamen bald wieder zurück und machten dann so schnell wie möglich, daß sie wieder in ihre Zivilkleider schlüpften und ihre Volksstrurmausrüstung verschwinden ließen.

Was sich in den letzten Tagen im Alten Lager abspielte, wo die Proviantdepots waren, zeigte schon die totale Auflösung an. Die Indentanturmenschen hatten bei Herannahen der Front alles im Stich gelassen und die Flucht ergriffen. Nur einige wenige pflichtbewußte Leute waren zurückgeblieben. Schnell wurde bekannt, daß das Proviantamt verlassen war und ohne Aufsicht. Wie die Aasgeier stürzten sich die Russen und was sonst noch in den Lagern herumwimmelte auf die Vorräte. Aber auch die Einheimischen versuchten noch in letzter Minute mit Pferdefuhrwerken und Kraftfahrzeugen so viel wie möglich zu ergattern. Ein großer Run nach dem Alten Lager setzte ein, denn es blieb nicht mehr viel Zeit, jeden Augenblick konnten die amerikanischen Panzer eintreffen. Was noch an Lebensmitteln vorgefunden wurde war im Nu weg. Zucker und Mehl lag auf dem Boden und auf Treppen verstreut wie Schnee. Es wurde buchstäblich darin herumgewatet. Wer keinen ganzen Sack transportieren konnte, leerte die Hälfte auf den Boden. So wurden große Mengen an Futter und Lebensmittel noch gerettet, nach dem Wahlspruch: „Wer zuerst kommt, mahlt zuerst."

Weisse Fahne für Münsingen

Gegen Abend rückten dann die amerikanischen Panzer bis nach Trailfingen vor, während ein anderer Stoßkeil schon Böttingen erreicht hatte und durch das Mühltal nach Hütten vorstieß. In Münsingen hatte bis zum Einrücken der Ami ein Major der SS das Kommando übernommen.[xxvii] Luftschutz und die Technische Nothilfe waren im Rathaus alarmiert und alle Anzeichen deuteten darauf hin, daß die Stadt verteidigt werden sollte. Mehrere Bürger sammelten sich auf dem Marktplatz und schickten eine Abordnung auf das Rathaus, wo der SS-Kommandant sein Hauptquartier aufgeschlagen hatte. Als diese Abordnung die Bitte vorbrachte, die Stadt von den deutschen Truppen zu räumen, da es doch sinnlos sei, den Kampf unter so ungleichen Bedingungen aufzunehmen, wurden sie hinausgejagt und mußten noch froh sein, nicht an die Wand gestellt zu werden. Daraufhin verzogen sich die Einwohner in die Keller und warteten die Dinge ab, die da kommen sollten. Ich hatte noch mit einigen anderen Bürgern unser Vieh nach einer Waldhütte im Staatswald bei der Jägerbuche gebracht, wo wir einen Notstall aufschlugen und uns überrollen lassen wollten.[xxviii] An diesem letzten Abend vor dem Einmarsch besprach ich mich mit meinem Bruder Christian und Vetter August Münz über die Lage und die Möglichkeiten, die Zerstörung der Stadt durch Kampfhandlungen zu unterbinden. Schließlich sahen wir keine andere Möglichkeit, als durch das Hissen einer weißen Flagge den SS-Kommandanten vor vollendete Tatsachen zu stellen. Aber wo sollte die Flagge aufgepflanzt werden, daß sie nicht jeder herunterholen konnte? Es gab nur eine Möglichkeit, und zwar auf dem von außen besteigbaren 72 m hohen Schornstein des Zementwerkes. Ich erklärte mich dazu bereit, die Besteigung mit der Flagge vorzunehmen. August Münz holte eine geeignete Stange und ein weißes Leintuch. Bei Eintritt der Dunkelheit schlichen wir uns ins Zementwerk und fanden dort auch eine Leiter, mit der man bis zu den Steigeisen emporklettern konnte. Und nun begann ich den Aufstieg, wobei ich die Stange mit der Flagge immer nachziehen mußte. Als ich etwa in 50 m Höhe war, begann die amerikanische Artillerie von Trailfingen her die Stadt unter Feuer zu nehmen. Die Granaten pfiffen in kurzen

Abständen an mir vorbei und schlugen an der Südseite der Stadt ein. Unverdrossen klomm ich weiter empor bis zum Kranz und befestigte die Fahne, welche gleich lustig im Winde flatterte. So schnell ich konnte begann ich wieder den Abstieg, denn inzwischen war es mondhell geworden und die Sache wurde so langsam für uns brenzlich. Ich zweifle keinen Augenblick, daß, wenn ich bei diesem Vorhaben erwischt worden wäre, ich unweigerlich an die Wand gestellt worden wäre. Unbemerkt verließen wir den nächtlichen Schauplatz. Durch das Artillerie-Feuer brannte eine Scheune beim Gaswerk, eine weitere Granate traf das Schafhaus, ohne jedoch zu zünden. Lindenbauer Fritz Ruopp, welcher während der Beschießung aus Neugierde seinen Keller verließ, mußte diese Neugierde mit seinem Leben bezahlen, ein Granatsplitter traf in tödlich.

Am ändern Morgen war mein erster Blick nach der weißen Fahne. Wie enttäuscht war ich aber, als dieselbe veschwunden war. Das kam so: Als am frühen Morgen die Fahne dem Kommandanten gemeldet wurde, drohte er dem Bürgermeister, wenn nicht binnen einer Stunde die Fahne vom Schornstein herunter komme, lasse er die Stadt zusammen schießen, wozu er übrigens gar nicht in der Lage gewesen wäre. denn dazu hätte die nötige Munition gefehlt. Nun suchte man krampfhaft nach einem Mann, welcher die Fahne wieder herunterholte. Dieser fand sich auch in der Person des Karl Starzmann, Zimmermann, welcher sich dieser Mühe unterzog. Für mich war nun dicke Luft, das Haus war voll Soldaten und der Kampf konnte jeden Augenblick losgehen. Deshalb verzog ich mich in den Wald; die Hausbewohner gingen in die Keller. Auf meinem Weg in den Wald stieß ich am Spannagel auf ein Fahrzeug einer Pionierkompanie, welche aus Mangel an Treibstoff den Wagen stehen lassen mußten. Der Wagen war noch voll beladen mit Munition für Minenwerfer, sowie Pionierwerkzeugen. Ebenso waren noch einige Kisten Kognak und Likör vorhanden. Zwei junge Pioniere, einer aus Holzelfingen, waren als Posten zurückgelassen worden, mit dem Befehl, den Wagen in die Luft zu sprengen, falls die Truppe keinen Treibstoff mehr herbringe. Als ich an das Fahrzeug kam, saßen beide im Führerhaus und schliefen den Schlaf der Gerechten, wahrscheinlich hatten sie dem Kognak etwas zu stark zugesprochen. Ich weckte die beiden Kerle und gab ihnen die Lage bekannt. Sie wußten nicht, was sie nun machen sollten. Schließlich kamen sie zu dem Entschluß, ihre ganze Munition unter dem Wagen zu stapeln und in die Luft zu sprengen. Inzwischen kamen versprengte Trupps und einzelne Soldaten vom Wiestal her und strebten dem Walde zu. Ich fuhr wieder ein Stück zurück, um die Leute zu warnen, daß hier gesprengt werde. Daraufhin waren die beiden Soldaten bereit zu der Sprengung. Als wir dann zu der Sprengstelle kamen, war der Wagen in Stücke gerissen und in der Straße ein großer Trichter. Die Flügelminen lagen teils unversehrt im Gelände herum. Die Pioniere hatten sich in Richtung Zwiefalten in Marsch gesetzt. Das Werkzeug und die Weinkisten hatten wir vorsorglich vorher in Sicherheit gebracht. Ich füllte nun meinen Rucksack mit Kognakflaschen und marschierte mit meinem Rad dem Walde zu, wo ich mit meiner Beute freudig empfangen wurde. Unterwegs sagte ich noch auf der Fauserhöhe Bescheid, daß am Spannagel noch Werkzeug und Schnaps zu holen sei. Die Fauserhöher ließen sich das nicht zweimal sagen. Nebenbei schaufelten sie noch für den tagszuvor durch Jabos gefallenen Felwebel am Waldrand ein Grab. Inzwischen zeigte Artillerie- und Maschinengewehrfeuer an, daß der Kampf um die Stadt eingesetzt hatte. Für uns war es vorläufig das Beste im Wald zu bleiben und abzuwarten. Als gegen Abend das Feuer etwas nachließ, hatte ich dorch keine Ruhe mehr und entschloß mich einmal vorsichtig vorzufühlen, wie die Dinge standen. Auf der Fauserhöhe war bis dahin noch kein Feind gesichtet worden. Dagegen tauchten von Richtung Seeburg · Münsingen einzelne und kleine Trupps versprengter Landser auf dem Hof auf, um zu essen und zu trinken und dann schleunigst in dem Wald zu verschwinden. Als ich am Spannagel vorbeifuhr brannte eine am Waldrand abgestellte Bagage lichterloh.

Wie ich zufällig nach links einen Blick gegen das Baumtal warf, entdeckte ich auf der Lichtensteinstraße haltende amerikanische Panzer. So schnell wie möglich zog ich mich in den Wald zurück. Hier herein hatten sich auch einige Fahrzeuge vor dem

Jaboangriff geflüchtet, aber auch hier wurden sie erwischt und mit MG zusammengeschossen. Verwundete Pferde strampelten noch im Geschirr auf dem Boden liegend. Herrenlose Reitpferde, noch gesattelt, trieben sich bei den brennenden Fahrzeugen herum. Unter solchen Umständen gab ich es auf, noch weiter nach der Stadt vorzugehen und ging durch den Wald wieder zurück nach der Fauserhöhe, wo ich einem der Besitzer, Wilhelm Autenrieth, sagte, daß im Spannagel herrenlose Pferde herumliefen. Miteinander gingen wir durch den Wald zurück und fingen einige Pferde ein. Nachdem wir die Tiere auf den Hof gebracht hatten, versuchten wir es nochmal, eine zweite Serie zu holen. Unmittelbar an der Straße hinter einer Hecke lag ebenfalls ein verwundetes Pferd. W. Autenrieth versuchte mit einem kleinen Walzenrevolver das Tier zu töten, was nicht auf den ersten Schuß gelang. Sodann versuchten wir das neue Geschirr und Kummet dem Tier über den Kopf zu ziehen. Wir waren so mit dem Pferd beschäftigt, daß wir zu spät Motorengeräusch hörten. Als wir uns aufrichteten, um nach dem Geräusch zu sehen, erblickten wir zu unserem Schrecken einige amerikanische Straßenpanzer auf uns zukommen von der Fauserhöhe her. Der erste Spähwagen hatte uns schon entdeckt und richtete auf eine Entfernung von etwa 150 m sein MG auf uns, indem er ganz langsam und vorsichtig auf unsere Höhe kam. Was tut man in einem solch gefährlichen Augenblick? Zunächst den Revolver in die Hecken geworfen und dann Hände hoch. Zu unserem Glück blieb das MG nur im Anschlag, als der Wagen neben uns anhielt. Wir verharrten in unserer Stellung bis ein Offizier und einige Mann ausstiegen und mit einer Maschinenpistole sich uns näherten. Nachdem sie sich vergewissert hatten, daß wir Zivilisten waren, suchten sie uns nach Waffen ab und leerten unsere Taschen. So langsam bekamen wir wieder Mut und versuchten uns mit dem Offizier zu verständigen. Er konnte aber keinen Brocken Deutsch, auch französisch verstand er nicht, sondern nur englisch. Trotzdem konnten wir ihm durch Gesten beibringen, daß am Waldrand verwundete Pferde liegen und er dieselben mit seiner Maschinenpistole vollends töten soll. Vorsichtig gingen wir mit ihm und einigen Leuten seiner Besatzung zum Wald und zeigten ihm die Bescherung. Er begriff sofort und tötete die Tiere mit einigen Pistolenschüssen. Dann bedeutete er uns, wir sollen so schnell wie möglich verschwinden, was wir uns nicht zweimal sagen ließen. Als ich wieder zur Waldhütte zurückkam, war alles gespannt auf meinen Bericht. An Schlaf war in dieser Nacht nicht zu denken. Die Männer standen Posten und lösten alle zwei Stunden einander ab. Gegen zwei Uhr hörten wir plötzlich, daß Leute in der Nähe waren. Etwa ein Dutzend Soldaten mit zwei Offizieren und MG stießen auf unsere Hütte, als sie versuchten, durch die Wälder sich südwärts durchzuschlagen. Daß an einem so entlegenen Waldwinkel Soldaten durchzogen, hatten wir nicht erwartet. Die Leute hatten alle Hunger und wurden soweit es unsere Vorräte gestatteten, mit Lebensmitteln ausgerüstet. Da aus RichtungMünsingen kein Schuß mehr zu hören war, mußten wir annehmen, daß der Kampf um die Stadt beendet war. So beschlossen wir die Rückfahrt anzutreten.^{xxix} Auf der Fauserhöhe spannte ich noch eines der Beutepferde, einen starken Schimmel neben meine Kuh und so gings wieder der Stadt zu J[akob] Haueisen, ein Kriegsinvalide aus dem 1. Weltkrieg, hatte ein weißes Taschentuch an einen Stecken gebunden und thronte als Führer auf dem ersten Wagen. Schade, daß dieses Bild nicht gefilmt werden konnte. Es sah in der Stadt tatsächlich aus wie nach einer Schlacht. Überall lagen Ausrüstungsstücke, Munition und Fahrzeuge herum, welche von unseren abrückenden Truppen zurückgelassen wurden. Beim Einbiegen in die Fabrikstraße^{xxx} stießen wir auf eine große Anzahl amerikanischer Panzer mit schwarzer Besatzung, welche sich in den Häusern einquartiert hatten. Wie sich herausstellte, hatten sich diese Soldaten verhältnismäßig anständig den Hausbewohnern gegenüber benommen, wenn sie auch alle Behältnisse aufmachten und nach Waffen, Photos und dergleichen durchsuchten. Zum Teil waren auch verschiedene Hausbewohner aus ihren Häusern gejagt [worden] und mußten außerhalb kampieren. Zu Hause angekommen stellte ich fest, daß sich in der Uracher Straße ein Kampf abgespielt hatte. In meinem Wirtschaftslokal war durch Beschuß von der Krankenhausstraße her ein Kreuzstock demoliert und keine Scheibe mehr ganz. Viel schlimmer sah es aber bei meinen Nachbarn Sachsenheimer und Dieterle^{xxxi}

gegenüber aus. Hier waren größere Spuren eines Kampfes festzustellen. In Scheuer, Stall und Heuboden lag alles voll mit Ausrüstungsstücken, MG-Munition, Handgranaten und Panzerfäusten. Bevor ich meine Tiere in den Stall bringen konnte mußte erst ausgeräumt werden, wobei Eierhandgranaten und Roßbollen miteinander hinausgekehrt wurden. Auf den Straßen der Stadt sprangen noch herrenlose Pferde herum und waren nur schlecht wieder einzufangen. Im benachbarten städtischen Farrenstall lagen die Tiere mit aufgeblähten Leibern tot in den Ständen, während in der Scheune zusammengeschossene Fahrzeuge und dazwischen eine schöne leicht verwundete Fuchsstute mit Fohlen nicht mehr vor- und rückwärts konnten. Gegen Abend wurden die frei herumstreunenden Pferde etwas zutraulicher und verlangten nach Futter und Wasser. Vier Stück wurden im Gaststall untergestellt, während der von der Fauserhöhe mitgebrachte Schimmel sowie die Fuchsstute mit Fohlen in meinem Kuhstall noch Platz fanden. Wie sich nach einigen Tagen herausstellte, gehörte der Schimmel meinem ehemaligen Kriegskameraden Glück von Kohlstetten, welcher froh war, daß er sein Tier wieder ausfindig gemacht hatte. Bei der Besetzung der Uracher Straße drangen Schwarze in die Wohnungen ein und durchsuchten auch Kästen und Kommoden. Ich hatte noch eine 08-Pistole zwischen Wäsche versteckt, glücklicherweise hatten sie dieselbe nicht entdeckt. Meine Frau und die Nachbarinnen waren während des Kampfes im Keller; bei der Besetzung des Hauses wurden sie aber weiter nicht behelligt. Über den Verlauf der Kampfhandlungen ist folgendes zu berichten. Am Vortage des Einmarsches standen auf dem Bahnhof beziehungsweise beim Zementwerk acht offene Güterwagen mit schweren Fliegerbomben von der Muna Haid.[xxxii] Um zu verhindern, daß die Stadt nicht in letzter Stunde noch durch eine Riesenexplosion in Trümmer gelegt wird, wurde kurz vor dem Einmarsch noch die gesamte Einwohnerschaft alarmiert, um die Wagen vom Industriegeleis des Zementwerks einzeln auf den Bahnhof heraufzubugsieren, um dort auf dem Hauptgeleis aus der Schußlinie ins Baumtal hinunterbefördert zu werden.

Die amerikanischen [Panzer] näherten sich von Trailfingen her
unsrer Stadt, fuhren teils von hinten herauf auf die
Krankenhausstraße[xxxiii] und schossen von dort aus in die Stadt
hinein. Die am Nordrand der Stadt postierten deutschen
Verteidiger waren gegen die Panzer machtlos und zogen sich
nach Verlusten langsam über das Wiestal nach Süden in die
Richtung Lautertal zurück. Dabei verloren wir etwa 25 Mann an
Toten, darunter auch Volkssturmleute aus der Stuttgarter
Gegend. Nahkämpfe haben nicht stattgefunden.[xxxiv] Als erste
Maßnahme wurde für die Einwohnerschaft wie überall das
Ausgehverbot verhängt. Nach acht Uhr[xxxv] abends durfte sich bei
Todesstrafe kein Einwohner mehr auf der Straße zeigen. Diese
Einschränkung wurde gern in Kauf genommen, war doch endlich
nach Jahren die Zeit der Verdunkelung vorbei.[xxxvi] Es war ein
befreiendes Gefühl, endlich wieder überall ungehindert Licht
machen zu dürfen. Fliegeralarm gab es ebenfalls nicht mehr. Die
amerikanischen Panzer hielten sich nicht lange hier auf und
setzten die Verfolgung der deutschen kläglichen Reste fort. Nur
einige Offiziere mit wenig Mannschaften blieben zunächst in der
Stadt. Dagegen wurde im Alten Lager eine amerikanische
Panzereinheit stationiert. Nun trat ein neuer Feind auf den Plan
und zwar die im Neuen Lager untergebrachten Kriegsgefangenen
und Fremdarbeiter, Wlassowtruppen, Polen und alle möglichen
Angehörigen feindlicher Staaten. Sie fühlten sich nun als Sieger.
Dazu kamen noch alle bei Bauern untergebrachten
Kriegsgefangenen, in der Hauptsache Russen und Polen von
ihren Dienststellen weg in das Neue Lager. Ein buntes Gemisch
aller Rassen, welche die Stadt und Umgebung unsicher machten.

Als erste Vergünstigung erhielten sie von den Amerikanern die
Erlaubnis einen Tag zu plündern. Was das für die Münsinger
Geschäftsleute bedeutete, läßt sich denken. Wer nicht beizeiten
einen Teil seiner Waren verlagert hatte, stand nachher vor leeren
Regalen. In erster Linie ging es um Lebensmittel, Textilien und
Schuhe samt Hüten und Anzüge. Die Inhaber mußten zusehen,
wie ihre noch vorhandenen Bestände durchwühlt und zum
größten Teil weggeschleppt wurden. Innerhalb kurzer Frist
waren die Geschäfte total ausgeplündert. Wer etwa versuchen

300

wollte, die Türen abzuschließen, wurde mit der Schusswaffe bedroht. Es gab tagelang überhaupt keine Aufsicht und Kommandostelle mehr, jeder holte sich, was er brauchte und wo er es fand. Eine wilde Zerstörungswut erfaßte die inzwischen auf schätzungsweise 1500-2000 angewachsene Räuberbande. Ich hatte später als Polizeichef einige mal Gelegenheit, in das Lager hineinzukommen und konnte mich davon überzeugen. Übrigens war es fast lebensgefährlich für einen Deutschen, sich im Lager aufzuhalten. Von Tausenden von Spinden war kaum einer mehr ganz, sämtliche Fensterscheiben zerschlagen, Schornsteine umgeworfen, und als sich die Brüder ausgetobt hatten, dann ging es um Essen und Trinken, denn ehe einer verhungerte, wird er wie ein wildes Tier. Es galt also zuerst, der Bande wenigstens Lebensmittel herbeizuschaffen, damit die Räubereien eingedämmt wurden. Was das Zerstören anbetrifft standen die amerikanischen Panzertruppen den Russen wenig nach, nur daß dort System darin lag und die Zerstörungswut diszipliniert und unter Aufsicht geschah. Es ist unglaublich, aber wahr, daß im Alten Lager Tische, Stühle, Schränke und Einrichtungsgegenstände jeglicher Art aus den Baracken und Häusern herausgeholt und auf die Straße geworfen wurden. Dort kamen dann die Panzer drüber und walzten alles kurz und klein. Deutsche Lastwagen und Omnibusse, überhaupt alles, was Räder hatte, wurde in den Steinbruch beim Lager Gänsewag hinabgestürzt, Benzin darübergegossen und angezündet. Für die Einwohner war es zunächst das Beste, im Hause zu bleiben und den ersten Ansturm vorübergehen zu lassen. Aber gar bald zeigte sich, daß uns damit wenig geholfen war, es mußten sich Leute finden, die dafür sorgten, daß diese Bande gefüttert wurde. Schnell wurden die Insassen des Neuen Lagers gewahr, daß sie sich selbst einen schlechten Dienst erwiesen hatten, als sie die Fenster zerschlugen und die Schornsteine umstürzten, denn sie mußten noch lange Zeit in diesen Baracken wohnen. Dazu kam, daß bald innerhalb der Bande politische Meinungsverschiedenheiten zwischen Russen und Polen zu Mord und Totschlag führten, was wir aber außerhalb erst später erfahren haben. So ging es einige Tage wild zu im Lager, bis auch der Amerikaner einsah, daß es so nicht weitergehen konnte.

Deshalb wurde versucht, die Leute dazu zu bewegen, sich selber einige Führer zu wählen, welche wieder etwas Ordnung in diesen Sauladen hineinbringen sollten. Dies stieß natürlich sofort auf Schwierigkeiten, weil die Polen sich den Russen nicht unterordnen wollten. Schließlich bekamen die Bolschewisten dann doch das Heft in die Hand, aber es dauerte noch Wochen und Monate, bis einigermaßen Ordnung und Ruhe herrschte. Was sich während dieser Zeit innerhalb des Lagers abspielte, berührte uns zunächst noch wenig, wichtiger war für uns wie wir den Räubereien und Einbrüchen Einhalt gebieten konnten. Es bildeten sich regelrechte gut organisierte Räuberbanden, welche die ganze Gegend unsicher machten. Wenn ich dies gleich zur Illustration vorwegnehmen will: Im ersten halben Jahr nach dem Zusammenbruch wurden in Münsingen und Umgebung etwa 1500 Fahrräder, 2000 Schafe, eine Menge Vieh jeder Gattung und vieles andere mehr gestohlen, das heißt unter Drohung mit der Schußwaffe geraubt. Daß die uns aufgebürdete reguläre Verpflegung dieser Bande die größten Schwierigkeiten verursachte, bedarf kaum einer Erwähnung. Dazu bedurfte es aber eines kommunalen Verwaltungsapparats, der um diese Zeit vollständig lahmgelegt und aus den Fugen war. Die Verbindungen zu den Kreisgemeinden waren vollständig abgeschnitten und niemand wußte, wer den Karren aus dem Sumpf herausziehen soll. In der Stadt selber sah es trostlos aus. Die von unsern Truppen stehen gebliebenen Fahrzeuge waren teilweise noch mit Lebensmitteln beladen. Die paar Amerikaner kümmerten sich nicht um diese internen Angelegenheiten, deshalb verteilten die in der Nähe wohnenden Einwohner diese Vorräte unter sich. Wer Glück hatte und nicht zimperlich war, konnte dabei noch allerhand ergattern. Endlich wurde zur Wiederherstellung der Ordnung in der Stadt von dem inzwischen eingesetzten amerikanischen Kommandanten eine deutsche Hilfspolizei zusammengestellt und der Bürgermeister wieder in sein Amt eingesetzt. Da die Beamten der deutschen Gendarmerie alle gefangen wurden, waren diese Leute von der neugegründeten Hilfspolizei lauter Laien mit Ausnahme des von der Gefangenschaft verschont gebliebenen Schutzmanns Karl Dieterle. Als früherer Parteigenosse[xxxvii] konnte er jedoch die

Führung nicht übernehmen und so war diese aus Freiwilligen zusammengewürfelte Mannschaft praktisch ohne Führung. In dieser Not wurde an mich herangetreten, ob ich nicht die Führung dieser zivilen Hilfspolizei, welche dem Bürgermeister dem Namen nach, in Wirklichkeit aber der Besatzungsmacht unterstand, übernehmen würde. Nach kurzer Überlegung erklärte ich mich dazu bereit. Zunächst aus Pflichtgefühl meiner Heimatstadt gegenüber, dann aber auch aus Anhänglichkeit Bürgermeister Werner gegenüber, mit dem ich immer gut ausgekommen bin. Er stand allein auf weiter Flur, wenn er nicht von einigen verantwortungsbewußten Einwohnern unterstützt wurde. Ein weiterer Grund war der, daß ich als Antinazist glaubte, es sei eine Pflicht der Nazigegner, nun in die Bresche zu springen. Diese naive Ansicht hatte sich im Laufe der nächsten Zeit als vollständig falsch und abwegig erwiesen. So trat ich ein Amt an, dessen Bürde ich nicht vorausahnte und das mir noch schwer zu schaffen machen sollte. Inzwischen hatten Verhandlungen zwischen Amerikanern und Franzosen stattgefunden über die Zonengrenzen der Besatzungsmächte mit dem Resultat, daß Münsingen noch in die französische Besatzungszone mit einbezogen und den Franzosen übergeben wurde.[xxxviii] Dabei verlief in den ersten Wochen die Grenze im Hohlen Weg beim Neuen Lager,[xxxix] einige Zeit später mitten durch Auingen und dann endgültig zwischen Sontheim und Suppingen. Der amerikanische Kommandant verließ mit seinen Leuten die Stadt und wir waren uns zunächst selbst überlassen, bis plötzlich ein französischer Kommandant auf der Bildfläche erschien. Wie sich bald herausstellte, war dies ein früherer französischer Zivilarbeiter, welcher in Urach beschäftigt war und dort ein Verhältnis mit einem Mädchen aus Münsingen hatte. Wer diesen Kommandanten eingesetzt hatte, konnte auch später nicht festgestellt werden, wahrscheinlich er selber, obwohl er behauptete, der Ami hätte ihn eingesetzt. Jedenfalls war er einmal da und hatte einen Stab von abenteuerlichen Gestalten um sich versammelt, die uns das Leben schwer machten. Insbesondere sein sogenannter Adjutant, dessen Nationalität nicht festzustellen war, schikanierte uns bis aufs Blut, so daß wir später unter uns die Absicht hatten, den Kerl um die Ecke zu bringen. Gottlob haute er vorher ab und fand in der Bäckerei Hellstern Arbeit, wo er sich längere Zeit aufhielt. Die Zivilverwaltung im Kreis übernahm Landstallmeister Storz,[xl] welcher mir bezüglich der Herstellung der Verbindung mit den Kreisgemeinden gut an die Hand ging. Um zunächst den immer mehr überhandnehmenden Räubereien Einhalt zu gebieten, teilte ich meine Polizei zu einem Wach- und Patrouillendienst ein. Tag und Nacht waren meine mit weißer Armbinde versehenen Hilfspolizisten unterwegs und versuchten, für die Sicherheit zu sorgen. Es war ein Glück, daß wir in diesen ersten Wochen noch mit Waffen versehen waren, denn die Russen waren bei ihren Räubereien bis an die Zähne bewaffnet und wären in diesen Tagen, wo keine reguläre Truppe vorhanden war, im Stande gewesen, die ganze Stadt auf den Kopf zu stellen. Trotzdem der sogenannte Kommandant halb Militär und halb Zivilist und niemand verantwortlich war, konnten wir uns über ihn nicht beklagen. Jedenfalls hatte er den guten Willen, uns zu helfen. Aber die Brüder in seiner Umgebung, an der Spitze der schon erwähnte sogenannte Adjutant, von uns Fellesmann genannt, weil er sich aus Fell hergestellte Achselstücke zugelegt hatte, waren ganz üble Burschen, weiß der Teufel woher die Kerle plötzlich herkamen. Alle Schußwaffen mußten bei Todesstrafe auf dem späteren Gouvernement im Kreisgebäude abgeliefert werden. Diese Waffen, darunter wertvolle Jagdgewehre und Pistolen wurden nicht etwa an die französische Truppe abgeliefert, sondern verschwanden so nach und nach bis auf wertlose alte Knarren unter der Hand zwischen den Abenteurern. Wer die Stadt verlassen wollte, brauchte einen Passierschein, welcher vom Kommandanten gestempelt und unterschrieben sein mußte. Diese Einschränkung in der Bewegungsfreiheit brachte es mit sich, daß ein Andrang im Kreisgebäude entstand, daß immer ein Hilfspolizist Ordnung in der Schlange halten mußte, denn jeder Gesuchsteller wollte zuerst bedient sein. Daneben gab es noch unzählige Klagen über die Räubereien und Anstände in Wohnungsangelegenheiten, weil manche meinten, in dieser herrenlosen Zeit sei die beste Gelegenheit, unangenehme Mieter hinauszuschmeißen. Daß ich dabei dauernd angegangen wurde, dem Betreffenden eine

Audienz beim Kommandanten zu verschaffen, ist verständlich, aber schließlich hatten wir in dieser Zeit wichtigeres zu tun, als uns mit Mietstreitigkeiten abzugeben. Am allermeisten machte uns aber die Bande im Neuen Lager immer wieder zu schaffen. Nachdem die Lebensmittelvorräte aus den Plünderungen aufgebraucht waren, dehnten die Brüder ihre Raubzüge weiter aus und kamen bald im ganzen Kreis herum, weil unter den Polen viele dabei waren, welche als Kriegsgefangene bei Bauern vorher beschäftigt waren und sich in den betreffenden Orten gut auskannten. Einbruch und Diebstahl waren an der Tagesordnung, ohne daß wir wirksam dagegen einschreiten konnten. Überall, wo man auch hinkam, selbst im dichtesten und entlegensten Wald stieß man auf Russen. Innerhalb der Stadt lungerten Hunderte in den Straßen herum und wehe, wenn ein Fahrrad oder irgend ein Gegenstand unbewacht herumstand, in 90 von 100 Fällen waren die Sachen weg. Auswärtige, welche glaubten, jetzt sei alles wieder in schönster Ordnung, und per Rad oder zu Fuß in die Stadt wollten, kamen ganz selten ungerupft davon; hauptsächlich auf Fahrräder war die Bande scharf. An ganz bestimmten Stellen, meist wo die Straße durch ein Waldstück oder daran vorbeiführte, hatten die Brüder ihre Überfallkommando aufgestellt. Kam dann ein Radfahrer oder Fußgänger des Wegs, war er im Nu seine Sachen los, es kam sogar öfters vor, daß Hose und Kittel und Schuhe noch dran glauben mußten, daß die Betreffenden in der Unterhose und Hemd die Stadt erreichten und sich bei uns auf der Polizei meldeten. Auf das Peinlichste mußte jeder Hausbesitzer darauf achten, daß bei Einbruch der Nacht Türen und Fenster fest verriegelt waren. Außerhalb stehende Bienenstände oder Wochenendhäuschen waren längst erbrochen und ausgeraubt. Am schlimmsten aber waren die Schäfer daran, welche sich in ihrer Not nicht mehr zu helfen wußten und [für die] das Übernachten bei ihrem Pferch im Schäferkarren immer eine Lebensgefahr bedeutete. In der Regel mußten sie zusehen, wie ihnen vor ihren Augen Schafe aus dem Pferch geholt wurden. Als sich Schäfer Schäuble, Inhaber des Lokals zum Lichtenstein, encouragierter Mann, einmal zur Wehr setzte, wurde er erschossen, ebenso erging es dem Besitzer des Hofes Oberheutal,

Griesinger, als er sich wehrte, wie ihm die Bande ein Stück Vieh aus dem Stall holte. Es ist auch vorgekommen, daß sie den Schäfer an einen Baum gebunden hatten. Aus Gomadingen wurden wir benachrichtigt, daß ein Einwohner aus der Kreisstadt nicht mehr zurückgekehrt sei. Trotzdem meine Hilfspolizisten mit Hilfe von Schulklassen Gelände und Waldungen in Richtung Gomadingen durchkämmten, war der Mann nicht mehr zu finden; erst einige Monate später fanden Waldarbeiter in einem Anflug die ausgeraubte Leiche.[xli] Der Kommandant gab sich redlich Mühe, diesem Treiben Einhalt zu gebieten; aber da keine Truppe hinter ihm stand, war er so gut wie machtlos. In verschiedenen Fällen setzte er sich durch sein mutiges Vorgehen selber der Gefahr aus, von den Russen niedergeknallt zu werden.

Neben all diesen Problemen kamen wir noch mit dem Adjudanten, gen[annt] Fellesmann, in Konflikt. Es sah fast so aus, als wollte derselbe den Kommandanten erledigen und sich an seine Stelle setzen; es war ein ausgesprochener Verbrecher. Als er mich einmal mit der Waffe bedrohte, weil ich meine Polizisten nicht nach seinem Willen einsetzte, besprach ich mich mit [K. D.], wie wir diesen Kerl am besten erledigen könnten. Seine Beseitigung schien uns das einzige Mittel. Glücklicherweise wurden wir dieser Aufgabe enthoben, als endlich reguläre französische Truppen die Stadt besetzten. Allerdings stimmt das Wort glücklicherweise nur insofern, als wir unser Gewissen nicht mit einem Mord belasten brauchten, denn die Truppe war eine ähnliche Formation wie bei uns SS, meist Leute aus der französischen Untergrundbewegung. Wie uns diese Truppe zu schaffen machte, wurden wir bald inne. Mit einem Schlag hatte diese Zwischenherrschaft ein Ende. Der seitherige Kommandant verschwand sang- und klanglos mit seinem ganzen Klüngel. Wie wir später erfuhren, wurde er bald darauf von den Franzosen eingesperrt. Nun begann also die Herrschaft der Truppe, welche ein blutjunger Leutnant Coriot befehligte. Die zivile Herrschaft lag in den Händen eines Militärgouverneurs namens Vuillemin. Zur Aufrechterhaltung der Verbindung mit den Kreisgemeinden stellte das Landratsamt junge Leute an, welche per Fahrrad Kurierdienste machen mußten. Zu diesem Zweck bekamen sie von uns Polizeiarmbinden. Trotzdem gehörte Mut dazu, bei diesen unsicheren Verhältnissen im Kreis herumzufahren. Bei der Polizei waren es der junge Stahl, ein Sohn vom gefangenen Gendarmeriewachtmeister, und Werner Reiff (Sohn vom Kohlen-Reiff), welche unsre Beziehungen mit den Kreisgemeinden aufrechterhielten. Man kann sich keinen Begriff davon machen, was es heißt, ohne Post und Eisenbahn und Telefon eine Ordnung innerhalb des Kreises herzustellen, denn die Anforderungen an die Bürgermeisterämter draußen waren dadurch gestiegen, daß für die Insassen des Neuen Lagers Lebensmittel beschafft werden mußten, was Sache des Kreises war. Als die regulären französischen Truppen eintrafen, gab es große Änderungen. Das Kreisgebäude mußte vollständig geräumt werden für das Gouvernement. Bürgermeister und Hilfspolizei bezogen wieder das Alte Rathaus. Von jetzt ab hatten wir es mit zwei Gewalten zu schaffen. Auf der einen Seite der Gouverneur mit seinem Stab und auf der anderen Seite der Truppenkommandeur. Eine ihrer ersten Anordnungen war, daß auch wir als Hilfspolizei unsere Waffen abgeben mußten. Zunächst hatten wir noch für die Sicherheit innerhalb der Stadt zu sorgen, denn die Räubereien hörten keineswegs auf. Wir versuchten zuletzt einen etwas gewagten Ausweg, indem wir einige uns gut bekannte Polen zum Wachdienst mit heranzogen. Dieselben erhielten als Lohn jeden Tag ein gutes Vesper, was ihnen sehr behagte. Anfangs ging die Sache ganz gut, bis wir eines schönen Tags bei einer Räuberei einen unsrer polnischen Wachmänner dabei antrafen. Nach dieser Erfahrung gaben wir das Experiment wieder auf.

Die zivile Verwaltung lag wenigstens dem Namen nach in der Hand des Gouverneurs. Ihm hatten sämtliche Beamte und Bürgermeister, einschließlich Landrat, zu gehorchen. Gegen seine erste Anordnung, die Stadt von den Spuren des Kampfes zu säubern, war nichts einzuwenden. Alle Befehle wurden zunächst an den Bürgermeister gegeben, und dieser beauftragte mich mit meiner Hilfspolizei mit der Ausführung derselben. Für die

Durchführung aller Anordnungen haftete der Bürgermeister. Zu diesen Aufräumungsarbeiten gab es keine andere Möglichkeit, als die Bürgerschaft heranzuziehen. Vom Gouverneur wurde verlangt, zu diesen Arbeiten nur P.G. heranzuziehen. Gar bald zeigte sich jedoch, daß diese nicht ausreichten um allen Wünschen nachzukommen; deshalb mußten auch die Nicht-P.G. mit eingespannt werden. Da es ohnehin keinen Lohn gab für diese Arbeiten, löste diese Anordnung bei den Nicht-P.G. Protest aus; aber es half alles nichts. Wenn die Stadt nicht mit Kontributionen belastet werden wollte, so mußten wir wohl oder übel den Anordnungen der Besatzungsmacht Folge leisten.

Auch die N.S.-Frauenschaft wurde mit eingespannt. Hier gab es gleich in der ersten Minute einen Zusammenstoß zwischen mir und einer ehemaligen Angestellten der Kreisleitung. Als ich die Frauen zur Arbeit einteilte, um die herumliegenden Kleidungsstücke zu sammeln, äußerte sich dieses Weibsbild in frechem Ton: „Das paßt Euch jetzt, wenn ihr die Herren spielen und uns herumkommandieren könnt." Anscheinend hatte dieses Mädchen die Situation noch nicht erfaßt. Als ich sie aufforderte, mir auf das Gouvernement zu folgen, leistete sie Widerstand; es bedurfte erst eines harten Griffes meinem Befehl Nachdruck zu verleihen. Jetzt erst begriff sie, was die Stunde geschlagen hatte und brach in Tränen aus. Ich führte sie natürlich nicht vor, denn es wäre ihr schlecht bekommen. Von da ab machten die Frauen, unter Führung von Frau Klara Schreiber, mit, und ich konnte mich nicht mehr beklagen. Mäntel, Röcke, Hosen, Unterwäsche, Rucksäcke, Brotbeutel, kurzum alles, was die Truppen zurückgelassen hatten, wurde im Schafhaus auf einen Haufen zusammengetragen. Es dauerte jedoch nicht lange, da hatten die Russen dieses Lager entdeckt, und nun begann ein Run nach dem Schafhaus. Was noch halbwegs etwas taugte, verschwand, so daß abends nur noch einige unbrauchbaren Lumpen übrig blieben. Munition und Panzerfäuste führten wir in die Kieslöcher auf dem Beutenlay, wo ein Fachmann die Sprengungen vornahm. Daß bei dieser Aktion, sowohl beim Einsammeln, als auch beim Sprengen, kein Unglück passiert ist, grenzt an ein Wunder, gingen doch die Leute, voran Wilhelm Kast, mit den

Panzerfäusten um wie mit Prügelholz. Nachdem innerhalb der Stadt wieder einigermaßen Ordnung herrschte, ging es nach außerhalb. Die Kadaver der Tiere mußten beseitigt und herumstehende Fahrzeuge zusammengeführt werden. Immer wieder fand man einen gefallenen Landser, so daß insgesamt etwa 25 Gefallene zu beklagen waren, während die Ami während des Kampfes aus ihren Panzern überhaupt nicht herausgingen und deshalb keinen Verlust hatten. Einige H.J.-Buben, welche am Kampf ihren Mut zeigen wollten und mit Panzerfäusten hantierten, und trotz Warnung mit ihren Fahrrädern die Stadt durchstreiften, kamen in Gefangenschaft und mußten für ihre unbesonnene Mutprobe einige Jahre hinter Stacheldraht zubringen.

Die zunächst am Neuen Lager durchgehende Zonengrenze mußte mit einem Schlagbaum versehen, und eine Baracke für die Wachmannschaft erstellt werden. Bei dieser Grenzziehung gab es immer Anstände zwischen Franzosen und Amerikanern, deshalb wurde nach einiger Zeit die Zonengrenze mitten durch Auingen gelegt.

Mittlerweile war Pfingsten herangekommen. Seit die Franzosen da waren, gab es keinen Sonntag mehr, und so hofften wir, wenigstens über Pfingsten unsre Ruhe zu haben. Weit gefehlt. Mit höhnischem Grinsen wurde uns vom Truppenkommandeur, Leutnant Coriot, einem blutjungen Affen, in sadistischer und teuflischer Weise mitgeteilt, daß wir Pfingsten feiern können, doch müßten wir vorher den von einem Luftschutzteich beim Volksschulgebäude herrührenden Erdaushub, etwa 300 bis 400 cbm, beseitigen; ferner bis spätestens Montag abend im Baumtal, wo die acht Waggon Fliegerbomben abgestellt waren, eine Wachbaracke erstellen und einrichten. Dies wurde uns erst am Samstag mitgeteilt, unter gleichzeitiger Androhung, daß die Stadt 20.000 Mark Kontribution zu zahlen hat, wenn bis zu diesem Zeitpunkt die Aufträge nicht erledigt sind. Daß diese Drohung ernst genommen werden mußte, wußten wir aus einem Vorgang aus Hayingen, wo wegen einer Pistole die Gemeinde 100.000 Mark innerhalb kürzester Frist aufbringen mußte, was nur dadurch möglich war, daß die Nachbargemeinden mithalfen, das Geld aufzubringen.

Nun mögen manche Spießer, welche zu dieser Zeit sich hinter ihre Vorhänge verkrochen, um zu beobachten, wie wir mit solchen Problemen fertig wurden, später sich brüsten und erklären, "das hätte ich einfach nicht mitgemacht, hättet ihr doch die Franzosen alleine machen lassen", so zeugt dieser Standpunkt von einer vollständigen Verkennung der Machtverhältnisse zwischen Sieger und Besiegten. Übrigens sind auch Fälle genug bekannt, wo sich deutsche Besatzungen, als sie sich noch als Sieger fühlten, wie die Franzosen benommen haben. Ferner darf angenommen werden, daß ein Leutnant Coriot sich nicht geniert hätte, auch den Bürgermeister einzusperren, wenn wir diese Aufträge sabotiert hätten.

Nun ging es also los.[xlii] Durch Ortsschelle wurden sämtliche arbeitsfähigen Einwohner bis zum 65. Lebensjahr auf dem Marktplatz zusammenberufen. Daß es dabei auch viele Drückeberger gab, welche sich mit allen möglichen und unmöglichen Ausreden zu drücken versuchten, ist eine Erscheinung, welche leider in dieser schwierigen Zeit immer wieder festgestellt werden mußte. Der Bürgermeister als ehemaliger PG und Parteifunktionär konnte überhaupt nicht viel sagen, obwohl er sich redlich Mühe gab und keine geringen Sorgen hatte als Verantwortlicher. Er wurde übrigens, trotz seines vorbildlichen Verhaltens in jenen Tagen, später von den Franzosen verhaftet und mußte einige Jahre im KZ in Balingen[xliii] zubringen. So lag die ganze Arbeit bei der Hilfspolizei. Nach einer kurzen Ansprache über den Zweck dieses Appells durch den Bürgermeister, teilten wir drei Schichten ein, welche sich jeweils nach acht Stunden ablösten. Sämtliche Fuhrleute und LKW-Besitzer wurden dazu eingeteilt. Am Samstag nachmittag wurde mit den Arbeiten begonnen und Tag und Nacht durchgearbeitet bis zum Pfingstmontag. Als Beleuchtung während der Nacht setzten wir die Scheinwerfer der Motorspritze ein. Es stellte sich bald heraus, daß unsere Fuhrwerke nicht ausreichten; deshalb ging ich nach Auingen und ließ durch Ortsschelle alle Fuhrleute beim Rathaus antreten, um sie noch zusätzlich für unsere Erdabfuhr einzuteilen. Nachdem die Auinger Bauern von unserer Absicht Kenntnis genommen hatten, erklärten die vom Oberdorf, daß sie amerikanisch seien und Anordnungen aus der französischen Zone nicht Folge leisten werden. Dagegen war allerdings nichts einzuwenden, und so mußten wir uns mit den paar Bauern aus dem Unterdorf begnügen.

Neben dieser Aktion machte uns aber die Aufstellung und Einrichtung der Wachbaracke im Baumtal sehr zu schaffen. Mit Genehmigung der Ami brachen wir im Lager Gänsewag von einer Baracke ab was wir brauchten, und ließen die Teile durch Zimmerleute im Baumtal wieder aufstellen. Zimmermeister David Starzmann ging uns dabei gut an die Hand. Auf dem Hügel neben dem Einschnitt war Sicht nach allen Seiten, deshalb wurde die Baracke dort oben aufgestellt. Die Inneneinrichtung, einschließlich Küchengeschirr, gehörte auch dazu, einschließlich Bettzeug und Brennmaterial. Um alle diese Arbeiten zu organisieren und zu überwachen, pendelte ich über die ganze Zeit zwischen den Arbeitsstellen hin und her, um nach dem Rechten zu sehen und Anstände zu beseitigen. Und tatsächlich gelang es uns auch bis Montag abend den Dreckhaufen im Schulhof, der eigentlich wohl weg war, zu beseitigen, nur hätte diese Arbeit nicht ausgerechnet über Pfingsten gemacht werden müssen. Mit der Wachbaracke reichte es allerdings nicht ganz bis zum vorgesehenen Termin, denn hier handelte es sich mehr oder weniger um einen Wohnraum mit allem Drum und Dran, einschließlich Kochherd mit dem nötigen Geschirr. Daß auch noch ein Abort dabei sein mußte versteht sich. Was aber als Luxus und reine Schikane aufgefaßt wurde, sind die um die ganze Baracke mit schwarzem Boden angefüllten Blumenrabatten mit eingepflanzten Geranien, welche auch gegossen werden mußten. Zu diesem Zweck, und auch zum Kochen und Waschen, mußten wir fast täglich ein Faß mit Frischwasser ins Baumtal fahren, wobei immer neue Wünsche angemeldet wurden. Es würde zu weit führen, alles das aufzuführen, was hier gemacht werden mußte. Jeder

Wachhabende hatte wieder einen anderen Schmerzen. Als Sport oder mehr aus Langeweile wurden während dieser Zeit alle Passanten von den Posten angehalten. Was keinen Passierschein hatte, war sein ganzes Geld los. Dieses ganze Pfingstvergnügen ist nur ein Ausschnitt aus den Problemen, welche täglich uns zu schaffen machten. Sowohl der Truppenkommandant als auch der Gouverneur wetteiferten miteinander, wie sie uns das Leben sauer machen konnten.

Die Truppe war in der Volksschule untergebracht, welche zu diesem Zweck geräumt werden mußte. Der höhere Vorgesetzte dieser Formation war ein Oberst oder General, welcher ausgerechnet sein Standquartier in Frankenhofen hatte und dort sein Schreckensregiment ausübte. Wir waren froh darüber, denn alle Schweinehunde brauchten wir in Münsingen auch nicht zu haben. Wie dieser Frankenhofener Kommandeur nebenbei die Einwohnerschaft in Bremelau schikanierte, zeigt folgendes Beispiel: Eines schönen Tages kamen die Franzosen auf die verrückte Idee, in Bremelau ein Schwimmbad zu bauen. Was das bedeutet, in dem hoch gelegenen, nur durch eine Wasserleitung mit Wasser versorgten Ort, das wissen nur die Bremelauer Bauern. Dabei waren sie mitten in der Heuernte begriffen. Tagtäglich mußten Arbeiter und Fuhrwerke zur Verfügung gestellt werden, bis die in felsiges Gestein eingelassene Grube ausgegraben war. Anschließend galt es Zement, Kies und Sand beizuschaffen und Maurer, welche von auswärts hergeholt werden mußten, die Umgebung wiederum mit Blumenrabatten [zu] verzieren. Die Bauern waren zuletzt vollständig apathisch und ergeben in ihr Schicksal. Immerhin muß man sich hineindenken in einen Bauernort mitten in der Heuernte, wenn die Bevölkerung solchen brotlosen Arbeiten und Schikaniererein nachlaufen mußte. Ähnlich war es auch in Hundersingen, wo ebenfalls ein Schwimmbad gebaut [wurde] und die Bauern Frondienste leisten mußten.

Nebenher verlangte die Truppe, daß Gartenzäune und Dunglegen mit französischen Nationalfarben angestrichen wurden. Während in Bremelau das Bad vollständig ausgebaut werden mußte und überhaupt nicht benützt wurde, blieb das Hundersinger Bad halb ausgebaut liegen, weil die Truppe inzwischen abgezogen war. Bei uns in Münsingen brachte jeder Tag neue Aufgaben. Schon früh am Morgen präsentierte der Bürgermeister seinen vom Gouverneur und Kommandanten eingereichten Wunschzettel. Jeder Auftrag, wobei es sich in der Hauptsache um Requisitionen handelte, war zeitlich begrenzt. In der Regel hieß es: bis morgen abend 6 Uhr ist dies oder jenes einzurichten oder herbeizuschaffen. Das erste waren die Wohnungen für Offiziere und [die] inzwischen eingetroffenen Gendarmen. Unter den letzteren gab es nur wenig Anständige. Die Mehrzahl war sicher der Abschaum der französischen Gendarmerie. Die Wohnungen suchten sich die Herren selber aus, wobei eine gut ausgestattete Wohnung mit Bad in den meisten Fällen der Beschlagnahme verfiel. Anfangs sah es so aus, als ob die Bewohner im Haus weiter wohnen durften, aber nur in wenigen Fällen traf dies zu. Ja, es wurde oft den Leuten kaum Zeit gelassen, das Nötigste mitzunehmen; alles mußte stehen gelassen werden. Die Unterbringung dieser Knall und Fall aus ihren Häusern hinausgeworfenen Einwohner machte uns immer große Sorgen. Von christlicher Nächstenliebe war sehr wenig zu spüren. ‚Oh Heiliger St. Florian, verschon' mein Haus, zünd' andre an‘, so etwa dachte die große Mehrzahl. Dabei war immer an allem die Hilfspolizei, welche diese Aufträge durchführen mußte, schuld, weniger der Bürgermeister oder die Franzosen; denn die geplagte Einwohnerschaft brauchte doch einen Blitzableiter und da war die Hilfspolizei gerade gut genug.

Wenn wieder eine neue Truppe die alte ablöste, so bestellte sich der Kommandant einen Hilfspolizisten, manchmal mußte ich auch selber mit, welcher mit herumgehen mußte, die besten Häuser und Wohnungen, die noch frei waren, herauszusuchen. Dabei spielte die Wohnungseinrichtung und das Bad immer die Hauptrolle. Wenn dann die Herren sich für eine Wohnung entschieden hatten und dieselbe beschlagnahmt wurde, war doch immer der Hilfspolizist schuld und nicht der Franzose. Unter diesen Umständen ist es verständlich, daß meine Leute zuletzt nicht mehr mitmachen wollten; schließlich waren wir alle freiwillig zu der Hilfspolizei gegangen. Ich ging zum kommissarischen Landrat, Landstallmeister Storz, und erklärte ihm: „Wir machen unter solchen Voraussetzungen nicht mehr mit". Er sah unsre Lage auch ein, aber er beschwor mich, im Interesse der Stadt und des ganzen Kreises, in diesen sauren Apfel zu beißen. Wörtlich sagte er zu mir: „Herr Bückle, wir haben den Krieg verspielt und die Franzosen sind die Sieger, durch dieses dunkle Tal müssen wir durch. Bleiben Sie auf Ihrem Posten wie ich auch auf meinem Posten bleibe. Die Einwohner werden es Ihnen einmal danken, daß Sie in die Bresche gesprungen sind." So ließ ich mich wieder herumbringen, wenn ich gelinde Zweifel hatte, von wegen Dank ernten. Meine Vorahnung hatte mich nicht betrogen, das stellte sich tagtäglich immer mehr heraus. Herr Storz hatte in dieser Beziehung eine zu gute Meinung von seinen Nebenmenschen. Dabei waren es nicht einmal immer die Franzosen, welche die fortwährenden Requisitionen veranlaßten. Deutsche Offiziers- und Gendarmenhuren waren sehr stark daran beteiligt; an den vielen Kaffee- und Speiseservicen, welche für diese Bande beschafft werden mußten, hatte doch fast jeder französische Gendarm neben seinem Quartier im Kreisgebäude, das er übrigens nie in Anspruch nahm, noch ein oder gar zwei Privatwohnungen für seine deutschen Huren beschlagnahmt. Ich möchte deshalb mit Heinrich Heine sagen: „Es will mich fast bedünken, daß der Rabbi wie der Mönch, daß sie alle beide stinken".[xliv]

Am schlimmsten war es immer, wenn ein Truppenwechsel stattfand und die Truppen vieles mitgehen ließen. Den größten Schmerz mußten wir den deutschen Hausfrauen bereiten, wenn wir Bettzeug requirieren mußten. Welche Frau würde nicht fuchsteufelswild, wenn sie aus ihrem Weißzeugkasten die besten Stücke ohne Gegenleistung opfern muß. Bei diesen Frauen hatte es die Hilfspolizei für immer verdorben, denn wohlverstanden, es mußte nur tadelloses und einwandfreies Leinenzeug sein, was die Besatzungsangehörigen verlangten. Das Beste war gerade gut genug, ebenso ging es bei Tafelbesteck und Speise- und Kaffeeservice. Daß zuletzt die ehemaligen PG nicht mehr ausreichten und auch bei Nicht-PG Sachen requiriert werden mußten, konnte bei dem starken Verschleiß nicht ausbleiben. Aber alles Lamentieren half nichts. Die Sieger diktierten. Der Arbeitsdienst der männlichen Einwohner hörte nicht auf. An einem Sonntagmorgen wurden am Neuen Lager die bereitgestellten Bürger auf Militärlastwagen auf den Übungsplatz hinausgeführt, wo jeder unter Aufsicht französischer Soldaten ein bestimmtes Stück Graben ausheben mußte.[xlv] Bei diesem Arbeitseinsatz wurde von einzelnen Bürgern immer wieder versucht, sich zu drücken, so daß wir gezwungen waren, ärztliche Zeugnisse zu verlangen. Der betreffende Arzt verfuhr dabei so großzügig, daß zuletzt nur noch die guten dummen Kerle, wenn man es so nennen will, zum Arbeitsdienst kamen, bis es aber auch denen zuletzt zu dumm wurde. Zum Glück hörten die Arbeitseinsätze mit der Zeit auf.

Eine ganz böse Sache war es, unsre durch irgendeinen Umstand der Gefangenschaft entronnenen Landser zu verstecken oder so unterzubringen, daß der Franzose nichts mehr machen konnte. Es gab hier einen Ausweg, aber bis sich dies überall herumgesprochen hatte, waren schon viele hereingefallen. In Ulm war nämlich von den Amis eine Entlassungsstelle eingerichtet [worden] wo, wenigstens zu Anfang, jeder sich einen ordentlichen Entlassungsschein ausstellen lassen konnte. Fritz, welcher sich aus dem Ruhrkessel, wo er schon als Gefangener angetreten war, mit Hilfe seiner Quartierleute absetzen konnte, während Rul aus Österreich, wo seine Staffel aufgelöst wurde, sich ebenfalls bis in die Heimat durchschlagen konnte, hatten die Gelegenheit benützt und sich in Ulm Entlassungsscheine besorgt.[xlvi] Die Franzosen kamen bald dahinter und versuchten in ihrer Zone die Landser vorher abzufangen. Zu diesem Zweck tauchte ein Kommando unerwartet in einer Ortschaft auf, ließen durch irgendeine Drohung sämtliche männlichen Bewohner antreten und siebten so die Landser heraus. Wer darauf hereinfiel wurde mitgenommen und mußte seine Gutmütigkeit jahrelang in Frankreich büßen. Nur ein kleiner Prozentsatz kam gleich wieder aus Tuttlingen, wo noch einmal gesiebt wurde, zurück.

Ein Kapitel für sich war die Requirierung von Rundfunkgeräten. Hier kam uns eine Liste zu Hilfe von der Post, wo alle Typen am Platz aufgeführt waren. Wenn zum Beispiel Blaupunkt verlangt wurden, so brauchten wir nur in der Liste nachzusehen. Parteizugehörigkeit spielte schon längst keine Rolle mehr. Das ging jedoch nur in der ersten Zeit, als die Leute noch verängstigt waren und die Franzosen hinterher waren. Die Radiobesitzer kamen bald dahinter, daß niemand etwas passierte, der behauptete, sein Apparat sei ihm geraubt worden. Für meine Polizisten war die Situation etwas heikel; machten sie die Besitzer auf diesen Ausweg aufmerksam, so passierte es, daß ein anderer, welcher davon Kenntnis erhielt und schon früher seinen Apparat hergeben mußte, Krach machte. Auf der anderen Seite waren wir froh, wenn wir den Auftrag positiv erledigen konnten. Zuletzt mußten wir hinaus aufs Land, weil wir auch nicht einsehen konnten, daß Münsingen vollständig ausgebeutet wurde. Nebenher gab es aber wilde Requisitionskommandos in Uniform, meist entlassene oder heeresunsichere[xlvii] Franzosen, welche vorgaben, im Auftrag des Gouvernements zu handeln. So kamen nach Rietheim eines schönen Tags drei uniformierte Franzosen zum Bürgermeister und ließen durch die Ortsschelle bekanntmachen, alle Radios, Fotos und Ferngläser abzuliefern. Dem Bürgermeister kam nachher die Sache nicht ganz geheuer vor und telefonierte uns, daß Franzosen requirierten. Ich setzte die französische Gendarmerie von dieser Sache in Kenntnis, welche sich aber so viel Zeit ließ, ob mit Absicht weiß ich nicht, daß die Burschen mit ihrem Raub längst abgefahren waren.

Eines Tages kam Befehl für die ganze französische Zone, daß jede Haushaltung eine komplette Herrenausrüstung von Kopf bis Fuß abzuliefern habe. Jede Garnitur mußte von der Gemeinde sauber verpackt werden und wurde von der Besatzungstruppe abgeholt. Vom Landratsamt wurde jeder Gemeinde entsprechend der Einwohnerzahl ihr Soll zugewiesen. Französische Unteroffiziere nahmen die Sachen nach genauer Prüfung in Empfang. Was nicht einwandfrei war, mußte durch ein besseres Stück ersetzt werden. Da es nicht allen Familien möglich, war das Verlangte abzuliefern, wurde die festgesetzte Zahl unterschritten. Die

Franzosen nahmen keine Rücksicht und pochten auf die volle Ablieferung. Wieder war es die Hilfspolizei, welche eingesetzt werden sollte, die fehlenden Ausrüstungen beizubringen. Diesmal machten wir nicht mit, bis damit gedroht wurde, es werden französische Soldaten eingesetzt. Soweit ließen wir es allerdings nicht kommen und begaben uns erneut auf den Bettel, bis wir mit vieler Müh und Not die Zahl beieinander hatten.

Das Luderleben der Gendarmen nahm bei einigen dadurch ein Ende, daß ihre rechtmäßigen Frauen aus Frankreich angerückt kamen und nun geschah in den meisten Fällen das, was typisch französisch ist: Die deutschen Ersatzweiber bekamen einen Tritt in den Hintern und mußten noch froh sein, nicht eingesperrt zu werden. Auch auf anderen Gebieten, wo Deutsche den Franzosen aus Liebedienerei zu Willen waren, wurde ähnlich verfahren, was uns von der Hilfspolizei eine große Genugtuung war. Nachdem die Einwohnerschaft vollständig ausgepowert war, ging es an das Gemeindevermögen.

Der Ertrag aus Staats- und Gemeindewald mußte zum größten Teil der Besatzungsmacht zur Verfügung gestellt werden. Französische Holzhandelsfirmen brachten ihre Leute mit und holten sich ihr Holz selbst. Was dann noch übrig blieb, konnte sich die Gemeinde aufteilen. Dadurch entstand ein großer Mangel an Brennmaterial, so daß nichts anderes übrig blieb, als jeder Haushaltung entsprechend ihrer Kopfzahl ihr Holz zuzuweisen. Daß dies natürlich viel Ärger und Kritik bei der Stadtverwaltung auslöste ist begreiflich, denn die Vorräte an Heizungsmaterial waren so zusammengeschrumpft, daß in jedem Haus Mangel herrschte. Schließlich ging man dazu über, die Einwohner in sogenannter Selbstwerbung, unter Aufsicht des Waldpersonals, ihr Holz selber machen zu lassen, denn Arbeitskräfte waren nicht zu bekommen. Allmählich funktionierten auch wieder Post und Bahn und Telefon. Ebenso hatten einige Autobesitzer ihre LKWagen auf Holzgas umgestellt und begannen, die Ausgebombten wieder in ihre Heimat nach Westfalen oder ins Rheinland zurückzubefördern. Was es für diese Rückwanderer bedeutete, Tage und Nächte auf den meist mit Möbeln und sonstigen Haushaltungsstücken überladenen Fahrzeugen campierend, mit Kind und Kegel in ihre Heimat zurückzukehren, ist fast ähnlich den Strapazen, welche Flüchtlinge aus Ostpreußen und Schlesien durchmachen mußten. Aber alle Mühsale wurden gern in Kauf genommen, wenn es wieder der Heimat zuging. Die Zwangsverschleppten wurden von ihren Heimatländern aufgefordert, wieder in ihre Heimat zurückzukehren.

Die Ansprüche der Besatzer steigerten sich von Woche zu Woche. So allmählich kamen auch die untergeordneten Organe dahinter, daß hier Gelegenheit geboten war, unter dem Schutze der Truppen sich zu bereichern und mit Haushaltungsartikeln zu versorgen. Einer Einheit mußten lauter neue dreiteilige Matratzen beschafft werden. Dabei darf nicht vergessen werden, daß um diese Zeit noch kein Requisitionsschein ausgestellt werden durfte und alles gratis und franko abgegeben werden mußte. Eines Tages kam der Befehl, die Turnhalle als Schlafsaal einzurichten. Zuerst mußten im Alten Lager bei den Amis Bettstellen herausgebettelt werden. Die nächste Schwierigkeit gab es bei der Beschaffung von Strohsäcken, bis eine Laichinger Firma sich herbeiließ uns hundert papiergewobene Strohsäcke zu liefern. Nun gings weiter mit Kopfpolster und Bettwäsche. Da Münsingen schon so gut wie ausgebeutet war, wurden die Kreisgemeinden zur Lieferung herangezogen. Die Amtsdiener oder Boten, welche das Zeug herbrachten, machten ein dummes Gesicht, als die Franzosen die Hälfte wieder als unbrauchbar zurückschickten. Sie wollten gar nicht begreifen, daß für die Herren Sieger das Beste gerade gut genug war. Die Decken brachte die Stadt noch allein zusammen, pro Haushaltung zwei Stück. Als die Turnhalle tadellos eingerichtet war, gab es einen Truppenwechsel. Was geschah? Die abziehende Truppe fuhr mit Lastwagen vor, lud die gesamte Einrichtung auf und ließ uns das Nachsehen. Daß die neue Truppe keine solchen Ansprüche stellte, war noch keineswegs sicher. Kaum war diese Aktion vorbei, kam eine Alarmnachricht für die Gendarmen. Ihr Oberst wollte in zwei Tagen zur Inspektion kommen. Dazu mußte ihr offizielles Quartier im Kreisgebäude komplett für 12 Mann wohngerecht eingerichtet werden. Dies sollte innerhalb 24 Stunden geschehen und zwar nicht barackenmäßig, sondern wie eine Privatwohnung. Der Bürgermeister und ich beratschlagten stundenlang, wie wir mit diesem neuen Schlag fertig werden sollten. Schließlich kamen wir überein, daß wir den Leuten versprachen nach der Besichtigung die Möbelstücke soweit wie möglich wieder zurückzugeben. Das Vertrauen zu der Hilfspolizei war anscheinend noch nicht ganz gesunken, denn wir brachten es am anderen Tag tatsächlich fertig, die Räumlichkeiten gut eingerichtet mit weiß überzogenen Betten zu präsentieren. Nun braucht aber niemand zu glauben, daß die Gendarmen ihre von den deutschen Huren bewohnten Privatwohnungen freigegeben hätten, alles blieb beim Alten und nicht eine einzige Wohnung wurde zurückgegeben. Daneben hielt sich die Gendarmerie im Bahnhofsrestaurant noch einige Zimmer reserviert für vorübergehenden Weiberbesuch. Die Kerle, zum Teil richtige Athleten und Boxerfiguren, führten tatsächlich ein Leben wie Gott in Frankreich. Einer war besonders berüchtigt, wir nannten ihn nur den Schläger, denn er tat sich besonders hervor einen Deutschen zu vernehmen und zu mißhandeln. Es war an der Tagesordnung, daß jeder sei er Deutscher oder Ruße oder Pole auf der Polizei zunächst eine Tracht Prügel in Empfang nahm, bevor er seine Aussagen machte. Er wurde im Viereck herumgeschlagen, bis Blut floß.

Von Amerika und der Schweiz kam fast jede Woche eine Ladung Liebesgabenpakete für die D.P.xlviii im Neuen Lager. Die Verteilung lag in den Händen der Gendarmerie. Wie ging das vor sich? Wenn unsere Leuten unten im Kreisverbandsgebäude die Wagen abgeladen und die Pakete hereingebracht hatten, holten die Gendarmen die guten Sachen wie Rauchwaren, Schokolade und alles was es bei uns nicht gab, heraus, und verteilten es unter sich. Die Lagerinsassen bekamen nur, was die Gendarmen nicht wollten wie Zwieback und dergleichen. Im Untergeschoß des Kreisgebäudes war das reinste Warenlager aus den Liebesgabenpaketen entnommen. Bei jeder Gelegenheit, wenn Fahrzeuge nach Frankreich fuhren, wurde kistenweise aufgeladen aber ohne uns.

In der ersten Zeit nach dem Zusammenbruch war eine wahre Völkerrückwanderung zu verzeichnen. Zivilarbeiter aus Ungarn, Belgien, Italien und vom Balkan zogen täglich mit allen möglichen Handwagen und sonstigen Fahrzeugen, etliche Trupps hatten sich nach dem Zusammenbruch Pferd und Wagen ergattert, ihren Heimatländern zu. Einmal hatte ich ein Dutzend Italiener in meinem Gaststall einquartiert. Da ihr Führer, der fließend deutsch sprach, erkrankte, blieben sie einige Tage hier und wurden im Hause verpflegt, ohne Vergütung natürlich. Nachdem der Führer, ein Süditaliener an einer Lungenentzündung ins Krankenhaus mußte, zogen sie wieder ab unter vielen Dankesbezeugungen für die Unterkunft und Verpflegung. Eine solche italienische Rückwandertruppe von vier Mann passierte einmal die Grenze beim Neuen Lager. Der Posten kontrollierte ihre auf einem Handwagen verstauten Habseligkeiten, unter anderem befand sich dabei eine geschärfte Eierhandgranate, welche dabei losging und den Posten verwundete. Ich ging zufällig dort vorbei, als einige Kameraden den Verwundeten blutüberströmt zum Arzt führten. In ihrer Wut wußten die Franzosen nicht, wie sie die vier Italiener quälen sollten. Nachdem die armen Kerle grün und blau geschlagen waren, wurden sie im Schulhof in den Wasserbunker hineingeworfen, wo sie um ein Haar ertrunken sind. Zum Glück stellte sich die Verwundung des Soldaten als nicht lebensgefährlich heraus und so durften die Italiener am anderen Tag schwer angeschlagen wieder weiterziehen.[xlix]

Auf dem Sportplatz waren noch zwei große Zelte von den deutschen Truppen. Da die Aborte im Lager alle überliefen oder zum Teil verstopft waren, benützten die Russen dieselben als Aborte. Um wenigstens die großen Zeltplanen für uns zu retten, versuchten wir dieselben abzubauen. Hier kamen wir aber schlecht an. Die Lagerinsassen ließen es nicht zu und bauten die Planen selber ab, um sie stückweise als Pferdedecken gegen Lebensmittel an die Bauern im Kreis zu verhökern; ebenso wurden einige Zelte bei der Hopfenburg verschachert, desgleichen eine Anzahl Zelte in der Muna beim Alten Lager. Die

Räubereien wollten trotz der Anwesenheit von Truppen nicht aufhören. Ja die Truppen beteiligten sich selber an den Überfällen auf die Schafpferche. Sie fuhren gleich mit Lastwagen vor und luden auf so viel sie wollten; der Schäfer war vollständig machtlos und konnte nichts dagegen machen, denn die Gendarmerie griff, wenn es sich um Franzosen handelte, nirgends ein. Auf der Fauserhöhe verschwanden in einer Nacht drei wertvolle Zuchtpferde, ohne zunächst eine Spur zu finden. Erst einige Zeit später gelang es meinen Polizisten, dieselben in Gutenberg ausfindig zu machen. Die Bauern, welche von den Russen die Pferde gekauft hatten, waren nun ihr Geld und die Pferde los. Da die Bande immer mit der Waffe drohte, kam es zuletzt soweit, daß die Hofbewohner abends mit dem Nötigsten in die Stadt hereinfuhren und nachts ihren ganzen Hof im Stich ließen. Die Gendarmen kümmerten sich wenig um diese Zustände und wir hatten keine Waffen mehr.

Einmal war im Heutal auch wieder eingebrochen worden. Ich schickte per Rad zwei Hilfspolizisten hinunter, um nach der Sache zu sehen. Die amerikanische Grenze ging damals noch unterhalb des Mehrstetter Bahnhofs durch. Einer meiner Polizisten hatte in Mehrstetten eine Tochter verheiratet und wollte dieselbe bei dieser Gelegenheit besuchen. Trotzdem beide mit gestempelten weißen Armbinden als Polizisten zu erkennen waren, wurden sie an der Grenze angehalten, ihre Räder und Gewehr[1] abgenommen und nach Frankenhofen transportiert, wo sie noch mit anderen Deutschen, zum großen Teil beim Grenzübergang erwischte Landser, in einer Scheuer eingesperrt wurden und anderntags sogar Arbeitsdienst machen mußten. Erst als ich von Bremelau Nachricht bekam, daß meine beiden Leute dort gefangen waren, konnte ich beim Gouvernement Schritte unternehmen, dieselben wieder freizubekommen. Ziemlich deprimiert kamen sie zurück aus ihrer Gefangenschaft und erzählten ihre Erlebnisse.

Wenn Leute aus dem Kreis bei uns die Einbrüche und Räubereien anmeldeten, so konnten wir nicht helfen, denn ohne Waffen waren wir machtlos und die französische Gendarmerie mischte sich nur in den seltensten Fällen hinein. Einmal allerdings gingen sie uns an die Hand, nachdem ich nachts auf der Fauserhöhe einige Polizisten als Beobachter postiert hatte und die Ankunft der Räuber in der Stadt bei den Gendarmen meldete. Dieselben fuhren sofort mit hinaus und erwischten drei der Räuber noch bei ihrem Tun. Einige entkamen. Zunächst wurden die Diebe an Ort und Stelle verprügelt, daß sie kaum noch gehen konnten. Nach Ankunft auf der Wache, wurde die Prozedur in verbesserter Auflage wiederholt und die Kerle dann wieder laufen gelassen. Von diesem Zeitpunkt ab hatten die Fauserhöher etwas Ruhe vor diesem Gesindel. Ebenso brachten wir einige Nächte bei den Schäfern im Pferchkarren zu um die Räuber abzupassen. Sie scheinen aber Lunte gerochen zu haben, denn in diesen Nächten zeigte sich keiner. Ohne Waffen hätten wir allerdings auch nicht viel ausrichten können. Zu dieser Zeit kam auch einmal ein Bauer aus Münzdorf und meldete, daß bei ihm eingebrochen worden sei und sämtliche im Keller aufbewahrten Lebensmittel gestohlen worden seien. Die Räuber hätten ihn mit der Schußwaffe bedroht, als er auf der Bildfläche erschien, aber er könne mit Bestimmtheit behaupten, daß sein Pole dabeigewesen sei, denn er hätte ihn an der Stimme erkannt. Der Mann hatte einen ganz falschen Begriff von unserer Machtbefugnis und war so naiv zu glauben, daß, wenn er im Lager seinen Polen antreffen werde, derselbe bestimmt von den gestohlenen Lebensmittel[n] wieder etwas herausgeben werde. Trotzdem ich ihm klarmachte, daß für uns Deutsche das Betreten des Lagers direkt lebensgefährlich sei, ließ er sich nicht überzeugen und beharrte darauf, daß ein Hilfspolizist mit ihm ins Lager gehe, er sei mit seinem Polen immer gut ausgekommen. Da sich meine Leute weigerten, ging ich selber mit. Zunächst hatten wir Schwierigkeiten, bis wir hineingelassen wurden. Dann ließ man uns eine Stunde warten auf der Wache, bis sich endlich einer dazu bequemte, mit uns in die betreffende Baracke zu gehen. Die Insassen nahmen sofort eine feindselige Haltung ein und zeigten uns unter Spott und Hohn einige leere alte Rucksäcke. Der betreffende Pole hatte sich vorher verzogen, so daß wir rasch einsehen mußten, daß es vergebliche Mühe war, nach den gestohlenen Lebensmitteln zu fahnden. Als dann die ganze Belegschaft uns umringte und tätlich werden wollte, traten wir den Rückzug an und waren froh, als wir das Lager hinter uns hatten. Der Mann war kuriert und heilfroh, daß er ungerupft davongekommen war. Um diese Zeit begann der Abtransport der Abreisewilligen.

Bei den Insassen des Neuen Lagers stellte sich jedoch bald heraus, daß viele dabei waren, welche gar keine Lust hatten, in ihr Heimatland zurückzukehren, es handelte sich dabei meist um Russen, Polen, Ukrainer, Letten usw. Z.B. hatte es sich bei ehemaligen Wlassowtruppen schon herumgesprochen, daß sie liquidiert werden, wenn sie daheim wieder auftauchen. Bei diesen sogenannten D.P.[li] handelte es sich vorläufig um einen längeren Aufenthalt im Lager. Da sämtliche ausländischen Arbeiterinnen und Arbeiter einschließlich der früher bei Bauern Beschäftigten, im Lager gesammelt wurden, so wohnte mit der Zeit ein buntes Völkergemisch beieinander. Die Folge davon war, daß bald Nachwuchs festgestellt werden konnte. Von nun an übernahmen die Franzosen die Oberaufsicht im Neuen Lager und sorgten halbwegs wieder für Ordnung.

Die französischen Gendarmen waren eine Bande für sich und ziemlich selbständig in ihrem Verhalten. Gouverneur und Gruppenkommandant [eigentlich: Truppenkommandant?] hatte ihnen nichts zu befehlen. Ich vermute stark, daß sie mit den wilden Requirierungstrupps, welche die Ortschaften heimsuchten, manchmal unter einer Decke steckten und die Beute nachher unter sich teilten. Tatsache ist jedenfalls, daß später von Zeit zu Zeit volle Kisten von der Gendarmerie nach Frankreich verladen wurden. Wenn es sich dabei um Waren handelte wie z. B. ein beschlagnahmtes Schuhlager bei einem Schuhladen einer Nachbargemeinde, wo der Inhaber Schuhe hamsterte und lieber verschimmeln ließ, so geschah dies zu Recht. Wahrscheinlich hatte irgend ein Nachbar, der davon wußte und auf einen Bezugschein keinen Stiefel mehr erhielt, Anzeige gemacht. In solchen Fällen freuten sich die Bewohner, daß solche Hamsterer ihren Lohn erhielten.[lii]

Die Besatzungstruppe wechselte sehr oft und mit ihnen auch ihr Kommandant. Jeder hatte ein anderes Steckenpferd und wollte zeigen, daß er Macht über uns hatte. So kam einer auf die Idee, für seine Soldaten Matratzen zu verlangen und zwar dreiteilige Matratzen. Alle Kreisgemeinden hatten eine entsprechende Zahl abzuliefern. Wo es Anstände gab, fuhr ein Franzose mit einem Hilfspolizisten hinaus, um den betreffenden Bürgermeister an den Ernst des Lebens zu erinnern. Beim Abzug der Truppe blieb keine einzige Matratze zurück, alle wurden auf Auto[s] verladen und mitgenommen, so daß wir wieder vor dem Nichts standen und gewärtig sein mußten, was dem nächsten für eine Teufelei einfällt.

Unter diesen Umständen war es kein Wunder, wenn die Bevölkerung aufsässig wurde und nach irgend einem Ventil suchte, um ihrem Unmut Luft zu machen. Da war es immer das Bequemste, die Hilfspolizei dafür anzupöbeln und verantwortlich zu machen, denn hier ging man dabei kein Risiko ein und konnte seinem bedrängten Herz Luft verschaffen.

Niemand wollte wissen, daß wir dabei nur das taten, was das Bürgermeister- und Landratsamt uns aufhalsten. Deshalb mußten meine Leute immer wieder Schimpfkanonaden über sich ergehen lassen und für Zustände den Kopf hinhalten, an denen andere Schuld waren. Diese anderen waren es auch, welche sich immer wieder, aber nur, wenn es kein Franzose hörte, stark und überlegen äußerten, wir Polizisten dürften nur diese Befehle nicht ausführen, dann hätte die Herrlichkeit der Franzosen bald ein Ende. Jeder, der sich die Lage des Besiegten einigermaßen mit Verständnis und Überlegung vor Augen hielt, mußte zugeben, daß die Besatzer über genügend Machtmittel verfügten und Repressalien anwenden konnten, um ihre Wünsche durchzusetzen, falls sich eine Stadt oder ein Dorf widerspenstig zeigte. Ein Beweis, wie folgsam die Hunderttausende Einwohner einer ganzen Großstadt noch vier Jahre nach dem Krieg waren, zeigte die Stadt Stuttgart, als sie, um Repressalien zu vermeiden, wegen einiger Rowdies sich Ausgehsperre ab abends 8 Uhr diktieren ließ. Nicht ein Fall ist bekannt, daß auch nur einer dieser großmauligen Schreier und Kritiker sich dieser Anordnung widersetzt hätte, alle waren sie treu und brav zuhause geblieben.

Inzwischen hatte die französische Sicherheitspolizei, „Surte" [Sûreté] genannt, alle ehemaligen Amtswalter der NSDAP vom Ortsgruppenleiter aufwärts in Haft genommen. Diese Häftlinge wurden im hiesigen Amtsgerichtsgefängnis untergebracht und, da der Platz dort nicht ausreichte, auch in einem Raum nebenan des Gasthofs zum Faß untergebracht. Diese Leute standen uns zum Arbeitsdienst zur Verfügung und wurden jeden Morgen von uns abgeholt und zu Arbeiten eingeteilt. Wenn es den französischen Gendarmen in den Sinn kam, meist standen sie dabei unter Alkohol, machten sie abends noch einen Besuch im Gefängnis und mißhandelten die Häftlinge derart, daß bei einigen ärztliche Hilfe in Anspruch genommen werden mußte. Auch der frühere Halbgott im Kreis Münsingen, Kreisleiter Schrage, wurde bei einem Bauern in Machtolsheim aufgespürt und bei Nacht und Nebel von Gendarmen aus der Amerikanischen Zone nach Münsingen herübergeholt. Ihm war nun im Keller des Gouvernementsgebäudes Gelegenheit gegeben, seiner alten Herrlichkeit nachzutrauern. Auch einige Frauen waren unter den Häftlingen, z. B. die Frauenschaftsleiterin aus Laichingen und die Leiterin der Heilanstalt Zwiefalten, Frl. Obermedizinalrat Fauser, welche später im Grafenecker Prozeß noch eine Hauptrolle spielte, dort aber von allen Angeklagten den besten Eindruck hinterließ.[liii] Der Gouverneur verlangte von mir, diese Frau zu den untergeordnetsten Arbeiten heranzuziehen und wenn sie dabei krepierte. Ich habe aber die Frau nur einmal mit ins Neue Lager geschickt und dann bei Frau Beuscher in der Küche des Gefängnisses beschäftigt. Keiner der Häftlinge, wie sie auch immer heißen mögen, wird sich beklagen können, daß sie von der Hilfspolizei nicht anständig und menschenwürdig behandelt worden wären. Auch Kreisleiter Schrage, welcher wohl verdient hätte, etwas härter angefaßt zu werden, wurde nicht ausgenommen. Wir waren keine Nationalsozialisten und können unsre Maßnahmen vor Gott und der Welt verantworten. Auch die Prominenten der Kreisstadt Ehingen waren bei uns inhaftiert und kamen später alle miteinander in das Lager Balingen. Der frühere Leiter des hiesigen Arbeitsamtes und SA-Sturmführer Kiesle,[liv] welcher hauptsächlich bei den auf der Landwirtschaft arbeitenden Polen verhaßt war, weil er des öfteren ungebärtige[lv] Gefangene im Arbeitsamt verprügelte und blutig schlug, wurde eines Tages im Oberland, wo er untergetaucht war, verhaftet und hierher gebracht. Als dies im Lager bei den Polen bekannt wurde, erschienen tagtäglich Polen, welche von Kiesle mißhandelt worden waren auf dem Gouvernement, wo er im Keller eingesperrt war und verlangten von den Franzosen seine Herausgabe. Die Franzosen kamen dem Wunsch allerdings nicht nach, haben aber anscheinend etliche mal Polen zu ihm hineingelassen. Wenn dies auch unter Aufsicht der Gendarmen geschah, so ist wohl möglich, daß sich etliches dabei abgespielt hat. Jedenfalls hieß es nach einigen Tagen, Kiesle habe sich das Leben genommen. Es wird wohl immer ein Geheimnis bleiben, was sich in dem Keller abgespielt hat. Er durfte auf Anordnung der Franzosen nicht innerhalb des Friedhofs beerdigt werden.[lvi] An seiner Beerdigung mußte auch Kreisleiter Schrage teilnehmen mit einer Tafel auf der Brust. Zufällig war dieser Platz ein städtischer Garten, von Landrat Alber gepachtet, welcher von diesem Ehrenplatz in seinem Garten nicht sehr erbaut war, als er es nach der Beisetzung erfuhr. Heute ist dieser Garten längst zum Friedhof gekommen, so daß auch Kiesle innerhalb des Friedhofs ruht.

In diesem Zusammenhang möchte ich auch noch einer Familientragödie Erwähnung tun, welche sich in den Tagen des Einmarsches hier abspielte. Der Besitzer des Parteilokals zur Post, Karl Brändle, erschoß in seinem Keller in einer Art Nervenzusammenbruch seine Frau, seine Schwiegermutter, Schwägerin und sich selbst.[lvii] Sein Sohn war glücklicherweise zu dieser Zeit nicht anwesend, so daß er als einziger von der Familie übrig blieb. Dabei wäre dem guten Mann, der im Grunde seines Herzens ein anständiger Bürger war, nicht ein Haar gekrümmt worden. Auch Metzgermeister Karl Glocker, welcher wie seine Frau als fanatische[r] Nazi bekannt war, nahm sich diesen Umschwung so zu Herzen, daß er einige Wochen nach dem

Zusammenbruch durch Freitod endete. Auch ihm wäre nicht das Geringste passiert, wenn er überlebt hätte.

Die Beerdigung des zeitweiligen Kreisleiters Rauscher,[lviii] welcher nach einer schweren Krankheit im Krankenhaus starb, fand kurz vor dem Zusammenbruch ohne Sang und Klang statt. Auf einem Handwagen wurde der Sarg zum Friedhof geführt. Trotzdem um diese Zeit der Feind die Stadt noch nicht besetzt hatte, ließen ihn seine ehemaligen PG im Stich, weil sie nicht mehr den Mut hatten, den Sarg zu begleiten.

Im Neuen Lager mußten meine Gefangenen Wochen und Monate Ordnung schaffen, denn die Russen und Polen wären lieber im Dreck erstickt, als daß sie einen Finger krumm gemacht hätten. Die Aborte alle überfüllt, überall Schaffelle und Rinderhäute herumliegend und einen bestialischen Gestank verbreitend, so sah es aus, als ich den Befehl erhielt, meine Häftlinge in die Arrestzellen des Neuen Lagers umzuquartieren. Dabei wurde mir ein so kurzer Termin gestellt, daß ich nicht mehr Zeit hatte, die Zellen zu desinfizieren. Wenigstens gelang es mir noch, die Wände zu kalken, aber das Ungeziefer war damit noch nicht weg. Von diesem Zeitpunkt an hatten wir mit den Gefangenen nichts mehr zu tun, auch wurden sie von der Lagerleitung verpflegt. Daß um jene Zeit bei diesen Zuständen unter den Lagerinsassen keine Seuche ausgebrochen ist, war ein helles Wunder. Die Baracken standen teilweise auf Pfeiler[n], so daß unter den Fußböden große Hohlräume waren. In diesen Räumen waren die reinsten Schlachthäuser eingerichtet. Das Eingeweide von Hunderten von Schafen und Rindern überall zerstreut, Blutlachen und Kot der Tiere verbreiteten einen so bestialischen Gestank, daß wirklich starke Nerven dazugehörten, sich auch nur einige Stunden unter diesen Fußböden aufzuhalten. Nun wußten wir, wo die vielen Tiere geschlachtet wurden, welche im Laufe dieser Zeit im ganzen Kreis zusammengestohlen wurden. In ihrer Zerstörungswut hatte die Bande beim Umsturz neben Fenster und Spind auch die Abortsitze zusammengeschlagen. Alle diese Dinge mußten nun von uns ersetzt bzw. wieder repariert werden, denn auch die Insassen des Lagers rechneten sich zu den Siegern und stellten ihre Ansprüche. Gar bald ging bei den Fenstern das Glas aus und die Fenster mußten mit Brettern vernagelt werden.

Nachdem die Franzosen im Lager die Oberaufsicht übernommen hatten, wurde ein Russe zum Kommandanten bestimmt, was den Polen gar nicht paßte. Dieser Kommandant, ein junger, forscher Bursche, kam eines Tages zu mir mit seiner Dolmetscherin und bat mich um meine Hilfe. Er hätte die französischen Offiziere zu einem Trunk eingeladen und hätte noch keinen Wein. In den Wirtschaften war schon längst kein Wein mehr aufzutreiben, da war guter Rat teuer. Weil ich mir sagte, mit dem russischen Kommandanten muß man sich gut stellen, denn wer weiß, wenn man den Kerl einmal braucht, so ging ich auf seine Bitte ein. Der von einer großen Weinhandlung in dem riesigen Keller des Schlosses Ehrenfels verlagerte Wein war längst von den Franzosen beschlagnahmt, so daß nur die Möglichkeit bestand, in die amerikanische Zone zu gehen. Ich hieß den Kommandanten warten und besprach mich mit Waldhornwirt Mack,[lix] ob er mir keinen Tip geben könne. Er gab mir die Adresse von dem Kellermeister der Weingenossenschaft Beutelsbach, aber nur unter der Bedingung, daß für ihn auch ein Fäßchen herausspringt. Er wollte mir zwei Fäßchen für je 60 Liter mitgeben. Der Kommandant war sofort damit einverstanden und setzte die Abfahrt auf ein Uhr fest. Vorher sollte ich aber mit seiner russischen Dolmetscherin die hiesigen Läden abklopfen wegen einem neuen Kleid. Alle Waren waren jedoch von den Franzosen beschlagnahmt, schließlich ergatterte sie einen Bund Frauenbinden, die ich aber für sie bezahlen mußte, weil sie kein Geld bei sich hatte.

Um ein Uhr fuhren wir los mit zwei leeren 60 Liter Fäßchen in einem tadellosen Wanderer mit Hammer- und Sichel-Standarte. In Urach versuchten wir es wieder mit einem neuen Kleid für das Frauenzimmer, ohne Ergebnis, in Metzingen wieder das gleiche Spiel, aber mit Erfolg. Der Russe hatte Geld wie Heu und zahlte alles. Nach Ankunft in Beutelsbach suchten wir den Kellermeister, welcher aber Bedenken hatte, weil ein Amiposten vor dem Kellereingang stand. Es gab jedoch gleich eine Verbindung zwischen dem Russen und [dem] Amerikaner mit Zigarettenaustausch. Ungehindert konnten wir darauf in den Keller steigen und unsere Fässer füllen. Der Kellermeister forderte mich immer wieder auf zu trinken, doch spürte ich erst, als ich wieder heraufkam, daß ich einen kleinen Schwips hatte.

Frohgemut ging's wieder der Heimat zu. Waldhornwirt Mack hatte wenigstens für seine Stammgäste eine kurze Zeit Wein. Er verstand es aber einzuteilen, so daß keiner zu viel bekam. Der Russe bedankte sich und verschwand mit seinem Fäßchen. Meine Bekanntschaft mit dem Russen und der Dolmetscherin sollte mir bald gute Dienste leisten; das kam so: In einer Stallbaracke im Neuen Lager standen noch nagelneue Futterschneidmaschinen. Weil wir im Farrenstall so eine alte Mühle hatten, sagte ich mir, da holt man sich eine neue. Nachdem ich jetzt mit dem Kommandanten so gute Beziehungen hatte, glaubte ich, daß das kein Problem sei. Ich begab mich also ins Lager und verhandelte auf dem Dienstzimmer zunächst mit der Dolmetscherin. Weil der Kommandant abwesend war, sollte ich erst eine Bescheinigung vom Gouverneur beibringen. Nachdem ich mir diese Bescheinigung besorgt hatte, fuhren Siegler[lx] und ich mit dem Wagen zur Stallbaracke, um die Maschine aufzuladen. Hier hatten wir aber die Rechnung ohne die Russen gemacht. Sie ließen es nicht zu und holten einen Posten, welcher mit Gewehr im Anschlag das Aufladen verhinderte. Inzwischen hatten andere Russen unsere Pferde vom Wagen gespannt und fortgeführt. Ohne Pferd und Wagen mußten wir wieder das Lager verlassen. Es bedurfte noch einiger Verhandlungen mit dem Kommandanten, bis ich nach zwei Tagen mein Fuhrwerk, diesmal mit der Futterschneidmaschine, wieder herausholen konnte. Für unseren täglichen Gebrauch richteten wir einen stehen gebliebenen Opel Blitz her, daß wir wenigstens nicht immer auf fremde Fahrzeuge angewiesen waren.

Durch einen Münsinger, Ernst Kirsamer, welcher in einer deutschen Truppe den Rückzug ins Oberland mitmachte, erfuhren wir, daß in dem Ort Weisel bei Ehingen[lxi] in dem Keller einer Gastwirtschaft von der Truppe zurückgelassener Schweizerkäs lagerte. Auf gut Glück fuhren wir dort hin und fanden richtig noch die Käsräder in dem Versteck. Der Wirt wollte wohl Schwierigkeiten machen, aber schließlich ließ er uns aufladen. Unbehelligt kamen wir bis Bremelau, aber wie es der Teufel will, hatten wir mitten im Dorf, das von Franzosen besetzt und durch Wachen an den Ortsausgängen gesichert war, einen Plattfuß. Ein Halten mitten zwischen Franzosen kam nicht in Betracht, deshalb sagte ich zu meinem Fahrer E[ugen] Reiff: „Fahr zu, fahr zu, sonst ist's um unseren Käse geschehen!" Tatsächlich kamen wir auch trotz Plattfuß unangefochten aus Bremelau heraus. Der Käs wurde dann unter den Münsinger Geschäftsleuten verteilt zum Ausgeben an die Bevölkerung.

Die Wache im Baumtal bei den acht Waggons Fliegerbomben wurde den Franzosen zuletzt zu dumm. Befehl an den Bürgermeister, dafür zu sorgen, daß dieselben heraufgeschafft und auf dem toten Gleis beim Zementwerk abgestellt werden. Der Befehl kam diesmal vom Oberkommandanten in Frankenhofen. Ich war an diesem Tag auswärts und erfuhr erst bei meiner Rückkehr von der Sache. Vier Wagen waren bis dahin schon heraufgeschoben unter Aufsicht des Obersten. Als ich ankam, hielt der Bürgermeister eine Beratung, wie man es am besten bewerkstelligt, die restlichen vier ebenfalls heraufzubugsieren, denn die Einwohnerschaft hatte sich inzwischen heimlich, still und leise zurückgezogen, und ich glaube auch nicht, daß man sie wieder herbekommen hätte.

Der Kommandant, welcher wegen seiner rigorosen Maßnahmen gefürchtet war, verlangte, daß bis abends zehn Uhr die Wagen oben stehen müßten. Ich fragte ihn, ob es uns freigestellt sei, wie wir es anstellten, um dem Befehl Genüge zu tun. Das sei ganz unsere Sache, gab er zur Antwort. Nun stand bei Illig von der Gutsverwaltung Gruorn ein kleiner, noch fahrbarer Raupenschlepper. Ich holte aus dem Kittchen den wegen seiner SS-Zugehörigkeit eingesperrten und des Fahrens kundigen Lothar Genkinger, welcher dann mit Hilfe dieses Schleppers den Auftrag erledigte. Der Kommandant blieb so lange, bis die Wagen auf ihrem Platz standen. Er war sicher verärgert, daß wir es fertig brachten, ohne weitere Schikanen seinen Befehl auszuführen. Auf diese Weise war wieder eine weitere Repressalie von der Stadt abgewendet.

Die vorher im Baumtal stationierte Wache wurde nun herauf ans Zementwerk verlegt, wo inzwischen ein Sammelplatz für deutsche Kriegsfahrzeuge und Munition an einem dort befindlichen ehemaligen Heu- und Strohschuppen eingerichtet war. Die Wachsoldaten setzten hier ihre schon im Baumtal geübte Belästigung der Passanten weiter fort. Wer keinen Ausweis hatte, mußte mit aufs Gouvernement, dort wurde ihm sein Geld abgeknöpft, je nachdem 30, 40 oder auch 50 Mark, oder, falls der Betreffende nicht soviel Geld bei sich hatte, solange dabehalten, bis Angehörige ihn wieder auslösten. Neben den Fliegerbomben waren auch Kisten mit Leuchtpistolen und Patronen auf einem Waggon aufgestapelt. Die französischen Wachsoldaten kamen bald dahinter und vergnügten sich jeden Abend mit diesem Feuerwerk. Auf diese Weise war die Gefahr einer Explosion der Fliegerbomben erneut akut, bis diese Feuerwerkerei verboten wurde. Es dauerte übrigens noch geraume Zeit, bis die Bahnverwaltung in der Lage war, diesen gefährlichen Zug abzutransportieren. Als später auf dem Lagerplatz ein Brand ausbrach und die Feuerwehr alarmiert werden mußte, wurde ein Feuerwehrmann Krehl durch explodierende Munition tödlich verletzt.[lxii]

Der Abtransport der Russen kam nun, seit die Bahn wieder fuhr, so langsam ins Rollen. Täglich sah man auf dem Bahnhof kleine Trupps ihren zusammengestohlenen Hausrat einladen. Die Wlassowleute sowie Polen weigerten sich aber beharrlich, abtransportiert zu werden und hatten sich inzwischen im Lager für einen längeren Aufenthalt häuslich eingerichtet. So nach und nach hörten auch die Räubereien auf.

Inzwischen war durch Verhandlungen der Truppenübungsplatz von den Amis geräumt und den Franzosen übergeben worden. Dadurch kamen immer mehr französische Truppen nach

Münsingen, unter anderem auch afrikanische Formationen, welche hier einquartiert wurden. Das erste war, daß die Stadt im neuen Schulhaus, das seit dem Zusammenbruch als Kaserne benutzt wurde, ein nach afrikanischer Art offener Herd bzw. eine backofenartige Feuerstelle eingebaut werden mußte, weil ihre Köche auf unserem Herd nicht kochen konnten oder wollten. Im großen ganzen waren wir mit diesen braunen Gesellen besser zufrieden als mit den echten Franzosen. Es waren meist gutmütige Burschen. In meinem Wirtschaftslokal war nach Abzug der Fremdarbeiter zunächst ein Lebensmitteldepot der Marokkaner eingerichtet worden, und nach deren Abzug die Arbeitsschule.

Der Verwalter dieses Lagers, ebenfalls ein Marokkaner, war aber so gehässig, daß er z. B. den Aufbruch von Rehwild lieber auf den Mist warf, als uns etwas zukommen zu lassen. Von den Besatzern ging ja alles auf die Jagd, was Zeit hatte; insbesondere die Gendarmerie widmete sich diesem Sport mit Vorliebe. Die deutschen Jäger waren vollständig ausgeschaltet, weil sie keine Gewehre mehr hatten, und selbst wenn sie noch welche gehabt hätten, wäre es ihnen verboten worden. Die Folge davon war, daß im Laufe der Nachkriegszeit der Wildbestand rapide zurückging, mit Ausnahme der Wildschweine, welche sich eher vermehrten.

Einen der schlimmsten Deutschenfresser, welchen wir in diesen Zeiten kennen gelernt haben, war der Führer einer Mauleselkolonne. Die Tiere waren in Obstgärten unter dem Beutenlay untergebracht und wurden von Marokkanern versorgt. Dieser Kolonnenführer, ebenfalls ein afrikanischer Kapitän, ließ zur Unterstützung seiner Leute 50 deutsche Kriegsgefangene kommen, welche im Keller des Amtsgerichts wie die Heringe zusammengepfercht waren. Da diese Unterkunft für unsere Landser eine Qual war, so erboten wir uns, für eine bessere Unterkunft dadurch zu sorgen, daß wir eine beim Bahnhof leerstehende Baracke als Schlafsaal einrichten würden. Der Kapitän erklärte sich damit einverstanden. Mit Hochdruck schafften wir Bettstellen und alles dazugehörige herbei, um unsere Landser, welche noch zusätzlich vom Roten Kreuz Kaffee erhielten, aus dem Keller herauszubringen. Als wir nach einigen Tagen soweit waren, meldete ich dem Kapitän, daß der Umzug vollzogen werden könne. Er sah sich die Baracke an, verlangte aber vor dem Umzug noch einen Stacheldrahtzaun um die Baracke. Auch dieser Wunsch wurde ihm erfüllt. Das genügte ihm jedoch nicht.

Es mußte ein doppelter Zaun sein. Als wir auch diesen 2. Zaun fertig hatten, dachten wir, daß es endlich genug sei und baten ihn, den Umzug vorzunehmen. Nach Besichtigung der ganzen Anlage bemerkte er mit Hohn und Spott, daß er sehr zufrieden sei, es müßten aber noch zwei Wachtürme erstellt werden. Am liebsten hätten wir auf dies hin den Kerl totgeschlagen. Wir mußten aber noch gute Miene zum bösen Spiel machen, da es sich doch um unsere Leute handelte. Zimmermeister Starzmann ging mit Energie daran, die Wachtürme herzustellen und aufzurichten. Endlich war es so weit. Nun verlangte dieser Teufel noch Scheinwerfer auf den Türmen. Das städtische Elektrizitätswerk wurde damit beauftragt. Zu guter Letzt mußten wir noch eine Feldküche herbeischaffen. Jetzt waren wir bald soweit, daß wir überlegten, wie wir diesen Satan am besten um die Ecke bringen könnten, denn inzwischen waren drei Wochen vergangen, und unsere Landser immer noch im Keller. Als wir endlich glaubten, der Umzug werde vollzogen, kam die Kolonne mitsamt unseren gefangenen Landsern wieder weg, ohne ihr neues Quartier bezogen zu haben. Nur wenige wußten, was das für uns bedeutete, derart von Sadisten mißbraucht und geplagt zu werden.

Mein indirekter Vorgesetzter war nach Ausschaltung des Bürgermeisters, welcher inzwischen festgenommen und nach Balingen transportiert worden war, ein französischer Kapitän der Sicherheitspolizei namens Bellin, ebenfalls ein Deutschenfresser, doch kam ich soweit gut mit ihm aus.

So allmählich kam wieder Ordnung in das ganze Getriebe; der Hilfspolizei wurde ihre Aufgabe dadurch etwas erleichtert, daß Requisitionsscheine ausgestellt werden durften. Ob und wann dieselben eingelöst wurden, stand auf einem anderen Blatt. Weil in den Landgemeinden niemand mehr war, der Polizeidienst ausübte, und die Bürgermeister sich manchmal bei Requisitionen fast nicht mehr zu helfen wußten, bekam ich den Auftrag, in allen Orten Hilfspolizisten aufzustellen, und zwar sollten es möglichst politisch unbelastete Männer sein. Ich fuhr also mit meinem Hilfspolizisten Albert Scheck per Fahrrad los, um diesen etwas heiklen Auftrag auszuführen. Insofern schwierig, als die Aufgabe des Hilfspolizisten sich bereits herumgesprochen hatte und niemand ohne weiteres bereit war, hier einzuspringen. Selbst von Seiten mancher Bürgermeister wurden uns in etlichen Fällen Schwierigkeiten bereitet. Mit größter Vorsicht mußten wir daher erst sondieren und umfragen, bevor wir den dafür geeigneten Mann ausfindig machen konnten. Weil wir niemand näher kannten und nicht wissen konnten, ob wir es mit einem PG zu tun haben, bekamen wir öfter aus Boshaftigkeit oder böswilliger Absicht Leute vorgeschlagen, welche sich bei näherer Betrachtung als die größten Ortslumpen entpuppten. Ich muß leider feststellen, daß in dieser Hinsicht die Mehrzahl der Kreisbewohner wenig Verständnis zeigte und uns mehr oder weniger feindselig betrachtete. Ich hätte deshalb gern jedem Ort auch nur einige Wochen Besatzung gegönnt. In unserem Kreis waren es nur Bremelau, Hundersingen und Zwiefalten, welche wußten was das heißt. Überhaupt halte ich es für das größte Unrecht, daß einzelne Orte fast vollständig ausgepowert wurden durch Requisitionen, von den anderen Schikanen gar nicht zu reden, ich erinnere nur an die Landplage durch die Russen usw. Da ist zum Beispiel unsere Nachbarstadt Urach, welche von diesen Beschwernissen so gut wie ganz verschont blieb. Was haben wir nur durch die Beschlagnahme von Wohnungen für Schwierigkeiten gehabt im Vergleich zu der viel größeren Stadt Urach, um nur die nächste zu nennen!

Ein besonderes Kapitel waren die sogenannten Gerichtsverhandlungen durch die Franzosen. Der große Saal im Kreisgebäude war als Gerichtslokal eingerichtet. Das Gericht setzte sich aus einem Ankläger und einem Richter zusammen. Es wurde alles in der französischen Sprache verhandelt und durch

334

Dolmetscher verdeutscht. Diese Aufgabe fiel meist einem Elsäßer namens Glück zu, welcher auch sonst auf dem Gouvernement eine Rolle spielte; doch konnte man sich im Allgemeinen nicht über ihn beklagen, im Gegensatz zu manchem anderen seiner Landsleute, welche zu Requisitionen viel eingesetzt waren und manchmal eine sehr problematische Rolle spielten, wenn ich mich sehr vorsichtig ausdrücken will. Bei den Richtern handelte es sich um keine Juristen sondern um französische Angestellte beim Gouvernement. So spielte meistens mein indirekter Vorgesetzter die Rolle des Staatsanwalts und der stellvertretende Gouverneur, ein Marineoffizier, welcher die wirtschaftliche Auspowerung des Kreises unter sich hatte, den Richter. Man kann sich vorstellen, wie wichtig sich diese Herren fühlten, über Deutsche zu Gericht zu sitzen und sogenanntes Recht zu sprechen. Den deutschen Angeklagten wurde in großmütiger Weise gestattet, deutsche Verteidiger zu nehmen. In Münsingen bemühten sich der hier im Ruhestand lebende Amtsgerichtsrat Schweizerhof sowie die Referendarin Fräulein Weinland, eine Enkelin des Verfassers des Rulaman von Hohen-Wittlingen, nach besten Kräften, den Angeklagten zur Seite zu stehen und die Strafen herunterzudrücken. Doch gelang es ihnen selten, dieses unmögliche und willkürliche Gericht zu beeinflussen. Einmal stand mein Freund Hans Gaub vom Ziegelhaus vor diesem Gericht. Deutsche Landser, welche auf ihrem Rückzug eine Nacht bei ihm Obdach gesucht hatten, hatten einige Patronen deutsche Infanteriemunition zurückgelassen, ohne daß sonderlich darauf geachtet wurde. Durch irgendeinen Denunzianten wurde bei ihm ausgesucht und die paar Patronen gefunden. Er wurde mitten in der Heuernte zu drei Monaten Gefängnis verurteilt.[lxiii] Ein 16-jähriger Junge aus Laichingen erhielt sechs Wochen, weil er bei der Flaggenhissung auf dem Marktplatz nicht Front gemacht, sondern in ein Schaufenster gesehen hatte. Er wurde von Fräulein Weinland verteidigt, welche es ausgezeichnet verstand, den Tatbestand – es wurde ein Schlagring bei ihm gefunden – als Bedrohung der Grande Nation als Hohn hinzustellen, so daß die Franzosen regelrecht lächerlich gemacht worden sind. Kunstmüller Eugen Künckele aus Urach erhielt ebenfalls einige Monate Gefängnis, weil er ein von den deutschen

Truppen stehen gelassenes Autowrack hereingeholt hatte, nachdem sie ihm vorher alle seine Autos weggenommen hatten. Das sind nur drei Fälle zur Illustration. Zum Glück durften die Verurteilten ihre Strafe in Münsingen absitzen, wo sie mir zum Arbeitsdienst zur Verfügung gestellt wurden. Für meinen Freund Hans Gaub erreichte ich bei Kapitän Bellin, daß er tagsüber nach Hause durfte, um seine Heuernte hereinzubringen, nachdem ich mich für ihn verbürgt hatte. Daß diese Haft nicht so tragisch genommen wurde, erhellte die Tatsache, daß ich eines Tages diese Häftlinge mitsamt meinem Polizisten Fritz Stahl in meiner Wohnung antraf, wo sie einen Ständer Bier miteinander leerten.

Der erste Kommandant, welcher im Gegensatz zu seinem Nachfolger Oberst Blanc, ein finsterer Geselle und sehr unbeliebt war, wohnte mit einer deutschen Hure, einer Frau Weiß, zusammen im Hause des Herrn Scheck, welcher seinerzeit wegen der Polen[lxiv] aus seinem Haus verschwinden mußte. Dieses Weibsbild, bzw. ihr Mann hatten in Laichingen durch Protektion der Partei einen Textilbetrieb,[lxv] welcher in jüdischem Besitz war, zugesprochen erhalten und suchten nun, wie es zu dieser Zeit häufig vorkam, Unterschlupf bei den Feinden. Das hatte zur Folge, daß man sich vor diesen Gestalten noch sehr in Acht nehmen mußte, wenn man nicht Gefahr laufen wollte, es mit dem Gouverneur zu tun zu bekommen. Desgleichen war es mit den Gendarmenhuren. Als ich einmal zu einer in Gegenwart ihres Galans eine bezüglich ihres Lebenswandels anzügliche Bemerkung machte, markierte sie die gekränkte Leberwurst und vergoß sogar ein paar Krokodilstränen. Ihr Gendarm, eine richtige Boxerfigur wollte gegen mich sogar tätlich werden, um seinem Weibsbild zu zeigen, wie er für ihren Schutz eintrat.

Eines Tages wurde der Gutsverwalter vom Lager, genannt Darré,[lxvi] ins Gefängnis eingewiesen. Ich bekam ihn zum Arbeitsdienst und ließ ihn mit verschiedenen anderen Gefangenen den Gaststall im Gasthof zum Ochsen ausräumen. Diese Gelegenheit benützte er und haute ab auf Nimmerwiedersehen. Dies mußte ich natürlich Kapitän Bellin melden. Nun glaubte der gute Mann, mir Vorwürfe machen zu können und mir sogar mit Einsperren drohen zu können. Damit war bei mir die Eselsgeduld zu Ende. Ich erklärte ihm, daß ich nur aus freien Stücken, meiner Vaterstadt zuliebe diesen Posten übernommen hätte und nur dem Bürgermeister und sonst niemandem verantwortlich sei. Deshalb sei ich jetzt entschlossen, mein mehr als undankbares Amt niederzulegen.

Damit hatte er allerdings nicht gerechnet. Er trat sofort den Rückzug an, so hätte er es nicht gemeint, ich könne doch nicht einfach weglaufen, nachdem er mit mir immer gut ausgekommen sei. Mein Entschluß stand aber fest, denn ich hatte schon längst die Absicht, mich dieser undankbarsten aller Aufgaben zu entledigen. Ich sagte ihm, daß dies mein unweigerlicher Entschluß sei. Nachdem ich noch das versprechen gegeben hatte, acht Tage bis zur Einarbeitung meines Nachfolgers dazubleiben, war dieser Abschnitt meines Lebens hinter mir.

Rückschauend muß ich feststellen, daß nur ganz wenige Einwohner die undankbare Tätigkeit der sogenannten Hilfspolizei gewürdigt und anerkannt haben. Dessen ungeachtet können wir mit gutem Gewissen vor jeden hintreten in dem Bewußtsein seiner Heimatgemeinde und damit auch unserem Vaterland in einer Zeit tiefster Erniedrigung gedient zu haben. Ich lasse deshalb keinem meiner Kameraden von der Hilfspolizei, welche mir und dem Bürgermeister bei unserer schweren Aufgabe an die Hand gegangen sind, etwas geschehen, selbst nicht, wenn sie einmal eine Schwäche gezeigt haben, es waren auch nur Menschen, und wenn sich so ein Neunmalgescheiter kritische Bemerkungen der ehemaligen Hilfspolizei gegenüber erlaubt.

Was die Besatzung anbetrifft, so wurde es nach meinem Ausscheiden bedeutend besser, als für alle Requisitionen Belege ausgestellt werden mußten, so daß die Betreffenden wenigstens etwas auf der Hand hatten und im günstigsten Fall auf Ersatz hoffen konnten. Auch war durch den Gouverneurswechsel wieder ein bedeutend besseres Klima entstanden, da der Nachfolger von Vuillemin, Oberst Blanc, ein wirklich anständiger und loyaler

Mann war. Ebenso waren die später hier stationierten Truppen normale aktive Soldaten, im Gegensatz zu den freiwilligen Untergrundleuten nach dem Zusammenbruch. Auch die Gendarmen der ersten Zeit mußten mit der Zeit verschwinden, und mit ihnen auch ihre Konkubinen. Es war schon so, daß die ersten Monate nach dem Zusammenbruch als die schlimmsten bezeichnet werden müssen, die Münsingen je durchgemacht hat.

Für die nachfolgende Generation wird es gut sein, wenn diese Folgen eines verlorenen Krieges den jungen Menschen immer wieder zum Bewußtsein gebracht werden. Vielleicht kommen wir dann einmal so weit, daß die Menschheit endlich zur Vernunft kommt und einsieht, daß Kriege nicht dem Sieger und viel weniger dem besiegten Volk Glück gebracht haben. Die große Masse hat das auch schon längst eingesehen, immer sind es verhältnismäßig wenige Fanatiker oder politische Nullen, auf gut deutsch Nationalisten, welche es verstehen, die gleichgültigen Massen einzuschläfern und nach ihrem Willen zu lenken. Wir wollen aber hoffen, daß im Atomzeitalter niemand mehr wagt, einen Krieg anzufangen.

Ahnentafel Ludwig Bückle

Vater
Bückle, Joh. Georg
Schmiedemeister
geb. Trailfingen 05. September 1851
gest. Münsingen 29. Mai 1924
Eheschließung 17.04.1877
Ev.

Mutter
Barbara geb. Lamparter

geb. 1. März 1850 Apfelstetten
gest. 2. Juli 1919 in Münsingen
Eheschließung 17.04.1924
Ev.

A Großvater
Bückle, Joh. Jakob
Beck in Trailfingen

geb. 11. Januar 1805 in Trailfingen
gest. 11. März 1886 in Trailfingen
Eheschließung 4. Okt. 1842

Großvater I
Lamparter Jak. Johann
Schuhmacher
Apfelstetten
geb. Uhenhof bei Seeburg 2. Juli 1823
gest. Apfelstetten 2. Juli 1873

B Großmutter
Anna geb. Griesinger
geb. 13. Sept. 1816 Trailfingen
gest. 19. Dez. 1856 Trailfingen

Großmutter II
Marie Agnes geb. Rotmann
geb. Grabenstetten 3. Nov. 1821
gest. Apfelstetten 10. August 1896

Urgroßvater A
Bückle, Andreas, Stiftungspfleger

Trailfingen
geb. 28. Aug. 1777 in Trailfingen
gest. 26. Juni 1862 in Trailfingen
Eheschließung 5. Mai 1801 in
Trailfingen

Urgroßvater I
Lamparter Joh. Georg, Bauer und
Richter
Uhenhof bei Seeburg
geb. 23. Dez. 1777 in Seeburg
gest. 28. Dez. 1848 in Gruorn
Eheschließung 18. Febr. 1817 in
Seeburg

Vaterseite
Urgroßmutter von A
Anna Maria geb. Gekeler
geb. 1. Aug. 1779 in Ödenwaldstetten
gest. 6. Juli 1812 Trailfingen

Mutterseite
Urgroßmutter I
Kuhn, Kath. Maria
geb. in Gruorn 18. Okt. 1790
gest. in Gruorn 31. Mai 1863

Urgroßvater B
Griesinger, Joh. Gg., Bauer

Bürgermeister
und Gemeinderat Trailfingen
geb. 8. Dez. 1775 Trailfingen
gest. 1. Aug. 1848 Trailfingen
Eheschließung   4.   Nov.   1807
Trailfingen

Urgroßvater II
Rotmann, Chr. Wilh.,
Bürger und Schäfer
Apfelstetten seit 1831

geb. in Linsenhofen 19. Jan. 1798
gest. in Apfelstetten 19. März 1865
Eheschließung in Grabenstetten

Urgroßmutter B
Waldburga geb. Fromm
geb. in Auingen 17. Nov. 1778
gest. in Trailfingen ?

Urgroßmutter II
Götz, Barbara
geb. in Grabenstetten 27. Febr. 1798
gest. in Apfelstetten 21. Juni 1864

Anmerkungen

[i] Fea: Württ. Fliegerersatzabteilung 10, 1915 in Böblingen aufgestellt. Vgl. H.-J. Harder, Militärgeschichtliches Handbuch Baden-Württemberg, Stuttgart 1989, S. 188.
[ii] Zitat aus Friedrich Schiller (1759-1805), Die Glocke:
Nichts Heiliges ist mehr, es lösen
Sich alle Bande frommer Scheu,
Der Gute räumt den Platz dem Bösen,
und alle Laster walten frei.
[iii] Hans Gansser, Musiklehrer, Verfasser zahlreicher Lieder, die in der NS-Zeit auch in der Schule gesungen wurden. Dazu Ursel Wolf: „Texte wie *Judas erscheint, das Reich zu gewinnen* oder *Folget nie dem irren Licht der schellenlauten Toren* inspirierten den Musikus zu seinen ‚Tonschöpfungen‘, alle lange vor 1933 komponiert. Der Reallehrer wurde aufgrund seiner ‚Meriten‘ zum Gymnasiallehrer und schließlich zum Direktor der Stuttgarter Musikhochschule befördert. Sein menschliches Format zeigt sich etwa in folgender Begebenheit: Im März 1944, die Hochschule war bereits nach Trossingen verlegt worden, bestand er darauf, daß eine Staatsexamenskandidatin nach Stuttgart reiste und dort eine Angriffsnacht verbrachte. In der fast verlassenen Hochschule erledigte sie bei Voralarm einen Teil ihrer schriftlichen Prüfung (Komposition) im abgeschlossenen Zimmer, um dann noch geraume Zeit zu warten, bis der Direktor geruhte, sie zu befreien." (aufgezeichnet Juli 2003).
[iv] Hinweis auf Wehrmeldeamt im Neuen Lager. Zeitpunkt?
[v] Wohl Trailfingen, vgl. S.
[vi] Karl Storz, 1924-1949 Landoberstallmeister in Marbach; bei Kriegsende von den Alliierten zum kommissarischen Landrat berufen (bis zum 30.7.1945).
[vii] In der Erinnerung der Arbeitskreismitglieder wurde der Samstag vor allem für Sportveranstaltungen der Hitlerjugend auf dem Sportplatz genutzt (Lydia Ostertag).

[viii] Gemeint ist selbstverständlich „des Reiches".

[ix] Engelbert Dollfuß (1892-1934), österreichischer Politiker. Bildete 1932 Regierung der nationalen Rechten, jedoch unter Ausschluß der Nationalsozialisten und mit Ziel des Erhalts österreichischer Eigenständigkeit. Bei nationalsozialistischem Putschversuch ermordet.

[x] Eigentlich „Polnischer Korridor"; aufgrund Versailler Vertrag (1919) entstandenes 30-90 km breites polnisches Territorium (Meerzugang, Hafen Gdingen) zwischen der unter Völkerbundsverwaltung stehenden Stadt Danzig bzw. Ostpreußen und dem Deutschen Reich.

[xi] Nach persönlichen Erinnerungen wurden bspw. auch Skier und Unterwäsche gesammelt und in das beschlagnahmte Gebäude der Hahn'schen Gemeinschaft (Spitalstr ***) gebracht, wo der Sammelpunkt in Münsingen war.

[xii] „Im Sommer 1944 explodierten fünf Bomben bei einem Luftangriff: Das Haus von der Familie Künkele wurde getroffen ... Ein Bombensplitter traf den Hahn auf dem Kirchturm und riss ihn herunter.", Seeburger Heimatbuch S. 115.

[xiii] Zum folgenden vgl. Thomas Stöckle, Grafeneck 1940. Die Euthanasie-Verbrechen in Südwestdeutschland, Tübingen 2002.

[xiv] Karl Storz, wie Anm. .

[xv] Gemeint ist die Tötungsanstalt Hartheim bei Linz (Oberösterreich).

[xvi] Aufgrund Führererlasses vom 25.9.1944. In Münsingen im Oktober 1944 einberufen, vgl. Kriegsende 1945, S. 72-73.

[xvii] Pietro Badoglio (1871-1956), italienischer General und nach Mussolinis Sturz 1943 mit der Regierungsbildung beauftragt. 1944 als Regierungschef zurückgetreten.

[xviii] Es handelte sich um Angehörige der 4. italienischen Gebirgsdivision „Monte Rosa", vgl. dazu Carlo Cornio, Monterosa, Udine 1971; Harder 1987, S. 291.

[xix] Am 16.7.1944, Cornio S. 32 (bei Harder irrig 19.7.). Der Eindruck der depressiven Stimmung Mussolinis, der in Begleitung des Verteidigungsministers Rodolfo Graziani anreiste, wird auch durch andere Zeitzeugen bestätigt (Ulrich Krehl). Die Parade wurde vor dem Lager Gänsewag abgenommen.

[xx] Benannt nach dem General Andrej Andrejewitsch Wlassow (1901-1945). Vgl. Heiner Bröckermann, Die Wlassow-Armee in Münsingen, in: Vom Hart zum Truppenübungsplatz (1998), S. 125-152.

[xxi] Zum folgenden s.a. Annette Schäfer, Zwangsarbeiter im Gau Württemberg-Hohenzollern 1939-1945, Diss: Berlin 1997, S. 42.

[xxii] Bis 1944 wurde an der Straße durch das Fischburgtal als weiteren Zugang zum Truppenübungsplatz Münsingen gearbeitet. Zunächst mit Kriegsgefangenen und später mit russischen und polnischen Zwangsarbeitern, von denen wenigstens zehn starben, vgl. Seeburger Heimatbuch 2002, S. 109, 115, 143-144.

[xxiii] Wilhelm Murr (1888-1945).

[xxiv] 1944 auf den Schloßwiesen errichtet, heute befindet sich an dieser Stelle das Evang. Gemeindehaus.

[xxv] Beide Orte litten stark unter den Gefechten zwischen den vorrückenden amerikanischen Einheiten und den sich zurückziehenden deutschen. In Westerheim wurden am 21.4.1945 über 200 Gebäude zerstört, neben acht deutschen Soldaten starben 16 Dorfbewohner. Vgl. Festschrift zum Richtfest Westerheim, hrsg. von der Gemeinde Westerheim, Laichingen 1952.

[xxvi] Unklar ob Neues Lager bei Münsingen oder Lager Gänsewag auf dem Truppenübungsplatz.

[xxvii] Zum folgenden s.a. den Eintrag von Bürgermeister Otto Werner in StadtA Münsingen B 67 (Gemeinderatsprotokoll), S. 394-395: „(...) Der Kampfkommandant Stuttgart hatte im Alten Rathaus Quartier bezogen. Er befahl noch am 23. April den Bürgermeister zu sich, um ihm zu sagen, daß er mit dem Verhalten der Bevölkerung von Münsingen nicht zufrieden sei. In Auingen sei einem Soldaten eine Panzerfaust genommen worden und es würden Stimmen laut, die eine kampflose Übergabe der Stadt fordern. Er werde nicht davor zurückschrecken, nötigenfalls einige Zivilisten ‚auf die Decke zu legen', wie er sich auszudrücken beliebte. Wenige Stunden später war aber der gestrenge Herr Kampfkommandant mit samt seinem Stabe verschwunden. (...) In der Nacht vom 23. auf den 24. April 1945 wurde ein weißes Tuch an dem großen Kamin des Zementwerks von einem unbekannten Täter gehißt. Der Bürgermeister, welcher um 2.00 Uhr in der Frühe davon Meldung erhielt, ließ es vor Tagesanbruch herunterholen und zwar nicht, weil er ‚kämpfen' wollte, sondern weil er eine Beschießung der Stadt durch eigene Truppen fürchtete."

[xxviii] Zum folgenden vgl. die Familienchronik Haueisen, S. 84: „Wir waren 14 Personen, darunter fünf Kinder (...) in dem Blockhaus im Waldteil Blaun beim Dachsbuckel. Zu essen hatten wir genügend mitgenommen, Kochgelegenheit war auch vorhanden. Das Pferd und vier Kühe waren in einer Hütte untergebracht, die Hütte hatte Onkel Friedrich acht Tage vorher erstellt, also war auch genügend Milch vorhanden. Am 24. morgens besuchte uns Wilhelm Autenrieth von der Fauserhöhe und erzählte uns die neusten Begebenheiten."

[xxix] Vgl. Haueisen, S. 84-85: „[24. April] Abends um 6 Uhr kamen 4 versprengte Soldaten zu uns, sie sagten, sie hätten am Zementwerk gekämpft und da haben wir erfahren, daß unser Heim unversehrt sei; wir haben den Soldaten zu essen gegeben und ihre Feldflaschen mit Milch gefüllt, dann sind sie abmarschiert, jedenfalls in Gefangenschaft. – 25. April. Morgens 6 Uhr haben wir unsere Sachen zusammengestellt und aufgeladen; wir sagten uns, in Münsingen ist der Krieg zu Ende und sind mit unseren Fuhrwerken heimgefahren, aber wie sah es aus! Die Geschäfte durch Polen und Russen geplündert, 25 schwarze Amerikaner hatten sich in unserem Haus einquartiert (...)." Die Familie wohnte damals in der Lichtensteinstraße, die im folgenden erwähnte Fabrikstraße.

[xxx] Siehe die vorige Anm.

[xxxi] Uracher Str. 21 und 23.

[xxxii] Die Luftwaffenmunitionsanstalt diente der Lagerung von Fliegerbomben, vgl. Hartmut Klüver, Militärische Altlasten und Flächennutzung. Die Kampfmittelbeseitigung auf der Muna Haid in Engstingen, in: ZWLG 54 (1995), S. 347-374. Jan R. Friederichs, Die Muna Haid in Engstingen, Reutlingen 2004, S. 25-59. Die in anderen zeitgenössischen Berichten sonst nicht genannte manuelle Rangierarbeit setzte in der Tat den Einsatz zahlreicher Kräfte voraus.

[xxxiii] Unklar welche Straße gemeint war, jedenfalls der Bereich Trailfinger Straße / Unter der Bleiche.

[xxxiv] Vgl. dazu Aufzeichnungen von Josef Hirlinger, der sich zu Beginn der Kampfhandlungen in einem Beobachtungsstand der Technischen Nothilfe auf dem Hungerberg, später im Zementwerkstunnel unter der Uracher Straße befand: „Plötzlich um 1.30 Uhr ein schnelles Schießen in Richtung Trailfingen. Schon fliegen die Geschosse um uns. (...) Erst als das Maschinengewehrfeuer schwächer wird, sausen wir in den

Zementwerk-Tunnel. Hier erleben wir den Kampf um Münsingen, der volle drei Stunden dauert. Die Unsrigen werden zurückgeschlagen! Die Amerikaner besetzen die Stadt. Mit schußbereiten Gewehren ziehen sie von Haus zu Haus, suchen nach Waffen, Soldaten und Munition (...)" sowie Heinrich Costabel, der das Gebäude Kirchplatz 2 bewohnte, Eintrag vom 24.4.: „Vormittags tiefste Ruhe im Städtle, im Backhaus wird eifrig gebacken. Um 13 Uhr plötzlich MG- und Panzergranatfeuer aus Richtung Trailfingen. Alles flüchtet in die Keller, die Panzer fahren in die Stadt und schießen die Straßen entlang. Eine Granate aus Richtung Marktplatz demoliert Hermann Stieglers neue Wohnung, die zweite zerstört das Haus von Schäfer Krieg in der Ernst-Bezler-Straße. In der Wolfgartenstraße wird Elsbeth Käuffert tödlich getroffen. Am Zementwerk werden deutsche Soldaten erschossen. Amerikanische Soldaten schlagen Fenster und Haustüren ein und dringen in die Häuser ein. In unseren Keller rufen drei junge Amerikaner herunter: ‚Alles raus! Nix Soldat? Kamerad?' Ich antworte auf englisch und gehe als Dolmetscher mit ihnen." Die Schilderung wird im wesentlichen bestätigt durch die Aufzeichnungen von Dekan Hugo Rupp, S. 3, der 18 Gefallene nennt.

[xxxv] Nach Costabel, Eintrag zum 24. und 25.4., begann Ausgangssperre bereits um 17.30 Uhr, erst nach Übergabe Münsingens an die Franzosen Ausdehnung bis 20.00 Uhr, ebd., Einträg zum 30.4. und 1.5, s.a. Aufzeichnungen Hirlinger zum 25.4 sowie Familienchronik Haueisen S. 85.

[xxxvi] Nach Costabel endete die Verdunkelungspflicht erst Wochen nach der Besetzung Münsingens, Eintrag zum 19.5, s.a. Aufzeichnungen Hirlinger zum 4. Juni: „Fast glaubt man zu träumen, daß man nicht mehr in die Luftschutzkeller muß, daß wieder abends die Lichter brennen – Friede!!"

[xxxvii] Parteigenossenschaft Dieterles auch belegt in Liste der PG in Auingen und Münsingen vom 21.5.1945, StadtA Münsingen Mue 2.1 – 1049; Eintritt demnach zum 1.5.1937.

[xxxviii] Nach Costabel zum 30., nach Hirlinger zum 29.4.1945, vgl. die jeweiligen Einträge zu diesen Tagen.

[xxxix] Heute nicht mehr sichtbar; der „Hohle Weg" verlief quer zur Karl- bzw. Hauptstraße unmittelbar westlich des Neuen Lagers.

[xl] Auf Vorschlag von Dekan Rupp, vgl. dessen Aufzeichnungen, S. 4.

[xli] Es handelte sich um einen während des Krieges aus Stuttgart auf die Alb gekommenen Mann, der offenbar auf Verwandtenbesuch in Münsingen war. Die bereits in Verwesung befindliche Leiche wurde am Herrenberg bei Dottingen gefunden und in Gomadingen beigesetzt. (Auskunft Ludwig Münzing, Münsingen vom 7.10.2003).

[xlii] Das folgende auch bei Hirlinger, Eintrag zum 20. und 21. Mai: „Um 5 Uhr nachmittags wird die Bevölkerung zum Arbeitseinsatz aufgerufen, von 16 Jahren ab. Ich melde mich am Alten Rathaus, wird bestimmt, daß ich am Montag um 5 Uhr antreten muß. [21. Mai] Arbeitseinsatz um 5 Uhr morgens bis abends 5 Uhr. Blockhütte für die Franzosen an der Straße nach Marbach errichtet." Arbeiten bei der Schule werden erwähnt überdies bei Costabel, Eintrag zum 20.5.

[xliii] Internierungslager (Camp d'internement) der französischen Besatzungsmacht bei Balingen, bereits am 20.4.1945 auf dem stillgelegten Zementwerksgelände eingerichtet, zuvor Kriegsgefangenenlager. Vgl. Balingen in der Nachkriegszeit 1945-1950, hg. von der Balinger Geschichtswerkstatt, Balingen [1998], S. 11.

[xliv] Aus: Heinrich Heine (1797-1856), Disputation, erschienen in der Lyriksammlung Romanzero (1851).

[xlv] Berichte über Arbeitsrequisitionen von Frau Ostertag (Putzen im Neuen Rathaus), Martin Weiß (Umpflügen des Schulgartens für eine Gartenanlage der Besatzungsmacht) und Ulrich Krehl: Alle Zimmerleute des Kreises wurden requiriert zu Arbeiten im Alten Lager oder einmal, um eine Abschrankung am Rasen vor dem Gouvernementsgebäude zu erstellen. Colonel Blanc ließ am Ende alle Mann antreten und erteilte, nachdem alle eine Rüge erwarteten, großes Lob für die geleistete Arbeit. Ansprache erfolget auf Französisch und wurde übersetzt.

[xlvi] Vgl. die Autobiographie des Sohns Rul Bückle, Turbulenzen, Geislingen 1996, S. 15-17. Auch andere versuchten diesen Weg, so Hermann Pflaumer und Uhrmacher Schultes, die sich zunächst im amerikanisch besetzten Auingen aufgehalten hatten. Beide gerieten jedoch in Ulm zunächst in Gefangenschaft und wurden erst nach einigen Tagen wieder entlassen. Nach Ulm wurden sie bereits von Rul Bückle gefahren, der Fahrer beim Landratsamt war, vgl. Bückle (wie oben), S. 17.

[xlvii] „Heeresunsicher" wohl im sinne von „unzuverläßig".

[xlviii] Displaced Persons – Sammelbegriff für am Kriegsende noch in Deutschland lebende Ausländer. In Münsingen auch in französischer Sprache „PDR" (Personnes déplacés et refugiés) abgekürzt.

[xlix] Nach den Erinnerungen von Ulrich Krehl hatte diese Episode für die Italiener keinen so glimpflichen Ausgang. Die Franzosen mißhandelten diese auf brutale Weise und brachten sie, nachdem sie aus dem Löschteich beim Schulhaus herausgezogenworden waren, auf Lastkraftwagen nach Bremelau ,zur weiteren Behandlung'.

[l] „Gewehr" zunächst durchgestrichen; zur Frage der Bewaffnung s.u. und S. ..

[li] Wie Anm. ##.

[lii] Lederschuhe waren bereits während des Krieges Mangelware. Auf Bezugsscheine gab es lediglich Fußbegleidungen aus Ersatzstoffen, die sich bei Nässe bald auflösten (U. Krehl). Am Kriegsende häuften sich deshalb auch Plünderungen gerade von Schuhläden durch ehemalige Kriegsgefangene und Zwangsarbeiter (K. Jäckle). Im Hause Weiß machte ein polnischer Knecht eine regelrechte Schuhmacherwerkstatt auf (M. Weiß). Schuhe waren zunächst nur auf dem Tauschweg zu erhalten, so mußte etwa der Witwe eines Gefallenen Münsingers ein halbes Pfund Butter für dessen Schuhe gegeben werden (Jäckle), ein ehemaliger Soldat der Wlassow-Armee tauschte Schuhsohlen gegen Most (E. Kraft).

[liii] Dr. Martha Fauser (1889-1975), seit 1940 Leiterin der Heilanstalt Zwiefalten, 1945 verhaftet und im Grafeneck-Prozeß vor dem Landgericht Tübingen zu einer Haftstrafe verurteilt, die aber wegen bereits verbüßter vierjähriger Untersuchungshaft nicht mehr angetreten werden mußte. Vgl. die biographische Skizze von Dorothee Breucker, Dr. Martha Fauser – Eine Ärztin im Nationalsozialismus, in: „Euthanasie" Krankenmorde in Südwestdeutschland, hg. von Hermann J. Pretsch, Zwiefalten 1996, S. 115-127 (ohne Erwähnung der Inhaftierung in Münsingen).

[liv] Ludwig Kiesle, Arbeitsamtsnebenstellenleiter in Münsingen bis 1945. In seiner Funktion als SA-Sturmführer auch direkter Empfehlsempfänger für die Zerstörung der Synagoge in Buttenhausen in der „Reichskristallnacht", vgl. StASig Wü 29/3 Bd. 1, Bü 1608, S. 236.

[lv] Im Sinn von unbotmäßige, ungewärtige.

[lvi] Nach der Niederschrift Josef Hirlingers fand die Beerdigung am 17. August statt.

[lvii] Von dem Familien(selbst)mord waren auch seine anwesenden drei jüngeren Kinder betroffen, von einer Schwägerin hingegen ist nichts bekannt, Anm. Lydia Ostertag. Die Episode wird mehrfach berichtet, so in den Niederschriften von Costabel, Dekan Rupp und Josef Hirlinger.

[lviii] Fritz Rauscher aus Mehrstetten, lange Jahre Vorstand der Volksbank und Beigeordneter der Stadt. Nach dem Weggang Schrages war Rauscher eine zeitlang stellvertretender Kreisleiter. Über die Bestattung wird in der letzten Ausgabe des Alb Bote vor Kriegsende (Nr. 92 vom 21.4.1945) berichtet.

[lix] Jakob Mack, bis 1946 Waldhornwirt, vgl. S.

[lx] Georg Siegler, Städtischer Bauverwalter.

[lxi] Heute Gemeinde Kirchbierlingen, Alb-Donau-Kreis.

[lxii] Es handelt sich um Ernst Krehl, tödlich verletzt am 11. April 1946, vgl. Festschrift zum 120jährigen Bestehen der Freiwilligen Feuerwehr Münsingen, Münsingen 1986, S. 131.

[lxiii] Von der Familie Gaub (M. Weiß) wird hingegen Folgendes berichtet: Hans Gaub, verantwortlich für Lebensmittelablieferungen und zugleich Jagdaufseher war von Deutschen bei den Franzosen denunziert worden, die darauf gezielt die Wohnräume, nicht etwa den Stall durchsuchten. Dabei wurde eine kleine Menge Jagdmunition und keineswegs Wehrmachtsgut gefunden, deswegen erfolgte die Verurteilung. Unter den Denunzianten soll auch Bückle selbst gewesen sein.

[lxiv] Eigentlich Russen, vgl. S.

[lxv] Es handelte sich um die Mechanische Leineweberei Laichingen im Besitz der Gebrüder Kahn, vgl. Heimatgeschichtlicher Wegweiser Bd. 2, S. 181-182.

[lxvi] Vermutlich ein Spitzname nach Richard Darré (1895-1953), Reichsbauernführer und 1933-1942 Reichsministers für Ernährung Landwirtschaft.

Feldpost

8 AUG 15

Rgt. Nr. 120

Lagerplatz bei Sefideh

Eine Arbeiterkolonne Abend und ... bei ... Sefideh

Müller

Bickel Joh. Georg   ... geb. Lampeter

Schmiedin   geb. 1. Mäz 18 55 Sch...
geb. Tailfingen 5. Sept. 1751   gest. 2. Juni 1911 München
geb. München 21. Mai 1854
Eheschliessung 17. April 1877
...

Grosseltern   Grosseltern I
Bickel Joh. Jakob   Lampeter Joh. Georg
Bäck   Schuhmacher
in Tailfingen   Schlosser
geb. 11. Dez. 1825 in Tailfingen   geb. ... 2. Juli 18..
gest. 1. Mäz 1856   geb. Schlosser 2. Juli 18..
Eheschliessung 4. Okt. 1842

Grossmütter   Grossmütter I
... geb. Grafinger   Maria Anna geb. ...
geb. 13. Sept. 1816 Tailfingen   geb. ... 3. Mäz 18..
gest. 17. Aug. 1856   gest. Schlosser 11. Aug. 18..

Urgrosseltern   Urgrosseltern I
Bickel Andreas Schlosshäfen   Lampeter Joh. Georg ...
Tailfingen   Schlosser zu Endingen   Schlosser
geb. 21. Aug. 1777 Tailfingen   geb. 13. Dez. 1777 Endingen
gest. 20. Juni 1842   geb. 11. Dez. 1841 ...
Eheschliessung 5. Mäz 1811 —   Eheschliessung 11. Juli 18..
Tailfingen   zu Endingen

Lightning Source UK Ltd.
Milton Keynes UK
UKOW05f1915111217
314307UK00005B/129/P

9 781445 773551